ドリームス、コロンビアよりデビュー（1970年）

[**右上**]ドリームス時代のマイケル・ブレッカー（1971年）[ランディ・ブレッカー提供]
[**右下**]父ボビー・ブレッカー。息子ランディ、マイケルと（1972年）[ランディ・ブレッカー提供]

Mike Mainieri & Friends
WHITE ELEPHANT
NO SMOKING
NO FOOD or BEVERAGES ALLOWED IN STUDIO
WHITE ELEPHANT
KENNY'S CASTAWAYS

｜右上｜兄弟のライバル関係復活。日本のオーレックス・ジャズ・フェスティバルにて（1980年）［ピーター・アースキン提供］

｜左上｜スーザンとマイケルの初めてのバケーション（1985年初頭）［スーザン・ブレッカー提供］

｜下｜マイケルのセカンド・ソロアルバム《ドント・トライ・ジス・アット・ホーム》のジャケット（1988年）

［上］スーザン、サム、ジェシカとマイケル。ヘイスティングス・オン・ハドソンの自宅にて（1995年）［スーザン・ブレッカー提供］
［左］ブレッカー・ブラザーズでEWIをプレイするマイケル（1994年、オランダのマーストリヒト）［ルイス・ゲリッツ撮影］

右」マイケルとエルヴィン・ジョーンズ。《タ
ム・イズ・オブ・ジ・エッセンス》レコーディ
ングの合間に（1999年、ライトトラック・スタ
ジオ）［オダサン・マコヴィッチ撮影］
下」ディレクションズ・イン・ミュージック。
ハービー・ハンコック、マイケル・ブレッカー、
ロイ・ハーグローヴ（2002年）［ハンス・ネレ
マン提供］

［上］《聖地への旅》レコーディング中のひとコマ（2006年、左からジャック・ディジョネット、マイケル・ブレッカー、ギル・ゴールドスタイン、ハービー・ハンコック。写っていないのはパット・メセニー、ブラッド・メルドー、ジョン・パティトゥッチ）［オダサン・マコヴィッチ撮影］
［下］娘ジェシカと息子サムに囲まれるスーザン。マイケルの2007年の遺作《聖地への旅》のグラミー賞を受け取る［ヴィンス・ブッチ撮影］

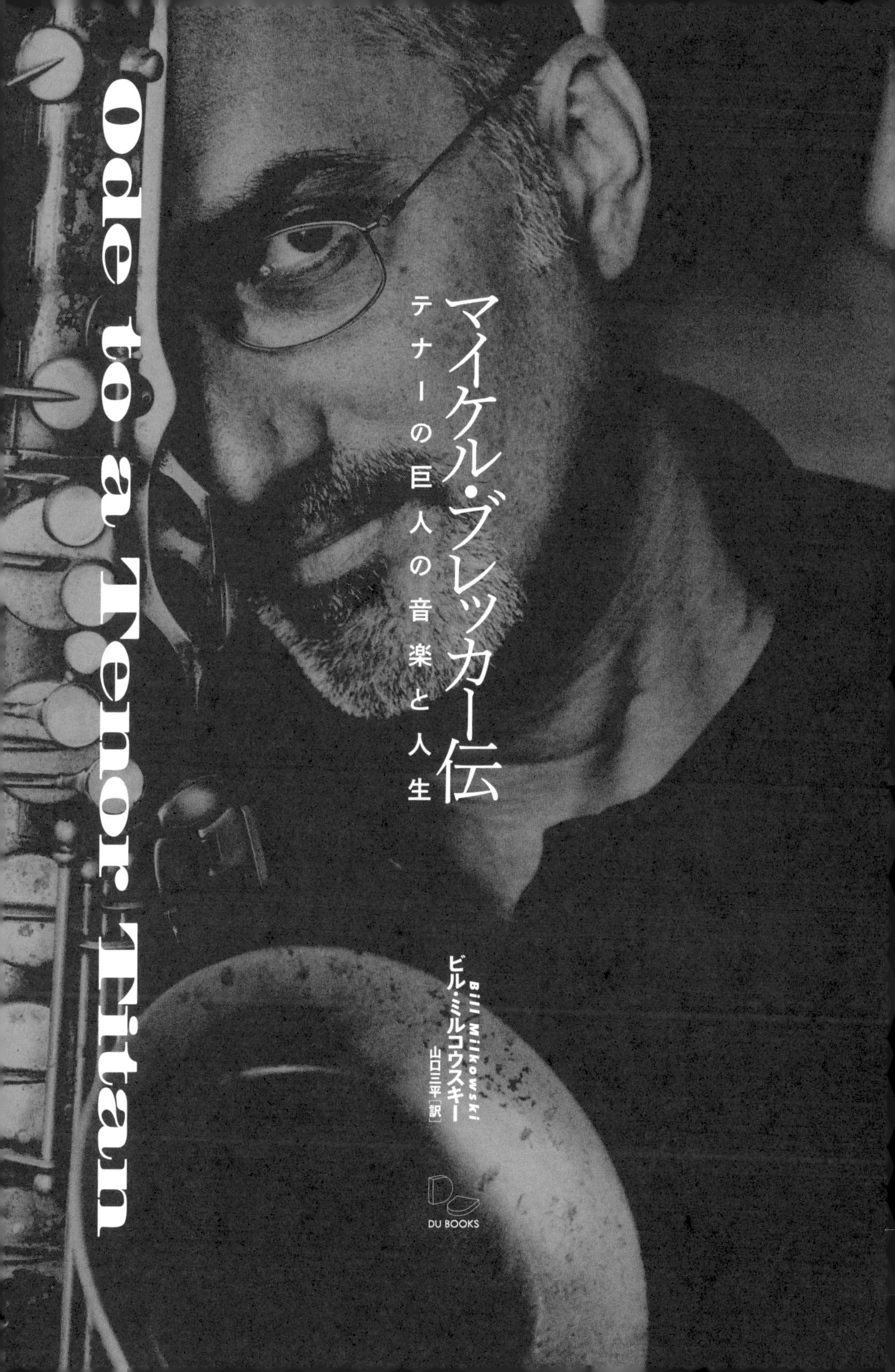

# Ode to a Tenor Titan

# マイケル・ブレッカー伝

## テナーの巨人の音楽と人生

Bill Milkowski
ビル・ミルコウスキー
山口三平［訳］

DU BOOKS

*ODE TO A TENOR TITAN: The Life and Times of Michael Brecker* by Bill Milkowski


Japanese translation published by arrangement with BillMilkowski
c/o FinePrint Literary Management through The English Agency (Japan) Ltd.

Translated by Sampei Yamaguchi
Published in Japan
by Disk Union Co., Ltd.

# My Brother Mike
# 我が弟マイケル

ランディ・ブレッカー

マイケルは確かにジャズ界を象徴する人物だったが、私にはそう見ることは難しい。いつまでも弟なのだ。見ていない隙に兄は弟のミルクにいたずらで唾を吐く、そんな兄弟だ。

想像してみてほしい。彼が8歳で初めてクラリネットに空気を吹き込んだとき、私はそこにいた。子供の頃、お互いの寝室に隣接するバスルームで、マイケルはクラリネット、私はトランペットで、フリージャズを演奏していた（オーネット・コールマンと出会う前だが）。バスルームの反響が好きだった。

ずっと一緒に演奏していたので、セクション仲間としての彼がいないことも寂しく思っている。最近、70年代初期のドリームスのアルバム2枚を聴き直したのだが、そこには〝発展途上のマイケル〟とバリー・ロジャース、私という史上最高のホーン・セクションの姿が記録されていた。当時、私たちは未知の領域にいて、マイケルは生涯それを追求し続けたのだ。

科学者として、人生の多くの時間を地下室で過ごしていた。最初はフィラデルフィア郊外の実家の地下室で、化学の実験セットを使った実験だ。爆発してしまうまでやっていた。やがて化学実験室は地下の音楽スタジオへと姿を変え、音楽が彼にとって最大の実験対象となる。研究し、研究し、さらに研究し、メロディ、ハーモニー、リズム、サウンドのさまざまな要素を混ぜ合わせ、唯一無二の、そして世界中の何千人ものサックス奏者やミュージシャンがコピーすることになる妙薬を作り出したのだ。

演奏家としても、のちに作曲家としても、基準を築いていった。異なる領域や文化の音楽と音楽家を結びつけ、より良い世界を実現していく。病気になったとき、ブルガリアの民族音楽とジャズを融合させるプロジェクトに取り組んでいたのだが、私は「今回は流石にやりすぎだ!」と思っていた。だがその後、彼の地下スタジオでロジックのシーケンスを聴かせてもらったら天才的だった。それまで彼がやったことのないようなもの、そして誰も聴いたことのないようなものだ。この時点で病気になってから2年が経っていた。それでも曲を作り、サックスを吹くために階段を降りてスタジオに入る意欲があった。それがマイケルなのだ。

彼の素晴らしい演奏は、スタイルやジャンルを超越していた。〈ナイーマ〉などの曲のソロを聴くと、パガニーニ、カルーソ、ストラヴィンスキー、マヘリア・ジャクソンの姿が思い浮かぶ。卓越したテクニックと、深い感情や魂が完全に一体になっているのだ。聴いた人を変えてしまう、そんな演奏だ。

そしてマイケルは常にとびきりの謙虚さの持ち主だった。「まだ準備ができていない」という理由で、37歳になるまでソロアルバムを作らなかったミュージシャンがどれだけいると思う? それも彼の正直さと誠実さを物語っている。

ある日、一緒にセッション・ミュージシャンとしてレコーディングに参加したときのことだ。スタジオで聴いて、マイケルのソロパートは3/4拍子のゴスペル・タイプの曲の中の16小節だとわかった。彼はすでにヘッドホンをしてブースに入っていたが、聴くなり腕を振って「違う、違う、呼ぶ人を間違ってる!」と言うんだ。スタジオの脇に連れ出して、なんとかソロをやるように説得した。最終的に録り終わったときには、そのあまりにもソウルフルなソロに、スタジオで涙を浮かべていない者は誰ひとりいなかった。間違いない人を呼んだだけでなく、彼にしかできないソロだったのだ。

音楽だけでなく、マイケルは家族を愛し、その家族全員が彼に生きる理由を与えてくれた。この家族は、妹のエミリー、長年のマネージャーであり友人でもあるダリル・ピットと共に、彼の闘病に全力を尽くしてくれたのだ。

マイケル・ブレッカーを語るうえで、彼が薬物乱用に陥っている何千人もの人々のために行なった素晴らしい活動に触れないわけにはいかない。そして、骨髄異形成症候群（MDS）に罹患したあとは、自らの病気を公表し、何千ドル、何万ドルもの寄付を集めドナー登録の活動を支援し、さらに何千人もの人々を助けた。骨髄バンク、marrow.orgのドナー登録において、マイノリティの割合が著しく低いという事実も、マイケルがこの運動の先頭に立ったことによって表面化したことだ。

私たち音楽に携わる者全員にとって、彼はジャズの巨人であった。しかし、忘れてはいけないと思う。ひどい依存症から回復した人々や、骨髄移植の成功によって命を救われた世界中の人々にとって、マイケル・ブレッカーは真のヒーローであった、いや今も真のヒーローであるということを。

# Ode to a Tenor Titan
## テナーの巨人への頌歌

世代を超えた才能の持ち主だった。ジョン・コルトレーン以降、マイケル・ブレッカーほど尊敬され、多大な影響をもたらしたサックス奏者はこの世にいない。1970年代というロックとジャズの境界線が曖昧になり始めた時期に青春時代を過ごした私たちにとって、ブレッカーは超越的な存在であった。彼は私たちにとってのコルトレーンだったのだ。

ジョン・コルトレーン同様、マイケルはトランペッターである兄のランディと共に、フィラデルフィアの肥沃なジャズシーンの出身だ。コルトレーンは10代の彼の中に深く刻まれ、のちにマイケルはランディと共に音楽の世界に大きな足跡を刻んでいく。70年代初頭には、スーパードラマーのビリー・コブハムを中心としたジャズロック・バンド、ドリームスの一員として、そして70年代半ばには、ポップ、ファンク、ロック、ジャズを融合させ大成功を収めた革新的なグループ、ブレッカー・ブラザーズとして。マイケル、ランディ、そしてアルトサックスの〝義兄弟〟デヴィッド・サンボーンによるタイトで力強いホーン・ライン。ブレッカー・ブラザーズのこの特徴的なサウンドは、1975年から1981年頃のニューヨークの街の風景に溶け込み、70年代に急成長したファンク・フュージョン・ムーブメントの導火線となったのだ。

40年にわたりジャズ界をリードしてきたブレッカーは、比肩するものがないテクニック(真摯な取り組みと絶え間ない鍛錬の賜物)と、どんなジャンルの音楽でも完璧にこなすという尋常ではない才能を兼ね備えていた。ポップスの曲ではとてもシンプルな、しかし忘れられないような8小節のソロを吹く。そうかと思えば、管弦楽組曲の暗く濃密なパッセージの上では雄大に舞い上がり、ポスト・コルトレーンの激しいモード曲ではすべてを吹き飛ばすような演奏を聴かせるのだ。怪物的な技術力と大胆で堂々とした音色、そして楽器に対する激しい情熱と無限の好奇心。これらすべてを併せ持つブレッカーは、限界を押し上げ、彼以前のサックス奏者が誰もやらなかったようなアプローチで可能性を広げていった。サンボーンがこう言っている。「純粋なテクニックと音楽性という両面で、マイケルに匹敵するものはいなかった。私が知っている、あるいはこれまで耳にしたどのサックス奏者よりも、技術的にはるかに優れていたのだ」

ブレッカーのテナー奏者としての腕前は、彼の信徒たちの間でも伝説となっていた。ある信奉者は、「誰も〝ブレッカー領域〟には辿り着けない」と語る。信じられないほどのスピード、驚くべき正確さ、平然と超高速の16分音符フレージングに入る様、アルティシモ音域への大胆な跳躍などを指しての言葉だ。そしてこう続ける。「どんなに素晴らしいサックス吹きであっても、もっと上手い人は必ずどこかにいるものだが、マイケル・ブレッカーだけは例外なのです」

あるいは、ギタリストで長年のコラボレーターであるパット・メセニーの言葉がわかりやすいかもしれない。「ジャズの世界で陥り得る最も危険な状況は、ライブでマイケル・ブレッカーに続けてソロをとらなければならないときだ」

サンボーンも証言している。「マイケルに最初にソロをとらせる、っていう間違いを犯したことがあるんだ。でもその過ちは二度と繰り返さなかったね。だって、彼がソロを終えたあとのステージはナパーム弾で焼き尽くされたような状態なんだよ。そこには小さなBフラットの音が倒れていて、自分はしょうがなくそれを拾ってみるものの、そこからもうどうしようもないんだ。まあいい教訓になったけどね」

仲間のサックス奏者たちはマイケルのテクニックに畏敬の念で立ち尽くしたかもしれないが、最終的に聴き手の心を掴んだのは彼の情熱的な激しさだ。ドリームスの元メンバーで、ブレッカー・ブラザーズのオリジナルメンバーでもあったベーシストのウィル・リーはこう語る。「彼はいつも、すべての音に全力を注ぎ、一瞬たりとも気を緩めなかった。常に新しい場所に行こうとし、決まりきったことを避けようとし、自分のサウンドと格闘し、最高のものを作ろうとしていた。それが〝マイケル・ブレッカー〟であるために必要なことなんだ。寝ている暇はないんだよ」

長年の友人であり、サックス奏者でもあるデイヴ・リーブマンはこう言う。「マイケルといえば達人であり、驚異的なテクニックの持ち主だった。だが間違いなく、情熱的な気持ちの持ち主でもあるんだ。エルヴィン・ジョーンズはよく『俺たちは、明日はないと思って演奏するんだ』と言っていて、彼のバンドのメンバーもその倫理観を共有していたが、マイケルも同じだった。いつも全力だった。コルトレーンが決して立ち止まらなかったように、彼も立ち止まらなかったんだ」

マイケルは、ファンクとジャズを対等なものとして捉えていた。キング・カーティスやジュニア・ウォーカーといったR&Bのテナーサックス奏者たちのような生々しく逞しい力を呼び起こしたかと思うと、ジョン・コルトレーンの〝音の洪水《シーツ・オブ・サウンド》〟的アプローチと、音楽を深く探求するという美学をメインストリームに持ち込んだのだ。サンボーンが語る。「マイケルには、ジャンルを超えてどの世界にでも行ける才能があった。ジョン・コルトレーンの音楽を深く掘り下げる一方で、ファンクミュージックも純粋に愛していた。だから、ポップスやロック、ファンクの曲でソロを弾いても、おざなりな感じなどしないし、そんなことはあり得ない。そういった音楽を見下すどころか、魅了されていたんだ」

ドリームス、ブレッカー・ブラザーズ、ステップス・アヘッド、そして彼自身のバンドを70年代から80年代と聴いてきた人であれば、マイケルが複雑なテーマや入り組んだコード進行を難なくこなし、比類なきスピードとイマジネーションを閃かせながら、意のままに連吹きに入るのを日常的に目撃していたはずだ。驚くほどの明晰性を持ってテナーサックスの全音域をカバーしつつ、強烈なオーバーブロウや重音演奏で乱舞し、インスピレーションに満ちた熱気あふれるソロでアルティシモ音域の恍惚としたピークに辿り着く。そんなマイケルを畏敬の念を持って見つめていたのだ。動きのあるフレージング、それは速度、技巧、閃きのユニークな組み合わせであり、常にステージ全体にエネルギーを与え、超人的であった。ジャズ界のレジェンド、デイヴ・ブルーベックは、《ヤング・ライオンズ・アンド・オールド・タイガーズ》(1995年、テラーク)に収録されているマイケル・ブレッカーのために作曲した〈マイケル・ブレッカー・ワルツ〉についてこう語っている。「コーラスごとに、より高いギアに入りエンディングまで駆け抜けていく。予想よりもさらに大胆なものだった」

マイケルの心拍数が上がるような演奏(マイケルのソロが最も強烈になった状態は〝ビーストモード〟とサックスマニアの間で呼ばれていた)は、必ずといっていいほど聴衆や仲間のサックス奏者たちを唖然とさせ、辛口批評家たちでさえ信じられないと頭を振った。バンドメンバーたちもしばしば彼のソロの勢いに巻き込まれ、完全にそのモードに入ったときは観客の一部となっていた。サンボーンが言う。「マイケルがサックスでできること、それは唖然とするほどで、とにかくすごいんだ。それに異論を唱えるミュージシャンはこの世にいないと思う」

1990年代後半から2000年代前半にかけてツアーをしたギタリストのアダム・ロジャースによれば、「マイケルは貨物列車みたいなエネルギーを作り出したかったんだ。それは、能力の限界でプレイし、簡単には手の届かないものに手を伸ばすことを意味していた。彼にとっては簡単なことでさえ、ほんの数人を除くほとんどのサックス奏者にとってはどうしようもなく難しいことなのだから、これは本当に大変なことだ。つまりマイケルは、自らの楽器を扱う驚異的な能力を駆使して、心を揺さぶるような超越的なエネルギーのレベルへと突き進むという方法論を示したのだ。まるで火のそばにいるような感じだった」

多くの後続プレイヤーがマイケルの卓越性が持つ磁力に引き寄せられ、自らの成長に問題をきたすほどであった。「彼の影響はあまりにも広範囲に及び、あまりにも支配的であったため、自分の存在もマイケルと相対的にしか考えられなくなるんだ」と、現在シーンで活躍するテナーサックス奏者のひとり、ジョシュア・レッドマンは言う。「私の世代のサックス奏者はみなそうしなければならなかった。なぜなら、彼のサウンドとコンセプトはあまりにもカリスマ的で、説得力に溢れていたからだ。その引力のせいで、自分自身のあり方を見つけるのが難しくなるほどだった」。結果、80年代から90年代にかけて〝ブレッカークローン〟という汚名と格闘しなくてはならないプレイヤーが数多く生まれたのである。

他にも、今日のシーンで自らの〝声〟を築き上げてきた数え切れないほどのプレイヤーたちが、マイケル・ブレッカーへの感謝の念を素直に認め、テナーサックスの新たなあり方を指し示したロールモデルとして彼を挙げている。クリス・ポッター、ダニー・マッキャスリン、マーク・ターナー、ジョエル・フラーム、シーマス・ブレイク、ベン・ウェンデルなどの面々だ。

レッドマンは続ける。「彼のテクニックは、率直に言って神がかっていた。手が届くところじゃないんだ。技術的に、ほぼ間違いなくこれまでにはなかったレベルだった。初めてマイケルの演奏を聴いた人たちが衝撃を受けるのは技術面だ。けれども、彼の最大の魅力がそこだったとは決して思わないし、私に最も影響を与えたものでもない。私にとって、マイケルの偉大な才能のひとつは、演奏を構築するセンスだ。完全に論理的でありながら、感情的でカリスマ性と説得力のあるソロを組み立てていく能力だった。驚異的なテクニックで驚くべきフレーズを繰り出し、完璧に演奏する。それだけじゃないんだ。すべての要素をまとめ上げ、素晴らしいテクニックも使いながら即興の傑作を生み出す。そこなんだ。20コーラスでも8小節でも、どんなに壮大なスケールでもどんなに小さなスケールでも、完璧なインプロヴィゼーションを構築することができたんだよ」

マイケルの音楽性の根本は、持って生まれたメロディセンスであり、それはあらゆるリスナーに伝わるものであった。《ワン・マン・ドッグ》(1972年)に収録されたジェイムス・テイラーのヒットシングル〈寂しい夜(Don't Let Me Be Lonely Tonight)〉の印象的なソロでも、そこから30年後の《ディレクションズ・イン・ミュージック(マイルス&コルトレーン・トリビュート)》(2002年)に収録されたジョン・コルトレーンの〈ナイーマ〉の華麗なソロでも明らかだ。パット・メセニーの〈エヴリデイ(アイ・サンキュー)〉(《80/81》収録)、クルト・ワイル作曲の〈マイ・シップ〉(《ニアネス・オブ・ユー:ザ・バラード・ブック》収録)、ドン・グロルニックの哀愁漂う名曲〈コスト・オブ・リヴィング〉(《マイケル・ブレッカー》収録。1987年)などでも優しげなソロを聴かせ、メロディアスな即興演奏の名手としてのマイケルの評価をさらに高めた。

70年代、ブレッカーは神出鬼没のセッション・プレイヤーとして、アリフ・マーディン、トミー・リピューマ、フィル・ラモーンなどの著名なポップスのプロデューサーのスタジオ録音に多数参加した。その精力的な10年間にマイケルが残した作品の幅広さには驚かされる。前述のテイラーの〈寂しい夜〉やポール・サイモンの〈時の流れに(Still Crazy After All These Years)〉(1975年のアルバムからのタイトル曲)でのソロは、音楽好きなら誰もが知っている珠玉のメロディの代表例だ。マイケルは他にもきらぼしのようなアーティストたちのアルバムに参加している。ジェームス・ブラウン《ゲット・オン・ザ・グッド・フット》、トッド・ラングレン《サムシング/エニシング?》(共に1972年)、ジョン・レノン《マインド・ゲームス》、ルー・リード《ベルリン》(共に1973年)、アヴェレイジ・ホワイト・バンド《AWB》、エアロスミス《飛べ!エアロスミス(Get Your Wings)》(共に1974年)、ブルース・スプリングスティーン《明日なき暴走(Born to Run)》(1975年)、ローラ・ニーロ《スマイル》、ブルー・オイスター・カルト《エージェント・オブ・フォーチュン》(共に1976年)、パーラメント《マザーシップ・コレクション》(1975年)と《ザ・クローンズ・オブ・ドクター・ファンケンシュタイン》(1976年)、ワイルド・チェリー《エレクトリファイド・ファンク》、リンゴ・スター《ウィングズ〜リンゴIV》(共に1977年)、フィービ・スノウ《詞華集(Against the Grain)》、カーリー・サイモン《男の子のように(Boys in the Trees)》、チャカ・カーン《ビバップを歌う女(Chaka Khan)》(以上1978年)、ベット・ミドラー《サイズ・アンド・ウィスパーズ》(1979年)、スティーリー・ダン《ガウチョ》(1980年)などだ。

このテナーサックス奏者は、ポップスの世界で完璧なソロを提供したかと思うと、より複雑な音楽で目も眩むような巧みな即興演奏を披露し、歴代の偉大なジャズ・ソリストたちに肩を並べるのだ。

二分法で見てみよう。信じられないほど多くのレコーディングに参加した1981年。マイケルは以下のように対照的な作品群に参加している。チック・コリアの《スリー・カルテッツ》と、チャカ・カーンの《恋のハプニング(What Cha' Gonna Do for Me)》。ジャコ・パストリアスの《ワード・オブ・マウス》と、シックの滑らかでグルーヴィーな《テイク・イット・オフ》。マイク・マイニエリの《ワンダーラスト》と、ファンカデリックの《エレクトリック・スパンキング・オブ・ウォー・ベイビーズ》。オノ・ヨーコのカタルシス溢れる《シーズン・オブ・グラス》と、ダイアナ・ロスの魅惑的な《ファースト・レディ(Why Do Fools Fall in Love)》。そして、フランク・ザッパ《ザッパ・イン・ニューヨーク》(1978年)やチャールズ・ミンガス《ミー、マイセルフ・アン・アイ》(1979年)といった大物たちと完璧に調和したかと思うと、ジェーン・フォンダの《プライム・タイム・ワークアウト》(1984年)のBGMではエクササイズしたくなるようなソロを披露している。ドイツの作曲家兼アレンジャー、クラウス・オガーマンの大作《シティスケイプ》(1982年)では、心を揺さぶるようなオーケストレーションの中で花を開かせ、キャメオのヒットシングルであるファンクジャム〈キャンディ〉(1986年の大ヒットアルバム《ワード・アップ》収録)では、いかにもな威勢のよさを見せる。

そしてそのような二面性は批評家を混乱させ、結果的にブレッカーのジャズ界での地位を低下させたかもしれない。マイケルの長年の友人でありマネージャーでもあるダリル・ピットはこう言っている。「70年代にポップスやロックのセッションで多くのスタジオワークをこなしたせいで、彼をジャズ・アーティストとして真剣に受け止めていない人がいる。なんと愚かなことか」

しかしマイケルは、キャリアの最後の20年間で、挑戦的で、閃きに溢れ、先見性のあるモダンジャズのアルバムを何枚も制作。キャリア初期のポップスの仕事が無分別だったという見方もある中、それを補って余りある活躍を見せた。その始まりは1987年、インパルスのセルフタイトルのデビュー作であり、締めくくりはメセニーが「現代音楽史における偉大なコーダのひとつ」と呼んだ《聖地への旅(Pilgrimage)》(2007年)である。

その輝かしいキャリアを通じて、ブレッカーの演奏に信じられないほどの深みと表現力を与え、すべてのライブステージやセッションを盛り上げたのは、彼のとてつもないハートだった。前白血病状態の骨髄障害、そして16歳の娘ジェシカから提供を受けての実験的な部分適合の幹細胞移植による長期入院を経ながら、2006年に病床から這い出て、感動的な遺作《聖地への旅》をレコーディングできたのもそのハートがあったからこそだ。この作品はマイケルの死後、グラミー賞を2部門受賞し、生涯のグラミー賞獲得数は13個となる。

数々の賞賛や称賛、900回を超えるレコーディング・セッション、世界中での数限りないライブ実績にもかかわらず、ブレッカーの純粋な謙虚さと自嘲的な態度は音楽仲間の間でよく知られていた。ブレッカー・ブラザーズ・バンドのメンバーであるサンボーンは、マイケルがどこまでも謙虚だったことを語っている。「信じられないくらいだったよ。神経症的ともいえるくらいに自分自身や自分の能力を否定するんだ。『マイケル、君は他の誰よりもずっとすごいんだよ！』と言っても、彼にはそれが理解できない。マイケルのキャリアを通しての何百ものソロを聴いても、適当にやった曲など1曲もないし、調子が悪い日なんていうのもない。でもマイケルの見解は違うんだ。彼と話すと、いつも『ああ、自分の音が気に入らないんだ。明るすぎる。こんなんじゃダメだ』。そして次の質問は必ずこれだ。「何を吹いてる？　何を使ってるの？」。そう、自分の音、マウスピース、楽器などに満足することがなかったんだ。でも、ポップス、ジャズ、ファンク、バラードなど、あらゆるジャンルでの彼のソロはいつも燃えるようなものだった。彼のポップスでの素晴らしいソロが5回目か6回目のテイクだったとしても驚かないな。最初の4テイクも5テイクも同じくらい素晴らしかったに違いなく、ただ、彼は気に入らなかっただけなんだよ」

アダム・ロジャースはブレッカーの自己批判的な性格についてこう語っている。「ステージから降りると『うーん、今日はうまく演奏できなかったよ』とよく言っていたんだ。私は『何を言ってるんだ。すごかったよ』って返すんだけどね。なので私の中では『マイケルは信じられないような名手であるがゆえに、これまで聴いたことも演奏されたこともないようななにかをいつも探していて、それに到達できなかったときはフラストレーションを感じる』のだと理解している。でもシアトルでのある晩のライブ後にこう言ったことがある。『あのさ、今夜は本当にインプロヴァイズできたと思うんだ』。あのときは明らかに喜んでいたな」

長年の友人でありバンド仲間でもあるマイク・マイニエリは、マイケルの自己批判的な一面を数え切れないほど目撃してきた。「長年一緒に演奏したけれど、ライブのたびにその謙虚さと自虐的な態度は明らかだった。ライブが終わって裏に戻ると、『今夜の演奏は最悪だった』と言うんだ。私に言わせれば『え、何言ってるんだ？』なんだけどね。それと、楽屋でのマイケルはというと、いろいろリードを試しては次から次へと捨てていくイメージがある。まずは『このリードどうかな?』『おお、良い音だよ、マイケル』というやりとり。そしてそれから8枚も試したあとに、『これはどう?』『これも良い音だよ、マイケル』ってね。その間に床はリードで埋め尽くされ、でも結局は最初のセットで使ったリードか前の晩のやつに戻るんだ」

マイケルの過剰な自己批判癖は、ハービー・ハンコックも指摘している。「マイケルが吹くソロはどれも素晴らしくて、毎回『どうやったらあんなことができるんだ?』という感じだった。いつもエキサイティングで、いつも並外れている。でも、マイケルがステージから降りて、お客さんはまだ興奮している中、彼のところに行って『マイケル、信じられないよ!』と言うと、『ああ、ごめんなさい』って答えるんだ。謝るんだよ! 『ハマってなかった』とか『ヘタクソだった』とか、そんなふうに言うんだ。いつも自分を卑下していた。私はもう『何? 何言ってるの? 素晴らしかったじゃない!』って感じで、どういうことか意味がわからなかったよ。『どうしてあんなこと言うんだろう』っていつも思っていた。マイケルは礼儀正しくしようとか控えめにしようとしているのではない。本気で自分の出来が悪いと思っていたんだ」

ピアニストのリッチー・バイラークは、マイケルの自虐的な性格についてこんな話をしている(マイケルはニューヨークに来て間もない頃、バイラークからハーモニーのレッスンを受けた)。「あるレコーディング・セッションのあと、軽く飲みながら彼に言ったんだ。『さっきのテイクがどれだけ良かったかわかってる?』。彼はノーと言うのでこう返してやった。『女の子を口説くために地味で悲しいアーティストのフリをしてるんじゃないだろうな?』。すると彼は、『いや、本当に気に入ってないんだ』と言うので、『そうか、自分のプレイを客観的に見られないのか。一歩下がって正直に評価することができないんだね』と返したら、『どうしても無理なんだ』と言う。あのレベルにいながらも謙虚なのは、他にはコルトレーンくらいじゃないかな。リーブマンがコルトレーンをヴァンガードで聴いたときの話をしてくれたことがある。驚異的なセットのあと、キッチンに向かう途中の公衆電話の近くにいたら、誰かがコルトレーンに『すごいセットだったね!』と言った。すると、コルトレーンは『家ではもっとうまくいくんだ』と返したそうだ。つまり、ふたりには共通点があったということだ。でも、常に向上したいし決して妥協したくないという気持ちと、単なる自己嫌悪とは一線を画している。心理学の基本だろ？　マイケルはその線上を歩いていたんだ」

バイラークは続ける。「彼は謙遜を通り越して、自虐的だった。楽しんでいるようには見えなかったし可哀想だとも思ったよ。ヤツはミュージシャン仲間が好きだし、みんなとつるむのも好きだった。でも、自分のプレイはすごく卑下していたんだ。明らかに素晴らしいプレイだったにもかかわらずね。シェイクスピアの悲劇と同じだ。ある意味、彼は自分自身を恐れていた。自分の才能を恐れていたというか、なんらかそういう複雑な内面があったと思う。なにかがうまくいってなかったんだ。ドラッグのせいもあっただろう。麻薬に溺れてもなんの助けにもならないし、とにかく辛い道を歩んでいたんだ。父親はマイケルに厳しかったし、兄ランディは信じられないほどの才能の持ち主ですでに地位を確立していた。だから、マイケルはこれで十分と感じることはなかったんだ。それは悲劇だったと思う。ランディはマイケルのことを死ぬほど愛していたし、彼が少しでも楽になるようにとできることは何でもやっていたが、マイケルには心地よいことではなかったんだ」

しかし、フィラデルフィア市郊外、ペンシルベニア州チェルトナム郡でマイケルと10代を過ごしたピアニストのマーク・コープランドは、この自虐的な性格はネガティブなものではなく、自己実現のために役立つものだったと考えている。「彼は自分が何者なのか、何ができるのかをよく理解していたと思う。なんらかの自己不信がなければ、自分自身を別の視点から見て、何がそこにあるのかを知るのは難しいことだ。そしてその発見がなかったらアーティストとして成長する機会を失ってしまう。そう考えると、いくらかの自己不信があったのは全く健全なことだったと思う。マイケルの場合は、彼のすごいテクニックや音楽的アイデア、その他もろもろの才能を思えば、自己不信があるなんて他人からは少し非現実的に思えたかもしれないけれど。でも、それは正常なことだったんだ」

バイラークは、そんなテナーの巨人について最後にこう付け加えている。「背が高くて、ハンサムで、演奏もできる。あの才能とルックスなら、傲慢なクソ野郎になっても不思議じゃない。でもそうではなく、社交的で、謙虚で、決して偉そうな態度はとらなかった。また、彼はいつも意図を持ってプレイしていた。そしてあのテナーの音だ。いかにも彼らしい音なんだ。頭で考えたものでもなく、人工的に作られたものでもない、彼だとすぐにわかる音だ。偉大なサッカー選手のように、プレイした瞬間からその素晴らしさがわかる。楽器と一体だった。技術的に優れていても、心に響かない音楽家はたくさんいる。なぜ感動しないのか？　と聞かれてもわからない。でも、なにか欠けているものがあって、それを加えればうまくいくんだ。マイケルはそのなにかを持っていた」

世界中のミュージシャン、ファン、ライターに愛されたマイケルは、本書のためにインタビューした１００人以上の人々から「優しい」「ナイスガイ」「穏やかな巨人」と形容された。テナーサックス奏者のボブ・フランセスチーニとピアニストのデヴィッド・キコスキー（後者は21世紀の始まりに、ブレッカー・ブラザーズのアコースティック・バージョンでマイケルとツアーを共にした）は「天使」と、そしてボブ・ミンツァーは「深い思いやりがある」と言う。ジェリー・バーガンジィは「唯一無二の存在」と評し、ドラマーのスティーヴ・ガッドは「いい奴で、大きな心を持っていて、大勢の人とたくさんの愛を分かち合っていた」とまとめた。

類まれな才能を持ち、同時に、比類なきほど真摯な姿勢で物事に取り組む。そんなマイケル・ブレッカーが、他に類を見ないような高みに上り詰め、その過程で他のサックス奏者たちにインスピレーションを与えたことはもはや伝説といえる。そして、10年にわたるヘロイン中毒を断ち切り、薬物で苦しむ大勢のミュージシャン仲間たちが立ち直りクリーンな人生を送るための手本となったことは、偉大な贖罪の物語だ。そんなマイケルが、キャリアの頂点にあり、愛情あふれる夫、献身的な父親として人生で最も充実したそのときに、あのような稀な病気によって痛ましい死を遂げたことは、シェイクスピアの悲劇そのものである。

死してなお、マイケルは人々を助け続けた。妻のスーザン・ブレッカーと長年のマネージャーであったダリル・ピットが、幹細胞移植の適合者を探すために行なった世界的な骨髄ドナー・キャンペーンを通じて、世界中の何千人もの人々が骨髄バンクに登録した。マイケルの死後も、彼の命を救おうと登録したドナーの多くが、他の命を救うことになったのだ。

この『マイケル・ブレッカー伝』を執筆するにあたり、私は40年近くジャズシーンを取材してきた中で目撃した、50回以上のマイケル・ブレッカーの熱演の数々を振り返った。そして、彼のキャリアのさまざまな段階で行なったインタビューを懐かしく思い出した。いつも物腰が柔らかく、明瞭で、思慮深く答えてくれたのだが、それ以上に印象深いのは彼のユーモアだ。おどけたような微笑み、気さくな笑い、ジャック・ベニーにインスパイアされた真面目腐った語り口、そしてちょっとした瞬間に見せるイディッシュ語独特のジョーク。メル・ブルックス、マイロン・コーエン、ミッキー・カッツの面影がこの穏やかで愉快な男にはあった。

2004年のニューポート・ジャズ・フェスティバルで行われたマイケルの屋外インタビュー映像は、鳥の群れがカメラの視界に飛び込んできて、進行が中断された場面を捉えている。カメラは回り続けたままアシスタントが鳥を追い払おうと躍起になっているときに、マイケルが「汚くて、不快な鳥たちだ」とつぶやいているのがわかる。これはメル・ブルックスの映画『プロデューサーズ』で、ゼロ・モステル演じるマックス・ビアリストックと、ジーン・ワイルダー演じるレオ・ブルームが、長屋の〝コンシェルジュ〟にフランツ・リープキン（ケネス・マース演）の居場所を尋ねるコミカルなシーンにちなんだもので、即座にその台詞を引用するというマイケルのシャレだった。そう、ユーモアは常にマイケルと共にあったのだ。

私が初めてマイケルを生で見たのは1979年、ジョニ・ミッチェルのシャドウズ・アンド・ライト・ツアーであった。そのコンサートは、8月17日、私が育ったミルウォーキーから35マイルほど離れたウィスコンシン州イーストトロイにあるアルパイン・バレー・ミュージック・シアターで行われた。背が高く、細身で、ひげをたくわえた彼は、〈パリの自由人（Free Man in Paris）〉〈デ・モインのおしゃれ賭博師（The Dry Cleaner from Des Moines）〉、チャールズ・ミンガス作の哀愁漂うバラード〈グッドバイ・ポーク・パイ・ハット〉のジョニ・ヴァージョンで、ヘラクレスのように堂々と吹いていた。ジャコ・パストリアス、パット・メセニー、ドン・アライアス、ライル・メイズといった仲間に囲まれながら。1980年にニューヨークに引っ越してからは、マイケルのライブに定期的に行くようになった。特に、1977年に彼が兄のランディと一緒にオープンしたジャズクラブ、セヴンス・アヴェニュー・サウスで彼をよく見かけるようになる。そこでは80年代初頭、ステップス、ドン・グロルニックのイディオ・サヴァン、ジャコのワード・オブ・マウス・バンド、ボブ・ミンツァーのビッグバンドなどで演奏しているマイケルを何度も観たものだ。

1982年1月、ワーナー・ブラザースから発売されたばかりの大作《シティスケイプ》についての雑誌用インタビューで、私はようやくマイケルと直接会うことができた。ドイツの著名な作曲家、編曲家、そして指揮者であるクラウス・オガーマンによるこのオーケストラ作品は、濃密で、時に不協和音を伴い、非常に要求度の高いもので、そこにマイケルの堂々としたテナーが伸びやかに響く。マンハッタンのミッドタウンにあるワーナー・ブラザースのオフィスでインタビューしたのだが、マイケルは控えめででしゃばらず、かなり内向的であると見てとれた。それまでにライブで見ていた、テナーサックスで溶鉱炉のように激しく音の奔流を放つ堂々たる姿とは不釣り合いに思えたが、インタビューでは雄弁に語り、質問のひとつひとつを吟味してから話し、明瞭で洞察に満ちた答えを繰り出す。しっかりと地に足の着いた人物だと感じた。

そのインタビューのあとも、何度もマイケルのライブを観た。セヴンス・アヴェニュー・サウスでステップス、ボトム・ラインでステップス・アヘッド。1985年10月、ヴィレッジ・ヴァンガードでジョン・アバークロンビーのグループ(ベースがマーク・ジョンソン、ドラムがピーター・アースキン。マイケルがこの神聖なるジャズクラブで演奏するのは、1977年にランディとハル・ギャルパー・クインテットで出演して以来であった)。1985年12月31日のセヴンス・アヴェニュー・サウスのニューイヤーズ・イブ・パーティーでは、マイケルはジャコ、ハイラム・ブロック、ケンウッド・デナード、ミッチ・フォアマンたちとプレイして、マイケルのリーダーバンドでは、ギターのマイク・スターン、ピアノのジョーイ・カルデラッツォ、ベースのジェフ・アンドリュース、ドラムのアダム・ナスバウムを率いたファット・チューズデイズとボトム・ラインでのライブなど。

長年の間にさまざまなスタイルのライブを観ている。ブルーノート、ジョーズ・パブ、イリジウム、バードランドでのリーダーライブ。ブルーノートとタウンホールで行われた《リターン・オブ・ザ・ブレッカー・ブラザーズ》のライブでのランディとの共演。1988年6月26日、ビーコン・シアターで特別ゲストとして参加したハービー・ハンコックのヘッドハンターズIIバンド。ここではソロの場で、最新のEWIによる驚異的な演奏を披露し、またハービーの〈ハング・アップ・ユア・ハング・アップス〉では獰猛《どうもう》なテナーを聴かせている。

1999年12月には、サキソフォン・サミットの初演をステージの目の前で目撃した。マイケル、デイヴ・リーブマン、ジョー・ロヴァーノが、ピアニストのフィル・マーコウィッツ、ベーシストのルーファス・リード、ドラマーのビリー・ハートと共にバードランドでお披露目したものだ。また、2001年12月5日にタウンホールで開催された「メイド・イン・アメリカ」9・11チャリティ・コンサートも会場で観ている。マイケルとギタリストのジョン・スコフィールドが、1975年のビリー・コブハムのアルバム《ファンキー・サイド・オブ・シングス》のツアー以来の再会を果たした場でもある。2003年11月にイリジウムで行われた、15人編成のクインデクテットのお披露目にも立ち会った。そして、2006年6月23日にカーネギー・ホールで行われたハービー・ハンコックの66歳の誕生日を祝うガラ・コンサートにマイケルがサプライズで登場した夜も、そこに居合わせることができた。骨髄の病で長期間の休養を余儀なくされていたマイケルが復活した夜だ。

マイケルが出演した他のライブも思い浮かぶ。1997年、モントリオール・ジャズ・フェスティバルでのハービー・ハンコックのザ・ニュー・スタンダード・バンド。2001年、ブルーノートでのチック・コリアのスリー・カルテッツ。同じく2001年、エイヴリー・フィッシャー・ホールでのハービーのディレクションズ・イン・ミュージック・バンドなどだ。2004年のニューポート・ジャズ・フェスティバルでは、ラヴィ・コルトレーン、マッコイ・タイナー、クリスチャン・マクブライド、ロイ・ヘインズらとジョン・コルトレーンのトリビュートで共演。1999年にはブルーノートでエルヴィン・ジョーンズ・ジャズ・マシーンに、2004年には同じくブルーノートでオディーン・ポープ・サキソフォン・クワイアにゲスト参加した。マイケルとランディは、2001年にヒルトン・ホテルで開催されたIAJEカンファレンスでメトロポール・オーケストラと共演する。2001年のポルトガルのエストリル・ジャズ・フェスティバルでは、ブレッカー・ブラザーズのアコースティック・バージョンという珍しいライブにも立ち会っている。

1987年5月18日、マンハッタンのファット・チューズデイズでマイケルのクインテットがニューヨーク・デビューを飾ったときのことも鮮明に覚えている。18丁目と3番街の角に位置する、かつてジャーマン・アメリカン・アスレチック・クラブが入っていた歴史的なシェッフェル・ホールの地下にあったクラブだ。伝説的なギタリスト、レス・ポールが毎週月曜日の夜に演奏し、スタン・ゲッツの息子スティーヴが経営していたこのクラブは、ベティ・カーター、ジミー・スミス、チェット・ベイカー、ペッパー・アダムス、ケニー・バロン、フレディ・ハバードといったジャズの巨匠たちがかつてライブを行なったところでもある。当時私は3番街からすぐの29丁目に住んでいて、フリーランスのライターとしてダウンビート誌の仕事も多くしていたこともあり、このクラブの常連であった。マイケルがギターのマイク・スターン、ベースのジェフ・アンドリュース、ピアノのジョーイ・カルデラッツォ、そしてアダム・ナスバウムをフィーチャーした新しいバンドをお披露目したこの特別な夜、私はバンドメンバーの妻やガールフレンドと共にステージの目の前の席に座っていた。マイケルの背が高くやせた体躯が、灼熱のソロをとりながらステージ上で揺れ動き、ビーストモード全開になって動きが激しくなるたびに頭が天井につきそうになっていた光景は忘れられない。

しかし、私にとって個人的に最も大きな意味を持つのは、このブレッカー・クインテット・デビューから5ヶ月後のことである。私はその年の夏に癌の手術を受け、その後、メモリアル・スローン・ケタリングがんセンター(約20年後にマイケルが定期的に訪れることになる病院)で放射線治療を受けたばかりだった。当時、他の多くのフリーランス同様に健康保険に加入していなかった私のために、仲間たちが東15丁目にあったブルースとルーツミュージックのクラブ、トランプスでベネフィット・コンサートを企画してくれたのだ。1987年10月12日、この月曜日の夜のイベントのために、クラブオーナーのテリー・ダンが場所を提供してくれ、ライター仲間のハワード・マンデルが司会を務め、著名なミュージシャンたちが治療費集めのために無償で出演してくれた。マイク・スターンとレニ・スターンがデュエットしたあと、マイケルは、ジョン・スコフィールド、マイク・スターン、ピアニストのラズロ・ガードニー、ベーシストのジェフ・アンドリュース、ドラマーのダニー・ゴットリーブと〈ストレート・ノー・チェイサー〉〈枯葉(Autumn Leaves)〉〈アローン・トゥゲザー〉でジャムセッション。エリック・ウォーレンとエリオット・シャープをフィーチャーしたジョン・パリスのブルース・バンドが観客を立ち上がらせて踊らせると、アルトサックス奏者のジョン・ゾーン、スライド・ギタリストのデヴィッド・トロンゾ、ベーシストのエド・マグワイア、ドラマーのボビー・プレバイトをフィーチャーしたバンドは、外縁の別世界を探求する。そして私のバンド、ピット・ブルズは、アルトサックスのスティーヴ・ブキャナン、ベースのマグワイア、ドラムのビリー・マクレラン、そしてスペシャル・ゲストのロバート・クワインをフィーチャーし、エッジが効いてブルースの影響もあるパンク・ファンクで会場を沸かせた。なんという夜だったことか!

それから32年後、私はこの本を書くための膨大な作業を開始する。人々の家に招かれ、マイケルについての話を聞かせてもらい、その音楽、謙虚さ、そして人間性を通して、彼がいかに多くの人々の人生に深く触れていたかを目の当たりにし、深い感動を覚えた。そして私もそのひとりなのである。

最後にひとつの類似性についてお話ししよう。マイケルがバスケットボールを生涯愛し続けたことを考えると、これは突拍子もない話ではないと思う。本書の執筆に熱中していたある晩、休憩しようと、マイケル・ジョーダンのNetflixドキュメンタリー『ラストダンス』(全10回)を見始めたところ、ふたりのマイケルの共通性に驚かされたのだ。ふたりとも驚異的な才能の持ち主でありながらも、強い覚悟のもと、ひたむきな努力を怠らず、最高の能力を持つ選手となる。キャリアを駆け上がり、持って生まれた才能をさらに加速させ、自らの技と芸術を磨き、独自の世界にまで辿り着く。そして、どちらも父親の承認を得るために兄と競い合ったという事実も、些細な偶然ではないであろう。

マイケル・ブレッカーは、豊かな人生を送った。名声と賞賛、音楽仲間からの尊敬と称賛。妻であり魂の友であるスーザンと、愛するふたりの子供、ジェシカとサムからの無条件の愛。私たちはみな、彼を惜しみ、そして今でも狂おしいほど愛しているのだ。

ビル・ミルコウスキー

［凡例］

▼楽曲名は〈 〉、アルバム名は《 》で記し、邦題がある場合は原題に併記した。

▼訳註は〔 〕で示した。

# プロローグ

# One Finger Snap
# ワン・フィンガー・スナップ

２００６年6月23日、ニューヨーク、カーネギー・ホール。「ハービーの世界」はＪＶＣジャズ・フェスティバルのハイライトであった。ジャズ界のアイコンとして多方面に才能を発揮してきたピアニストであり作曲家、ハービー・ハンコックを讃えるためのコンサートだ。並外れた技術、尋常でない柔軟性、衰えを知らない創造性を垣間見られるよう、４つの異なった構成で行われ、ハンコックの幅広いキャリアをカバーしている。オープニングはハンコックのピアノにロン・カーターとジャック・ディジョネットという素晴らしいベース、ドラムのふたりが加わって、〈トイズ〉（１９６８年のアルバム《スピーク・ライク・ア・チャイルド》収録）から始まり、スタンダード曲〈アイ・ソート・アバウト・ユー〉の過激なバージョンへと続く。次にハンコックはマイクに向かい、次の曲〈ワン・フィンガー・スナップ〉（《エンピリアン・アイルズ》収録。１９６４年、ブルーノート）について満員の観客に話しかける。「いつもカルテットでやってきた曲なので、トリオで演奏するのは妙な感じがするんだ」。そしてステージの袖をちらっと見て「ステージ裏に、一緒に演奏してくれるサックス吹きが誰かいるんじゃないかな」とはにかみながら言う。

信じられないことに、そこから登場したのはマイケル・ブレッカーだったのだ。ゆっくりとコミカルに後ろ歩きしながら、金色のセルマー・マークVIを抱え、洞窟形のホールを見渡す。「ここはどこ？　どうやってきたんだろう？」とでも言わんばかりに困惑したフリをするブレッカーを、観客は飛び上がり、大歓声で迎える。ポジティブな意味でまさにチャップリン的な登場であった。

お馴染みの193センチの長身にメガネのマイケルの姿に息を呑む観客の音が聞こえ、人目を憚《はばか》らず涙を流す人たちもいた。闘病生活で弱ったマイケルが、ハンコックのピアノの方を向き、テナーサックスを構え、トレードマークでもあるギリシャ神話の巨人タイタンのような力強いスタイルで吹き始めたとき、かくいう私の目にも涙が溢れそうになった。翌日のニューヨーク・タイムズ紙でベン・ラティーフはこのように記している。「入院治療後、初の人前の演奏であった。ブレッカー氏は少し疲れた様子にもかかわらず、すべてを捧げるかの如く、長く熾烈なソロを1曲を通して全力でプレイした」

演奏が終わり、ハンコックとマイケルががっしりと抱き合うと、観客は再び熱狂的なスタンディングオベーションで讃える。マイケルの驚くべきカムバックは、短時間ではあったが、間違いなくこの夜の感情的な頂点であり、また、彼の超人的な能力を改めて思い知らせたものだった。マイケルの高速フレーズ──彼なりのジョン・コルトレーンの〝音の洪水《シーツ・オブ・サウンド》〟への解答、美しく磨き上げられた音色、完璧な16分音符、アルティッシモ音域での情熱的な激しさ──それらが私たちを希望で満たすのだ。

世界中の人々が彼の回復と復帰を願っていた。そして彼は登場した。ハービー、ロン、ジャックという豪華な仲間を得、今一度完璧なるマイケル・ブレッカーパワーを奮い起こして。すべてが美しい夢のようであった。その束の間、「彼は戻ってきた！」と誰もが感じたのだ。

# 1章
# Becoming Michael Brecker

## 〝マイケル・ブレッカー〟への道

生まれか育ちか、というお馴染みの話をするとしたら、マイケル・ブレッカーには両方が当てはまるかもしれない。遺伝的特性と環境面の双方が、成長期のマイケルを形作っていった。さらに、尋常ではないほどの真面目な練習態度、テクニック習得への特筆すべき忍耐と献身、やむことのない好奇心を足していくとマイケル・ブレッカーのレシピが出来上がる——つまり、彼の世代で最も力強く、そして影響力のあるサキソフォンプレイヤーだ。

遺伝子面について、ブレッカー一族の音楽的才能は少なくとも数世代遡ることができる。「音楽の血は一族全体に流れているんだ」と兄のランディ・ブレッカーは言う。「父方の祖父は、ボードビル形式の曲と当時のヒット曲を得意とするシンガーだった。彼のお気に入りは〈想い出のサンフランシスコ(I Left My Heart in San Francisco)〉。とても陽気で葉巻を吸うようなキャラクターで、エマニュエル・ブレッカーというのだが、私たちはマニーと呼んでいた。父の両親は移民で、父の母、つまり私たちの祖母はオーストリアから、父の父である祖父はロシアから、どちらもとても小さな頃にアメリカに移り住んできたんだ。母方の祖父はバイオリニストでジェイコブ・テコスキーというのだけど、ポップ・ポップと呼んでいた。彼は、ポーランドのティコチンでの大きな悲劇を逃れてフィラデルフィアへ移住している。そしてポップ・ポップの従兄弟にモートン・ダコスタというとても有名な演出家もいた(ブロードウェイの『ザ・ミュージック・マン』『メイム叔母さん』『軍曹さんは暇がない』の演出家であり、前二作品の映画版のプロデューサー兼監督)。彼も名前を変える前はフィリー(フィラデルフィア)出身のテコスキー姓だったんだ。ニックネームはテックだったけれど、私たちが子供の頃はモーティーおじさんと呼んでいた」

ブレッカー家系図のまた別の枝には、ランディとマイケルの大叔父にあたるルー・ブレッカーがいる。彼は1916年、フィラデルフィアにローズランド・ボールルームをオープンしたが、日曜日のダンスを禁ずる同地の法律を逃れて3年後にニューヨークに移転。ニューヨークでの最初の場所は51丁目とブロードウェイの角であった。ローズランドは1920年代から1930年代、フレッチャー・ヘンダーソン、ルイ・アームストロング、カウント・ベイシー、若きエラ・フィッツジェラルドをフィーチャーしたチック・ウェッブ楽団など、ジャズの熱きスターたちが出演。そして1940年代にはスウィングジャズの有名ビッグバンド、ハリー・ジェイムス楽団、トミー・ドーシー楽団、グレン・ミラー楽団などのコンサートを数多く催して名声を誇る。1956年には52丁目とブロードウェイの角に引っ越し、ディスコ時代も生き残り、1990年代、2000年代にはヒップホップやロックのコンサートを多数行う。ルー・ブレッカーの娘、ナンシー・リーズが2014年の閉店まで経営し、ローズランドの100年近くに及ぶ歴史は、この年の4月8日、七晩にわたるレディー・ガガのヘッドライナーショーで幕を閉じることになる。

ブレッカー＝テコスキーの遺伝子プールは、ふたりの両親でさらに深まっていく。「とても才能のある両親に恵まれ、しかもお互いの距離が近く、音楽的な家族だったんだ」とランディは語る。家長であり、エネルギーに満ち溢れた父ボビー・ブレッカー(1916年生まれ)は、本業は弁護士だが根っからのミュージシャンであった。才能のあるセミプロのピアニストであり、熟達した作曲家でもあったボビーは、パーティーで人々を楽しませることが好きで、自宅で定期的に家族でのジャムセッションを開催していた。ペンシルベニア州チェルトナム郡区、フィラデルフィア市郊外の一軒家でのことだ。母のシルヴィア・テコスキー(1920年生まれ)も芸術的な才能に恵まれていた。「ティッキー」というニックネーム(彼女の一家の姓、テコスキーからのバリエーション)で知られ、ピアノも弾いたが、熟練の画家として認められていた。彼女が描いたブレッカー・ブラザーズ時代の素晴らしいふたりの肖像画は、ニューヨーク州ヘイスティングス・オン・ハドソンのマイケルの自宅に長らくあり、今も彼の未亡人スーザン・ノイシュタット・ブレッカーの自宅に飾られている。「母は深くアートと関わり、愛していた」とランディは言う。「彼女がとても得意なことでもあった。人生を通して学び続け、肖像画家としてフィラデルフィアやその近郊でとても売れっ子だったんだ。いつも誰かの肖像画を描いていたよ」

才能に恵まれたブレッカー一家の3人兄弟の真ん中はエミリーだ。クラシックの教育を受けていて、マイケルはよく「家族で一番才能があった」と述べていた。エミリー・ブレッカー・グリーンバーグは、今も生まれ育ったチェルトナムのエルキンズ・パーク地区に住み、優れたピアノ伴奏者、ハープ奏者、編曲家、そしてシャープ・サウンド・パブリッシングの社長として活動している。

遺伝子の話はさておき、育ちの面においても、家庭での音楽的な環境が、マイケルがミュージシャンとして育っていくのに大切だったのは明らかだ。アーティスト寄りだった両親のおかげである。ボビー・ブレッカーが主宰する家族ジャムセッションは、ピアノ、ハモンドオルガン、ベース、ヴィブラフォン、ドラムセットがあるリビングルームで行われていた。「子供の頃、誰もがミュージシャンなんだと本当に思っていました」と1984年のノーステキサス大学でのクリニックでマイケルは語っている。「うちではいつもジャムセッションをやっていて、どこの家でもそうだと思っていたのです。あとになって、そうじゃない、うちがちょっと変わっていたんだと知ったときはショックでしたね」

「楽器に触ることができ、いろんな人がうちに来て演奏するのを見る。そこからとても大きな影響を受けました」とマイケルは続ける。「なんというか、普通の家庭と逆の感じなのです。よく両親というものは子供に音楽を学ばせたがりますが、いざ就職となるとさりげなく違う方向へと持っていこうとする。でもうちの場合は、ミュージシャンになるよう背中を押されたのです。元々は何でも自分のやりたいこと、好きなことをやりなさいと言われたのですが、結局音楽が好きになり、結果音楽家になることを勧められたのです」

週末になると、レベルの高い地元のミュージシャンたちがブレッカー家のジャムセッションに来たものだった。ランディが回想する。「ボビー・モジカという素晴らしいトランペッターがいた。のちにデトロイトに引っ越して行ったがプロのトランペッターで、本当に素晴らしいプレイヤーだったんだ。うちのリビングルームで彼が演奏するのを見るのに夢中だったよ。実際のところ、自分の演奏にはちょっとボブみたいなところがあると思う。ボブの演奏が魔法のように僕の中に刷り込まれたってことなんだと思う」

時には、フィラデルフィアにパフォーマンスしに来ている正真正銘の大スターたちがブレッカー家のセッションに参加することもあった。「ジョン・ヘンドリックスが思い浮かぶな」とランディは言う。「あのときは自分も演奏したんだよ。父がテープレコーダーを買ったばかりで、自分のプレイする音を聴いたのもそのときが初めてだった。なかなか良かったよ。それまでは常にレコードに合わせて演奏していたんだけど、この夜はジャムセッションに参加した。父がピアノで、アーヴ・ワイナーという優れたギタリスト兼スキャットシンガーと一緒だ。ジョン・ヘンドリックスはアーヴの家に泊まっていたのだが、雪で移動できなくなって、フィリーに2、3日滞在することになり、一緒にたくさん演奏した。ジョンと一緒に、あるバラードを演奏したのをはっきりと覚えている。曲名は忘れてしまったけど、今でもその曲を歌うジョンの声が聴こえてくるし、素晴らしいサウンドだった」

「その頃私は少し大きくなっていたので、一緒に演奏させてもらうことができた」とランディは続ける。「実は本人に会う前からジョン・ヘンドリックスのファンだったんだ。5年生のときに、音楽の先生が毎週ひとり生徒を指名して好きなレコードを持ってこさせるという宿題があった。1955年のことで、ちょうどエルヴィス・プレスリーが出始め、ロックンロールの始まりの時期だったけれど、私はジョン・ヘンドリックスがデイヴ・ランバート・シンガーズと〈クラウドバースト〉を歌うレコードを持って行った。私はまだ10歳だったけれどその曲すべてを覚えていたんだよ」

ランディは1945年11月27日にニューヨーク市の病院で生まれたが、程なくフィラデルフィア郊外、チェルトナム郡区エルキンズ・パークの自宅に戻る。フィリーの中心街センターシティから北にほんの8キロメートル、セプタ・リージョナル鉄道で4駅のところだ。小学校3年生までそこ、ニュー・セカンド・ストリート8244番地に住んでいた(些細な補足だが、コメディアンで俳優のビル・コスビーは、1983年、エルキンズ・パークのニュー・セカンド・ストリート8210番地にある830平米の家を購入している)。

マイケルは1949年3月29日にフィラデルフィア市内の病院で生まれる。のちにブレッカー家はより広い家へと移り、同じチェルトナム郡区内で1・6キロメートルほど離れた、メルローズ・パーク地区バレー・ロード1005番地に引っ越す。「メルローズ・パークは厳密にはフィラデルフィア市ではないが、市との境界から1ブロックしか離れてなかった。そのせいで全般的には良い教育を受けられたのだけど、音楽教育についてはそうはいかなかった」とランディが説明する。「フィラデルフィア市内、特にフィラデルフィア北東部の音楽教育プログラムはとても充実していて、中でもマストバウム工業高校やウォルター・ジョージ・スミス校などは、リー・モーガン、ヒース・ブラザーズ、ビリー・ルート、私のトランペットの先生でありリー・モーガンにも教えたトニー・マルキオーネ等々の偉大なフィリー・ミュージシャンたちを輩出している。フィリーの学校制度は、偉大なミュージシャンたちを生み出す場所として有名だったんだ」

ランディ、エミリー、マイケルはチェルトナム・タウンシップで良い教育を受けて育ったが、そこの音楽プログラムには確かに欠けているものがあった。「楽器もあまりなかったしね」とランディは振り返る。「私が11年生(日本の高校2年生に相当)になるまで、ダンスバンドさえなかったんだ。音楽教育に関しては、たった1ブロック違いのフィラデルフィアで受けられた方が良かっただろうね。その点では不運だったけれど、家に音楽が溢れていたのはラッキーだった」

ランディ、エミリー、マイケルの3人は、エルキンズ・パークのB・R・マイヤーズ小学校、そしてチェルトナム高校へと進む。同高校には、のちにイスラエル首相となるベンヤミン・ネタニヤフも1963～1967年に在学し、サッカー部のスターであった。その〝ベンジィ〟とマイケルは1967年卒業の同級生である。

マイケルが成長していく中でもうひとつ重要だったのは、キャンプ・オニバーというサマーキャンプだ。彼も兄姉たちも毎年参加した、ペンシルベニア州ポコノスのコモ湖で行われていたユダヤ系のキャンプである。ブレッカー家の長年の伝統でもあり、両親のボビーとティッキーは、なんと1930年代、10代の頃にそこで出会っている。「キャンプの名前は、ラビノ(Rabino)という苗字を逆から書いたものなんだ」とランディは言う。「おそらくラビノヴィッツの略だろう(このキャンプは1920年代にマイケル・ラビノが始め、1968年に売却されるまで何十年にもわたって同じ家族によって続けられていた)。オニバーでは、本当にプロフェッショナルなショーがたくさん行われていた。それこそが父の原点で、自分の曲がキャンプでのショーに使われるように他のソングライターたちと競い合っていたんだ。その後、彼ら全員がソングライターとして名声を博す。そんな連中と真っ向勝負していたんだ。父もプロのソングライターになれたのではと思うよ。実際、20数年後に私がキャンプ・オニバーに行ったとき、父の書いた曲すべてが歌われていた。本当に良い曲ばかりだったよ」(ボビー・ブレッカー作の〈ディア・オニバー〉が、オニバーでの不朽のキャンプアンセムとなっているのもその証であろう)

ボビー・ブレッカーがキャンプ・オニバーで過ごした若き日のライバルには、〝ムース〟・チャーラップ(1954年のブロードウェイミュージカル『ピーターパン』の音楽を担当したモーリス・アイザック・シャーラップのこと。ジャズピアニストのビル・チャーラップの父親)、アーヴィン・グラハム(フランキー・レインの1953年のヒット曲〈アイ・ビリーヴ〉や、1945年にビリー・ホリデイがカバーした〈ユー・ベター・ゴー・ナウ〉等の作者。〈アイ・ビリーヴ〉は、ペリー・コモ、アンディ・ウィリアムズ、ルイ・アームストロング、バーブラ・ストライサンド、エルヴィス・プレスリー等数多くのアーティストたちにカバーされている)、さらにボビー・トゥループ(大ヒット曲〈ルート66〉の他、リトル・リチャードの〈女はそれを我慢できない(The Girl Can't Help It)〉、〈ミーニング・オブ・ザ・ブルース〉を妻である歌手のジュリー・ロンドンに提供)らがいる。

ランディとマイケルはボーイズキャンプであるオニバーに通い、エミリーは近くのガールズキャンプ、ジェニーヴァに通った。オニバーはランディにとってはあまり楽しいキャンプではなかったようで、ひと夏でやめている。「私は好きになれなかった。スポーツが中心で、音楽は少ないし。ゲイリー・ペイスという奴とよくつるんでいた。彼はビバップ系のピアニストで、キャンプで一緒に小さなカルテットを組んでいたんだ。オニバーではほとんどそればかりやってたかな。キャンプにはそれほど興味がなかったから、1年だけ行ったんだ」

一方マイケルは1962年から1965年まで3回オニバーで夏を過ごし、スポーツの雰囲気あふれるキャンプで生き生きとしていたようだ。オニバーの若いカウンセラーやスタッフの何人かはのちに芸術の分野で素晴らしい活躍をしたともランディは回想する。「作曲家のマーヴィン・ハムリッシュは、私がキャンプに行っていたときのガールズキャンプの音楽監督だった。当時はまだジュリアード音楽院の学生で17歳か18歳くらい。俳優で有名になったジェームズ・カーンは、弟のカウンセラーだった。キャンプでのニックネームがスーパーマンとなるほど素晴らしい体格の持ち主だったよ」。また、俳優・映画監督の故ペニー・マーシャル(『ラバーン&シャーリー』に出演し、『プリティ・リーグ』の監督でもある)は、キャンプ・ジェニーヴァでひと夏ウェイトレスをしていた。

エミリー・ブレッカーは、キャンプ・オニバーおよびジェニーヴァで、のちに夫となるハワード・グリーンバーグと出会うことになる。「彼はラビノ家の一員で、のちに私の父の法律事務所で働いていた」とランディ。「父はその後J・G・フックという会社(モーガン・ラーブの子会社)で法務を担当することになった。マックス・ラーブというかなり有名な人物が経営するブラウス製造会社で、彼はフィリーでジャズコンサートを開催していた起業家でもあった。父とマックス・ラーブはふたりとも、フィリーのすぐ郊外のデヴォンにできた、バレーフォージ・ミュージックフェアというこの地域で最初のミュージックテントに関わりがあったんだ。このミュージックテントには3人の主要人物がいた。エディ・フェルビン(ラジオネームがフランク・フォードというラジオパーソナリティー)、リー・グーバー(ナイトクラブのオーナー兼さまざまなショーのプロデューサーで、バーバラ・ウォルターズの夫)、シェリー・グロス(テレビのニュースキャスター)の3人だ。彼らは、第一弾となる円形劇場形式の会場、バレーフォージ・ミュージックフェアをスタートさせ(最初のシーズンは1955年)、父もその一員だった。月曜の夜はジャズをやっていて、父と一緒によく行ったものだ。デイヴ・ブルーベック、ジェリー・マリガン、メイナード・ファーガソン・ビッグバンドなどを聴きながらステージがゆっくり回っていくのを見たりしたよ。そう、父は弁護士であると同時に、フィラデルフィアの音楽シーンに深く関わっていたんだ。バレーフォージの翌年には、ロングアイランドにウェストベリー・ミュージックフェアをオープンさせている」

ボビー・ブレッカー。郊外の街チェルトナムにあるブレッカー家のリビングルームでのファミリー・ジャムセッションの首謀者は、誰が見てもかなりの人物であったことがわかる。1916年に生まれ、フィラデルフィア北部で育ち、あからさまな反ユダヤ主義に晒されるが、負けることなく自力で成功への道を切り開く。ペンシルベニア大学の名門ビジネススクール、ウォートン校を経て、1938年に同大学のロースクールを卒業し、1年後には労働法を専門とするクラインバード・ベル&ブレッカー法律事務所の創設パートナーとなるのだ。

ランディは続ける。「彼は厳しい環境で育ったんだ。幼い頃近所にユダヤ人が少なく、近所の他の子供たちはユダヤ人の子供たちにゴミを投げつけ、それを〝ガーベッジ遊び〟と呼んでいたそうだ。そう、彼はタフな人生を送ったし気性も荒かった。でも彼はカラフルな性格の持ち主で、家族で最も外交的な人だった。人前で演奏するのも全くためらわなかったし、マイケルと私が人気者になり始めると、誰にでも『私はブレッカー・ブラザーズの父です』と言っていたよ」

「あるとき、父がオスカー・ピーターソンに近づこうとしたので『父さん、やめなよ』と引き止めたんだけど、どうしてもオスカーに会いたくて彼のところに行って自己紹介をしたなんていうこともあった。父はとても興味深い人物で、大した人だった。おそらく最初は音楽を好きになったのだろう。しかし移民の両親にもっとちゃんとした職業に就くようにと言われて弁護士になった。でもとにかくいつも音楽が一番だった。管楽器奏者、特にトランペット奏者が好きで、フィリー出身らしくクリフォード・ブラウンの大ファンだったね。誰もがクリフォードを話題にしていたし、父も彼のレコードを全部持っていたよ」

1945年に長男が誕生したことを記念して、ボビー・ブレッカーは生後2週間のランディのために〈ザ・ホッテスト・マン・イン・タウン〉という曲を書いている。歌詞はこうだ。

――君は街で一番ホットな男になるんだ／あちこちの女の子にモテモテになる／音楽が大好きになって、多分ホット

――な横笛を吹くようになる／ホーンを演奏して、奥さんよりも音楽を愛するようになるんだ

それから52年後、ランディは79歳になったボビーをスタジオに呼んでこの曲を再演してもらい、1997年のアルバム《イントゥ・ザ・サン》の最後を飾る、4部構成の自伝的な組曲の冒頭に収録。翌年のグラミー賞で最優秀コンテンポラリー・ジャズ・パフォーマンス賞を受賞することになるこのアルバムのライナーノーツに、ランディはこう記している。「アルバムの締めくくりに、私の父ボビー・ブレッカーが、私の人生の原点となった彼の曲を演奏し、歌っています。父は私の最大のファンでもあり、私に最も影響を与えた人でもあります。アルバムの完成後間もなく亡くなったのですが、その前に、彼にインスパイアされて出来上がった曲、そして彼自身のパフォーマンスを聴いてもらえたのは幸せなことでした。永遠に続く彼からのインスピレーションに感謝します。お父さん、このアルバムをあなたに捧げます」

6歳で楽器を始めることになったマイケルはクラリネットを選んだ。「兄がやっている楽器と同じものをやりたくなかったし、クラリネットの見た目が気に入ったのです」と振り返る。3歳4ヶ月上の兄は5歳のときからすでにトランペットを吹いていた。「何事もランディが引っ張り、妹と弟がそれについていく感じでした」。マイケルは1997年のインタビューで、KCRWラジオのトム・シュナーベルにそう語っている。

クラリネットを始めて間もない頃、マイケルはフィラデルフィア管弦楽団の首席クラリネット奏者であるレオン・レスターのレッスンを受け始めた。マイケルは「とても小さなときにクラリネットを始め、あまりうまく演奏できなかったんです。正直スポーツの方が好きなくらいでした」と、1984年にノーステキサス州で行われたクリニックで学生たちに語っている。ランディも、初めの頃は、弟が自分のように情熱を持って音楽に接しているようではなかったと証言している。「音楽は私のすべてだった」とランディは語る。「いろんなことを試してみた。書くのも好きだったし、母に似て絵もうまかった。でも、あるとき、それらをすべて手放した。私には音楽しかなかったんだ」

マイケルは音楽の他にもさまざまなことに興味を持ち、

メインはバスケットボールだった。「背が高くて、スリムで、プレイするのが好きで、上手だった」とランディが振り返る。「高校の3年目〔日本の高校2年生に相当〕には、バスケットボール部に入っていて、彼にとってバスケットボールが一番だったんだ。科学が2番。化学実験のセットを大切にしていて、いつも階下で実験をしていたよ（若きマイケルはサイエンティフィック・アメリカン誌を購読していた）。音楽は、マイケルにとって3番目だったと思う。面白いことに、彼はある意味科学者のように音楽にアプローチしていたんだ」

マイケルは、2004年にトロントの「ディスティングイッシュド・アーティスツ」というテレビ番組で、カナダ人のトークショー司会者であるローン・フローマンに、「子供の頃、家に実験できる場所があり、化学と生物に興味がありました。でも同時に、音楽にも強く惹かれました。多分、父に気にかけてもらえるとも思ったのでしょう」と語っている。

マイケルはレオン・レスターに5年間師事して楽器のテクニックをある程度身につけると、ジミー・ジュフリーのレコードからクラリネットのソロをコピーするようになった。ランディは振り返る。「ショーティ・ロジャースのアルバム《マーシャンズ・カム・バック》に合わせてふたりで家で演奏していたよ。そのアルバムではジミー・ジュフリーがクラリネットを吹いているからね。マイケルは、父

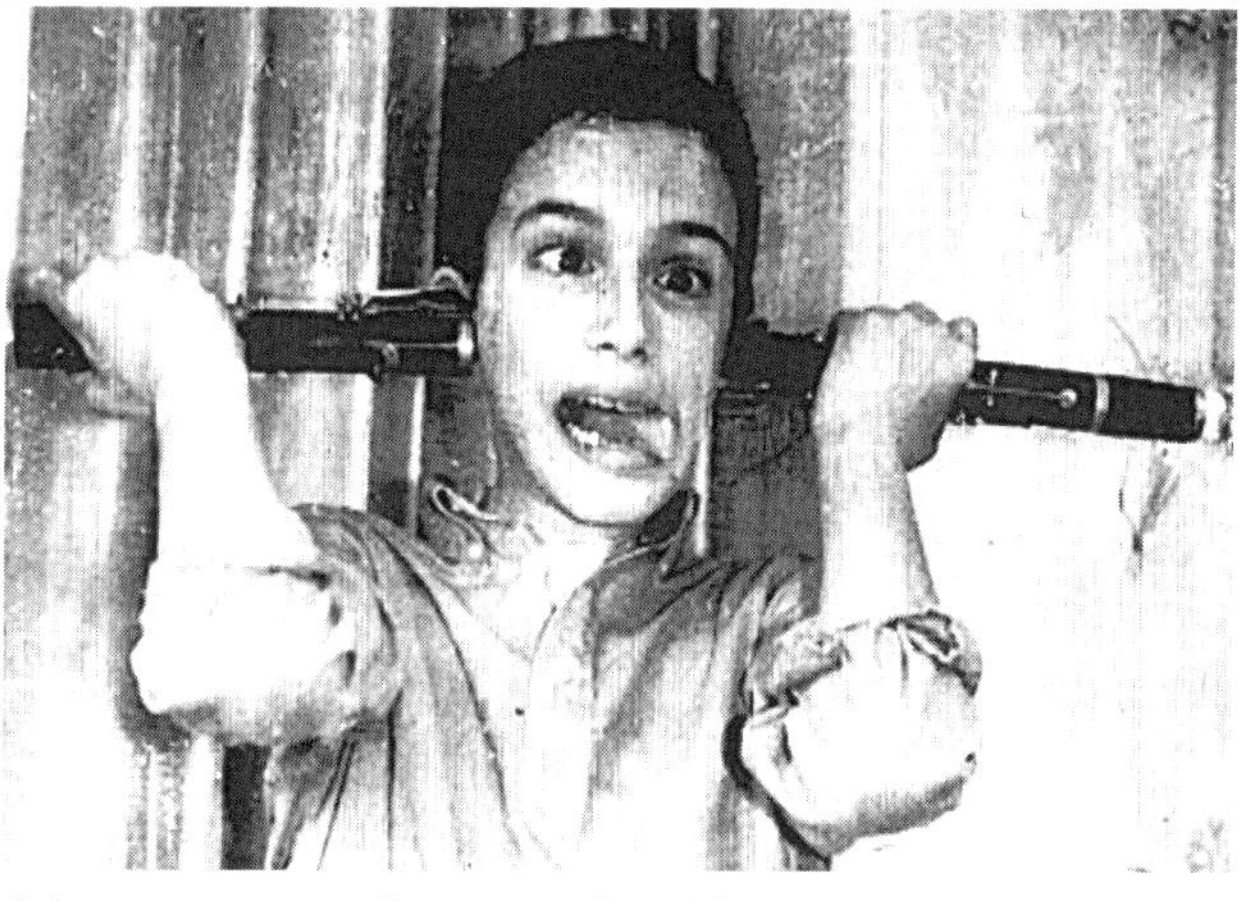

自宅でクラリネットと遊ぶマイケル（1958年）［スーザン・ブレッカー提供］

のコレクションからこのアルバムを見つけるまで、本当に良いと思えるクラリネット奏者に出会えていなかったんだ」

「ベニー・グッドマンのような演奏家にはあまり惹かれなかったんです」と、マイケルは1973年のダウンビート誌のインタビューでジョン・ロバート・ブラウンに語っている。「でも、ジミー・ジュフリーのクラリネットに対するアプローチは好きでした。彼のダークなサウンド、低音域で演奏するところ、そしてソウルフルなアプローチが好きだったんです。10歳の頃、ソロをいろいろコピーしましたし、今でもそのうちのいくつかは覚えています。リバーブが欲しくてゴミ箱にクラリネットを突っ込んで吹いていました。小さな金色のゴミ箱を持っていてそれで練習していたんです。そして今日に至るまでリバーブが好きなんですよ」

ランディは、チェルトナムでの若かりし頃を思い出しながら、こう話す。「私たちはやがてデュエットをするようになった。ただただ一緒に即興で演奏するんだ。家にはバスルームで繋がったスイートルームのような部屋があり、そのバスルームのエコーと響きが良くてそこで演奏するのがお気に入りだった。やっていたのは〈いたちがぴょんとはねてでる！／ポップ・ゴーズ・ウィーゼル〉とか、まだ子供だったから可愛い感じの曲さ。でもふたりで演奏するのは小さい頃から本当に上手で、そうやってバスルームでデュエットをしたり、いつも音楽的に繋がっていた。私の最初のアルバム《スコア》（ソリッド・ステート、1969年）で、その頃のことを少しトリビュートして、〈ザ・ウィーゼル・ゴーズ・アウト・トゥ・ランチ〉というデュオ曲をやったんだ。2分間の完全な即興デュエットだけどとてもうまくかみ合っているので、ふたりの間には本当に密接な繋がりがあるとすぐにわかると思う。数ヶ月前に聴き直して、『参った、これはすごい！』と思ったよ」

ボビー・ブレッカーは、フィリーのナイトクラブのジャズライブに息子ふたりを連れて行くことを、父親としての誇りとしていた。「野球やフットボールの試合に連れて行く代わりに、父は私たちを生のジャズのライブに連れて行ってくれたのです」と、マイケルは1998年のニューポート・ジャズ・フェスティバルの舞台裏でのインタビューで振り返っている。「13歳になる頃にはすでにマイルス・デイヴィスのライブに何度か行っていたし、セロニアス・モンク、デイヴ・ブルーベック、デューク・エリントン、ウディ・ハーマン・バンド、カウント・ベイシー・バンド……数え切れないほど行きました。これらのライブにはたくさんの思い出があり、そして、私の音楽のルーツのようなものなのです」

セロニアス・モンクを観たときのある出来事について、1984年のノーステキサス大学でのクリニックでこう語っている。「私は11歳か12歳だったかな、いろいろなピアニストが出演するコンサートでした。セロニアスがステージに上がろうとしたとき、父が私に寄りかかってきて、セロニアスは他の誰にも真似できないような音をピアノで出すことができるんだ、と言うのです。ピアノでニワトリかなにかのような音を出せるという意味なのかと思い、父がなんのことを言っているのかさっぱりわかりませんでした。でも、演奏が始まってそういう視点で聴いてみると、それがどういう意味だったかがわかり、私にとって重要なレッスンとなったのです」

マイケルがクラリネットを選んだのは、実は見た目が気に入ったからであり、本当の意味でこの楽器を好きになることはなかった。「クラリネットには、なにか気に入らないところがあったようだ」とランディ。「何年もあとに、モンタナ州ミズーラで開催されたバディ・デフランコ・ジャズ・フェスティバルに出た。バディが素晴らしい演奏をしたのだが、マイケルはステージ上で寄りかかってきて、『彼がどんなにうまくても関係ないや、今でもクラリネットが嫌いだからね』と耳元でささやいたんだ」

やがてマイケルは、アルトサックスに惹かれていく。「サックスやトランペットが好きで、クラリネットでは同じような自由が得られないことにフラストレーションを感じていました」とフローマンに語っている。「そして、父のコレクションにあったポール・デスモンドと共演したデイヴ・ブルーベックのレコード〈ルック・フォー・ザ・シルヴァー・ライニング〉(78回転の10インチシングルで、B面は〈ディス・キャント・ビー・ラヴ〉。1952年、ファンタジー・レーベルからリリース)に惚れ込みました。デスモンドのアルトの音が気に入ったのです。でも決め手は、兄が私の誕生日にくれた、キャノンボール・アダレイのアルバム《ジャズ・ワークショップ・リヴィジテッド》でした。『これだ!』ってね。キャノンボールのように自由に演奏できるようになりたかった。それで両親にアルトサックスを買ってもらい、彼のソロをコピーし始めたのです。難しいソロばかりでしたが、ジャズという言語を学び始めるのにいい方法でした。そこから、バスケットボールは楽しみとして続けながら、ジャズを本格的に始めたのです。それまでは音楽とバスケットボールが最大の関心事でしたが、9年生〔日本の中学3年生に相当〕でこのようにアルトサックスに持ち替え、本気で音楽にのめり込んでいったのです」

最初のアルトサックスを手に入れた直後、マイケルは、チェルトナムに住むマーク・コーエン(のちに有名なジャズピアニスト、マーク・コープランドとなる)という新進アルトサックス奏者と短期間の出会いがあった。「1963年頃、ギター2本、エレクトリックベース、ドラムスの入ったトップ40のヒット曲を演奏するバンドでアルトサックスを吹いていた。〈ルイ、ルイ〉〈グロリア〉〈シークレット・エージェント・マン〉〈ウォーク、ドント・ラン〉など、当時流行っていた曲を片っ端からからやるバンドだ。あるとき、メンバーを追加しようとなって、グループのみんなに『マイケル・ブレッカーというのがとても良いらしい』と言ったんだよ。彼の噂は学生時代に聞いていた。それでマイケルがアルトを持ってリハーサルに参加して吹きまくった。すごい演奏だったけれど、バンドが求めていたのはシンガーの後ろで簡単なパートを吹く人だったので、マイケルに電話して『どうも合わないみたいだね』と言わなければならなかった。そんなわけで、マイケル・ブレッカーをクビにした唯一の人として歴史に残ることになってしまったよ」

コープランドは、やがてマイケルと、そしてブレッカー一家全体と親しくなり、リビングルームでのジャムセッションに参加したり、さらには自分の曲をそこでリハーサルしたりするようになった。「ボビーは僕を三男坊のように扱ってくれたし、ある意味、僕にとって音楽上の父であった」と振り返る。「音楽について話したり、『必要ならいつでもここに来て君のバンドのリハーサルをしてもいい』と言ってくれたんだ。彼らの妹であり姉であるエミリーがピアノを弾く曲も何曲かあった。学校のフランス語の授業では彼女の隣の席だったし、ブレッカー家の3人の子供たち全員と仲が良かったんだ」

車で5分のところに住んでいたコープランドにとって、ブレッカー音楽一家は〝殺風景な郊外にある文化のオアシス〟であった。「私の家には何もなくて、せいぜいフランク・シナトラのLPが2枚ほどあっただけだ」と彼は言う。

「マイケルの家には、ボビーのレコードコレクションがあり、ジャズの歴史がそこにあるようなものだった。しかもリビングルームにはドラムとヴィブラフォンとベース。そう、マイケルは素晴らしいものたくさんに囲まれて育ち、それが子供の頃から染み込んでいるんだ」

63年の夏の午後、マイケルがコープランドの新しいサウンドシステムをチェックしに来た。そこで結局別のとても大切なものを見つけたことをコープランドは振り返っている。「KLHのポータブル・ステレオ・ターンテーブル、モデル11を手に入れたので、マイケルに『見に来いよ！』と言ったんだ。彼がやってきて、発売されたばかりのジョン・コルトレーンの《インプレッションズ》をかけたのだけど、スピーカーを部屋の別々の角に置いてあったので、マイケルは聴きながらスピーカーからスピーカーへと走り回ったんだよ。片方のスピーカーの真ん前に立っているかと思うと、すぐにもう片方のスピーカーまで走って行ったりして。そして私に向かって『マーキー、エルヴィンを聴いたらいいのか、コルトレーンを聴いたらいいのかわからないよ！』と大騒ぎになった。買ったばかりのレコードだったし、マイケルもそのとき初めて聴いて大興奮したんだ」

「私たちはとにかくレコードをよく聴いて、一緒にサックスを学んでいた」とコープランドは続ける。「私は1歳年上だったが、彼は演奏の面では間違いなく私より何段か上だったんだ。マイケルは当時すでに本物のサックス奏者のように吹けたし、私はまだなんとかそこに辿り着きたいとやっているところだった。彼には間違いなく才能があった。彼は長いフレーズを吹き、ど頭からでも電光石火の速さで吹き、

9年生でアルトサックスに転向する［スーザン・ブレッカー提供］

さまざまなフレーズを吹くことができる。でもコードチェンジのことは私に聞く必要があった。私はサックス奏者だったけれど、ピアノもちょっと弾いていてコードのこともなんとなくわかっていたんだ。彼の演奏を聴いて『おお、いいね。そのフレーズはどうやって吹いているの?』と尋ねると、苦笑いして肩をすくめて『わからないよ、マーキー!』と言うんだよ。ただ聴こえてくるままに演奏していたんだ。生まれついての才能なんだよ」

コープランドのレコードプレイヤーでジョン・コルトレーンの《インプレッションズ》に出会って以来、マイケルのこのサックスの巨匠への傾倒は深まるばかりであった。2004年のニューポート・ジャズ・フェスティバルでのインタビューでこう語っている。「最初に買ったコルトレーンのアルバムは《ライヴ・アット・バードランド》で、駆け出しのリスナーにとってはかなり奇妙なレコードでした。非常に激しくかつ目が離せない感じのものでしたからね。モードの曲や長いソロが多いし、あんなに緊迫感があって激しいドラムは聴いたことがありませんでした。しかもコルトレーンは私が慣れ親しんでいないスタイルと音で演奏していた。最初はこのレコードが好きになれなかったのですが、毎日聴くようになり、おそらく数ヶ月間聴き続けたあと、ようやく何が起こっているのか理解できるようになっていきました。そこから他のコルトレーンのアルバムも買い始め、彼の音楽にどんどん惹かれていき、ついには私の人生の選択に大きな影響を与えるまでになったのです。コルトレーンの音楽は、精神的であると同時に、知的で、技術的にも高度で、感情的で、そして非常に創造的で勇敢です。それらすべてに加えて、いわゆる〝全体は部分の総和に勝る〟を体現するカルテットの力が、私を音楽という生業に向かわせることになったのでした」

1964年の後半になると、マイケルは地元のサックス奏者ヴィンス・トロンベッタのレッスンを受け始める。トロンベッタはフィラデルフィアの音楽シーンのベテランで、若き日のジョン・コルトレーンが在籍していたバンドと対バンもしている。どちらもR&Bやジャンプ・ブルースのバンドで、コロンビア・アヴェニュー(別名ゴールデン・ストリップ)のレイブ・バーという店でのことであった。ヴィンスは、「私は16歳の頃、スリー・シャープス・アンド・ア・フラットというバンドで吹いていた。私たちは前座で、ヘッドライナーはデイジー・メイ&ハー・ヘップ・

キャッツというバンドだった。コルトレーンはそこにいたんだ。なかなか良いR&Bバンドで、アール・ボスティック・バンドの曲を多くカバーしていた。コルトレーンは2週間ほどしか在籍しなかったけれど、そのときに少し彼と知り合いになったんだ」と語る。

トロンベッタが若き日のマイケル・ブレッカーをサックスの生徒として迎えた頃、彼はフィラデルフィアの昼間のテレビトーク番組「マイク・ダグラス・ショー」のハウスバンドのメンバーとしても働き始めている。当時まだ9年生だったマイケルは、毎週土曜日の午後、メルローズ・パークの自宅からバスをふたつ乗り継いでポート・リッチモンドにあるトロンベッタの自宅までレッスンに通わなければならなかった。片道1時間の道のりだったが、マイケルは一度もレッスンを欠かさず、楽器に真剣に取り組むという新たな決意を見せている。ヴィンスは個人レッスンの内容をすべて克明に記録しており、マイケルが初めてサックスを習ったのは1964年12月12日、16歳の誕生日を3ヶ月半後に控えたときだったと証言している。

「フィラデルフィアのウォールナット・ストリートにあるプロセニアムというクラブでライブをした際に、彼のお母さんに会った」とヴィンスは回想する。「彼女は私のところへ来て、『レッスンもしていますか?』と聞くので『ああ、教えているよ』と答えたんだ。そしたら背が高くてひょろっとした彼が、アルトサックスを持って家にやってきた。そこから私のやり方で、私や私の師匠らがどうサックスを吹くか伝えていったんだ」

4ヶ月後、トロンベッタはこの新入生に再度楽器を変えてみることを勧める。「『マイケル、君はテナーを吹くべきだよ』と言ったんだ。『君の歳で180センチあるからじゃない。君のサックスは、フィル・ウッズやジーン・クイルやバードみたいなアルト奏者ではなく、コルトレーンのように聴こえるんだ』」

トロンベッタは、新品のセルマー・マークVIの87000番台のテナーサックスを探す手伝いをし、マイケルの両親が375ドルで購入した。そこからが本当のスタートであった。ヴィンスは振り返る。「ラバンチ・スタディーズやボッシ・スタディーズという昔ながらのクラリネットやオーボエの教則本をサックス用に書き直したものをやり、通常のII－V－I(ツー・ファイヴ・ワン進行)や、さまざまなパターンの12キーでの練習などを行なった。それから、イタリアのエチュードや『The Universal Method for Saxophone(未邦訳)』(ポール・デ・ヴィルの教則本で〝サックスのバイブル〟と呼ばれている)も。私は、レパートリーを頭に叩き込むために1ページ1ページやっていくのが大切だと信じているんだ。そして彼は、まるで温かいナイフでバターを切るように、これらすべてを次々と、そして易々とこなしていった」

マイケルはすぐにトロンベッタの秘蔵っ子となる。「彼が私のところで勉強していたときに私が書いた〈フォー・アイヴス〉という曲がある。四度の音程を多用し、チャールズ・アイヴスがよく使っていた伝統的なニューイングランド風の民謡、例えば〈コロンビア・大洋の宝〉などをもとにしたものなのだけど、彼はそれもすぐに理解した。16歳とは思えなかったよ。同じ時期に、たまたま私のいとこであり私が名付け親でもあった、ビル・ザッカーニという才能ある生徒がいた。彼は土曜日のマイケルのすぐあとにレッスンを受けていたのだが、ある日『レッスンの時間を変えてもらえませんか』と言うんだ。『そうか、正午だと難しい?』と聞いたら『いや、彼のあとにレッスンを受けたくないんです』と。それくらいマイケルは優秀だった。ふたりは同い年だったけれど、マイケルは誰よりもアクロバティックなサックスの腕前を持っていたんだ」

1966年夏、高校の3年と4年(日本の高校2年生と3年生に相当)の間の夏休みに、トロンベッタはランブラーニー音楽キャンプへの参加を勧める。彼の親友であるフィル・ウッズが主催する、ペンシルベニア州ニューホープでのサマーキャンプだ。マイケルはここで、アルトサックスのリッチー・コール、バリトンサックスのロジャー・ローゼンバーグと共に、ランブラーニー・ビッグバンドのホーン・セクションの一員となる。彼らはウッズに師事し、難易度の高いビッグバンドのアレンジを練習し、キャンプ仲間のためにコンサートで演奏し、最終的には《ランブラーニー'66》を録音してその歩みを記録した。このアルバムでは、ウッズが作曲した〈サマー'66〉とドン・セベスキーの〈ザ・スウィンガー〉でマイケルがフィーチャーされている。

ウィリアム・パターソン大学の音楽学部教授でジャズ研究科のコーディネーターであり、同大学にあるマイケル・ブレッカー・アーカイブのキュレーターでもあるサックス奏者兼教育者のデヴィッド・デムジーは、「フィル・ウッズは、若きマイケルの才能の煌めきは明白だったと言っていました」と語る。「マイケルはまだそれを十分にコントロールできていないけれど、本当に明るい光を放っていたと。彼が書いた曲はマイケルをフィーチャーしたアレンジで、今でもこの〈ランブラーニー'66〉を聴くと、『このテナーサックスは一体誰なんだ？　誰かとんでもない奴がいるな』となると思います。マイケルは当時まだ高校生で、彼のジャズランゲージは体系化されていませんでしたが、なにか非常に特別なことが起きているのは明らかでした」

フィル・ウッズ・キャンプでの夏を終え、1966年の秋学期が始まる。トロンベッタのレッスンを再開し、チェルトナム高校のジャズバンドにテナーで参加し、親友でありアルトのマーク・コーエン(マーク・コープランド)と共にサックス・セクションを担当した。

新学期が始まって数ヶ月後の1966年11月11日、マイケルの人生を変えるような出来事が起こる。テンプル大学で行われたジョン・コルトレーンのコンサートを観に行ったときのことだ。ピアニストで妻のアリス・コルトレーン、テナーサックスのファラオ・サンダース、ベースのソニー・ジョンソン、ドラムのラシード・アリというメンバーを得て、全力で吹き飛ばすコルトレーンは、若きブレッカーにとって圧倒的な体験となったのだ。「彼の演奏は感情に溢れたものでした。大いなる精神性と神秘性を持ち、美しく響きわたっていたのです」とマイケル・セゲルの2005年の著書『The Devil's Horn: The Story of the Saxophone, From Noisy Novelty to King of Cool(未邦訳)』で語っている。「彼の音色は独特で、神秘的で、暗くて、硬くて、それでいてみずみずしい美しさがありました。慣れるまで少し時間もかかりましたね。コルトレーンの曲は一音一音に重みがあり、意味があるのです。技術的にはとんでもなくすごいもので、知的な面では深みがあり、それまでにはなかった刺激的で革新的なアイデアに満ちている。高校生ミュージシャンの私にとってはただただとんでもないもので、説得力に満ちていました。ジョン・コルトレーンの音楽を通して天職を見つけたのです。そして、自分もテナーを吹いていて本当によかったと思いました」

のちに、コルトレーンの息子であるサックス奏者ラヴィ・コルトレーンは、マイケルにこのコンサートの海賊版コピーを渡し、その変革の日の記憶を呼び起こさせている(コンサートから50年弱、マイケル・ブレッカーが亡くなってから7年後の2014年、この音源は《オファリング(魂の奉納)ライヴ・アット・テンプル大学》として正式に発売される。ゼヴ・フェルドマンとレゾナンス・レコードが、コルトレーンのキャリア後期のレーベルであるインパルスと組んで実現したものだ)。

ジョン・コルトレーンのコンサートに刺激を受けたマイケルは、トロンベッタのレッスンに戻った。そしてあるとき、進路の相談を持ちかける。「『自分の音楽キャリアをどうしていけばいいのかわからないんです』と言うのでこう伝えた。『マイケル、フィラデルフィアには、フィラデルフィア管弦楽団とマイク・ダグラス・ショーの他には何もないんだ。私は死ぬにはまだ早いし、メンバーを増やして大編成でやるのは年に4回だけだ。それでは食っていけない。フィラデルフィアに住み続け、1回25ドルのギグでビバップを演奏するような連中にはなりたくないだろう。そんなのはお前にはふさわしくない』。それで気がついたら彼はインディアナ大学に進学し、そしてニューヨークへ行ったんだ。あとはご存知のとおりだよ」

マイケルの音楽的成長への貢献について、トロンベッタはこう語る。「『良い根は、植物を正しく成長させる』と言うよね。私が貢献できたとしたら、練習が必要な素材を、彼の中に深く根付かせたことだと思う。練習しなければできないものがあるんだ。それにより、レコードやソロやら何やらを注意深く聴くことが楽しくなったなら、おめでとう、作戦成功だ」

トロンベッタは、50年代半ばからジャズ界で活躍してきた正真正銘のジャズ戦士だが、後年のマイケルのこの言葉には心から感動したようであった。ハリウッドのカタリナ・ジャズ・クラブで行われたライブで、マイケルがステージから自分の師に感謝したときのことだ。「妻とふたりの息子、ニックとアダムと一緒に、ステージのすぐ近くに座っていたんだ。マイケルはオープニングでアップテンポのスタンダードを演奏し、それが終わると観客に向かって『みなさん、私がここで今こうしてサックスを吹いている理由はふたつだけです。ひとつはジョン・コルトレーン。そしてもうひとつは私の先生であり、今日家族と一緒に来てくれているヴィンス・トロンベッタです』と言ったんだ。これにはびっくりしたね。人生最大の褒め言葉だよ。ライブが終わって外に出て家族と車を取りに行こうと歩いていると、俳優のレイ・リオッタとマイケル・キートンが立ち話をしていたのだけど、レイが『ねえ教授、俺にも教えて

1966年、チェルトナム高校のビッグバンドでテナーサックスを吹くマイケル。隣はアルトサックスのマーク・コーエン(のちのマーク・コープランド)[スーザン・ブレッカー提供]

くれない？』と叫ぶんだ。笑うしかなかったよ。そう、とても思い出深い夜だし、とても大切なものなんだ」

トロンベッタとの最後のレッスンは、1967年5月4日であった。6月にはチェルトナム高校を卒業し、ボストンのバークリー音楽大学の5週間のサマープログラムに参加して第一人者のジョー・ヴィオラに師事。当時としては画期的だった全3巻から成る彼の教則本『The Technique of the Saxophone(未邦訳)』は、今でもバークリーのカリキュラムの一部になっている。このサマープログラム直後の1967年7月17日、マイケルにとっての音楽の北極星、ジョン・コルトレーンが他界。サンフランシスコのヘイト・アシュベリーではあの伝説的なサマー・オブ・ラブのヒッピームーブメントがあった頃だ。マイケル・ブレッカーのサックスへの情熱はさらに確かなものになり、より素晴らしくより美しい世界への入り口に立っていた。

一方、ランディは弟の急成長を見逃していた。「残念ながら、弟がアルトサックスに転向し本格的に音楽に取り組み始めたとき、私は近くにいられなかったんだ。インディアナ大学に在学していたし、夏にはキャッツキルやポコノスでライブの仕事があり、実家にはあまり帰れなかった。でも、デヴィッド・ベイカーのレッスンを受けていて、その教材をコピーしてマイケルに送っていたんだ(デヴィッドはまだインディアナ大学にいなかったから、ブルーミントンからインディアナポリスの彼の家まで車で行って個人的に師事していた)」

「デヴィッドはジャズ・ハーモニーを教えてくれた」とランディは続ける。「モンクを勉強して、ハーフトーン、ホールトーン、ディミニッシュのスケールを研究したんだ。彼はジョージ・ラッセルの著書『The Lydian Chromatic Concept of Tonal Organization(未邦訳)』も強く薦めていた。デヴィッドは"フレーズ職人"でもあり、私が聴いていたフレーズ(中にはすでに私が吹いていたものも)を書き出してくれ、それをコピーしてアルトを始めたばかりのマイケルに送ったりもした。でも、彼のサックス上達の過程に一番近づいたのはせいぜいそのくらいだよ」

1973年のダウンビート誌のインタビューでマイケルはハーブ・ノーランにこう語っている。「私が本当に音楽に興味を持ったときには、兄はすでにインディアナ大学に行っていました。ある意味、そのおかげで私は演奏することができたのです。プレッシャーを感じずに済みましたから」

高校4年生でテンプル大学でのジョン・コルトレーンのコンサートに刺激を受け、サックスの師ヴィンス・トロンベッタから2年半にわたって与えられた山のような情報を武器に、マイケルは、兄が以前通ったインディアナ大学で徐々に飛躍しようとしていた。

マイケルがランディの足跡を追っているその頃、ブレッカー兄弟がふたりで組んで音楽シーンに大きなインパクトを与えるまでにまだ数年の時が必要であった。実際、マイケルが67年の秋にインディアナ大学の1年生として入学したとき、ランディはまだ弟のサックスを聴いたこともなかったのだ。「テナーどころか、アルトを吹いているのさえ聴いた記憶がないんだ」とランディは言う。「でも、ようやくマイケルがサックスを吹くのを見たときには、すでに彼は空を舞っているかのようだったよ」

# 2章

# IU and a Nightmare in Chi-Town

# 大学生活とシカゴの悪夢

1967年の秋学期、ブルーミントンのインディアナ大学に入学したマイケルは予定していた専攻を選ばなかった。1973年のダウンビート誌のインタビューで、次のように語っている。「私は音楽専攻で入学するつもりだったのですが、奇妙なことに最後の最後で自らに反乱を起こし、医学部進学課程に変更しました。でも、毎日音楽学部に行って音楽専攻の連中と一緒に練習したり演奏したりして、結局音楽にのめり込んでいったのです」

11年後の1984年、ノーステキサス州立大学でのクリニックで、マイケルはその決断をこう語っている。「そこまで人生の半分は、両親からの承認を得たくて音楽をやっていたところがあったと気づいたんです。そういう家だったのです。それで土壇場で医学部進学課程に専攻を変えたんですが、あまりうまくいかなかった。そして今度は美術にしてみました。絵の才能も多少あり、美術の先生とも仲良くなったのですが、その先生は、君はニューヨークに行った方がいいよといろいろと仄めかしてきたんです」。マイケルは結局、3学期間インディアナ大学に在籍し、その後ようやくビッグ・アップルへ行くことを決意したのだった。

マイケルがインディアナ大学の新入生生活に慣れてきた頃、ランディは引っ張りだこのトランペッターとしてキャリアを築きつつあった。その2年前の1965年には、ノートルダム大学ジャズ・フェスティバルですでに大きな反響を呼んでいる。ジェリー・コーカー率いる19人のインディアナ大学ジャズ・アンサンブルの一員として優勝しただけでなく、最優秀楽器奏者賞をその年の審査員のひとりであるクラーク・テリーから授与されたのだ。さらには優勝の特典として、インディアナ大学ジャズ・アンサンブルは国務省がスポンサーになっての中東・アジアツアーを行なった。１９６６年1月29日に始まった１０９日間のツアーは、セイロン(現在のスリランカ)、インド、パキスタン、イラン、イラク、アフガニスタン、シリア、ヨルダン、エジプト、レバノン、イスラエル、ギリシャを回り、5月17日にキプロスの首都ニコシアで幕を下ろす。ランディは「一流のビッグバンドでの4ヶ月近いタフなツアーで、まさに目から鱗の体験だったよ」と振り返っている。

その旋風のような学生ツアーのあと、ランディはインディアナ大学での最終学年とノートルダム大学ジャズ・フェスティバルの連覇を諦め、１９６６年5月に開催される、名誉あるウィーン国際ジャズコンクールに参加することにした。「キプロスで国務省のツアーを終え、何人かはそのまま列車でウィーンに向かったんだ」と彼は言う。「そして両親もウィーンまで来てくれた。長い間会っていなかったからね」

この2週間にわたるコンクールの責任者は、ピアニストでジャズやクラシックの興行主でもあるフリードリッヒ・グルダで、審査員には、J.J.ジョンソン、アート・ファーマー、キャノンボール・アダレイ、ロン・カーター、ジョー・ザヴィヌル、メル・ルイスといった錚々《そうそう》たる面々が名を連ねていた。ランディは1週目の準決勝を経て決勝に残ったが、最終的には1位のスイス人トランペット奏者フランコ・アンブロゼッティ(のちにブレッカー兄弟の生涯の友となる)に1点差で敗れた。「ランディは19歳くらいで、私は24歳だった」とアンブロゼッティは振り返る。「決勝はアルファベット順に行われたので、私が最初に演奏し、次にランディだった。決勝に残ったのは、クラウディオ・ロディティやトーマス・スタンコなど30人ほどで、決勝も予選と同じ3曲を演奏しなければならない。3曲を演奏する時間は最大で15分と決まっていて、大きな時計が置かれて時間を刻んでいた。ちょっと緊張してしまうような状況だったので、演奏前にリラックスしようとランディと私はウイスキーを一緒に飲んだんだ。ふたりで半分くらい飲んだかな。結果は私が１００点満点中98点、ランディが97点。そう、どっちかが勝ったなんて言えないよね」

１９６６年の夏、17歳のマイケルがペンシルベニア州ニューホープのランブラーニー・ジャズ・キャンプでフィル・ウッズの指導を受けている頃、帰国したランディは20歳でニューヨークに移り、すぐにクラーク・テリーのビッグバンドに参加する。同年、サド・ジョーンズ&メル・ルイス・オーケストラやピアニスト兼作曲家のデューク・ピアソンのビッグバンドでも演奏。後者では翌年12月15日にニュージャージー州イングルウッド・クリフスのルディ・ヴァン・ゲルダー・スタジオで行われた、アルバム《イントロデューシング・デューク・ピアソン・ビッグバンド》（1968年4月発売、ブルーノート）のレコーディングに参加している。

　デューク・ピアソン・ビッグバンドに時折参加する一方で、ランディは、ハードバップやビッグバンドとは全く違った世界でスポットライトを浴びることになる。1967年10月、キーボード奏者でシンガーのアル・クーパーの新しいバンド、ブラッド・スウェット&ティアーズ（BS&T）に参加。クーパーは、ボブ・ディランとの仕事を通してすでに名前を知られた存在であった。1965年のヒット曲〈ライク・ア・ローリング・ストーン〉でのオルガン演奏や、同年のニューポート・フォーク・フェスティバルでの悪名高い〝ディラン・ゴーズ・エレクトリック〟でのキーボード演奏だ。またクーパーは、1965年末にブルース・プロジェクトに加入し、1966年3月発売のデビューアルバム《カフェ・オ・ゴー・ゴーのブルース・プロジェクト（Live at the Cafe Au Go Go）》にも参加。1967年夏のモンタレー国際ポップ・フェスティバルにおけるバンド最後のステージでも演奏し、このバンドでの活動を終了している。同年秋、クーパーはホーン・セクション入りのロックバンドを結成するという過激なアイデアを思いつき、同じニューヨーク出身のディック・ハリガンをトロンボーン、フレッド・リプシウスをアルトサックス、ジェリー・ワイスをトランペット、そして移住版ニューヨーカーのランディ・ブレッカーをセカンドトランペットとして招き入れたのだ。11月11日、CBSの30丁目スタジオでコロンビア・レコードのために6曲入りのデモを録音。11月16日には同レーベルと契約し、翌17日金曜日から19日日曜日までの3日間、グリニッジ・ヴィレッジの中心地ブリーカー・ストリートにあるカフェ・オ・ゴーゴーで、幸先のよいデビューを飾る。

　BS&Tはその後、マンハッタンのミッドタウンにあるスティーヴ・ポールのザ・シーンで行われた感謝祭ブルースジャムでチェンバース・ブラザーズやタイニー・ティムと共演。12月11日から20日までCBSスタジオで、デビューアルバム《子供は人類の父である(Child is Father to the Man)》(コロンビア・レコード)をレコーディングする。1968年2月21日にリリースされたこのアルバムは、《サージェント・ペパーズ》以降のポップミュージックにおける最も強力な提言のひとつとしてたちまち成功を収め、ローリング・ストーン誌は時代を革新する作品と評した。ランディの存在感はアルバム全編にわたって感じられる。ハリー・ニルソンの〈ウィズアウト・ハー〉のボサノバ・バージョンでのフレッド・リプシウス(サックス)との息の合った掛け合いは、ほんの数年後にドリームスやブレッカー・ブラザーズで弟のマイケルと繰り広げることになるタイトなアレンジのホーン・セクションやテレパシー的なコール・アンド・レスポンスの先駆けともいえるものであった。

デビュー後のBS&Tは、当時急成長していたロックコンサートシーンで数多くの共演を果たすことになる。2月23日にボストンのサイケデリック・スーパーマーケットでビッグ・ブラザー&ザ・ホールディング・カンパニーと、3月1〜3日にクリーブランドのラ・ケイヴでジェイムズ・コットン・ブルース・バンドと、3月3日にデトロイトのグランデ・ボールルームでイギー・ポップ&ストゥージズと、3月7日にサンフランシスコのフィルモア・オーディトリアムでクリームとジェレミー&ザ・サテュロスと、さらにその後3月8〜10日の三夜にわたってウィンターランドでクリームとジェイムズ・コットン・バンドと。東海岸に戻って、3月26日と28日の二晩はイースト・ヴィレッジのエレクトリック・サーカスでジュディ・コリンズ、タジ・マハール、エレファンツ・メモリー(のちにジョン・レノンとオノ・ヨーコのバックバンドとして知られる)と共演する。

ブラッド・スウェット&ティアーズのオリジナルメンバーでの最後のライブは、1968年4月11〜14日、カフェ・オ・ゴー・ゴーの上にあったギャリック・シアターで行われた。クーパーは、創立メンバーであるスティーヴ・カッツとボビー・コロンビーとのアーティスティック面での意見の相違から、この三晩にわたるライブのあとにバンドを去ることになる。自分から辞めたのか、辞めさせられたのかは議論の余地が残るところだ。カッツもコロンビーもクーパーの作曲能力を高く評価していたが、ヴォーカル力には疑問を持っていて他のリードシンガーをバンドに入れたがっていた。クーパーが去り、ランディ・ブレッカーもすぐにそれに続く。「自分もアルと同じ晩に辞めたんだ。『アルなしじゃお前らには無理だぞ！』って言ってね」とランディは振り返る。「その翌日、ジョー・ヘンダーソンのビッグバンドのリハーサルがあり、隣に座っていた（トランペットの）ルー・ソロフに、自分の代わりにBS&Tで吹かないかと話したけれどやりたがらなかった」。結局ソロフは夏から秋にかけてBS&Tとツアーを回る。12月には、バンド名を冠したセカンドアルバムに収録された、1968年の大ヒットシングル〈スピニング・ホイール〉での名ソロをレコーディング、その後1973年までバンドに留まった。

ランディはBS&Tを辞めた1週間後、フィラデルフィアのクラブ、ショーボートでホレス・シルヴァーのクインテットに参加した。「それが彼との最初のギグだった」と回想している。「そのギグのことはすごくよく覚えているよ。私の両親がクラブの近くに住んでいて、ライブの前夜訪ねた。彼らのアパートが入っている建物の入り口が透明なガラスのドアで、そこに歩いたまま激突して額を切ってしまったんだよ。ライブの前の夜でとても緊張していたようだ」

ランディが順調にキャリアを積み重ねていく一方、マイケルはまさにスタートを切らんとしていた。インディアナ大学の1年生だった彼は学内のミュージシャン志望の何人かとつるんでいく。トランペット奏者のランディ・サンキはこう語る。「私たちはウィルキー・クワッドという同じ寮に住んでいて、みんなで集まれる部屋もいくつかあった。誰かが面白そうなレコードを手に入れたときは、そいつの部屋に集まって聴いたもんだ。そしてその後はもちろん回し聴きさ。マイケルはそんなにたくさんはレコードを持っていなかったけれど、持っているやつは本当によく聴き込んでいて隅から隅まで知っていた。コルトレーンをたくさん聴いて、いろいろコピーしていたよ。クラシック音楽を聴かせてもあまり興味を示さなかったけれど、自分が好きなものにはまるでレーザーのように鋭く集中していた」

「ある日、自分の部屋で聴いてコピーしたいので、なにか借りたいと私のところにレコードを探しに来たのだけど、彼が唯一興味を持ったのはジョー・ファレルが入っているメイナード・ファーガソンの何枚かだった。ジョー・ファレルをチェックしたかったんだ」

マイケルとサンキは同い年だったが、ふたりが出会ったときサンキはすでに2年生だった。「私はデヴィッド・ベイカーのファーストバンドで演奏していた」と彼は振り返る。「私が入学したのは、彼がインディアナ大学の教授になってジャズ科を立ち上げた最初の年だった。当時はまだごく小規模でジャズを専攻することもできなかったのだが、3つのビッグバンドといくつかのコースがあった。私はこのうちのファーストバンドで演奏していて、マイケルも同じバンドに入るものと思っていた。でも彼がオーディションを受けたとき、デヴィッドはマイケルは譜面を読めないからとセカンドバンドに入れたんだ」

しかし程なくサンキとベイカーは、譜面を超えたマイケルの素晴らしい才能を知ることになる。「セカンドバンドのコンサートを聴きに行ったのだが、取り立てて言うこともなく、それほど難しくもないアレンジばかりだった」とサンキは振り返る。「でもマイケルが立ち上がると、会場の屋根を吹き飛ばすようなソロを吹くんだ。なんだかハイパースペースへ行ったような感じというか、突然別世界へトランスポーテーションされたみたいだったよ。全くの別世界。マイケルがソロをとるたびにそんな状態が続いた。ソロで信じられないようなピークに達することができるし、インディアナ大学のサックス奏者の中で最高のジャズプレイヤーだったのは明らかだった。マイケルは最初から目立っていて、さらに何年もかけて高みに登っていったんだ」(マイケルはのち1968年2月21日に、デヴィッド・ベイカーが指揮するファーストバンドのゲスト・ソリストとして、サンキ作曲の〈ハイド・パーク〉をお得意のスタイルで演奏し輝きを放つことになる)

マイケルの驚異的なサックスは、遺伝的な才能もさることながら、たゆまぬ努力と練習の賜物でもあった。「リズムを良くしたくて、メトロノーム的なタイム感を養おうと頑張っていた」とサンキは言う。「ドラムも練習していたんだよ。そうやって彼のタイム感は素晴らしく、そして強いものになっていった。バラードでさえもね。マイケルのタイムは元々良かったのだけれど、さらに良くしようと集中した結果そうなったんだ」

さらにサンキは続ける。「マイケルは兄であるランディを偶像化していたようなところがあった。ランディは自分よりずっと先を行っていて、とにかく頑張らなきゃ追いつけないと思っていたんだ。なんというか、自分は遅れてやってきたからなんとか追いつかなきゃというメンタリティがあったのかもしれない」

マイケルのウィルキー・クワッド寮の部屋に貼ってあった、人種間の融和を促すポスターのこともサンキははっきりと覚えている。「マイケルの部屋に入ると、目に障害がある小さな黒人と白人の子供がお互いの体に腕を回した写真に『盲人は色で差別をしない(The blind are also color blind)』と書いてあるポスターが最初に目に入るんだ」

入学した最初の学期に見せた、ルームメイトへの思いやりもマイケルの人柄の一端を物語っている。「ひどい火事に遭って顔の形が崩れてしまったルームメイトがいたんだ」とサンキは振り返る。「本当にひどい傷で彼を見るのも辛いくらいだったのだけど、マイケルは彼にとても親切でなんとか助けになろうとしていた。いつも彼の良いところを挙げて他の人も友達になるようにしていたよ」

ランディが在籍していた頃からわずか3年後、マイケルの時代のインディアナ大学の雰囲気は以前とは激変していた。

ティモシー・リアリーのカウンターカルチャー宣言ともいえる「ターンオン、チューンイン、ドロップアウト～目を覚ませ、自分自身であれ」や、ヘイト・アシュベリーの「サマー・オブ・ラブ」など、この国で起きている文化の変化がここにも広がっていたのだ。

「私がインディアナ大学にいた頃は、マリファナも何もない真っ当な時代だった」とランディは振り返る。「みんなで繰り出してはビールを飲む、それだけだ。自分たちはジャズマンで、ジャズロックなんてまだ考えてもいなかったし、ヒッピーよりハードバッパーたちを身近に感じていたんだ。でもマイケルの頃はマリファナをキメた長髪の連中がそこかしこにゴロゴロしていた。ヒューマン・ビーイン(時には数万人のヒッピーたちが集うカウンターカルチャーをサポートするイベント)とかいろんなことが起きていた。違う時代だったんだよ」

1967年、シカゴ出身のサンキは最初の秋学期の感謝祭休暇にマイケルを連れて実家に戻る。「私の実家はシカゴのハイド・パーク地区にあった。AACM(創造的ミュージシャンの進歩のための協会／Association for the Advancement of Creative Musicians)の始まりもその近くで、いろんな連中がその辺りに住んでいたんだ。実際、ジョセフ・ジャーマン(1969年にアート・アンサンブル・オブ・シカゴを共同設立したアルトサックス奏者)は当時私の兄とアパートをシェアしていた。もうひとりのルームメイトはジェフ・カープというブルースハープ奏者兼シンガーで、のちにエリック・クラプトンやローリング・ストーンズのふたり(ベーシストのビル・ワイマンとドラマーのチャーリー・ワッツ)と《ザ・ロンドン・ハウリン・ウルフ・セッションズ》(1971年、チェス・レコード)に参加している。ジェフはジャニス・ジョプリンと付き合っている感じだった。このシカゴの南部にあるクレイジーなアパートには私の兄、ジョセフ・ジャーマン、ジェフ・カープ、そしてジャニス・ジョプリンが居たってわけだ」

「まあ、とにかくその年の感謝祭にマイケルは私の実家に滞在し、AACMの連中のコンサートを聴きに行った。マイケルも彼らの音楽に夢中になったよ。生々しさと感情の激しさが気に入ったようだった。フレッド・アンダーソンというテナー奏者もとても激しくて演奏しながら涎《よだれ》を垂らすのだけど、マイケルはそれにも魅了されていた。ハマるところがたくさんあったんだ。音楽がとても生き生きとしていた時代で、マイケルはそのすべてを吸収していた」

67年の秋が深まる頃、マイケルは、セカンドテナーサックスのブルース・ニフォン、キーボードのシェルビー・ジェーンズ、ベースのブレント・マッケソン、ドラムのジェームズ・ネルソンからなるサンキのセプテットに参加している。リハーサルや大学近辺でのライブを通じて、あっという間にタイトなサウンドを作り上げたこのセプテットは、1968年3月8日と9日に開催されたノートルダム大学ジャズ・フェスティバルにインディアナ大学代表として参加。このインディアナ州サウスベンドでの第10回大会の優勝候補とみなされていた。シカゴ・デイリー・ニュース紙のライター、バック・ウォームズリーは、このイベントのレビュー記事で、次のように述べている。「インディアナ大学のランディ・サンキ・セプテットは、金曜日と土曜日午後の予選で、他の7つのコンボすべてを圧倒し、さらには別カテゴリーである9つのビッグバンドのどれよりも刺激的で創造的であった。その演奏は観客に衝撃を与え、メンバーのうち、サンキが最優秀トランペット奏者、サックスのマイケル・ブレッカーはフェスティバル全体の最優秀楽器奏者、ドラムのジェームズ・ネルソンは最優秀コンボ・ドラマーに選出されている」

予選での寸評で、審査員のジェラルド・ウィルソンもサンキのセプテットを高く評価している。「素晴らしいグループであり、イマジネーションに富み、メンバー全員が優れた技術と感情を併せ持った演奏をしている。すべてに秀でている」。審査員だったレイ・ブラウンも「非常にクリエイティブなグループだ。卓越したテナーサックス奏者、優れたトランペット奏者とベーシスト。アレンジもスタイルも良い」と評した。

優勝は確実と思われたが、決勝の夜、事態は急展開を見せた。ウォームズリーがシカゴ・デイリー・ニュース紙の記事の後半で伝えている。「決勝でサンキのセプテットはジャズのイディオムから脱却し、デューク・エリントンの〈ウォーム・ヴァレー〉をロック調で演奏した。ロックとしては素晴らしかったが、ジャズとしては審査員の基準から外れており、ジェラルド・ウィルソン、レイ・ブラウン、オリバー・ネルソン、ロバート・シェア、ダウンビート誌編集者のダン・モーゲンスターンら審査員は、このグループは決勝で本来の力を発揮できなかったと判断したのだ。と同時に、ファイナリストの他の二組のコンボに賞を与えることもなかった」

ウォームズリーはこうまとめている。「サンキのメンバーに賞を与えることはジャズ・フェスティバルでロックミュージックに賞を与えるという前例を作ることになり、一方、他の二組のファイナリストに賞を与えることは凡庸さに報いてしまうことになる、という審査員の見解により結局受賞者なしとなったのだ」

サンキのセプテットによる〈ウォーム・ヴァレー〉は、エリントンのオリジナルに忠実な形で始まった。１９４０年にビクターからリリースされた、ジョニー・ホッジズのアルトサックスによるテーマが、抑え目で、官能的で、そして詩的に響くあのバージョンだ。サンキ・セプテットでは、サックスのニフォンがこの切ないメロディを吹き、1分50秒ほど演奏を続ける。そして2分間にわたるスペイシーなルバートの間奏へ。次に荒々しいパーカッション・ジャムに突入し、ツインテナーが2コードのヴァンプにのって《ニュー・シング》スタイルで4分半叫び続け、審査員たちをゾッとさせる。しかし彼らを真に苛立たせたのはここからだった。セプテットは、自由奔放なジャムとなった最後の方で、3分11秒にわたるドアーズの〈ハートに火をつけて(Light My Fire)〉の即興的な再現へと切れ目なく移っていったのだ。この挑戦的な態度は権威ある審査団とは折り合わず、その審査結果は観客には不評だったものの覆ることはなかった。

サンキはそのときの反体制的な演奏をこう振り返る。

「デューク・エリントンの〈ウォーム・ヴァレー〉を普通の感じで始めたんだけど、なぜかしらいろんな音の並びに繋がっていったんだ。マイケルは高音域を鳴らし始め、他のプレイヤーはランダムに音を足していく。それがアート・アンサンブル・オブ・シカゴのような自由奔放な、半ばユーモラスで、半ば行進のようなものに変化し、やがてはロックのヴァンプになり、〈ハートに火をつけて〉のリフで2本のサックスが狂ったように鳴り響く。そういうことなんだよ」

サンキは、決勝での大胆な演奏のあとの審査員のコメントメモを密かに知っていた。「レイ・ブラウンが『全部嫌い』って書いていたんだ。それはその後バンドの内輪ネタみたいな感じになったよ。ライブで曲を演奏したあと、マイクに向かって『全部嫌い。レイ・ブラウン』って言うんだ」

1968年のノートルダム大学ジャズ・フェスティバルについて、5月2日のダウンビート誌「ジャズ・ゴーズ・トゥ・カレッジ」に寄稿したダン・モーゲンスターンは、サンキ・セプテットの演奏を「フェスティバルで聴いたコンボの中で最もオリジナルで創造的、刺激的で、前衛的だが同時にバンドとしての一体感もある」とし、リーダーのことを「素晴らしい、明るい音色と完璧な演奏、真の音楽的知性を兼ね備えた期待のトランペッター」として挙げている。

ノートルダム大学の年鑑「ドーム」では、このように取り上げている。「第10回カレッジ・ジャズ・フェスティバルでは、間違いなくそれまでになかったことが起きていた。金曜日と土曜日の夜のコンサートには記録的な数のジャズファンが集まったが、審査員たちはベストコンボ賞の授与を見送ることにしたのだ。5人のジャズ界の権威による審査員団のこの決断は観客にはあまり好評ではなかった。観客の多くは、インディアナ大学のセプテットは金曜日のパフォーマンス時点で他の二組の決勝進出バンドよりはるかに優れていることをすでに示していて、ベストコンボ賞に値すると思っていたのだが、審査員はそこまでの演奏を考慮せずに土曜夜の決勝のみを審査の対象とする。彼らは、決勝のインディアナ大学のセプテットのロック的な演奏を、音楽的には興味深いがジャズではない、と判断したのだ。また、他の二組のファイナリストは、インディアナのセプテットに見られるような才能を見せることはなかった。このため、ジャズコンボ部門の優秀賞は受賞者なしとなったのだ。ＣＪＦ（カレッジ・ジャズ・フェスティバル）のジョン・ノエル会長は『私の知る限り、審査員がコンボの受賞を見送ったのは、このフェスティバルで初めてのことです。ジャズと称して薄っぺらいロックを演奏しているグループもいました。今回の決定は、私たちがカバーできる範囲を狭めるかもしれませんが、フェスティバルと、そしてジャズそのものにある種の定義を与えるものです』と審査員たちを支持している」

　翌１９６９年のノートルダム大学ジャズ・フェスティバルのプログラムでは、ジャズに対する考え方の再定義が行われた。「昨年のＣＪＦでは、最優秀コンボ賞が選ばれなかったことが物議をかもしました。同賞の候補であったインディアナ大学のランディ・サンキ・セプテットの演奏が、審査員の考える真のジャズとは違うと判断されたからです。彼らが意図的にそれまでのＣＪＦではなかったようなロック調の演奏をしていることは、会場にいる人たちには一目瞭然でした。時代は明らかに変わったのです。そして、ＣＪＦの審査方針も変わっていきます。昨年の審査会でも（特にダウンビート誌編集長のダン・モーゲンスターン氏から）『もはやロック＝悪い音楽ではない』という意見が出されました。彼が編集長に就任して以来、ダウンビートはジャズだけでなくロックの素晴らしい部分も取り上げてきています。ジャズとロックは異なる音楽形態であり、混同されるようなものではありません。しかし、ジャズとロックの間には、例えばお互いのテクニックを借用しあうような〝親善〟が生まれつつあります。では、ＣＪＦに参加したグループにとってはどうなるのでしょうか？　１９６８年のフェスティバルは音楽のスタイルの分水嶺となりました。ランディ・サンキは、ジャズらしくないこと、それまでここで行われたことのないようなことをやってのけたのです。そして、彼は過去10回の大学ジャズ・フェスティバルの基準に則って演奏していないと審査員は感じ、賞の授与を見送りました。私たちはフェスティバルのあと、ダン・モーゲンスターン氏(再び審査委員長となります)と相談し、CJFのパフォーマンスに関する方針書を作成することにしました。その一部に『創造的な即興の要素があり、音楽性が高い限り、音楽スタイルやエフェクトに対する偏見はない』とあります。つまり、ロックのエフェクターも使えるのです。その結果、今年の参加者からは、また違ったタイプの音楽が聴こえてくると思っています」

1100キロほど離れたニューヨークのグリニッジ・ヴィレッジでは、ほぼ同時期に、ザ・フリー・スピリッツ(ギタリストのラリー・コリエル、サックス奏者のジム・ペッパー、ギタリストのチップ・ベイカー、ベースのクリス・ヒルズ、ドラマーのボブ・モーゼス)や、ジェレミー&ザ・サテュロス(フルートのジェレミー・スタイグ、ギターのエイドリアン・ギレリー、キーボードのウォーレン・バーンハート、ベースのエディ・ゴメス、ドナルド・マクドナルド)といった冒険的で新しいグループが、ロックとジャズを境目なく組み合わせて、革新的な結果を残していた。1968年3月、サンキのセプテットも同じ先駆者精神を見せていたのだ。スライ&ザ・ファミリー・ストーンがアルバム《ダンス・トゥ・ザ・ミュージック》でブレイクする約2ヶ月前、シカゴのデビューアルバム《シカゴI(シカゴの軌跡)》のちょうど1年前、そしてブラッド・スウェット&ティアーズのデビューアルバム《子供は人類の父である》がリリースされて間もない頃である。マイケルもこの新しい音楽の方向性を熱心に追い求め、ドリームス、ビリー・コブハム、ブレッカー・ブラザーズと共にロックとジャズを融合させるという彼自身の将来を予示していたのだ。

そんな中、サンキとブレッカーは、ジャズの新しいムーブメントを反映したエレクトリック・アンサンブルを立ち上げ、さらに一歩前進させようと考えていた。「マイケルと私は、アヴァンギャルドなジャズはもう前の時代のものだと感じていて、このエレクトリックな方向性こそがジャズの進むべき道だ、と話していたんだ」とサンキは振り返る。「だから定期的にリハーサルをするようになった。最初のリハーサルのとき、エレキギターとエレキベースとエレキオルガンでなにかが起こった。楽器の電源を入れた瞬間、すべての電気エネルギーが驚くべきサウンドに変わったんだ」

このグループは、ウィルキー・クワッド寮の不人気な給仕婦を皮肉って「ミセス・シーマンズ・サウンド・バンド」と命名された。「シーマン夫人はヒッピーみたいな連中が大嫌いで、私たちはそんな感じになりつつあった。髪を伸ばして、ちょっと変わった格好をし始めたのは多分その年だったと思う。マイケルはよく縞模様のパンツにブレザーを羽織り、ブーツを履いていたよ。本格的なヒッピーとは言わないけれど長髪だったたな。彼女は僕らが不潔だと思っていて煩《うるさ》く言われたりもした。長髪にサンダル履きだからね。仲間がサンダルを履いていた記憶はないけれど、キャンパスには履いている連中もいた。ミセス・シーマンはそういう奴らを追い出して靴を履かせるんだよ。そんな感じで彼女はいつも厳しくて、非難めいて、権威主義的だったので、こんなバンド名にして対抗しようと思ったんだ」とサンキは語る。

ミセス・シーマンズ・サウンド・バンドのメンバーは、テナーサックスにマイケルとブルース・ニフォン、トランペットにサンキ、キーボードにマーク・ソーマン、ギターにブルース・アンダーソン、エレクトリックベースにブレント・マッケソン、ドラムスにエリック・ロングという顔ぶれだ。マイケルはいつものテナーサックス以外に、ルネサンス時代のダブルリード楽器であるクラムホーンも演奏していた。「どこから持ってきたのか知らないが『最初のジャズ・クラムホーン奏者になりたい』と言っていたよ」とサンキは言う。

ジャンルを超えた斬新なアンサンブルのキーとなるのはドラマーのロングで、サンキによると「我々全員の導き手であり、ある種ミステリアスだが本物のカリスマ」だという。「エリックは、誰もが惹かれる存在だった」と説明する。「彼もウィルキー・クワッド寮に住んでいて、ジャズ、特にエルヴィン・ジョーンズに強い関心があり、クラシック音楽もたくさん聴くし、現代のポップミュージックやロックも聴いていた。だから彼は、僕らが聴いていたさまざまな音楽の要素をすべて統合するという、私たちがやろうとしていたことにうってつけだったんだよ」

ミセス・シーマンズ・サウンド・バンドは、大学近辺で演奏を始め、徐々にファンを増やしていった。1968年4月、民主党の大統領候補ユージン・マッカーシーの選挙集会がダン・メドウ(インディアナ大学キャンパス内の8万平米くらいの草地で、学生がリラックスしたり、勉強したり、遊んだりできる場所）で開かれ、そこに出演した彼らはそれまでとは全く違うレベルの人気を得ることになる。このミネソタ州選出の上院議員は反ベトナム戦争を掲げており、インディアナ大学の男子学生のほとんどが徴兵年齢に達していたため、その日の午後の政治集会は反戦デモ参加者で溢れかえっていた。アメリカが文化的、政治的に激変していた時期で、バンドにとって大きな注目を浴びる機会となったのだ。マッカーシーは最終的に同じミネソタ州選出の上院議員ヒューバート・ハンフリーに民主党の指名を奪われたが、ミセス・シーマンズ・サウンド・バンドは、その4月の午後の集会で彼らの音楽に初めて触れた多くの新しいファンを獲得することになる。

「本当にすごい反応だった」とサンキは振り返る。「経験したことのないものだった。ジャズの場合、少人数のお客さんの前で演奏することが多く、お客さんもどちらかといえば控えめな人が多い。いくらジャズが好きでも、ソロで拍手するくらいでそれほど派手なことはしない。だからこんなにも多くのお客さんが本気で反応してくれて、バンドを気に入ってくれるなんて、メンバー全員にとってすごく大きな刺激になったんだ。マイケルもそういう経験をしたのはこれが初めてだと思うし、私にとってはそんな経験をできる最後の機会でもあったかもしれない」

マッカーシーの集会で演奏した直後、サンキのもとにひとりのファンから不思議な電報が届いた。「人生で初めて

1968年のミセス・シーマンズ・サウンド・バンドのライブポスター［ランディ・サンキ提供］

もらった電報だったと思う。『バック・ウォームズリーです。妻のアシュリーがバンドのマネージメントをしたいと言っています。この番号に連絡してください』とあった」

シカゴ・デイリー・ニュース紙にサンキのセプテットを絶賛する記事を書いたウォームズリーは、マネージャー志望の写真家、アシュリー・シモンズと結婚していた。彼女は1ヶ月前のノートルダム大学ジャズ・フェスティバルで、あの悪名高い演奏を撮影していたのだ。サンキは、シモンズが決勝戦の演奏中カメラを片手にステージの前をうろうろしていたのを覚えている。「彼女はとてもセクシーな年上の女性で、24歳くらいだったかな。そう、僕らは18歳くらいだったから。ミニスカートで、演奏中ずっとバンドの前にひざまずいて写真を撮っていたんだ。バックは確か40代半ばで、彼女は2番目の妻だった。ちょっと変わったカップルだったね」

サンキは、春休みにシカゴに行き、アシュリー・シモンズと会って話をすることになる。「イリノイ・セントラルの列車に乗って行ったが、ちょうどマーティン・ルーサー・キング牧師が撃たれた直後(1968年4月4日)で、とても緊迫した時期だった。シカゴに到着すると、人々が列車に向かって石を投げ、略奪してきたものをショッピングバッグいっぱいに詰め込んだ人々で駅中が埋め尽くされていたのを覚えているよ。まるでお祭りのような雰囲気なんだけど、それが国家的な大惨事の最中だという奇妙な光景だった。そこにいた白人は私ひとりという緊迫した状況だったので、トランペットを取り出し、地下鉄が来るのを待ちながらルイ・アームストロングの曲を吹くことにしたんだ」

この打ち合わせでシモンズはバンドの基本計画を打ち出した。インディアナ大学の春学期が5月に終わったあと、バンドをシカゴに連れてきて、リハーサルのための場所を借り、チェス・スタジオを予約してデモを録音するというものだ。1968年5月初旬、マイケルはサンキやミセス・シーマンズ・サウンド・バンドの他のメンバーと共に、この絶好のチャンスを追いかけるためにブルーミントンからシカゴへと向かった。レコード契約とカウンターカルチャーのスターへの夢を膨らませた彼らは、アシュリー・シモンズのプランに忠実に従った。サンキは振り返る。「彼女はデモの制作費を払ってくれ、シカゴのオールドタウン地区にあるマイダス・タッチというジャズクラブ

（ノース・ウェルズ・ストリート1520番地）の上にあるメゾネットの大きなアパートを用意してくれた。当時のウェルズ・ストリートは、サンフランシスコのテレグラフ・ヒルやニューヨークの西8丁目のような、ボヘミアンな場所だ。ヒッピーの中心地であると同時に一種の観光地でもあり、すぐ近くにリプリーズ・ビリーブ・イット・オア・ノット博物館、通りを少し行ったところにセカンド・シティ・シアター、向かいには有名なジャズクラブのプラグド・ニッケルがあった」

この時期ホレス・シルヴァーのクインテットでツアーをしていたマイケルの兄ランディが、偶然にもその夏、プラグド・ニッケルでのホレスの2週間公演でシカゴにやってきた。「マイケルは、ランディ・サンキや、バンドの他のメンバーと一緒に、クラブのある通りのすぐ向かいに住んでいた」とランディは回想する。「まさにヒッピーの隠れ家みたいなところで、女の子が転がっていて、みんなラリっていて、とかそんな感じだった。シロシビンやなんやにどっぷり浸かっていたよ。バンド全体がかなりラリっていた。私もジャズミュージシャンとしては、そっち方面に入り込んでいた方だけど、奴らはそんなもんじゃなかった。結局は自分も少し試したけれどね。ある日、マイケルとミシガン湖に早朝から出かけ、シロシビンをやり、ただただ瞑想したんだ」

この滞在の間に、ランディはマイケルたちのバンドとセッションするべく、バンド仲間のビリー・コブハムとベニー・モウピンをプラグド・ニッケルのすぐ向かいのアパートに連れて行った。「マイケルがサックスを吹くのを聴いたのはそのときが初めてだった」とランディは言う。「とにかく驚いたよ。ビリーもベニーも私も。すごいテクニックで、コルトレーン、ジュニア・ウォーカー、キング・カーティスといった彼が大きな影響を受けたプレイヤーたちの要素をすでに融合していた。マイケルの進化を完全に見逃していたんだ。最初はインディアナ大学に行っていて、その後はホレスと一緒にツアーに出ていたからね。だからこの1968年の夏のジャムセッションで初めて聴いたんだ。マイケルはすでに自分のスタイルを持っていた。あのときのみんなの顔、特にベニーの顔は忘れられないよ」

そんな中、夏の終わり頃、メンバーとマネージャーのシモンズとの間がぎくしゃくし始める。「あっという間だったよ。罠にはまって抜け出せないような感じだった」とサンキは言う。

ある時期から、既婚者であるシモンズがドラマーのロングに気まずい好意を持っているのが明らかになってくる。サンキによれば、「当時はフリーラブの時代で、彼女は間違いなくエリックに興味を持っていた。彼はとてもハンサムで、水色の瞳が印象的で人を強く惹きつける力があるんだ。そんなある日、住み心地を良くしようとみんなで家を直していて、グッドウィルや救世軍に中古のマットレスを買いに行ったんだよ。今ではそんなことはもう保健所が許可しなくなって良かったけれど、私たちはそのマットレスからケジラミをもらってしまってね。まあそれはさておき、買い物に出ている間、エリックはオルガン奏者の友人でゲイのチャールズと一緒に残っていた。エリックは、本当に魂を解放するためには、女性だけでなく男性も愛すべきと思っていたんだ。そしてチャールズと一緒にＬＳＤでトリップしているところにアシュリーが入ってきた。自分に自信がなかったのか、すごく厚化粧で。かなりの美人なのに、アイライナーやらアイシャドウやらをやたら塗りたくることも多かったんだ。そしてエリックとなにかしたかったんだけど、かなりのトリップ状態だったエリックにはアシュリーの顔があまりにも人工的に見えて怖くなり、チャールズにしがみついて助けを求めてしまったんだ。それでアシュリーは激怒し、暴れ出したってわけだ」

「アシュリーはそこまで本当にいろいろやってくれていたのだけど、怒ってもうコミュニケーションも取ろうとしないし、バンドとの間に緊張感が生まれてしまった。これ以外にも、彼女は私たちがアパートに他人を泊めることも嫌っていた。いかにもあの時代なのだけど、僕らはすべての人類にオープンでいようとしていて、そこでも彼女とぶつかっていた。そんな頃、階下の鍵の調子が悪くて夜間でも施錠できなくなり、遅くに家に帰ると床に変な連中が寝ていて、中にはちょっとやばい感じのもいたりした。そう、ちょっと手に負えない状況になってきていたんだよ」

マネージャーとの問題や、人がたまりすぎたことで、ついにニフォンとマッケソンが突然バンドを脱退する。「バンドとして機能しない状態になってしまったので、ベースプレイヤーのオーディションを始めたんだ」とサンキは言う。「いかにも60年代らしい話で、単にライブで一緒にやるメンバーを探すのではなく、ファミリーの一員を探すことでもあった。しかも、フェンダーのベースを弾き、譜面が読め、ジャズとロックどちらもプレイできる人を見つけるのは難しく、ほぼ不可能なことだったんだ」

ベースはマッケソンからドナルド・ベッグスに、サックスはデニス・ランシングになり、ニフォンは空軍のビッグバンド「エアメン・オブ・ノート」に参加することになった。「代役を見つけるのはかなり時間がかかった」とサンキは言う。「その間、ライブで稼ぐこともできず、仕送りもなく、まさに飢餓状態だったよ」

そしてとうとうサンキも諦めた。「ある日、『ねえ、俺も出て行くよ。もう耐えられない』と言ってウェルズ・ストリートを去り、ハイド・パークの両親のところに戻ったんだ」

その頃、バンドのオルガン奏者の幼馴染であるルーシーという女性がウェルズ・ストリートのアパートに寝泊まりしていた。彼女は、故郷であるインディアナポリスにいる姉ブリジットとデンバー郊外のコミューンに行くことになっていて、そこに向かう前にシカゴに2~3週間立ち寄らないかとブリジットに声をかけていた。「それでブリジットもやってきた。アシュリーは私たちとはもうほとんど口も利かない状態になっていたのだけれど、これでさらに緊張感が高まったというわけさ」とサンキは続ける。「アシュリーは、『あの連中を追い出すのよ。バンドメンバー以外と関わる気はないわ』と言い続け、ブリジットは歓迎されざる空気を感じていた。一方、ふたりが行こうとしていたデンバーのコミューンを始めた奴が病気になり、そこへ行く話がなくなってしまったんだ。ふたりはシカゴで足止めをくらい、僕らのアパートに居候し続け、この先どうすればいいかもわからなくなっていた。そんな騒ぎも出てきた中、僕はひとり抜け出して実家に戻ったってわけだ」

7月22日の夜遅く、サンキはハイド・パークの実家で電話を受け、ウェルズ・ストリートのアパートで大変な事故が起きたと知らされた。「エリックとブリジットは最上階にいた。その晩みんなでルーシーが配ったアシッドをやっていたんだ。西への旅の資金にしようとルーシーが手に入れて売ろうとしていたものを、行く話がなくなってしまったのでみんなでやったんだよ。マイケルがなんらかやったかどうかは知らないが、事態がおかしくなっていることを察知して彼はアパートを出て行った。信じられないほど賢明な行動だったね。また、彼のテナーは修理中で、この騒動が起こったときはちょうど店にあったんだ」

その夜、エリックとブリジットの間でなにかが起こり、ブリジットは動揺してアパートの3階の窓から飛び降りて道路に落ち、結局死亡する。大混乱だ。サンキはこう振り返る。「ブリジットが飛び降りたあと、エリックは2階に降りて自分も窓から飛び降りようとしたのだが、バンドがリハーサルをしていた場所なので防音材で囲ってあり、そうはならず、ガラスだけが割れて通りに落ちていった。救急車が来てブリジットが運ばれ、警察はその場にいた全員を1箇所に集めて逮捕した。ルーシーが売るつもりだったマリファナとLSDを見つけたからだ。そして刑務所に入れられた」

「警察はとてもサディスティックだった」と彼は続けた。「68年の夏で、1ヶ月後にはあのシカゴでの民主党大会があった時期だ。警察も誰もがヒッピーを憎んでいて、忘れられないような仕打ちを与えようとしたんだと思う。逮捕された連中をそれぞれ別の刑務所に入れ、何人かは筋金入りのギャングたちと一緒にされた。うちふたりが独房でレイプされ、ひとりはエリックだった。彼がどんな目に遭ったか想像できるだろう。トリップし、ブリジットは窓から飛び降りて死に、彼も別の窓から飛び降りようとしたが逮捕され、クック郡の刑務所に入れられてレイプされた。おそらく何度もね」

翌日1968年7月23日の日刊紙シカゴ・アメリカンは「女性の転落事故後、警官がヒッピーの溜まり場を襲撃」と報じる。

その記事にはこう綴られていた。「警察はノース・ウェルズ・ストリート1520番地のアパートでマリファナらしきものと数百錠の錠剤を発見し、5人の若者を逮捕、16歳の少女を少年担当に引き渡した。被害者のブリジット・グインさん(21)は頭蓋骨骨折によりヘンローテン病院で意識不明。警察によるとグインさんはパーティー中に窓の網戸を破って飛び降りた模様で、建物から数メートルの歩道で倒れているのを発見された。警察はアパートにて少女と5人の若い男を発見し、6人はシカゴ・アヴェニュー警察で取り調べを受けたが非協力的な模様。このアパートに住んでいると言っているが、大家が誰なのか、賃貸契約にサインしたのは誰なのかは語らず、アパートの5部屋は汚くゴミが散乱しているとのこと。6人全員が、グインさんの転落を見たことを否定したが、ひとりは彼女は落胆していたと語ったという。若者たちは麻薬の所持で起訴された」

同紙の一面にはグイン転落直後の写真2枚が大きく掲載され、「少女、オールドタウンのアパートから悲劇の転落、ヒッピー仲間を逮捕」というおぞましい見出しが躍った。

地元の新聞がセンセーショナルに報じ、野心的な検事が計画殺人の可能性を追及してきた。「『無理矢理ドラッグをやらせたか、なにかしら誘導したんだろう』という主張だった」とサンキは言う。「しかしその後、この事件は法律的な解釈により棄却されるんだ。何人かの被告人の弁護を引き受けてくれるよう私の母が計らったシカゴ大学の法学者のおかげだ。アパートはメゾネット形式だったのだが、ふたつのフロアは、法的には別々のものだった。警察はひとつのフロアでしか麻薬を見つけられなかった。逮捕時に誰がどこにいたかを示さなければならないのだが、全員をひとつの部屋に集めて逮捕したことで、警察は自らこの件を潰したんだ」

あの夏の夜、ウェルズ・ストリートのヒッピーアパートで繰り広げられた悪夢のような事件の中、捜査官たちは建物の玄関の鍵を開けたままにしたのだ。「ドアは大きく開いていた」。サンキは言う。「その夜、おそらく警察と思われるバンが何台か来たとあとで聞いた。当時のシカゴの腐敗は本当にひどかったんだ。シカゴの警察は金で買える最高のものと言われていたくらいだからね。とにかく、すべての楽器、オルガン、私のトランペットとフリューゲルホルン、マイケルのクラムホーン、エレキベースとギター、アンプ、マイク、テープレコーダーなど根こそぎ持ち去られた。その後ホームレスの連中も来て、レコードコレクション、服、布団、毛布、家具、目覚まし時計さえも、何もかも綺麗にね。まるで戦場のようだったよ。ある日刊紙がその様子の写真を撮り〝これがヒッピーたちの住む汚れきったアパートだ。こんなところに住んでいたのでは少女が自殺するのも無理はない〟なんていう記事まで書いていた」

結局、1968年8月1日にすべての容疑が取り下げられる。サンキによると「もうひとつ明らかになったのは、警察が見つけた麻薬はブリジットの妹のルーシーの持ち物だったということだ。ブリジットが亡くなったばかりだったので、ルーシーを起訴しないことにしたのだろう。結局事件はうやむやのうちに終わったが、みんな本当に大きなダメージを受けた。逮捕されてクック郡の刑務所に入れられた連中は、みな心に傷を負った。マイケルと私は、あの夜あの場所にいなかったおかげで逮捕されず、刑務所にも入れられなかったのは幸運だったが、それでもあの夜の出来事はトラウマになった。あれ以降しばらくは感情がなくなってしまい、音楽も聴けなくなったほどだ。あの夜以来、音楽に何も感じることができなくなってしまった。マイケルがどんな影響を受けたかはわからないが、彼にとっても同じくらいひどいものだっただろう。68年の夏に起こったこの出来事で、マイケルと私はインディアナ大学に戻ることになったけれど、ふたりとも心ここに在らずという感じだった」

インディアナ大学での秋学期、サンキとブレッカーは美術へと専攻を変える。ランディ曰く「あんなことを経験したあと、箱やら何やらを描くということで、なんだか心を落ち着かせられるように思えたんだ。そして少し違った編成でバンドを再結成した」

その学期、マイケルはドラマーのエリック・ロングをルームメイトとして学外に住んでいた。ふたりは音楽的にも近い関係を持ち、ジ・アウルというクラブにしばしばデュエットで出演した。このクラブはダウンタウンのブルーミントンにあるメソディスト教会の地下にあり、地元のジャズ、フォーク、ブルースのバンドのライブや、時には実験的な演劇グループ、ザ・ポケット・プレイヤーズの芝居等をやっていた。この演劇グループには、インディアナ大学で演劇専攻のマイケル・ボーン(のちにニュージャージー州ニューアークのラジオ局WBGOで長年にわたって有名ジャズDJとして活躍)やケヴィン・クライン(アカデミー賞とトニー賞を受賞した俳優で、『ソフィーの選択』『再会の時』『ペンザンスの海賊』『ワンダとダイヤと優しい奴ら』などに出演)などが参加していた。

当時の貴重な録音が、ウィリアム・パターソン大学のマイケル・ブレッカー・アーカイブに収蔵されている。19歳のマイケルによる、ディジー・ガレスピーの〈チュニジアの夜〉と、ジョン・コルトレーンのアルバム《至上の愛(A Love Supreme)》の〈パートII:決意(Resolution)〉だ。エルヴィン・ジョーンズに影響を受けた自由奔放なドラマー、ロングと、名前がわからないベーシストと共に、彼らしい激しさと驚くべき才能で泣き叫ぶかのように演奏している。アーカイブのキュレーターであるデムジーは、この自己形成期のブレッカーのテナー演奏について、「お馴染みのブレッカー・スタイルをすでにこの時期に聴くことができます。少し荒削りですがとても力強いものです」と語っている。

残念ながらロングは、LSDのトリップ状態で刑務所で何度もレイプされた恐怖の夜から立ち直ることができなかった。かった。あの夏の悲惨な出来事を引きずったまま、マイケルと同居していたビルで二度自殺未遂を起こす。サンキは語る。「彼はあの夜シカゴで起きたことをずっと思い出していた。時々、幻覚剤かなにかの薬を飲んで繰り返し思い出してしまうんだ。マイケルと住んでいた部屋の窓から飛び降りようとしたことも2回あった。その頃のエリックとの生活は、マイケルにとって大きなトラウマになったに違いない。それこそが彼の魂をむしばみ、のちにニューヨークでハードドラッグやらいろいろなものにのめり込んでいく原因になったんだと思う」

インディアナ大学在学中、彼とマイケルはヘロインやモルヒネといった麻薬には手を出さなかったが、他の娯楽用麻薬に耽ったことはあるとサンキは語っている。「マイケルは酒もたくさん飲んでいて、いろいろなやり方で自分を麻痺させようとしていた。幻覚剤をやってみたり、大麻を吸ったりしていたが、彼が習慣的になにかをやっていたという記憶はない。当時、私たちが好んで使っていたのはシロシビンかシロシン、つまりシロシビン・マッシュルームの合成版だった。どちらかというと穏やかなもので、一種の精神的な高揚感を与えてくれる。お互いに、そして世界やすべての生き物と繋がっているように感じられるもので、ほとんど宗教的な体験だ。でもそれもいつもやっていたわけじゃない。週末に特別なご褒美としてやるようなもので、彼もそれ以上のことに興味があるとは思えなかったし、コカインも見当たらなかった。私たちはコカインはやらなかったんだ。その辺のものには手を出したいと思わなかった。ハードドラッグはいらないし、関心もなかったし、認められないものだったんだ」

インディアナ大学での秋学期が終わった68年の12月下旬、サンキは喉のヘルニアの治療のためにシカゴに戻る(数年後にマイケルも悩まされることになる病気だ)。「ひどく痛むようになり、首にガーゼを巻いてなんとか演奏を続けられるくらいだった。それでシカゴに帰って手術を受けたんだ」。ジャニス・ジョプリンのバンドで演奏するというオファーも断らざるを得ず、10年間、ほとんどトランペットから離れてピアノとギターに専念し、1979年にようやくトランペットへと復帰したのだ。

マイケルがその秋学期を終えることはなかった。落第したのか、それともただ授業に出なくなったのか、突然インディアナ大学を去り、アルトサックス奏者のデヴィッド・アラン・グロスと共に不運に塗《まみ》れたメキシコシティへの旅に向かったのだ。ふたりにはメキシコで1ヶ月間の演奏の仕事があったのだが、結局ギャラは受け取れなかった。さらにマイケルはこの旅でひどい肝炎にかかり、1968年の終わり頃にフィラデルフィアの病院に2週間ほど入院することになる。

退院後、マイケルはフィラデルフィア近辺で演奏を再開した。のちに1973年のダウンビート誌のインタビューで、「地元の素晴らしいミュージシャンたちと一緒に演奏する機会と幸運に恵まれました」と語っている。「若いミュージシャンが学ぶのに素晴らしい時代だったのです。フィリーのミュージシャンたちは、熱心に演奏し、上達しようとし、みんなを喜んで助けてくれました。セッションに行くと、10人くらいのサックス奏者が順番を待っていることもあったし、自分よりずっとうまい人たちと演奏するチャンスもあり、とても良い練習の場だったんです。ニューヨークほどではないけれど、都会的な臨場感もありつつ。そして、その過程で私を大いに助けてくれたのが、エリック・グラヴァットというドラマーでした。彼からは、聴いたことのないようなものやさまざまな演奏方法を知り、多大な影響を受けたのです」

グラヴァットはのちに、70年代前半にウェザー・リポートと、80年代には地元フィラデルフィアの雄、マッコイ・タイナーと共演することになるが、ブレッカーとは多くのデュエット演奏を行なった。テナーサックスとドラムだけで、それぞれのヒーロー、ジョン・コルトレーンとエルヴィン・ジョーンズの猛々しい力を呼び起こしていたのだ。マイケルはダウンビート誌のテッド・パンケンに、「目覚まし時計で1時間のアラームをセットして、そのまま1時間ぶっ続けでインプロヴィゼーションしたりしました。行くぜ!!　ってね」と語っている。

グラヴァット、ブレッカー、そしてピアニストのマーク・クレイマーは、フィリーの地元ソウルシンガー、ビリー・ポールのバックを短期間務めたことがある。ビリー・ポールがヒットシングル〈ミー・アンド・ミセス・ジョーンズ〉(1972年)で全米に名を馳せる4年前のことだ。マイケルはフランス人インタビュアーに「どう演奏するのかを学ぶのに良い場所だった。フィリーには素晴らしい思い出があるんです」と語っている。

フィラデルフィアで十分な経験を積んだ19歳のマイケルは、インディアナ大学を後にしてビッグ・アップルへと飛び立つ準備が整っていた。

# 3章

# Loft Scenes and Big Apple Dreams

ロフト・シーンとビッグ・アップルの夢

1969年、ふたつの重要な出来事があった。ひとつ目は人類が月に降り立ったこと、ふたつ目はマイケル・ブレッカーがマンハッタンに降り立ったことだ。インディアナ大学で計3学期弱を過ごしたのち、マイケルはついにビッグ・アップルへと移り住む。最初はマンハッタンのアッパー・ウエスト・サイドのウエスト・エンド・アヴェニュー340番地、76丁目の角にある1ベッドルームの質素なアパートに住み始めた。ディスティングイッシュド・アーティスツのローン・フローマンとの2004年のインタビューでこう語っている。「父は私に2、3ヶ月分の家賃を渡し、『あとは自分の力でやりなさい』と言ったのです。また、とても幸運なことに、兄のランディはニューヨークに2年ほど住んでプロのミュージシャンとして活動し、すでに名前が売れている頃でした。早くに成功を収め、私がこの街に来たときも本当に親切にしてくれました。知り合いみんなに紹介してくれてかなり早くから仕事をできるようになり、すぐにリハーサルを始め、もらえる仕事は何でもしてできる限りのことを学んでいったんです。なので両親がくれた2、3ヶ月分の家賃がなくなったとき、それ以上もらう必要はありませんでした。自立できるくらいは稼げるようになっていたのです」

ブレッカーの仲間でアルトサックスのスティーヴ・スレイグルはこう言い添える。「普通ならば、スタジオのシーンに入っていくためにはいろいろなコネクションを作っていく必要があるけれど、兄として、ランディはマイケルがそれなしで入っていけるようにお膳立てしてあげたんだ。どんなに素晴らしいプレイヤーでもコネクションがないと仕事がもらえないのを、ランディがその辺の世話をしてあげて、弟がすぐにその世界に入っていけるようにしたのさ。もちろん、一度マイケルの演奏を聴けば、彼がいかに素晴らしいかは誰の目にも明らかだ。でもそこに至るまでをランディが仕切ってあげたんだよ。しかもマイケルはそれを当然のことだとは全く思っていなかった。マイケルにはランディという兄がいて幸運だったたし、それを自ら認め、自分から言うのがマイケルという人だと思う」

新しい仕事に慣れ始めて間もなく、マイケルは1969年1月21日、兄ランディの初リーダーアルバム《スコア》に参加するため、ハドソン川を渡ってニュージャージー州イングルウッド・クリフスにある、かの有名なルディ・ヴァン・ゲルダー氏のスタジオへと向かうことになる。ヴァン・ゲルダー・スタジオは、プレスティッジ、ブルーノート、インパルスなど数多くの名盤がレコーディングされた場であり、ジョン・コルトレーンの一連の作品《バラード》(1962年)、《インプレッションズ》(1963年)、《クレッセント》(1964年)、1965年の傑作《至上の愛》などもそこに含まれている。マイケルのような若いトレーン信者にとって、まさに聖地に立っているようなものだった。

マイケルはプロとしてのスタジオ経験は浅かったが、ランディは弟ならきっとやってくれると信じていた。「前年夏のシカゴでのジャムで聴いたとき、マイケルは本当に素晴らしかったのでこのセッションに誘ったんだ。19歳で初めてレコーディングに呼ばれ、しかもそれがニューヨークともなれば、さぞかし緊張したことだろう。でも、このアルバムを聴けば、みんなが知っているマイケルがそこにいるんだよ。スタイルは完成していなかったけれどね。ダイヤモンドの原石さ。まだ〝マイケル・ブレッカー〟ではなかったが、すべての要素はすでにそこにあったんだ」

ランディの師であるピアニスト兼作曲家のデューク・ピアソン(ランディは引き続き彼のビッグバンドで時々プレイしていた)がプロデュースし、ソニー・レスター、フィル・ラモーン、マニー・アルバムがユナイテッド・アーティスツのジャズ部門として設立したレーベル、ソリッド・ステートからリリースされた。同レーベルとして、チック・コリアの《ナウ・ヒー・シングス・ナウ・ヒー・ソブス》、マイク・マイニエリ・カルテットの《インサイト》(いずれも1968年)に続くこの作品は、音楽の変わり目、スタイルの境界が曖昧になっていた時代を捉えたものであった。

この流れは、フリー・スピリッツ(ギタリストのラリー・コリエル、テナーサックスのジム・ペッパー、ギタリスト兼シンガーのチップ・ベイカー、ベーシスト兼シンガーのクリス・ヒルズ、ドラマーのボゾ・モーゼス)のデビュー盤《アウト・オブ・サイト・アンド・サウンド》(1967年、ABCレコード)が先駆けとなり、ジェレミー&ザ・サテュロスがバンド名を冠したデビューアルバム(1969年2月、リプリーズ)で追いかける形で存在していた。そして1969年終盤にリリースされたランディの野心的なデビュー作も、ジャズロックの、このあまり知られていない領域を探求したものだ。マイルス・デイヴィスの革新的な《ビッチェズ・ブリュー》がリリースされる丸1年前のことである。

ダウンビート誌1970年2月19日号に掲載された《スコア》の4つ星レビューで、編集者のダン・モーゲンスターンは次のように評している。「ランディ・ブレッカーは24歳にして、現在のシーンで最も優れたオールラウンドな若手トランペッターのひとりだ。彼の弟で、今回がレコーディング・デビューとなるマイケルは、燃える心とガッツ、そして素晴らしい演奏テクニックを持ち合わせている。1968年初めのノートルダム大学ジャズ・フェスティバルでも大いに感銘を受けたのだが、このアルバムでの演奏は、彼が注視すべきプレイヤーになるという予感をさらに膨らませるものだ。当然ながらふたりは兄弟としてお互いの感情を深く理解しながら演奏しており、この前途有望な音楽的関係を追求していってくれることを願わずにはいられない」

一方、《スコア》のレコーディングのちょうど1週間前、ランディはホレス・シルヴァーの勢いのあるレコーディングに参加している。テナーサックスのベニー・モウピン、ベースのジョン・B・ウィリアムズ、ドラマーのビリー・コブハム(ニュージャージー州フォート・ディックスの第179陸軍軍楽隊で、素晴らしいドラムテクニックに磨きをかけ、軍楽隊ならではのスネアテクニックを身につけて名誉除隊したところだった)とのハードバップ・クインテットだ。同年6月にブルーノートからリリースされたホレスの《ユー・ガッタ・テイク・ア・リトル・ラブ》は、ストレートアヘッドな世界にシルヴァー流のファンクやラテンを取り入れたものであった。そしてランディ自身のプロジェクトでは、片足をオールドスクールなジャズに置きながらも、もう片足で新しいサウンドの世界へと歩みを進めている。《スコア》収録の8曲においては二分法が展開された。ランディはハードバップとジャズロックという異質な世界を軽やかに行き来し、別々のリズムセクションを使いつつ、それぞれのスタイルの本流を追求している。ランディ作のハードバップ的な4ビート曲〈バンガロール〉と軽やかなジャズワルツ〈パイプ・ドリーム〉には、アップライトベースのエディ・ゴメスとベテランドラマーのミッキー・ローカー、そしてチェット・ベイカーのバンドを経てボストンからやってきたばかりのピアニスト、ハル・ギャルパーが参加。ギャルパーの手によるグルーヴィーなアルバムタイトル曲や、エレクトリックなブーガルー〈ザ・ヴァンプ〉といった、力強いファンクビートやロック寄りの曲では、最強のスタジオミュージシャン、ドラムのバーナード・パーディとエレキベースのチャック・レイニーが余裕たっぷりに演奏。そしてギャルパーはエレキピアノに持ち替えている。音楽的カメレオン、ラリー・コリエルは両方のセッティングを自由に行き来し、ジャズ的な曲ではウェス・モンゴメリーの影響を受けたバッキングとソロを披露。より逼迫したジャズロック的な曲では、生々しく激しくロックしたり、ファンキーなリズムパターンを聴かせている。ブレッカー兄弟のふたりも、どちらの世界でも自由自在なプレイで並外れた多才ぶりを発揮すると共に、バンドのフロントマンとして、異次元レベルでの共鳴ぶりを記録する初の場ともなったのだ。

オープニング曲〈バンガロール〉や、明るいボサノバ風の〈ザ・マーブル・シー〉におけるトランペットとテナーの緊密なハーモニーにせよ、ギャルパーの時代をうまく捉えたアルバムタイトル曲にせよ、兄弟間でのテレパシーともいえるような繋がりは明らかであった。これは、のちにドリームスやブレッカー・ブラザーズといったバンドで活躍するふたりにとっての雛形となる。

マイルス・デイヴィスの《マイルス・イン・ザ・スカイ》（1968年）収録の〈パラフェルナリア〉を思わせるようなモーダルな曲〈バンガロール〉での、マイケルの流麗さと確かなリズム、そして冒険的なハーモニーを併せ持ったソロは、彼のその後を予感させるものだ。ランディは高音域での華麗なソロを披露。ハル・ギャルパーも、マッコイ・タイナーにインスパイアされた素晴らしいソロを聴かせる先進的なモダンジャズである。〈スコア〉では、ギャルパーはエレクトリック・ピアノへと楽器を替え、レイニーとパーディとのリズムセクションによるタイトなビートで盛り上げる。マイケルは彼の持つキング・カーティス的な要素を深く掘り下げ、ガッツのあるテナーらしいフレーズを解き放ちつつ高音域へと駆け上がっていく。そしてハービー・ハンコックの〈処女航海〉を連想させる穏やかで神秘的なギャルパーの〈ネイム・ゲーム〉で、より内省的、探求的なプレイを見せる。エディ・ハリス・スタイルのファンキーでアーシーなブーガルー、ギャルパー作曲の〈ザ・ヴァンプ〉では、マイケルはキング・カーティスやジュニア・ウォーカー的といえる無骨なトーンと生々しい奔放さを再び披露。しかも、インディアナ大学時代に、ドラマーのエリック・ロングと出演したジ・アウルでの自由奔放なジャムの中で試していた過激な《ニュー・シング》的なものも取り入れながら。このアルバムでのマイケルのソロに迷いは全くないが、マイケル・ブレッカーならではの説得力と驚くべき技巧を見せるのはまだ数年先のことであった。

このアルバムで最も興味深い曲のひとつ、少なくとも歴史的に興味深いものは、最も短い曲でもあるわずか1分19秒の〈ザ・ウィーゼル・ゴーズ・アウト・トゥ・ランチ〉だ。兄弟ふたりによる即興デュエットは自然発生的な対位法のやりとりになっている。チェルトナムの自宅のタイル張りのバスルームで一緒に演奏していた子供の頃のような、ふたりの自然な相性を再現しているものだ。

1969年2月3日に《スコア》のレコーディングを終えたマイケルは、ビッグ・アップルで次の動きを探り始める。いくつか仕事を見つけたり、89丁目とブロードウェイの角にあるリン・オリバーのスタジオや、53丁目の8番街と9番街の間にあるチャールズ・コリンのスタジオでさまざまなリハーサルバンドとプレイしたりしていた。初期のニューヨークでは、学ぶため、そしてすでに天才的だったサックスのテクニックをさらに向上させるためにも時間を使っていた。シリンガー・システムによる作曲法を徹底的に研究し、その後、ジュリアード音楽院でサックスを教えるジョー・アラードにも一時期師事したのだった。

1987年、バークリー音楽大学のマスタークラスで、ネイサン・クラインにこう語っている。「ジョーは、私はいつも音を出すのに一生懸命になりすぎていると言っていて、リラックスするようにしていったんです。実際、やってはダメな例として私を使って他の生徒に教えたりもしていました。そして妙なことをするんです。自分の入れ歯を取り外し、私の手を彼の口の中に入れてその感触を確かめさせるとか。バカバカしいと思うかもしれませんが、とても勉強になりました。彼はすべての筋肉を熟知していて、咽頭部がどうなっているか、そして音にどのように影響を与えるかについて、驚くほど深く理解していたのです。そして、喉仏と舌の位置を演奏中に意識することなどもすべて教えてくれました。私は舌の位置が低すぎたので、顎を下げないようにという指導もしてくれました。今でも低い音やサブトーンを出すときにその悪い癖が出てしまうこともあるのですが。そういうことをジョーから教わったんです。彼は素晴らしい、そして偉大な教師でした」

1969年5月、マイケルはアッパー・ウエスト・サイドの小さな部屋を出てダウンタウンのチェルシー地区にある広いロフトに移る。チェルシーは、南北は14丁目と30丁目、東西は6番街とハドソン川に囲まれたエリアだ。「18丁目の6番街と7番街の間にある、ひどくボロいロフトだった」とランディは当時を振り返る。「上階の画家と揉めたんだ。その画家はマイケルがいつも練習しているのが嫌で、自分が出かけるときにはロフトの床でラジオを爆音で鳴らし、マイケルに嫌がらせをしていた。結局数ヶ月しかそこに住めず、最終的には出て行った」

マイケルが次に引っ越したウエスト・サイド地区では、かつての製造業の拠点やスウェットショップ(搾取工場)が巨大なロフトとなっていて、中には300〜500平米近くに至るようなものもあった。長い間放置されていたこれらのスペースは、画家、彫刻家、ジャズミュージシャン等カウンターカルチャーのボヘミアンたちに占拠され、ジャズミュージシャンを志す若者たちにより、60年代後半に実り豊かなジャムシーンが発展していったのだ。マイケルはフローマンにこう説明している。「理由は簡単で、いくらでも演奏できるから多くのミュージシャンがロフトに住んだのです。住むにはひどいところでしたが、周りは廃屋だらけで、一晩中演奏しても、どれだけ音を出しても、近所から苦情がくることはありませんでした。ロフトでのジャムセッションで多くのことを学びましたが、一番はミュージシャンとの音楽的なコミュニケーションの取り方です。こうやって積んだ経験が、無意識のうちに私たちを形作っていきました。私の基本的な音楽的傾向は、この初期のロフト時代に形成されたのです」

デイヴ・リーブマンは、ロフト・シーンのパイオニアのひとりである。「68年にニューヨーク大学で歴史の学位を取ったあと、3、4ヶ月間ウッドストックに修行に出たんだ。68年の感謝祭の頃にニューヨークに戻ったときはロフトに住まなきゃってわかっていた。その頃すでにボブ・モーゼスやジム・ペッパーのロフトに遊びに行っていて、これこそが私の学び方だと思ったからね。私は正式なトレーニングを受けていないので、たくさん演奏することしか学ぶ方法はなかったし、たくさん演奏すればうまくなるチャンスがあると思った。そしてロフトがあれば、それが可能になる」

19丁目の6番街と7番街の間にあるロフトを借りるため、サウル・リーブマンという偶然にも同姓の家主に、リーブマンは敷金として1200ドル支払った。それからは、毎月の家賃は125ドルで、今の感覚からすると破格の安さである。「でも問題はロフトに住むのは違法だったってことだ」と続ける。「大家にはなんの問題もなかったけれど、消防が検査しに来ると(実際来たのだけど)賄賂を渡すか、さもないと大家は法廷に召喚される。危ない生活だったんだ」

リーブマンは、19丁目にある廃墟となっていた倉庫ビルに住み始めた最初のミュージシャンで、最上階のロフトに住み、そこは自由奔放なマラソン・ジャムセッションの中心地的存在になっていった。「私の部屋は、絞り染めのシャツ工場だったんだ」と彼は説明する。「部屋は100平米強の広さで、以前は誰も住んでおらず、剥き出しのいかにも工場といった場所だった。電気器具は何も残されてなかったと思う。水道はなんとかあったけれど。みんなほとんど何もない状態で生活していた。冷蔵庫とホットプレートを買い、あとは裸電球。家具もテーブルとベッドだけ。だから、快適な暮らしとは決して言えなかったけれど、大事なのはいつでも演奏できるということだったんだ」

ピアニスト、作曲家、教育者であるルイス・ポーターとの対話をまとめた自叙伝『What It Is: The Life of a Jazz Artist(未邦訳)』の中で、リーブマンはこう説明している。「私にとって、音楽的に進歩するためには、吹いて吹いて吹きまくるしかないのは明白だった。上達するためには実践で演奏することが必要で、私の場合の唯一の方法は現場のど真ん中にいて吹き続けることなんだ」

そのロフトでリーブマンが最初に思いついたことは、時代に合った典型的なヒッピースタイルで飾り立てることだった。「引っ越してきたとき、工場には絞り染めのシャツが床にたくさん残されていたんだ」と振り返る。「あとは、ステープルガンで全部天井に貼り付けるだけだったよ」。「ドラムとピアノとベースがあればみんなが来ると思ったんだ。次に、ここをジャムの中心地とすべく楽器を集めた。本当は通常の就労時間帯のあとは演奏してはいけなかったのだが、あのロフトでは一日中演奏していた。ロフト・シーンは24時間体制だったんだよ。うちの前にやってきたミュージシャンたちに上から鍵を投げると上がってきて、3、4時間演奏し、休憩してチャイナタウンでなにか食べて、ロフトに戻ってまた演奏するんだ」

また、現在も続く人間関係の多くは、このロフト時代から始まったという。「ランディ・ブレッカーは私のロフトによく来てジャムっていて、お互い良い友達になった。マイケルがようやく来たのがいつだったかは覚えていないけど、ランディが『俺の弟が引っ越して来るんだ、ヤツはめちゃくちゃすごいよ』と言っていたのは覚えている」

「マイケルとは、46丁目にあるスティーヴ・ポールのクラブ『ザ・シーン』で出会った」と、リーブマンの音楽パートナーであるピアニストのリッチー・バイラークは振り返る。「私はデイヴとランディと一緒にいて、ランディが『弟のマイケルだ』とニューヨークに出てきたばかりの彼を紹介したんだ。19歳だったけど16歳くらいに見えた。手足が長くてひょろっとしてたね。背が高くて、ハンサムだった。それで私が『そうか、お前もブレッカー家の人間なんだな?』と聞くと、ランディが『確かにこいつはすごいけど、これからいろいろ学ばないといけないんだ』と兄らしく割り込んできて、よくあるお兄ちゃんぶりを見せていたよ」

ランディはマイケルが初めて19丁目にあるリーブマンのロフトを訪れたときのことを振り返る。「彼はまだ引っ越してきたばかりだったので、私がリーブマンのところに連れて行ったんだ。ジャムって、すごく良くてリーブマンは感心していたけれど、私はマイケルがどんなに神経質になっていたかも覚えてるよ。そんな彼は見たことがなかったのだが、手が震えていたんだ。緊張のせいで最高のプレイとまではいかなかった。ニューヨークに慣れるのには時間がかかるってことだ」

マイケルはすぐにリーブマンのロフトで行われるマラソン・ジャムの常連になる。当時はジョン・コルトレーンが、リーブマンとブレッカー、そしてスティーヴ・グロスマンやボブ・バーグのようなコルトレーン信奉者たちにとっての導きの光であった。１９６９年のマイルス・デイヴィスの《ビッチェズ・ブリュー》セッションに参加し、ロフト・シーンで活躍したドラマーのレニー・ホワイトは、「あの連中はみんな、コルトレーンを神だと信じていたよ」と言う。「若いサックス奏者はみんなコルトレーンを追い求めていたんだ。でもその中でマイケルが一番コルトレーンに似ていなかった。マイケルの演奏を聴いたとき、ジョン・コルトレーンよりもスタンリー・タレンタインやジョー・ヘンダーソンに影響を受けていると感じたよ」

しかし、バイラークはこう言う。「コルトレーンはマイケルという人間の人格形成の根本だった。だからこそ、それについて話すのも苦痛なほどだったんだ。コルトレーンを深く愛していたが、同時にキング・カーティスも愛していた。比べることはなかった。キング・カーティスとコルトレーンを比較するなんて、できっこない。コルトレーンはバッハやベートーヴェンのような高みにあり、山のような存在だ。革命なんだ。１００年に一度くらいしか起こらないようなことで、マイケルもそれをよくわかっていた」

ロフトでの自由奔放なジャムでは、サックス奏者たちは後期のコルトレーンに傾倒していた。リーブマンは「私たちは、あの時代のコルトレーンに最も影響を受け、模倣しようとしていた」と言う。「いつの時代の若者もそうであるように、自分らの周りで聴こえるものを真似したくなるんだ。そして《アセンション》こそが『これをやろう！』というアルバムだった。つまり、できるだけ多くのホーンと、ドラマーさえも数人いるような、グループでのインプロヴィゼーションだ。基本的なテーマもメロディもコードもなく、完全に自由な発想。そしてここでの大きな要素であるたっぷりのエネルギー。マイケルはその中でとても重要な役割を担っていた」

リーブマンは続ける。「その頃のニューヨークの若いミュージシャンはコルトレーンと向き合わざるを得なかった。避けられないことだった。いや、どこに避ける必要があるだろう？　コルトレーンの作品、仕事、そして言語と向き合うのだ。私たちはみなそれに魅了され、大きな影響を受けていた。コルトレーンは至るところにいて、彼の成し遂げたことの偉大さはみんなの心の中に刻まれていた。当時のジャムのテープを聴くと、私とマイケル、スティーヴ・グロスマン、ボブ・バーグの間で個性が発揮されているのがよくわかると思う。よく知られた言語を自分流に組み立てるという、自分たちなりのスタイルとなるものの始まりだったんだ」

ドラマーのボブ・モーゼスは、オーディオ・ドキュメンタリー『フリー・ライフ・ロフトジャズ、あるムーブメントのスナップショット』の中で、ロバート・マイク・マハフィーにこう語っている。「僕にとって、あのセッションは、なんというか祈りの会のようなものだったんだ。正直に言えば、メスカリンやLSD、その他の精神に作用する薬物を摂取するという聖餐が何度も行われたことを認めなくてはならない。ある種、祈りの輪のようなもので、自分の心から抜け出し、自己から抜け出すというものだった。あらゆる形式や作られたもの、これまでに学んだものや練習したもの、それらすべてを捨て、ただゼロの状態で出会うこと。それは、鏡に映った自分の本当の魂を見るようなもので、美しさも醜さも、すべてがそこに浮き出てくる。これは、アーティストや夢想家にとってとても貴重なプロセスだと思う。当時は、そういう方向で実験してみるミュージシャンがたくさんいたんだ」

ランディは、リーブマンをはじめとする当時のニューヨークのロフトでのセッションは、何時だろうが関係なかったと語る。「19丁目のあのビルでは、一度に3つのセッションが行われていたこともあったし、街中の他のロフトでもミュージシャンたちは時間を気にせずプレイしていた。リーブマンのロフトは、主にフリージャズのジャムの中心的存在となり、ビバップとマイルスのフュージョン・ジャムはジーン・パーラのロフトで行われた。このロフトはロウアー・マンハッタンのジェファーソン・ストリートにあり、イーストリバーからすぐのフルトン・ストリート・フィッシュマーケットの近くで、ヤン・ハマーとドン・アライアスとシェアしていた。私はジーンと一緒にバークリーに通っていたり、ヤンとは1966年のウィーン・ジャズ・コンペティションで出会っていたりで、エレクトリック・マイルスの影響を受けていたたくさんのミュージシャンたちと一緒に、そこでもよくジャムっていた」

「それに、アップタウンの89丁目とブロードウェイの角にあるリン・オリバーのスタジオや、ダウンタウンの19丁目、5番街と6番街の間のトム・ディピエトロの『アップサージ』などビッグバンド用のリハーサルスペースもあった。そこら辺ではチャック・イスラエル・ジャズ・オーケストラやジョー・ヘンダーソン・ビッグバンドがよくリハーサルをやっていて、私も行ったよ。当時は演奏できる場所が本当にたくさんあったんだ」

（マーク・コープランドもダウンタウンのウォーレン・ストリート77番地にロフトを持っていて、ここにはギタリストのジョン・アバークロンビーやラルフ・タウナー、ベーシストのグレン・ムーア、ドラマーのジェフ・ウィリアムスが頻繁に訪れていた。ドラマーのボブ・モーゼスは、バワリーからすぐのブリーカー・ストリート7番地の彼のロフトでセッションを行なっていた。ドラマーのブルース・ディトマスはソーホーのグリーン・ストリートにある自分のロフトを使ってジャムを開催。ニュージーランドのピアニスト、マイク・ノックはブリーカーと3番街の角のロフトでジャムを開いていた）

ランディは家賃90ドルのウエスト・ヴィレッジのジョーンズ・ストリート21番地のアパートから、バワリーの150平米のロフトに引っ越し、家賃は175ドルにアップする。「あの頃ニューヨークに住むのは比較的簡単だった。ミュージシャンのギャラはその頃から今に至るまであまり上がってないことを考えるとわかるだろう。一方家賃は20倍にもなっていて、今マンハッタンに住むのはほとんど不可能だ」

リーブマンに続いて19丁目西138番地のビルに入ったのはベーシストのデイヴ・ホランドだ。ドラマー兼ピアニストのハウイー・ワイエス（有名なイラストレーターN.C.ワイエスの孫で、素晴らしい画家アンドリュー・ワイエスの甥。のちにボブ・ディランのローリング・サンダー・レヴューのメンバーとして75年のツアーに参加）が退去したあと、2階のロフトへと引っ越して来たのだ。リーブマンは数年前にロンドンでホランドと出会い、ジャズクラブのロニー・スコッツで一緒に演奏している。「私の両親は旅することが大切だと考えていて、私が67年に21歳になったとき、1000ドルと『ヨーロッパ（1日5ドル）の旅』という本、さらにロンドン行きのチケットと2ヶ月後の帰りのチケットをくれたんだ。ベーシストのキャメロン・ブラウンは、彼がヨーロッパに住んでいたときの友人の電話番号をいくつか教えてくれた。到着した夜に、当時ジョン・サーマンと一緒に住んでいたデイヴ・ホランドに電話したんだ。ロニー・スコッツに彼らの演奏を聴きに行き、結局自分も一緒に演奏し、その後彼らの家に泊めてくれて3週間滞在した。残りの5週間は、楽器とダッフルバッグを持ってヨーロッパを回り、あちこちで演奏したよ」

68年8月にマイルス・デイヴィス・バンドに参加するためにニューヨークに引っ越したホランドは、19丁目西13８番地の2階にある広いロフトに住むことにこだわった。のちに同じ建物の1階が空いたときには、ピアニストのチック・コリアにも引っ越しを勧めている。(コリアとホランドは、当時マイルス・デイヴィスのエレクトリック・アンサンブルのバンド仲間で、のちに《イン・ア・サイレント・ウェイ》[1969年]や《ビッチェズ・ブリュー》[1970年]といったフュージョンの名作に共に参加。また、ドラマーのバリー・アルトシュル、アルトサックスのアンソニー・ブラクストンと共にフリージャズのグループ「サークル」を結成した)

「あの建物には僕とデイヴ・ホランドとチック・コリアの3人がいて、毎晩パンを焼き、1年か1年半の間、厳格なマクロビオティックを実践していた」とリーブマンは回想する。「LSD、メスカリン、瞑想、スワミ・ヴィヴェーカーナンダ、ハレ・クリシュナなどもね。すべてを経験してみる、生きるための実験室だったんだ」

ホランドは、20歳のマイケル・ブレッカーがロフト・シーンに現れたときのことを振り返っている。「彼は大学を出たばかりで、私の住んでいるところの裏手に引っ越してきた。彼のロフトが入っている18丁目のビルと、私のロフトがある19丁目のビルを結ぶ屋根があり、あちらのキッチンの窓から屋根を伝って、私のキッチンの窓へと入ってくることができたんだ。当時ひとり暮らしの若者だったマイケルは、私と妻のクレアを訪ねて台所の窓からよく入ってきたよ。引っ越して程なかったし、妻の料理は美味しいし、私たち夫婦も一緒にいて悪くない感じと思ったのか、よく窓からやってきて、ぶらぶらし、夕食を食べ、少しジャムり、ジャズだけでなく現代クラシック音楽のレコードを聴いたりしたものだ」

とある深夜、一緒に音楽を聴いているときに、ホランドはカナダ出身でロンドンを拠点に活動するトランペッター兼作曲家のケニー・ホイーラーの音楽をマイケルに聴かせた。「ニューヨークに来る少し前に、ケニーと《ウィンドミル・ティルター》というアルバムのレコーディングをした。

これは、ケニーが長い間一緒に仕事をしてきたイギリスのビッグバンド・リーダーで作曲家のジョン・ダンクワースに依頼されて書いたもので、素晴らしい出来だった。私は曲自体とレコーディングのどちらも大変気に入っていて、ニューヨークにもアルバムを持ってきていろいろな人たちに聴かせたんだ。デイヴ・リーブマンや、マイルスの家にも持って行った。そしてマイケルにも聴かせた。誰もと同じように、マイケルもこの音楽の美しさに驚いていたよ」(ホランドとブレッカーはのちに、ピアニストのジョン・テイラーとドラマーのジャック・ディジョネットと共に、ホイーラーのアルバム《ダブル、ダブル・ユー》[1983年、ECM]で共演することになる)

「マイケルはいつも何にでも興味を持っていた」とホランドは続ける。「自分の音楽に対して本当に真剣で、言葉で自慢したりせず、音楽で語る人だったと思う。『どうだ、すごいだろう、俺を聴け』という気負ったタイプではなかった。常に学ぼうとしていたし、もっと学ぶべきことがあると自覚していて、それが彼を偉大なミュージシャンにしたんだ。これは年月を経ても成長し続けるミュージシャンに見られる資質だと思う。新しいことや学ぶことにオープンであり、常にもっと知るべきこと、もっと学ぶべきことがあるとわかっているんだ。マイケルもそうだったと思うし、実際いつも好奇心旺盛だった」

リーブマンのロフトで初めてマイケルとジャムセッションをしたあと、ホランドも他の多くのミュージシャンと同じような反応を見せ、「その時点でもすでに並外れたサックス奏者だった」と振り返る。「とても一生懸命で、たくさんの情報を吸収し、音楽の歴史を理解していた。一方、彼の育った時代は音楽ジャンルの境界線が曖昧になり始めた頃で、R&Bとロックンロールとジャズの間でクロスオーバーが起こっていたんだ。私たちは、これらの異なるジャンルが互いに対立しているとは思っていなかった。伝統的なジャズ奏者の中には、ジャズはもっと独立した音楽形態であるべきで、他のジャンルと交わるべきでないと思っている人たちもいたようだが、私たちはすべての音楽は互いに関連していると考えていたんだ。私たちの世代は、自分たちの音楽を作るためにさまざまな要素を使っただけなんだと思う。そして、そこからたくさんの興味深いミクスチャーが生まれていった。もちろんマイケルもそれに気づいていて、彼なりの方向性でやっていた。フリー・インプロヴィゼーション、コルトレーンの伝統、ジョー・ヘンダーソンなど、ことテナーに関するものであれば何でもチェックしていて、それがすべて彼の演奏の中で一緒になり、最終的には彼自身の演奏スタイルになっていったんだ」

マイケルはフローマンに、「あの頃ニューヨークは特別なところでした。当時はポップミュージックとジャズの境界が曖昧になりつつある時期で、R&Bのリズムとジャズのハーモニーを組み合わせる実験を通して、いろいろな要素を掛け合わせた融合物、つまり〝フュージョン〟である音楽を作り始めたのです。それは新鮮で、刺激的で、力強く、生き生きとした音楽でした。当時はまだ名前がついていなかったのですが、なんとなくジャズロックと呼ばれていました」と語っている。

1969年の秋、《ユー・ガッタ・テイク・ア・リトル・ラブ》のリリースから数ヶ月後、ホレス・シルヴァーはクインテットの解散を決め、ランディ・ブレッカー、ビリー・コブハム、ベニー・モウピン、ジョン・B・ウィリアムズは突然失業してしまう。「ホレスはカリフォルニアでバンドを解散した」とランディは振り返る。「私たちは2年近く一緒にやっていたのだけど、彼はカリフォルニアに戻りたかったんだ。その頃彼は結婚し、残りの人生をマリブで過ごしたいと思ったんだろうね。2週間後に解散する、とバンドのミーティングで知らされた。ホレスらしいプロフェッショナルな決断だけど、1ヶ月ならともかくたったの2週間だよ。それでビリーと私はニューヨークに戻ったのだが、その頃マイケルはトロンボーン奏者のバリー・ロジャースと出会っていた。一方バリーは、ドリームスというバンドを始めたいというふたりのシンガーソングライター、ジェフ・ケントとダグ・ルバーンと出会っていた。そして、全くの偶然なんだけど、彼らはトランペット奏者とドラマーを必要としていたんだよ。ヴィレッジ・ヴァンガードでマイケルと話をしたのを覚えている（バリーもいたかもしれない）。『なんてこった。実はホレスがバンドを解散して、俺とビリーはちょうどニューヨークに戻って来たところなんだ』と言ったんだ。ふたりがフリーだったのは本当にすごい偶然だったよ」

コブハムはマイケルのことを、68年の夏にシカゴで一緒にジャムセッションをした「痩せっぽちの長身の子」と覚えていた。ホレス・シルヴァーのクインテットで、プラグド・ニッケルで2週間ライブをしたときの出会いだ。ケントとルバーンが作ろうとしているバンドに参加する前に、マイケル、ランディ、ロジャース、コブハムは、ブロードウェイとウエスト・エンド・アヴェニューの間、マイケルが最初に住んだアパートから遠くない70丁目にあるウンガノズで七晩演奏する。シンガーソングライターでキーボード奏者のエドウィン・バードソング率いる、バードソングというR&B／ファンクバンドでの演奏だ（エドウィンはのちにポリドール・レコードと契約し、ヴィブラフォン奏者でファンクソウル・ジャズのパイオニアであるロイ・エアーズのプロデューサーとしてより知られるようになる）。「ジェームス・ブラウンのようなスタイルだった」とランディは振り返る。「私とマイケルとバリーのホーン・セクションは最高だったよ。譜面なしで、その場でジャムってパートを作ってしまうんだ。何も書き留めなかった。基本的には合図でやっていて、チャールズ・ミンガスのグループのように、次のセクションに行ったり、その間にグループでのインプロヴィゼーションをたくさん入れたりした。バリーは、私たちふたりとすごくよくフィットしてジャムれたんだ。そして、ドリームスではそれをさらに発展させることになる」

バリー・ロジャースはニューヨークのサルサ・シーンのベテランで、1960年代初めのエディ・パルミエリの革新的なバンド、ラ・ペルフェクタの主要メンバーであった。想像力豊かなインプロヴァイザーであり才能あるアレンジャーでもある彼は、ドリームス初期のマイケルにとって重要な指南役となる。「彼は私より年上で、親身になってくれ、私がニューヨークで快適に暮らせるように助けてくれたんです」とマイケルは1973年のダウンビート誌のインタビューで回想している。「アフリカの音楽を初めて聴かせてくれたのは彼なんです。より正確にはギニアの音楽でした。心を奪われましたね。ケイジャンやラテンの音楽も最初に聴かせてくれたのも彼です。バリーは音楽を要素にまで分解して分析することが得意で、かつ、精神的、感情的にも深いレベルで音楽を感じていて、そういった彼の根本的な才能にも惹かれました。そして私たちには共通点もありました。ふたりとも音楽的に同じものに反応し、エキサイトしていたのです。私には彼のようにその興奮を人に伝える能力はありませんでしたが。あるリズムだったりハーモニーのテンション&リリースに私が反応すると、バリーもまさに同じところで反応していたのです。同じ音楽的要素が心の深いところに届くのです。両者ともに」

2006年、バリー・ロジャースの息子でトランペット奏者のクリス・ロジャースとのインタビューで、マイケルはロジャースから受けた深い影響についてこう語っている。

「バリーは早くから私と私の演奏に興味を持ってくれていました。バリーが常にポジティブなフィードバックをくれたことで、当時の自分に欠けていた自信というものを持つことができ、それはとても貴重なことでした。というのも、ほとんどのミュージシャンがそうであるように、おそらく当時の自分の最大の敵は私自身だったから。自分を最も悪く評価するのは、たいてい自分なのです。彼が、私がやっていることに純粋に興奮してくれたのは大きな励みになりました。自分に批判的になりすぎているとき、バリーの言葉は、誰もが持つ〝内なる自己判定委員会〟の中での重要な意見であり、ポジティブで人生を肯定するようなメッセージとなり、私は演奏を続けることができたのです。彼には感謝しきれません」

ブロンクスにあるロジャースの自宅には信じられないほ

ドリームスのホーン・セクション——マイケル・ブレッカー、ランディ・ブレッカー、バリー・ロジャース(1970年)[ジェフ・ケント・エステート提供]

ど多彩なレコードコレクションがあり、ドリームスの他のメンバー、特にマイケルは定期的にチェックしていた。「彼はマイルス、モンク、コルトレーン、J.J.ジョンソンのレコードを全部持っていました」とクリス・ロジャースは振り返る。「もちろん、ラテンアメリカの音楽、特にキューバ、ペルー、アフロカリビアンの音楽も。スミソニアン・フォークウェイズやノンサッチといったレーベルのアフリカのフィールドレコーディングも持っていました。彼はこうしたものすべてに興奮し、まるで民族音楽学者のように深くのめり込んでいったのです。そして、異なる音楽文化に対する好奇心が、マイケルにも伝わっていくのでした。ふたりは同類だと感じます。ある種のエネルギーを共有している。共に勇敢な探検家であり、それぞれが独自の方法で音楽を探求していたのです」

1970年になると、ミュージシャン達はどんどんフルタイムの仕事を得るようになり、無秩序なロフトジャム・シーンから離れていった。マイケルとランディがドリームスの計画を練り始め、リーブマンはジャニス・ジョプリン風のカリスマ的なシンガー、ゲニヤ・ラヴァーンを擁する革新的なホーン主体のロックバンド、テン・ホイール・ドライブと出会う。「ジャズロックが台頭した年だった」とリーブマンは言う。「ストレートアヘッドなジャズには最悪の時期だ。多くの黒人ミュージシャンが個人的、音楽的な理由でヨーロッパに行った。仕事もあるし、人として扱われるしね。一方、アメリカでは、ジャズロックが盛んになってきていた。当時まだ誰もフュージョンとは呼んでいない。他で仕事がないホーン奏者たちが、突然、ドリームス、テン・ホイール・ドライブ、ブラッド・スウェット&ティアーズ、シカゴ、チェイスなどのホーン・セクションがあるロックバンドで演奏し始めたんだ。新しい音楽で、人気もあって、みんなハッピーだった。もちろん、80年代にはそうでもなくなってしまったが、70年代には間違いなく盛り上がっていたんだ」

ドリームスのソングライターであったケントとルバーンは、思慮深く社会意識の高い歌詞で60年代後半の時流に乗った。パンチの効いたホーンとコブハムの雷のようなビートに支えられた覚えやすいメロディとキャッチーなフックは、若いリスナーの間で大きな成功を収めた。「ドリームスはブラッド・スウェット&ティアーズやシカゴのようなホーンを使ったロックバンドでしたが、唯一違うのは、このグループはほぼ全員がジャズミュージシャンだったことです」とマイケルはダウンビート誌のハーブ・ノーランに語っている。「でも、自分たちはロックも聴き、R&Bも演奏して育ったジャズミュージシャンなんです。ホーンパートは毎晩その場で即興で作り、譜面にはしないという当時としてはかなり珍しいやり方でした」

強力なメンバーにさらにコブハムの逞しいドラミングが加わり、バンドは無限の力を得た。「ビリーはドラムでこれまで誰も聴いたことがないような派手な演奏をし、マイケルのソロは当時他のバンドがやっていたものよりはるかに先を行き、群を抜いていたんだ」とケントは言う。「誰もビリーのようには叩けない」とランディも言っている。「彼はいつもウェイトトレーニングをし、体をすごく鍛えていた。タムを何個も追加し、ドラムセットは巨大なものになっていった。ドラミングの新しいスタンダードを作ったんだよ」

（コブハムはのちにマイルス・デイヴィスに呼ばれて、《ビッチェズ・ブリュー》などの画期的なフュージョン作品を生んだ1969年8月19~21日のセッションや、《ジャック・ジョンソン》《ライヴ・イヴル》《ゲット・アップ・ウィズ・イット》《ビッグ・ファン》《サークル・イン・ザ・ラウンド》などを生み出した1970年4月7日のセッションで演奏している）

コブハムのパワフルで正確なドラミングと、ロジャースとブレッカー兄弟の完璧にタイトで絡み合うホーン・セクションを擁し、ドリームスは1969年、フィルモア・イーストでのキャンド・ヒートやオールマン・ブラザーズの前座、エレクトリック・サーカスでのアイク&ティナ・ターナーの前座などを通して瞬く間にカルト的なファンを獲得していった。そしてグリニッジ・ヴィレッジの中心、トンプソン・ストリートとブリーカー・ストリートの角にあるアート・ドルゴフが経営するクラブ、ヴィレッジ・ゲートにもレギュラー出演。そこでコロンビア・レコードのエグゼクティブ、クライヴ・デイヴィスの目にとまり、契約することになる。「そしてその年、バハマで開催されたコロンビア・レコード・コンベンションに参加したんだ」とランディは振り返る。「チック・コリア、マイルス・デイヴィス、そしてレーベルのポップスターたちが大勢いた。噂どおりの音楽業界の世界だったよ。ホテルの2階には、レーベルが飛行機で飛ばしてきた娼婦たちがいたり、その他にももっともっといろいろなことがね。かなりの光景だった」

ヴィレッジ・ゲートでの彼らの評判のレギュラーライブには、クライヴ・デイヴィスとは別の有名人も来ていた。ランディは振り返る。「マイルスはいつも僕らの演奏を聴きに来ていたよ。後ろの方に座って熱心に聴いていた。ヴィレッジ・ゲートでのライブでは、よくワウワウ・ペダルを使ってトランペットを吹いていていたんだけど、マイルスはそこをかなり気にしていたね」

（マイルスは1970年6月3日、〈リトル・ハイ・ピープル〉のスタジオ録音で初めてワウワウを使用したが、この曲は2003年に5枚組CDボックスセット《ザ・コンプリート・ジャック・ジョンソン・セッションズ》に収録されるまでリリースされなかった。その後1970年12月19日、ワシントンD.C.のセラードアでワウワウを使用した演奏が記録されており、その一部は1971年の《ライヴ・イヴル》、2005年の6枚組CDボックスセット《セラードア・セッションズ 1970》に収録された）

ドリームスはまさにニューヨークのバンドとして認知されていた〈ニューヨーク〉というアンセム曲まであり、そこには「You work all day, you work all day, you work all … day」というニューヨークらしい緊迫感のある歌詞のリフレインもある）が、デビューアルバムは結局シカゴでレコーディングされた。

コブハムは、1970年の夏、ドリームスがシカゴでファーストアルバムのレコーディングを行なった際、ソルジャー・フィールドで、スライ&ザ・ファミリー・ストーンやパーラメント／ファンカデリックと共にライブを行なったとも語っている。

「ラテン界で有名なエンジニアのフレッド・ワインバーグがドリームスの最初のアルバムをプロデュースしたんだ。彼はバリー・ロジャースの友人でもある」とランディは回想する。「ほとんど一発録りでやったんだ。なので生々しくて開放的なサウンドになった。ベーシックなトラックを録音して、そこにオーバーダブしていくのではなく、ライブのような雰囲気を出したかったから。ライブをかなりやってからだったし、みんなの腕前もさらに上がっていたからね。レーベルから『そんなことするな』と言われることもなかったし、このアルバムでは自由にやろうと思ったんだ」

15分近い〈ドリーム・スイート〉をざっと聴いただけでも、このファーストアルバムでドリームスがなにかこれまでどこにもなかったものをやろうとしていたことがわかる。
「それまでロックの世界とジャズの世界が別々にあって、ここについに合流点が生まれたようなものだ」とジェフ・ケントが言う。ジャズミュージシャンがロックの直感的なパワーをチェックしてみたり、ロックミュージシャンが貧弱なインプロヴァイズを試みたりするものではなく、ロックとジャズのミュージシャンがそれぞれの力を持ち寄り、共に創造し、異質な感性を融合させ、完全にユニークなハイブリッドへと変えていくものだった。

1992年にコロンビア／レガシーからCDとして再発された《ドリームス》のライナーノーツで、マイケルは「当時、私たちがやっていたことを表す言葉はありませんでした」と語っている。「フュージョンという呼び名もありませんでした。私たちはただ、ジャンルの壁を壊すための新しい方法を探していたのです。非常に刺激的な時代で、人々はさまざまなことを実験し、試していました。ニューヨークにいること自体がエキサイティングな時代だったのです」

そしてドリームスには、マイケルという究極の秘密兵器があったのだ。ジョン・コルトレーン、ジョー・ヘンダーソン、ウェイン・ショーターといったテナーサックスの世界に精通しながら、キング・カーティス、ジュニア・ウォーカー、メイシオ・パーカーのような骨太なスタイルも熟知している。シカゴやBS&T、タワー・オブ・パワーのホーン・セクションもタイトでパワフルだったが、マイケル・ブレッカーの激しさと確かさに匹敵するソリストはどこにもいなかった。ランディとバリー・ロジャースもインプロヴィゼーションで負けていない。ランディは〈ホリー・ビー・ホーム〉、意欲的な〈ドリーム・スイート〉、そしてコブハムのドライブするドラムから胸を高鳴らせるようなマイケルのテナーソロへと続く彼らのアンセム曲〈ニューヨーク〉等で、自由奔放なソロを聴かせている。

ドリームスのロック的な要素は、ふたりのソングライター、ジェフ・ケントとダグ・ルバーンによってもたらされる。彼らは、クロスビー、スティルス、ナッシュ&ヤング（CSN&Y）で有名なスティーヴン・スティルスと緩やかな繋がりを持っていた。「一時期、ロングアイランドにあるスティーヴンの家に泊まっていたんだ」とケントは振り返る。「そこに寝泊まりするようになったのは、ダラス・テイラーを通してだ。ダラスはダグの最初のバンド、クリア・ライトのドラマーで、当時はCSN&Yのメンバーだった。スティーヴンはサグ・ハーバーに素晴らしい三角屋根の家を持っていたんだけど全然使っていなくて、ダラスがそこに滞在することが多くなり、私たちは彼を訪ねていったんだ。B-3オルガンとレスリースピーカー、さらにドラムセットがあって、そこでずっと演奏するようになり、ジャムって曲を作っていたんだよ」

ドリームスの初期には、ルバーンとケントがもっぱらリードヴォーカルをとっていたが、何人かのシンガーをオーディションし、最終的にエドワード・ヴァーノンをバンドのフロントとして採用する。その後、ギタリストのジョン・アバークロンビーが加わった。「彼はバークリーを出たばかりで、ランディとどこかで会ったことがあったんだ」とマイケルは振り返る。「当時は、彼のようなギターを弾く人を聴いたことがなかった。彼はこの頃から自分のスタイルを持っていた」

(16年後、マイケルはベーシストのマーク・ジョンソンとドラマーのピーター・アースキンを擁するジョン・アバークロンビー・グループの一員としてヴィレッジ・ヴァンガードで演奏し、VHSのちにDVDで発売されている)

アバークロンビーのワウワウを駆使したヘンドリックス風のギターソロや、コブハムの力強いドラムプレイがロックファンの耳目を集める中、ドリームスのコンサートに集まったファンは、ランディ、マイケル、バリーの卓越したインプロヴィゼーションを通じてジャズにも触れることになる。ドリームスは、1970年11月にバンド名を冠したアルバムでデビュー。大学キャンパス・サーキットで若い観衆を魅了し、大きな成功を収めた。このアルバムでは、〈デヴィル・レディ〉でバンドのファンキーな面を、〈ザ・マリーアン〉でプログレッシブロックの影響をはっきりと示している。ヒッピー・ヒッチハイカーの物語である〈15マイルス・トゥ・プロヴォ〉は、ザ・バンドのアンセム〈ザ・ウェイト〉にホーンを加えたような曲だ。

ランディの洗練されたジャジーなホーンアレンジと美しいミュートトランペットが印象的なのは〈ホリー・ビー・ホーム〉。〈トライ・ミー〉ではコブハムがキレのあるドラムフィルを聴かせ、タイトでファンキーなホーンアレンジは、まだ5年先となるブレッカー・ブラザーズ・サウンドの原型となるものである。アバークロンビーのディストーションが効いた不協和音のギターソロは、ロックの視点からは〝異次元の〟としか言いようがない。

ドリームスのデビュー曲の中で特に目を引くのは、三楽章からなる15分の〈ドリーム・スイート〉だ。不思議なベンディングを使ったテナーサックスのアカペラから始まる。このベンディングは、アルバート・キングら尊敬するブルースギタリストの影響を受けながらマイケルが身につけたテクニックだ。次にアバークロンビーのワウワウのリズムギターが彩る、グルーヴ感溢れるファンクロックの第一楽章〈アセット・ストップ〉へと続く。コブハムの激しいフィルとバックビートは、のちに参加するマハヴィシュヌ・オーケストラを予感させる。この最初の楽章では、3人のホーンがディキシーランドを都会的に解釈した雰囲気の中で自由に絡み合い、さらにアヴァンギャルドな領域へと発展していく。このブレッカー兄弟とロジャースの〈ドリーム・スイート〉第一楽章ほど、自由かつ一体となったホーン・セクションの演奏は当時他に類を見なかった。

第二楽章はバラード調の〈ジェーン〉。ニーノ・ロータ風の風変わりなワルツだ。そしてこの意欲的な組曲は、健康志向の強いロジャースの好物を讃えた〈クランチー・グラノーラ〉で勢いよく幕を閉じる。マイケルはこのヴァンプで猛烈な演奏を披露し、アバークロンビーは不吉なワウギターの洪水を放つ。これは、70年代半ばのマイルス・デイヴィス・エレクトリック・バンドでのピート・コージーのワウワウプレイに少なくとも数年は先行している。

アルバムジャケットは、デヴィッド・ウィルコックスによる、ルネ・マグリット風のイラストをフィーチャー。長いトレンチコートに山高帽をかぶった8人のバンドメンバーが空から降ってくるようなトリッピーなイラストも相まって、このドリームスのファーストアルバムは衝撃的だった。また、さまざまな音楽誌に掲載されたアルバムの全面広告は、急激に盛り上がるジャズロック・シーンの中で、このエキサイティングな新グループをレーベルが強力にバックアップしていることも示していた。

ドリームスはオリジナルメンバーで1970年の終わりまで演奏し続け、そこで創立メンバーのルバーンとケントが新しいキーボーディストとベーシストに入れ替わる。ランディはその経緯についてこう語る。「オリジナルのソングライターであるダグとジェフは本当にロックな連中で、バンドが進んでいく方向、特に即興的なところに関してはついてこられなかったんだ。バンドが毎晩違うことをしようとする中、ふたりの作曲能力は素晴らしかったけれど、演奏能力はそれに見合うものではなかった。それで結局、バリーに促されて彼らを交代させたんだ。バリーはかなり意志の強い人だったからね。それからオーディションをやって、ドン・グロルニックという無名のピアニストを見つけた。でも実は、私は彼とはスタン・ケントンのバンド・キャンプで出会っていたんだ。ふたりとも15歳のときだ。誰もドンのことを聞いたことがなかったけれど、素晴らしい結果になったんだよ」

　ドリームスの次の新メンバーはベーシストのウィル・リーだった。「インディアナ大学で一緒だったフロリダ在住の素晴らしいサックス奏者、ゲイリー・キャンベルという友人にベース奏者を探していることを話したんだ」とランディは回想する。「すると『マイアミ大学の音楽学部長の息子はまだ17歳だけど、めちゃくちゃうまい、それに歌もやばい。試してみたらどう？　彼の名前はウィル・リーだ』と言う。それでウィルをニューヨークに呼んでオーディションをして、10秒も経たないうちに決めたんだ」

（マイケルとランディにグロルニックとリーを加えたこのラインナップは、のちにブレッカー・ブラザーズ・バンドの中核となる）

　ランディからオーディションの連絡を受けた当時、ウィル・リーは究極のドリームスファンであった。「それはもう笑っちゃうような話だったよ。だって、ドリームスのファーストアルバムは僕の一番のお気に入りで、本当に夢中になって聴いていたんだから」と彼は振り返る。「僕だけじゃない、マイアミ大学の仲間はみんなドリームスに夢中だった。音楽シーンの流れを変えるような、衝撃的なものだったから。超革新的な演奏、そしてすべてのホーンバンドの中でも最もタイトですごい演奏。シカゴやブラッド・スウェット&ティアーズも素晴らしかったけれど、ドリームスは全く違うレベルだったんだ。幸運にもドリームスのレコードを手に入れた奴らはレコードが擦り切れるまで聴いてしまうので、このアルバムを聴くためにお互いの部屋に集まったりしたものさ」

　ランディが電話をかけてきた頃、リーはマイアミ周辺でのライブに引っ張りだこで、マイアミを離れることは考えてもいなかった。しかし、ドリームスへの誘いには抗えるはずもない。「週6日、毎晩6セット、夜中の4時まで演奏して、翌朝は8時から音楽理論の授業があるんだ。当時

8つのバンドを掛け持ちしていて、そのままそこにいたとしても一生満足していたと思う。ほら、僕はちょっとおバカなところもあるし、葉っぱを吸って、気分良くなってハッピーな感じで。マイアミを離れようとは思っていなかったし、先々ニューヨークで暮らすことになるとは思ってもいなかったよ。でも、ドリームスは自分がやっていたことすべてのちょうど真ん中にいて、僕にとって完璧な音楽だった。ジャズ、ロック、そしてポップなヴォーカル。だから、僕のような価値観の人間にとっては、ある意味、次のビートルズだったんだ。仲間たちにも同じように人気があった。だから、ニューヨークでのオーディションへの誘いの電話にはもちろんドキドキしたよ」

まず、ドリームスはウィルにある提案をした。「『いいかい、自腹で飛行機で来てくれ。もしオーディションに受かったら、飛行機代を支払うから』ってね。でも自分が払うか、誰が払うかなんて気にしなかったよ。そこまでの人生で一番すごい出来事だったからね」

ウィル・リーは、ドリームスとの最初の出会いを詳細に振り返る。「本当にすごかったよ。ソーホーのクロスビー・ストリートにあるビルだったんだけど、リハーサルの場所に行くには、人力でロープを引っ張って操作するボロボロのエレベーターに乗らなければならなかった。あんなファンキーなものは見たことがなかった。リハーサルスペースは地下で、そのファンキーなエレベーターで降りると、今度は名前入りの楽器ケースに囲まれた廊下を歩くことになる。ジョニー・ウィンター、サンタナ、マイルス・デイヴィス。『ここは何なんだ！　これはやばい！　こんなのあり得ない！』と思ったよ。でも、僕は本当にニューヨークにいる。そして、僕の夢のバンド、ドリームスがオーディションを受けるように言ってきたんだ！」

「リハーサル室に入ると、僕のヒーローたち、マイケル・ブレッカー、ランディ・ブレッカー、ビリー・コブハムが立っていた。ランディが『オーケー、譜面だ』と言って、ドリームスの大きな譜面を僕の椅子の前の譜面台に置き、見ながら演奏できるようにしてくれた。でも僕は『ええっと、譜面は読めるけれど、今回は必要ないと思います。カウントして始めてみてください』って言ったんだ。というのも、すべて最初のアルバム《ドリームス》からの曲だとわかったし、隅から隅まで熟知している曲ばかりだったから。まず1曲演奏する。それまでは、バンドのタイムキーパーはいつも僕で、そうしなくてもいいドラマーとは演奏したことがなかったのだけど、このビリー・コブハムという奴は違った。とにかく強い。彼がカウントしてグルーヴを刻み始めると、僕は何もする必要がなくなる。もう本当に。自分はタイムキーパーをしなくていいし、純粋にベースを弾けばいい。生まれて初めてだ。宙に浮き上がるような経験で、最高にクールだった。そして僕が歌もいけるのがわかり、その場で採用になったんだよ」

まだ10代だったドリームスの新メンバーは、ビッグ・アップルでどうやっていくかすぐに考えなければならなかった。「ニューヨークには来たけど、知り合いもいない、金もない、泊まるところもない。そんなときにマイケル・ブレッカーは、落ち着くまで19丁目の彼のロフトにいればいいいと言ってくれたんだ。テキサス州ハンツビルで育って、マイアミ大学時代はコーラルゲーブルズに住んでいた僕には、ニューヨークのビルは全部同じに見えた。そう、自分は一軒家ばかりのところで育ったんだよ。おまけに方向音痴で、今でもそう。だから、マイケルのロフトからちょっとした買い物なり何なりのために外出したとき、マイケルが練習している音が聴こえなかったら帰り着くのは不可能だった。ビルの区別がつかないから、耳を頼りに彼のロフトに戻るんだ。常に練習していたからね。間違いなくいつでもだ。24時間休むことなく偏執狂のように練習していたよ。だから夜でもその音を頼りに帰ればいいのさ」

マイケル・ブレッカーとバリー・ロジャース、1971年
［ジェフ・ケント・エステート提供］

リーは、たっぷり薬と酒をやった翌朝、マイケルのサックスの音で起きたことを覚えている。「床の上の小さなマットレスで寝ていたんだけど、そこは彼がいつも練習している広い部屋だった。クエールードの酩酊から覚めた僕

に気づいて、ちょっと演奏を止めたんだ。『何時間練習してるの？』『4時間かな』。参った。自分はただずっと寝ていたんだ！　マイケルはいつも練習していた。常に努力を惜しまなかった。いつだって間違いなくそうだ」

そんな頃、コロンビア・レコードのトップであるクライヴ・デイヴィスは、ドリームスに2枚目のレコードでより商業的な方向へ進むように圧力をかけていた。「つまりこの革新的なジャズロック・バンドをトップ40のグループにしたかったんだ」とリーは言う。「彼が欲しかったのはヒット曲だ。そして面白いことに、その5年後、同じ人物がブレッカー・ブラザーズに、アリスタ・レコードでヒットシングルを出すようにプレッシャーをかけるんだ」

2枚目のアルバム《イマジン・マイ・サプライズ》（1971年）のために、コロンビアはバンドをナッシュビルに飛ばし、ブッカー・T＆ザ・MGズで有名なギタリストのスティーヴ・クロッパーをプロデューサーに迎えて新曲を録音した。「マイケルによると、レーベルとミーティングをして、ジャズバンドというより、ロックバンドやポピュラーバンドのように振る舞わなければならないということになったそうです」とバリー・ロジャースの息子クリスは言う。「コロンビアはあるルールを決め、ドリームスのメンバーは、音楽を〝チューン〟ではなく〝ソング〟と呼び、ステージ上ではとにかく楽しんでいるように見せ、ハッピーな顔をしていなければならなくなったのです。父はその新しいルールをあまりよく思っていなかったらしいですが。ある晩のライブでマイケルがステージ上を見回すと、ドンがキーボードでグルーヴしていて、ランディもそれに夢中になっているようだったけれど、バリーを見ると、なんとステージ上でヒゲを剃っている、という面白い話を聞きました。父は間違いなく反逆者だったのです」

《イマジン・マイ・サプライズ》は、1970年のドリームスのデビュー作ほどには、少なくともミュージシャン仲間からの評価は高くなかった。この2枚目のアルバムでは、ドリームスの最大の特徴であった生々しい反逆のエネルギーがあからさまに抑えられており、ファーストアルバムよりも商業的に成功したものの、説得力には欠けていたのだ。〈カリコ・ベイビー〉〈ジャスト・ビー・アワセルヴス〉〈ホワイ・キャント・アイ・ファインド・ア・ホーム〉といった中道路線でシカゴ的な楽曲は明らかにトップ40を意識したもので、トラフィックの〈メディケイテッド・グー〉

をパワフルにアレンジしたカバーも同様である。それでもこのアルバムには、マイケルの〈チャイルド・オブ・ウィズダム〉での荒々しいテナーソロや、ジェリー・ゴフィンとキャロル・キングの曲〈アイ・キャント・ヒア・ユー〉におけるロジャースのトロンボーンとの短いコール・アンド・レスポンスなど、素晴らしいところもいくつかあった。ランディは、自作のタイトル曲で自ら味わい深いミュートトランペットのソロを披露すると同時に、リードヴォーカルも務めている。「この曲はジミ・ヘンドリックスがジャズの影響を強く受けて作った〈アップ・フロム・ザ・スカイズ〉にインスパイアされて書いたものだ」とランディは振り返る。「なにかひとつのことや特定の曲だけに影響を受けながら書いた数少ない一曲なんだ。ジミの演奏には全体的に影響を受けたけどね。エフェクター(ワウワウ・ペダルやディレイ)を繋ぐときはいつも、彼のことを思い浮かべていたんだ。クリフォード・ブラウンやリー・モーガンといったさまざまなジャズからの影響と一緒にね」

ウィル・リーは〈ヒア・シー・カムズ・ナウ〉でソウルフルなヴォーカルを好演している。また、このドリームスのセカンドアルバムでは、伸びやかで自由な要素は少なくなっているが、マイケルはポップバラードの〈ドント・クライ・マイ・レイディ〉で素晴らしいソロを聴かせ、1年後に生まれるジェイムス・テイラーの名曲〈寂しい夜(Don't Let Me Be Lonely Tonight)〉で印象深い仕事をする予兆を見せている。

ランディは、ドリームスの2作目はかなり物足りないものになってしまったと言う。「良い曲もあったけれど、まとまりがなかった。全員が曲を書いたが、スタイルはそれぞれ少し違っていたんだ。ダグとジェフが脱けたことで、バンドはコアなサウンドを失ってしまった。最初のアルバムは、特にミュージシャンの間ではかなりの評判で、すぐにはそんなに売れなかったけど、コロンビアがセカンドアルバム用の資金を調達するには十分だったようだ」

コブハムが付け加える。「ドリームスに欠けていたのは、リーダーシップだった。2枚目を作るときはみんながあまりにも協力的すぎて、自分ではどうにもならないことに巻き込まれ続けたんだ。本人は嫌がっていたけれど、本当にバンドのリーダーだったのはバリー・ロジャースだった。彼は『いや、僕は何も決めたくないんだ』と言ってからようやく決める。あるいは、『俺に指図するな』と言うんだけど、みんなに何をすべきかは言いたがらなかった。だから決断が遅くなる。バンド内に綻びができ、すべてがバラバラになり、ダメになっていった。そしてあるとき『ああ、これはキツい、自分にはもう無理だ』ってね。自分自身で前に進む必要があった。気がついたらもうバンドから離れていたんだよ」

「ビリーはすでにバンドを脱けようとしていたし、それはいかにもあり得そうなことだった。ビリーがジョン・マクラフリンに引き抜かれてマハヴィシュヌ・オーケストラに入ったときにドリームスは事実上終わりを迎えたんだ」とランディは語る。

コブハムがドリームスを脱退したあと、バンドは後任を探すのに奔走した。ドラマーのブルース・ディトマスとは1週間ツアーし、70〜80年代に人気セッション・ドラマーとなるリック・マロッタとも2、3回ライブを行なった。のちにブレッカー・ブラザーズ・バンドで演奏することになるアラン・シュワルツバーグも、何度かライブで叩いた。「60人のドラマーをオーディションしたんだ。スティーヴ・ガッドもね」とランディは言う。「彼はロチェスターから引っ越してきたばかりで、どちらかというとジャズドラマーだった。R&Bのルーツもある人を探していたから難しかった。ビリーのようなプレイをする人は見つからなかったよ。彼こそがあのスタイルを作り上げた人だからね」

ドリームスの最終的な解散について、ランディは「セカンドアルバムが売れなかったから、結局ライブの機会もなくなっていった。それにみんなスタジオで忙しかったから、それで終わりになったんだ」

マイケルは、1973年のダウンビート誌のインタビューでドリームスの盛衰について思慮深い考えを述べている。「ドリームスは最初が一番強力だったと思うのですが、その後脱線してしまったのです。2枚目のアルバムでは、本当に商業的なものを作ろうとしたし、ヒットを出したかったから、すべてをシングルのように作ろうとしました。結局、自分たちが得意でないことに相当なエネルギーを注いで失敗してしまったのです。怒涛のような演奏、伸び伸びと時間などに縛られないような演奏、つまりライブでやっていたような、バンドが最も得意とすることを放棄してしまったのです」

短い期間であったにもかかわらず、ドリームスはこれからシーンに登場する多くの若いプレイヤーに大きな影響を与えた。「このバンドはゲームチェンジャーだった」と、ドラマーでありドリームスのファンでもあるピーター・アースキンは語っている。「2枚とも僕のお気に入りだけど、マグリットにインスパイアされたジャケットのファーストアルバムは、マイケル・ブレッカーとビリー・コブハムのデュエットという姿で、僕らの世代にとってのコルトレーンやエルヴィンを与えてくれたんだ」

マイケルがドリームスに2年間在籍したときの不幸な副産物のひとつが、咽頭部のヘルニアだ。サウンドシステムやモニターがまだまだ貧弱だった時代に、エレキギターやオルガンの大音量に負けじと強く吹き続けたために起こったものだった。ミセス・シーマンズ・サウンド・バンドからドリームスに至るまで、そんな環境下でオーバーブロウし続け、ひどい圧力をかけたことで喉に穴が開いてしまい、ディジー・ガレスピーのように首が膨らむようになったのだ。ランディは、「喉の筋肉にいくつか小さな穴が開いてしまって、首が膨らむようになっていた」と説明する。

マイケルと一緒のインディアナ大学時代に、同じ問題を抱えていたトランペット奏者のランディ・サンキに、ある医師は楽器をしばらく吹かないようにと助言していた。「手術をしない場合、最良の治療法は、数週間ではなく数ヶ月単位の長い期間楽器をやめて、徐々に復帰することです。過剰な圧力をかけないようにして、首の組織が耐えられるようになるまで高音域を使わないで。そこまで回復しない可能性もありますが……」

「マイケルは結局、1973年に手術を受け、その後しばらくの間、首が膨らまないようにマジックテープの包帯を巻いていた」とランディは語る。そして、デヴィッド・デムジーがこう指摘する。「彼が首に巻いていたのは、包帯というより、マジックテープで装着する首のサポートベルトのようなものでした。重いものを持つときにつける腰のサポーターと同じようなものでしょう。でも呼吸しにくくなることに気づくのです」

一方、ニューヨークのロフトジャズ・シーンは、変化してきていた。1970年の終わり頃、リーブマンとモーゼスは、互いのロフトスペースで妥協のないフリージャズを演奏していた25人ほどのクリエイティブなプレイヤーたちによる、緩やかに組織された団体「フリーライフ・コミュニケーション」を結成したのである。AACMやセントルイスのBAG（ブラック・アーティスツ・グループ）などにならったフリーライフ・コミュニケーションは、ミッションを持った草の根的な組織であった。「この頃になると、ロフトでお互いのために演奏することは基本的に自慰行為であり、人前で演奏する必要があると考えるようになった」とリーブマンは言う。「ヴィレッジのワシントン・スクエアにあるジャドソン教会、コロンビア大学のカレッジラジオWKCR、美術館、教会など、できる限りいろいろな場所でコンサートを開き、次のレベルに進むことにしたんだ。そして私のロフトでのミーティングには15～20人が集まってくるような状態にまでなった」

リーブマンは、自身のウェブサイトに掲載された設立当初の経緯にこう記している。「一切手は抜きませんでした。我々は純真だったのです。想像してみてください。18歳から20代後半のジャズミュージシャン志望の若者が15～20人、ほとんどが白人の中流階級出身、無名でジャズの仕事もない、そんな彼らが、ニューヨークの西19丁目の私のロフトに座って、組織の名前、原則、ガイドラインを考え出そうとしているところを。あれだけのエネルギーが集結し、なにかが成し遂げられたというのは、私にとっても驚きです。組織の名称をめぐっては、マルクス主義的な政治思想から、60年代後半に流行したヒッピー的な共同体の考え方に至るまで、さまざまなアイデアが飛び交い、非常に盛り上がりました。活気に満ちた、若く多様で純真なミュージシャンたちによる闊達な議論の場となった初期のミーティングは素晴らしいものだったと思います」

フリーライフ・コミュニケーションは、リーブマンを会長、リッチー・バイラークを副会長とするNPO法人になった。彼らが作成した活動理念には、グループの反体制的な傾向が反映されている。「私たちが演奏する音楽は、私たちの存在そのものに満ち、それはもはや私たちの行為ではなく、私たち自身なのです。インプロヴィゼーションこそが、私たちが自ら作り出すものの核なのです。私たちの即興音楽は、今この瞬間を強く捉え、人生は可能な限り〝今〟を生きるべきであるということを、あらゆる場所のすべての人々に鮮やかかつ劇的に伝えます」

非営利団体としての認可を受けるとすぐに、ニューヨーク州芸術評議会から5000ドルの助成金を得て、リーブマンのロフトに代わる恒久的な施設を確保することになった。「36丁目に『スペース・フォー・イノベイティブ・デベロップメント』という場所があることを知ったんだ。元々は教会で、後援者のルービン財団が改修し、ニコライ・ダンス・シアターという先鋭的なダンスカンパニーや、実験的なビデオアーティストのジョー・チャイキンなどが入っていた。そこで、私たちもコンタクトをとったんだ。ルービン財団の人はリムジンでやってきて、しっかりとした身なりで、まさにハイクラスという感じだった。天井に絞り染めのシャツがかかり、壁はクレイジーな色に塗られたロフトのソファに座り、45分ほどフリージャズの演奏を聴き、我々のことを〝完璧〟と判断したんだ」

　フリーライフ・コミュニケーションは、リーブマンが住んでいた１１０平米ほどのロフトから、２３０平米くらいのスペース・フォー・イノベイティブ・デベロップメントに活動の拠点を移した。「ピカピカの床とグランドピアノがあり、コンサートを開くときは床に座ってもらえるようにクッションを１００個ほど買ってきたんだ」とリーブマンは振り返る。「最初の年は３００回のコンサートを開いたけれど、ほぼすべてフリージャズだった。時には7本のサックスが同時に全力で演奏し、そして壁にぶち当たり、そこからまたすごいことをするんだよ。みんなフリージャズと後期コルトレーンにどっぷり浸かっていたんだ。また、ここは重要なトレーニングの場ともなった」

「コードチェンジや決まったリズムに縛られないので、自分の楽器を別の方法で演奏できるようになったんだ」とリーブマンは続ける。「自分がやりたいことをやればいい。テナーがマイケル、私、スティーヴ・グロスマン、トランペットのランディと日野皓正、ベースのカルヴィン・ヒル、ドラムのボブ・モーゼスで演奏した当時のテープがある。1時間半くらいかな。そうやって演奏した中でもベストなもののひとつだよ。混沌としたフリージャズでありエネルギージャズだ。純粋なる燃焼なんだ」

　マイケルは、やがてリーブマンのロフトスペース(19丁目西１３８番地)を譲り受けることになる。「私はあの場所を彼に売り、ウォーレン・ストリートのもっと大きなロフトに移ったんだ」とリーブマンは言う。「マイケルは引っ越し後、かなり長い間そこに住んでいた。今の自分になるための練習をたくさんしたんだ。あそこはいつも平和で、誰にも邪魔されないから、ずっと練習できたし、彼はそうしていたよ」

ギタリストでのちにブレッカー・ブラザーズのメンバーとなるスティーヴ・カーンは、19丁目にあるマイケルの新しいロフトスペースのことをよく覚えている。「広々としたスペースで、横にはマットレスが敷かれ、その上にシーツが1枚か2枚あるような状態で、トロピカーナのオレンジジュースの紙パックがそこら中に転がっていた。円い木のテーブルがひとつあり、その上にはリードとマウスピースがたくさん置いてある。ロフトに入ると、『聴いてほしいものがあるんだ』と言う。サックスを手に取り、リードとマウスピースをひとつずつ選んで、『よし、これをよく聴いてくれ』と素晴らしい演奏をする。そして『次はこれを聴いてくれ』とマウスピースを変えて、また馬鹿げたほどすごい演奏をする。『よくわからないけど、どっちもすごい音だよ、マイケル』と言うと、イライラした顔で『は？ この違いがわからないなんて信じられない！』『マイケル、どちらも素晴らしい音だよ。一体なんて言ってほしいんだい？』。このあと、彼のロフトに行くたびにこのお決まりを繰り返したもんだ」

カーンはマイケルのスパルタ的な生き方を複雑な思いで見ていた。「ある意味、マイケルはひどい生活をしていたんだ。家具らしい家具もなく、食事もろくにとらず、人間という生き物としての居心地の良さを求めていなかった。すべてはサックスをマスターすることに向けられていたからね。でも、誰かがそこまで一生懸命に頑張っているのを見るのは、刺激的でもあり、謙虚な気持ちもなった。あれほどまでになにかを追求する人は見たことがないよ」

カーンは、マイケルが自分の作曲技術を向上させるために考案した新しいエクササイズに魅了されたことも覚えている。「この時代には、リアルブックもなければ、マイナスワン・テープも、YouTubeも、教則ビデオもない。そんなものは何もなかった。だから、ブルーノートの名曲やマイルスのソロなどを知りたければ、自力でなんとかするしかなかったんだ。知り合いはみんな、曲やソロを書き写したノートをたくさん作っていたよ。ロサンゼルスからニューヨークに来たとき、自分もそんな大きなノートを7冊持っていた。他の人より少しギター寄りで、ウェス・モンゴメリーのソロが中心だ。でも、マイケルのようなサックスプレイヤーはもっとすごくて、コルトレーンやソニー・ロリンズ、ジョー・ヘンダーソンなどすべての偉大なプレイヤーのソロをコピーしていたんだ。ロサンゼルス、ニューヨーク、フィリー、どこでも同じことをやっていたね。みんなそういうノートを持っていたよ」

「ある日マイケルのロフトに行ったとき、なにかに取り組んでいるのに気づいて、『ノートに何が書いてあるの?』と聞いたら、『新しいことをやっているんだ。エクササイズみたいなもので、1日1曲ブルースを書くようにしているんだよ。1年続ければ、ひとつかふたつくらいは良いことがあるかもしれないと思ってね。頑張って毎日やるようにしている』。それは良い考えだと思ったので、自分でも似たようなことをやり始めた。マイケル・ブレッカーにとって役立つことなら、自分にもそうだろうと思ってね」

(マイケルの〝ブルース・ア・デイ〟エクササイズから生まれた曲のひとつが、アップテンポで燃えたぎるような〈アップタウン・エド〉。6年後の1978年、モントルー・ジャズ・フェスティバルで、マイケル[テナーサックス]、カーン[ギター]、マイク・マイニエリ[ヴィブラフォン]、ウォーレン・バーンハート[ピアノ]、エディ・ゴメス[ベース]、スティーヴ・ジョーダン[ドラムス]が参加したアリスタ・オールスターズによって演奏され、ライブアルバム《ブルー・モントルーII》に収録された)

ロフト・シーンと並行して、マイケルとランディは、ヴィブラフォン奏者のマイク・マイニエリがアップタウンで毎週開催していたジャムセッションにも参加していた。マイニエリはプロデューサー、アレンジャーであり、儲けが大きいコマーシャルのジングル提供やレコーディングにミュージシャンを派遣するニューヨークの音楽制作会社ヌー・ミュージックの社長でもあった。才能がありながらもまだ無名のスタジオプレイヤーたちをアップタウンに呼んで、仕事が終わったあとにエネルギーを発散させていたのだ。夜10時、11時頃から、日の出まで延々とセッションが続くこともあった。「ジングルの会社を始めたことで、街中のレコーディングスタジオにアクセスできるようになり、空いているスタジオがあればいつも緩やかなジャムセッションをやっていたんだ」とマイニエリは振り返る。「当時のジングルスタジオは、夜間はほぼ使っていなかったから、ドラマーのドナルド・マクドナルドやベーシストのトニー・レヴィンを呼んだり、他にもその晩空いていていろいろ試したがっている連中に誰でもいいから声をかけていた。ギタリストではヒュー・マクラッケン、デヴィッド・スピノザ、ボブ・マン、ポール・メッケ、サム・ブラウン。ホーンではテナーサックスのフランク・ヴィカリ、アルトサックスのジョージ・ヤング、バリトンサックスのロニー・キューバとかね。ツアーやライブの仕事が入っている連中もいるから、誰が来るかわからない。それでも、みんなが集まり始め、楽しんで、演奏して、ハイになったんだよ。仲を深める素晴らしい場でもあったから、みんな参加するのを楽しみにしていたんだ」

ランディ・ブレッカーは、スタジオの仲間や友人たちとこの深夜のセッションによく参加していて、ある晩、一緒に楽しもうと弟のマイケルを連れてきた。「ランディはマイケルのことを話していたけど、なにかを言いふらすようなこともなく、『弟がサックスを吹くんだけど、今度連れてくるよ』みたいな彼らしい軽い感じだったんだ。でも、マイケルが立ち上がってソロを吹くと、頭が3回転くらいして『なんだこれは!』となり、その場にいた全員が度肝を抜かれ、マイケルは特別だと即座に理解した。私はみんなより10歳ほど年上だから、それまでにもいろいろ見てきていた。バディ・リッチとは何年も一緒に演奏したし、コルトレーンとも共演し、そんな連中の演奏をレコードだけじゃなく生で聴いてきていたんだ。でも、あの夜、マイケルの演奏を聴いたときは、特別ななにか、才能の溢れる誰かを目の当たりにして、まるで神が介入し、魔法の杖で頭を叩かれたような感じだった。ロニー・キューバ、ジョージ・ヤング、フランク・ヴィカリ、ルー・ソロフなど、それまで彼の演奏を聴いたことがなかった連中も圧倒されていたよ」

当時、ヌー・ミュージックでマイニエリの秘書として働いていたクリスティン・マーティンは、マイケルによくジングルの仕事を依頼しており、ようやく深夜のスタジオジャムで直接会ったことを覚えている。「それが私の仕事だったのです。ミュージシャンに連絡して、いつ、どこで、何をするか伝えるんです。ほとんどのジングルの仕事は朝に行われ、ミュージシャンたちは、アメリカ労働総同盟を通じて印税も入るので、みんな喜んでやってくれました。石鹸会社や全国的な大企業がクライアントで、その印税はかなりのものでした。月に10本ジングルの仕事をすれば、良い暮らしができるんです。電話してジングルのレコーディングに参加してもらう、そうやってマイケルと知り合いました」

深夜のジャムセッションでマイケルに初めて会ったときの第一印象を彼女はこう言う。「素敵な人だと思いました。体重は50キロくらいで、肩まである長い髪。大学時代からそういう人がタイプだったんです。背が高くてひょろっとした人」

サックス奏者のボブ・ミンツァーは、後述する伝説的なホワイト・エレファント・ジャムの頃にマイケルと出会った。「友人でトランペット奏者のジョン・ダースとドラマーのボブ・ヨスペのふたりは、21丁目の6番街と7番街の間にロフトを持っていた。マイケルは19丁目の6番街と7番街の間にある、以前はデイヴ・リーブマンのものだったロフトに住んでいて、その21丁目のロフトによくジャムに行っていたんだ。当時はバンド編成になるようなメンバーを集められなかったので、いつもドラマーひとりとホーン奏者が何人もいて吹きまくる感じだった。71年か72年のある夜、マイケルはホワイト・エレファントのシカゴでのライブから帰ってきてすぐ、このロフトにやってきて僕らとジャムった。当時の私はジャズ初心者。大学ではクラシックのクラリネットを専攻していて、ジャズは勉強中の身だ。マイケルが現れて演奏を始めると、私はパニック状態になってしまった。流れるような演奏と、楽器を自在に操る能力に、驚きのあまり固まってしまったんだ。そして同じくらい衝撃的だったのが、自分の演奏に対する彼の反応だった。ひとしきり演奏したあと、まるで自分が人類にとってとんでもなくひどいことをしてしまったかのように、頭を下げて首を横に振るのさ。『なんてこった！　こいつがこんなすごい演奏をしているのにあんな気持ちになるんだとしたら、自分は一体どうすればいいって言うんだ？』。あそこまで自分に厳しいのはショッキングだったよ」

やがて、マイニエリの自由奔放な深夜のジャムは、本格的なリハーサルへと発展していく。そして、曲の内容を練り上げ、いくつかライブもするようになった。マイニエリが振り返る。「最初はなんのアレンジもなく、ただグルーヴに乗ってアドリブしていた。みながソロをとり、なんらかのパートを探る感じだよ。そんな頃、ニック・ホルムズ、スー・マンチェスター、アン・E・サットンといったシンガーを紹介され、彼らもジャムに来るようになった。それで彼らのバッキング用にホーンアレンジを始めたんだ。30分間ひとつのグルーヴの上でソロをとり続けるのではなく、曲をやるようになったんだ。ニックの曲を演奏することもあった。トニー・レヴィン、ヒュー・マクラッケン、ドナルド・マクドナルドなどはニックのアルバムに参加していて曲を知っていたからね。それからアルス・ノヴァというグループのバストロンボーン奏者でシンガーだったジョン・ピアソンが来るようになって、急遽彼のために歌詞を書いたりもした。そう、全く違う局面に入り、全体が大きなアンサンブルへと発展し、ヴォーカル曲のアレンジを書くことになったってわけだ。歌詞には「水を守れ、土地を守れ(Save the water, save the land)」というようなメッセージがシンプルに込められていて、今の時代みんながやろうとしていることと同じようなものだった。そしてついには、ダウンタウンのヴィレッジ・ゲートでのライブのオファーがあり、バンド名をどうするか聞かれたんだ。そのライブでは『レッド・アイ』とした(1970年9月15日から20日の5日間行われた)。その後いくつか別のオファーが来るようになり、そこからは『ホワイト・エレファント』としたんだ」

ホワイト・エレファントのプロダクション・コーディネーターとなったクリスティン・マーティンは、このような大きなアンサンブルを管理することの難しさを振り返る。「大体16人かそれ以上いたので、全国をツアーするのは無理でしたが、何箇所かでライブをやりました。シンシナティはあまりうまくいかなかった。ニューヨーク州北部では吹雪の中でした。ニューヨーク市のラジオ局WNEW主催のエイヴリー・フィッシャー・ホールでのショーでは、かなり大規模なアンサンブルでやりました」

ランディは、シンシナティでの散々だったホワイト・エレファントのライブをこう振り返っている。「マイク・マイニエリは、車体中に花が描かれた古いヒッピー風のバスを見つけて、バンドメンバーと共にオハイオでのギグに乗り込もうとしたんだ。自分とジョン・ファディスはそれをパスして飛行機で行った。ロニー・キューバは待ち合わせ場所に現れたけど、バリトンサックスを持っていなかったんだ。街で手に入れられるとでも思っていたようだ。フランク・ヴィカリは、『もちろんだよロニー、これからバリトン畑に行って一本持ってきてやるよ』ってキレてたね」

マーティンは、ホワイト・エレファントの仕事を通して、個々のミュージシャンと契約やその他の事務的な仕事をするようになった。「彼らの多くは、苦手なことや気が進まないことを処理するために、秘書的な仕事を必要としていることに気づいたのです。ビジネスが苦手な人たちのために、誰かが手助けをする必要があると思いました。それで、『じゃあ、私がアメリカ音楽家連盟の契約書とか、そういうものをタイプしてあげよう』と思って、そういう事務所を始めました。『必要なものがあれば、何でも言ってください』という感じで」

そして彼女はアーティストとプロデューサーやレーベルの間に入る仕事をするようになった。

ホワイト・エレファント時代から始まった多くのミュージシャンとの付き合いを通して、マーティンはやがてアーティスト・マネージメントの世界に入っていく。1970年代後半にはステップス（マイケル・ブレッカー、マイク・マイニエリ、ドン・グロルニック、エディ・ゴメス、スティーヴ・ガッド）のマネージメントをすることになり、日本ツアーを二度行い、1980年に東京のピットインで録音したライブアルバム《スモーキン・イン・ザ・ピット》のエグゼクティブ・プロデューサーにもなった。

1972年、マイニエリはプロデューサーのトミー・リピューマに、ホワイト・エレファントのレコードを出さないかと働きかける。そして、ウッドストックで有名なコンサートプロモーター、マイケル・ラングのレーベル、ジャスト・サンシャイン・レコードからバンド名を冠した2枚組LPとして発売されることになった。マイケルが参加している1969年から1972年のスタジオ録音だ。「マイケル・ラングは、我々がウッドストックのジョイナスレイクで演奏したとき、見に来てくれたんだ」と彼は回想する。「彼はこのバンドが大好きだった」

マイニエリは、1995年に自身のレーベルNYCレコードから2枚組CDとして再発した《ホワイト・エレファント》のライナーノーツにこう書いている。「ここに収録された音源は、ニューヨークのさまざまなスタジオでのリハーサルやジャムセッション、レコーディングなどの際に収録されたもので、その大半が夜10時か11時頃から朝方にかけて行われたものです。これらの場は、音楽的、哲学的、政治的なコンセプトを交換する機会でした。集い、ハイになり、日中の仕事でのレコーディングからクールダウンしたり、ライブのあとにやってくるところでもあり、私たちの多くにとって都会の真ん中にあるオアシスとなりました。数人しか来ない夜もありましたが、多くの夜には20〜30人が集まり、50年代を振り払うまで演奏し、歌い、踊ったものです。最初のジャムは、1965年にジェレミー・スタイグのグループ、ザ・サテュロスのメンバーで構成される小さな輪から始まりました。1969年までには〝部族的な体験〟ともいえるくらいにまで成長していったのです。妻、夫、友人、恋人、子供たちも、音楽そのものと同じくらい重要な要素でした。なにしろ60年代でしたからね」

ホワイト・エレファントのデビュー作である2枚組LPのうち3曲でマイケルの姿が捉えられている。ブラスを多用したファンクロック〈アニマル・ファット〉では、キング・カーティスのようなガッツのあるサウンドを聴くことができる。

——動物性脂肪がすべてじゃない／野菜を食べろ／ブドウに戻ろう

生々しい声の持ち主、アン・E・サットンがヴォーカルを担当し、トニー・レヴィンのファズベースがドライブする。ファンキーで激しくグルーヴするこの曲では、のちにマイケルの武器のひとつとなるハーモニーの拡張についてはまだほんのヒントを出しているにすぎない。他では、ゴスペル調の〈オールド・ラング・サイン〉(最初のシングルカット曲で、ニック・ホルムズのソウルフルなヴォーカルが特徴)で表情豊かなテナーソロを披露。組曲風のアルバムタイトル曲〈ホワイト・エレファント〉では、ファンクセクションでたっぷりソロを聴かせる。マイニエリが作・編曲したこの12分の大作は、ホーンのアカペラで始まり、ランディのリリカルなトランペットソロが際立つロマンティックなワルツ・セクションに移行。そして、ドナルド・マクドナルドのソリッドなバックビート、レヴィンのベースリフ、デヴィッド・スピノザのファンキーなリズムギター、ポール・メッケの刺さるようなブルージーなギターフレーズがドライブするファンクロック・セクションにシフトしていくのだ。キング・カーティスのような土臭い音から、コルトレーンのような倍速でのブロウ、ファラオ・サンダースのようなマルチフォニックス(重音奏法)にまで至る3分間のソロは、21歳のマイケル・ブレッカーの初期のショーケースとして注目に値するものだ。

1972年5月1日に《ホワイト・エレファント》のオリジナル盤LPがリリースされたときには、ドリームスはすでに解散していた。マイニエリはウッドストックに向かい、そこでベーシストのトニー・レヴィン、ドラマーのスティーヴ・ガッド、キーボーディストのウォーレン・バーンハートとフュージョン・グループ、リマージュを結成する。マイケルとランディはすでに、ピアニストで作曲家のハル・ギャルパーによるかなり冒険的なジャズ・セクステットに参加していた。これはドリームスのセカンドアルバムでコロンビア・レコードから商業的な音楽をやるよう露骨なプレッシャーがかかったことへの反動のようなものであった。

ランディ・ブレッカーとギャルパーの関係は、ギャルパーが参加し曲も提供したランディの1969年のソロデビュー作《スコア》以前に遡る。「ランディとは、アップタウンのラ・イントリーグというクラブで、カルテットでプレイしていたんだけど、まだインディアナ大学にいた弟がニューヨークに来るという話をしていた。『俺が楽器を吹けると言うのは、ヤツを聴くまで待った方がいい』とまで言ったんだ。その後すぐマイケルは《スコア》に参加したわけだが、あの若さにしてあそこまで成熟し、そしてパワフルな演奏には驚かされた。当時、彼はまだ19歳だったんだからね。その後、マイケルとランディを私のグループに迎え入れ、メインストリーム・レコードで2枚のアルバムをレコーディングした。その2枚どちらでも、マイケルは信じられないような演奏をしてくれたよ。ふたつのリズムセクションとギターと一緒にとても複雑な音楽をやっていたんだけど、マイケルは見事にやってのけた。彼のタイム感と音は、恐ろしいほど一体になっていた」

この2枚のアルバムとは、1971年の《ゲリラ・バンド》（容赦なきジャズの略奪者集団にふさわしいタイトル）と、1972年の《ワイルド・バード》である。いずれもマイルス・デイヴィスが1970年に録音し、若いプレイヤーたちにフュージョンへの扉を開けた画期的な作品《ビッチェズ・ブリュー》に大きな影響を受けたものだ。ギャルパーの大胆な試みは、シーンを変えたマイルス・デイヴィスの作品に比べると注目度ははるかに低かったが、電子音を使った音楽やロックの力を認め始めていたジャズミュージシャンと音楽好きの間では高い評価を得た。今日では、《ゲリラ・バンド》と《ワイルド・バード》は歴史の裂け目に入り込んでしまった珠玉の連作とも見なされ、マイケルとランディがドリームスとブレッカー・ブラザーズとの間に過ごした魅力的な時期を代表するものでもある。

《ゲリラ・バンド》のエネルギッシュなオープニング曲〈コール〉では、マイケルは珍しくソプラノサックスを吹いている。そしてランディがエコープレックスとワウペダルを使い、ハモンド社製のコンドルという奇妙な電子機器により宇宙的で水面下のような音を作り出していた（音色の選択肢が少なかったため、ランディはこの原始的な機器をすぐに見限ったのだが）。ギャルパーによる複雑なリズムの〈フィギュア・エイト〉ではマイケルがテナーサックスで鬱屈した力強さを解き放ち、バンドリーダーはエレクトリック・ピアノをハモンドのレスリースピーカーに通して奇妙なエフェクトをかけている。ギャルパーが意欲的にアレンジしたジミー・ヴァン・ヒューゼンの〈ウェルカム・トゥ・マイ・ドリーム〉では、兄弟はフロントラインで見事なコンビネーションを見せ、スティーヴ・ハースとドン・アライアスのツインドラムによる12／8拍子のアフリカングルーヴの上で、長くゆっくりとしたトーンで心を揺さぶるようなメロディを奏でている（アライアスは、マイルスの《ビッチェズ・ブリュー》セッションでドラムとコンガを担当していた）。ランディはファンクジャズのグルーヴを持つ〈ポイント・オブ・ヴュー〉で最もパワフルなソロを披露しており、マイケルはいかにもマイケル的なテナーで奔放に泣き叫んでいる。また、ふたりはギャルパーのこの上ない4ビート曲〈ブラック・ナイト〉にもエネルギッシュに取り組んでいる。

1972年1月にリリースされた《ワイルド・バード》でも、ギャルパーとそのグループは勢いを保っている。再びツインドラム（今回はビル・グッドウィンとビリー・ハート）と、元ドリームスのメンバーであるボブ・マンのエッジの効いたロックギターとワウワウのかかったリズムギターをフィーチャー。ギャルパーは3部構成の〈トリロジー〉でグルーヴを引っ張る。ここではランディのワウワウを使ったトランペットソロと、カタルシスを感じるマイケルのテナーがたっぷり聴ける。そして、この組曲でのマイケルのとどめの一撃は、グランジでヘヴィーな締めのファンクロック曲〈チェンジアップ〉での猛烈なプレイだ。インディアナ時代、1968年のノートルダム大学ジャズ・フェスティバルでランディ・サンキのセプテットが、ドアーズの〈ハートに火をつけて〉で長時間のパフォーマンスを締めくくったときのことを思い起こさせるような演奏である。

1972年末にランディは弟のマイケルを連れてホレス・シルヴァーのバンドに戻る。ベースのボブ・クランショウ、ドラムのミッキー・ローカーと共に、同年11月にヴァン・ゲルダー・スタジオで《27番目の男(In Pursuit Of The 27th Man)》をレコーディングした。このアルバムは1973年3月中旬にブルーノートからリリースされ、その後のツアーには、元ドリームスのベーシスト、ウィル・リーとドラマーのアルヴィン・クイーンが参加している。ホレス・シルヴァー・クインテットでの演奏について、24歳のマイケルは1973年のダウンビート誌でハーブ・ノーランに次のように語っている。「ホレスとのツアーは、私にとって初めての大御所との王道のジャズのライブの仕事でした。ここでは、エネルギーのほとんどをソロや練習、そしてステージでの演奏中にどんなアイデアを出していくのかに集中させることができたのです。上達するのに最高の機会でした。毎晩ライブでこんなにたくさん演奏できるのも初めてで、思う存分吹くことができたのです」

「ホレスと演奏するのは自分にとって一種の学校のようなものでした。いろいろな意味で初心者になったような気がして、逆に成熟していけるんです。すべての曲に個性があり、それぞれに違った感覚が必要です。例えばR&B調の曲をやるとそこで目指すべき自分の音が聴こえてくるし、別の感じの曲ではまた全く違うものが聴こえてきます。ホレスと演奏するのは新しい経験になるし、もちろん楽しんでいます。曲の感じにぴったり合ったものを演奏しなければなりません。彼の曲は私にとって独特の響きがあるし、誰か他の人のような演奏にならないよう心がけています。他の人と似た演奏をすること自体は、自分が成長するために必要なことなので、嫌ではないですが。私の演奏が時に、もしくは一晩中コルトレーンのようなときはどうかって? しょうがない! それが聴こえてくる音なんだし、それをありのまま吹いているのですから」

カナダのトーク番組「ディスティングイッシュド・アーティスツ」のローン・フローマンとのテレビインタビューで、ジャズ界の大先輩ホレス・シルヴァーからステージ上で教えを受けたことをマイケルはこう語っている。「ホレスとの最初のライブの夜、彼の大ヒット曲で当時ホレスといえばこの曲という〈ソング・フォー・マイ・ファーザー〉を演奏しました。お客さんの誰もが望む曲だったのですが、この日はテナーのお祭りのようになってしまったんです。この曲の最後のソロはテナーと決まっていて、曲のクライマックスでもありました。この夜、そのソロを自分としてはいい感じで吹いていたところにホレスが振り向いて『ゴーン！《Gone!》』と叫んだのですが、私はそれを『続けろ！《Go on!》』と言っていると勘違いしてしまったんです。『ゴーン』がビバップ用語で『やめろ』という意味だと知りませんでしたし。『もう十分だろう、やめろ！』ということなのに、私は彼も演奏を楽しんでいて『続けろ！』と言っているのだと思い込み、さらに頑張ってしまったわけです」

「さらに1分半か2分ソロを続けると、イライラした彼がまた『ゴーン！』と叫びましたが、私は『素晴らしい！ファンタスティック！　もっと行くぞ！』だと思い、結局、さらに10分か15分くらいソロを吹いたと思います。ショーのあと、ホレスに『ゴーンと言ったら、やめろってことだ！』と言われましたよ。でもホレスのおかげで、より良いショーにするためには自分自身を工夫していかなければということに気づけたのです。彼はとても良い教師であり、また、素晴らしいバンドリーダーでした。非常に多くの自由を与えてくれましたが、同時にどうやったら良いショーになるかもわかっていました。そこで多くのことを学び、今でも大事にしています」

１９７４年、マイクとランディは、元ドリームスのバンドメイト、ビリー・コブハムと再会する。今回は、ドラマー兼作曲家のコブハムがバンドリーダーで、トロンボーンのガーネット・ブラウン、元ドリームスのギタリスト、ジョン・アバークロンビー、キーボードのジョージ・デューク、パーカッションのリー・パストラ、ベースのジョン・B・ウィリアムズ（ホレス・シルヴァー・クインテットでランディ、マイケルと一緒だった）と共に、コブハムに雇われて参加する立場だ。コブハムはまだマハヴィシュヌ・オーケストラのメンバーであったときに、最初のソロアルバム《スペクトラム》（１９７３年10月1日発売）というフュージョンの名作を発表しているが、１９７４年の初めには独り立ちしていた。「マハヴィシュヌにはもう1年いるつもりだった」と、コブハムは2019年、ランディも参加したクロスウィンズ・リヴィジテッド・プロジェクトのニューヨーク・ブルーノートでの1週間公演の際に行われたインタビューの中で語っている。「ホレスがクインテットを唐突に解散したときと同じことをジョン・マクラフリンもしたんだ。最初は、『バンドをいじりたいのだが、君には残ってほしい』と言っていたんだけど、結局、全員クビさ」

マクラフリン、コブハム、ヤン・ハマー、ジェリー・グッドマン、リック・レアードによるオリジナルのマハヴィシュヌ・オーケストラは、1973年12月30日にデトロイトのマソニック・テンプル・オーディトリアムで最後のギグを行なった。「そう、それで終わりさ」とコブハムは言う。「マハヴィシュヌ・オーケストラでツアーを始めたときはまるで結婚でもしたような気分だったけれど、突然離婚したってわけだ。その先どうしたらいいのか全くわからなくなったよ」

1974年1月にグリニッジ・ヴィレッジの中心にあるジミ・ヘンドリックスのかつての本拠地、エレクトリック・レディ・スタジオで録音された《クロスウィンズ》で、コブハムは見事に復活を遂げる。アルバム中の〈ザ・プレザント・フェザント〉では、マイケルのベンディングとフラジオがたっぷり詰まったソロが聴け、また、マイケル、トランペットのランディ、トロンボーンのガーネット・ブラウンの相性の良さは、ドリームスでのバリー・ロジャースとの完璧なまでにタイトな演奏を思い出させるものでもあり、のちの「ブレッカー・ブラザーズ・サウンド」の前触れでもあった。

また、マイケルは独特の雰囲気のバラード〈ヘザー〉でも記念碑的なソロを披露している。コブハムは「私が書いた〈ヘザー〉でスタジオに来てもらったんだけど、遅刻してきたんだ。ようやく到着したとき、少しストレスを感じていたように見えたので、『これを聴いて心から感じるものを演奏してほしい』と伝えた。マイケルはとても繊細で、いつも自分が何者なのか、その自分をどう表現しようかと内面を見つめる人だって知っていたからね。そしていざレコーディングが始まると、これまでで最高のソロなんだよ。まさにマイケル・ブレッカーのソロだった。なんの文句もなくそこでやめようと思ったんだけど、マイケルはいつもながらにもっと良くなるからと続けたがるので、あと3、

4回くらいはやったかな。私が『もう十分だから！』と言うまでね」

1974年4月にリリースされたアルバム《クロスウィンズ》の締めの超ファンキー曲〈クロスウィンド〉は、その年の夏、全米各地のフュージョン・バンドの定番カバー曲となった。ギタリストのジョン・アバークロンビーは、ディープ・パープルで有名なトミー・ボーリンの〈ストレイタス〉（コブハムの《スペクトラム》に収録）に匹敵する見事なソロを披露している。同年12月にリリースされたコブハムの3枚目のリーダー作《皆既食（Total Eclipse）》では、リーダーの逞しいドラミング、ブレッカー兄弟とトロンボーン奏者のグレン・フェリスのタイトなホーンプレイ、アバークロンビーのディストーションの効いた荒々しいエレキギターソロを再び聴くことができる。エレクトリック・レディ・スタジオで録音された本作では、タイトル曲でマイケルが珍しいソプラノサックスのソロを披露。ブレッカー・ブラザーズ風のファンク〈月の起源（Moon Germs）〉ではキング・カーティスモード全開、そしてドライブ感のある〈静穏なる月海（Sea of Tranquility）〉ではジョー・ヘン＝コルトレーン寄りのプレイを聴かせている。1975年6月に発売されたライブ盤《シャバズ》でもこの強力なバンドを聴くことができる。74年の夏にスイスのモントルー・ジャズ・フェスティバルとロンドンのレインボー・シアターで録音されたものだ。タイトル曲ではランディが大胆なワウワウ・トランペットを、そしてアドレナリン全開の〈トーリアン・マタドール〉（《スペクトラム》収録曲）ではマイケルが拍手喝采もののソロを披露している。

1975年1月には、アバークロンビーに代わってギタリストのジョン・スコフィールドが次作《ファンキー・サイド・オブ・シングス》のレコーディングに参加する。「ビリーに誘われ、ニューヨークに引っ越せるようになったのは自分にとって大きな出来事だった」と振り返る。「最初のリハーサルに行ったら、マイケルとランディがいた。僕はすでに彼らのファンだったんだ。ランディの最初のアルバム《スコア》を持っていて、そこではマイケルがすごい演奏をしているし、ふたりが参加した素晴らしいハル・ギャルパーのアルバムも聴いていた。ドリームスはライブでは聴いたことがなかったけれど、まだバークリーの学生だった頃、マイケルとランディがホレス・シルヴァーと演奏したのをボストンのジャズ・ワークショップで見たこともあるし、ビリー・コブハム・バンドのライブをボストンのポールズ・モールで見たこともある。そう、このバンドに参加するのは特別なことだったんだ。僕のアイドルであり、彼らのジャズはモダンジャズの延長線上にあり、マイケルはファンキーであると同時に超一流のジャズアーティストでもあった。そう、ビリーのバンドに参加したとき、すでにマイケルの大ファンだったんだ」

ビリー・コブハムのバンドで一緒だったのは数ヶ月間だけだったが、スコフィールドとブレッカー兄弟は一緒に遊んだり、ライブをして交流を深め、1975年のコブハムのアルバム《ファンキー・サイド・オブ・シングス》では数曲一緒にレコーディングをすることになる。「マイケルとランディは、私が加入したあとすぐにビリーのバンドを脱退することになってしまった。でも、その数ヶ月の間に濃密に付き合うことができたんだ。彼らが何をしているのか、どうやってあのすごいアドリブをしているのか、何を大切にしているのか、とか、いつでも知りたがりのジャズ小僧として可愛がってくれたからね。バークリーではゲイリー・バートンやスティーヴ・スワロウに習っていたけれど、マイケルとランディのやり方は全く違っていて、やはり本物のニューヨークの音なんだ。マイケルは当時、真の友人であり、導師でもあったのさ」

マイケルとランディがコブハムの《ファンキー・サイド・オブ・シングス》へ参加した時期は、彼らのアリスタ・レコードからのデビュー作《ザ・ブレッカー・ブラザーズ》のレコーディングと重なっていた。そして、スコフィールドが言うように、一番人気のセッション・プレイヤーとして多忙なスケジュールもこなしながら、この2作品の制作をやってのけたのだ。「ニューヨークでナンバーワンのスタジオミュージシャンだから、ビリー・ジョエル、ルー・リード、トッド・ラングレン、ブルース・スプリングスティーンといったロックスターのスケジュールも入っていたのに、同時にジングルの仕事もたくさんやっていて超多忙だった。コブハムのバンドで、ある日はオハイオ州のコロンバス、そして次の晩はシカゴでライブだったことがある。マイケルとランディはコロンバスのライブ後に別行動でニューヨークに帰り、翌日のシカゴはサウンドチェックに遅れたけれど本番には間に合うように戻ってきた。『どこにいたの?』と聞いたら、『ビリーには言ってないんだけど、めちゃくちゃギャラが良い全国向けのジングルの仕事があったんだ。二次使用の印税が何年も続くやつさ。それでライブ後に最初に出る飛行機に乗り、ニューヨークでレコーディングし、シカゴに飛んできたってわけさ。サウンドチェックには間に合わないってわかっていたけれど、ほら、本番には間に合ってここにいるわけだ』。そういうことをしょっちゅうやっていたよ。ニューヨークでのジングルの仕事は信じられないほど儲かるので、ツアーはあまりやりたがらなかったんだ」

《ファンキー・サイド・オブ・シングス》には、マイケルとランディは半分しか参加していないために、これまでのコブハム作品に比べると存在感は薄い。だが疾走感溢れるタイトル曲や、ディスコ・ブームを反映したダンサブルでメロウな曲〈貴方を想いつつ(Thinking of You)〉では力強いテナーソロを披露している。「ブレッカー・ブラザーズのアルバムに集中するためにビリーのバンドは途中で抜け、アルバム全部では吹いてなかったんだと思う」とランディは振り返る。「なのでビリーはトランペットにウォルト・ファウラー、テナーサックスにラリー・シュナイダーを迎えてアルバムを仕上げたんだ」

《ファンキー・サイド・オブ・シングス》で最も印象深いのは、ランディの名曲〈サム・スカンク・ファンク〉を収録していることだろう。この複雑でパンチのある作品は、同年発売のブレッカー・ブラザーズのバンド名を冠したアリスタ・レコードでのデビュー作にも収録される。コブハムのバージョンが先に録音されているが(1975年1月)、《ファンキー・サイド・オブ・シングス》は、《ザ・ブレッカー・ブラザーズ》(1975年9月発売)よりあとにリリースされている(1975年11月11日発売)。ラッシュアワーで満員のA列車がアップタウンを疾走するときの運動エネルギーと緊張感がすべて凝縮されたようなこの〈サム・スカンク・ファンク〉という曲で、マイケルはコブハム・バージョンでは息を呑むようなソロを披露し、《ザ・ブレッカー・ブラザーズ》バージョンでは、世代を超えたサックス奏者たちの集合意識とでもいったものを聴かせてくれる。

今でもいろいろなバンドがカバーするこの名曲について、ランディはこのように語った。「〈サム・スカンク・ファンク〉を書くにあたって、ハービー・ハンコックの2枚目のブルーノート・アルバム《マイ・ポイント・オブ・ヴュー》(1963年)の1曲目に収録されている〈ブラインド・マン、ブラインド・マン〉から大きな影響を受けた。ハービーの曲のようなブレイクが欲しくて、自分の曲のブレイクもそれを意識して始まっている。そこから展開させていったから、〈ブラインド・マン、ブラインド・マン〉のようにはあまり聴こえないけどね。でも、確かにインスピレーションをもらったんだ」

ドリームス、ホレス・シルヴァー、ビリー・コブハムのバンドを経て、マイケルとランディは兄弟としてのコラボレーションに集中するようになっていく。その先には、このふたりの才能ある兄弟にとってさらに大きな世界が待ち受けていたのだ。

# 4章

# Sneakin' Up Behind You

## ブレッカー・ブラザーズ誕生

1974年8月1日、マイケルとランディは、オノ・ヨーコの初の日本公演のため、ニューヨークでの1週間のリハーサルに入った。大きな注目を集めたこのヨーコ・オノ&プラスティック・オノ・スーパー・バンドのツアーは、日本のエキセントリックなロックスター、内田裕也のプロデュースによるワンステップフェスティバル(郡山)を皮切りに、大阪、名古屋、東京、広島の5都市6公演にわたった。キーボードはドン・グロルニック、ベースにアンディ・ミューソン、ギターはスティーヴ・カーン、そしてドラムにリック・マロッタとスティーヴ・ガッドのツインドラムという編成だ。当初はデヴィッド・スピノザがギタリスト兼音楽監督を務めることになっていた。スピノザは、オノが1974年に録音してお蔵入りになったアルバム《ア・ストーリー》(1992年に6枚組CD《オノボックス》の一部として発売)の共同プロデュースを担当し、その前年にはジョン・レノンの《マインド・ゲームス》とヨーコの《空間の感触(Feeling the Space)》に参加。この待望されていた日本ツアーにも携わる予定だったのだが、ヨーコは直前になって考えを変えたのだ。

「これはジョンがメイ・パンと付き合っていた頃のことだ」と、レノンとオノ両方のパーソナルアシスタント兼制作コーディネーターの件について触れながら、ランディが回想する。彼らふたりの18ヶ月にわたる別居の最中のことだ。「一方、ヨーコはスピノザと付き合っていた。彼はヨーコのアレンジをし、その後彼女も、ってことだ。でも、彼女が歌い出すと彼がいつも犬のように吠えるのに腹を立て、ある日ついにクビになった。そしてカーンがギリギリで代役として入ってきたんだ」

カーンは、プラスティック・オノ・スーパー・バンド・ツアーがひどいものだったと語る。「馬鹿げたツアーだったよ。みんな本当の仲間だったけれど、おぞましい音楽を演奏していたんだ。本当にひどかった。コンサートのオープニングはインスト2曲から始め、私の曲とグロルニックの曲を演奏した。そして彼女が出てきてあっという間にバラバラになるんだ」

ランディはこう回想する。「1分ほど譜面に従って演奏すると、そこからは彼女の後ろで、笑えたり皮肉をこめたパートをその場で作ったり、ノイズを立てたりするんだ。みんながそうするから、バンド全体が平静を保つのは大変だった。あれは笑えたね。でも、彼女はどのみち違いに気づかないんだよ」

ある晩、オノのコンサートのお決まりのひとつである、客席に花を投げるパフォーマンスを真似ようと、マイケルはステージの前に行き、タバコにマッチで火をつけ、そのマッチを客席に投げ入れることにした。「そんな感じでライブをやっていたんだ」とランディは笑う。

ランディがカーンに次のキャリアを歩む準備ができていることを打ち明けたのは、日本からニューヨークへと戻る長いフライトの中であった。「ドリームス向きではない曲をたくさん書いていて、それでレコードを作りたいと言っていた。そこがまさにブレッカー・ブラザーズ・バンドの始まりだったんだよ」

ランディは振り返る。「3管向けに書きたい新しいアイデアがあった。自分とマイケル、そしてバリー・ロジャースの代わりにデヴィッド・サンボーン。サンボーンとはプロとして一緒に演奏したことはないが、デヴィッドも私も15歳のときに、スタン・ケントン・ミュージック・キャンプで出会ったんだ。そしてドリームスのドン・グロルニックとウィル・リーにも参加してもらった。彼らとはその前からほとんど毎晩のようにつるんで、音楽的に盛り上がっていた。みんな素晴らしいジャズプレイヤーだったけれど、誰もがR&Bにも片足を突っ込んでいて、そこがバンドの核になったんだ」とランディは振り返る。

ランディ・ブレッカーがブラッド・スウェット&ティアーズに参加して1967年に《子供は人類の父である》を録音し、同年末にホレス・シルヴァー・クインテットとツアーを行なっていたのとほぼ同じ頃、サンボーンは、ポール・バターフィールド・ブルース・バンドと活動し、1967年には《ピッグボーイ・クラブショー》のレコーディングに参加。同年のモントレー・ポップ・フェスティバルではザ・フー、ザ・バーズ、アニマルズ、ビッグ・ブラザー&ザ・ホールディング・カンパニー、ジミ・ヘンドリックスなどと同じステージを踏んでいる。

エレベーターのない建物の4階にあるグロルニックの部屋でリハーサルを始めた。ベーシストのリーとセッションン・ドラマーのクリス・パーカーも住んでいたグリニッジ・ヴィレッジの建物だ。パーカーが振り返る。「ウッドストックで一緒に演奏したことがあるウィル・リーの勧めで、70年代初頭にカーマイン・ストリートの70番地に引っ越してきたんだ。ウィルとグロルニックがすでにそこにいて、すぐに一緒にジャムるようになり、僕とウィル、ドン、スティーヴ・カーンの4人でカーマイン・ストリート・バンドというバンドも組んだよ。ドンのところでリハーサルして、アッパー・ウエスト・サイドのミケルズでライブをやっていたんだ」

そこにサンボーンが参加し始めて、グロルニックの部屋に3人のホーンとリズムセクションが詰め込まれることになった。「とても小さなアパートだった」とパーカーは回想する。「文字どおり肘と肘がぶつかり合っていたよ。昼間はドンのところでリハーサルをして、夜は僕がスタッフ(スティーヴ・ガッドとふたりでドラムを叩いているバンド)とライブをしていたミケルズで会ったりするんだ。彼らも時々参加してね。スタッフがブレッカー・ブラザーズのホーン・セクションと一緒なのを想像してみてよ!」

ランディが言うには、「週に1、2回、僕とグロルニックとカーンの3人で集まって、新曲をいろいろ試していたんだ。マイケルを含む他のメンバーは、まだ作曲を始めていなかったからね。自分の曲で、その楽器編成でアルバムを作って、《ランディ・ブレッカー》とかなんとか呼ぼうというつもりだった。アルバムタイトルはまだ考えていなかったけれど、〈サム・スカンク・ファンク〉や〈スポンジ〉など9曲がアレンジまでできていて、そういう考えだったんだ。自分の曲でアルバムを作るつもりだったし、グロルニックも同じようなメンバーを使って彼自身の作品をレコーディングするつもりだった。そしてカーンは似たような路線でホーン・セクションをフィーチャーした曲を書いていて、同じくアルバムを作りたいと思っていたんだ」。

パーカーは言う。「ランディは、ブレッカー・ブラザーズの最初のアルバムに収録された曲を含め、当時書いていたものをすべて持ち込んできた。彼の音楽は本当に難しいんだ。複雑なものがたくさんあって、私にとっては大きな挑戦だった」

ランディが新曲のデモ作りをしている頃、クライヴ・デイヴィスが主宰する新レーベル、アリスタのA&R、スティーヴ・バッカーから電話がかかってくる。クライヴ・デイヴィスは、ドリームスをコロンビアと契約させた人物だ。ランディが回想する。「スティーヴは、『クライヴは君たちの音楽のことを耳にし、メンバーも全員知っているし、素晴らしいものになること間違いなしと思っている。契約したいのだけど、〝ブレッカー・ブラザーズ〟というバンド名で、という条件付きなんだ』と言った。最初は1週間くらい抵抗した。『長い間あたためてきたことだし、すべての曲を書いているし、自分の名義でやりたいんだ』と。でも、クライヴはあのクライヴらしく望むものは変わらない。そして、確かによい機会だから結局ね……」

1週間後、ランディは折れた。「バッカーに電話して、こう言った。『わかった、ブレッカー・ブラザーズでオーケーだ。でも、サンボーンもフロントにいるから、おかしなことになるよ。長らく消息不明だったたいとこだとでも言えばいいのかもしれないが、どうやっても兄弟じゃないからね』」

ランディがようやくバンドをブレッカー・ブラザーズと呼ぶことに同意し、1975年1月1日にスタジオに入り、ファーストアルバム用に準備していたすべての曲をレコーディングした。「自分の曲を全部録り終え、どれも素晴らしい出来だった」と回想する。「そしたら、リハーサルに何度か来ていたクライヴから、ミーティングをしたいとオフィスに呼ばれた。マイケルはバンドの共同リーダーとして関わっていたわけではなく、とにかく練習したいだけだし、その時点では自分名義のキャリアも考えていなかった。だから、このミーティングはクライヴとふたりきりだった。彼は『素晴らしい曲たちだ！　全部気に入った！　でも、あとシングルが必要だ』と。そしてまた抵抗したんだが、クライヴは自分のやり方を曲げない。シングルを作らない限り、リリースもしないし、お金も出さないって言うんだよ。しょうがないからリハーサルの場に戻って、みんなにそう伝えた」

みなで知恵を出し合い、ランディとマイケルはドリームス時代に培った直感で、サンボーンと共にその場で、タイトでパンチの効いたホーン・ラインを作り上げた。キーボーディストのグロルニックはフェンダー・ローズのアイデアを、リーは意味ありげなヴォーカルとキャッチーなリフレインを考え出し、ブレッカー・ブラザーズのファーストシングル〈スニーキン・アップ・ビハインド・ユー〉が出来上がった。

ランディは言う。「みんながアイデアを出し合って、それを1回のセッションで作り上げた。多分3時間か4時間くらいかな。そして1日か2日後にレコーディングしたんだ。ありがたいことにクライヴも気に入ってくれたよ」

ディスコ風のキャッチーなシングル〈スニーキン・アップ・ビハインド・ユー〉がHOT100チャートにランクインし、《ザ・ブレッカー・ブラザーズ》は1975年のクロスオーバーヒット作となった。「このシングルは2位まで上がって長い間チャートインし、アルバムもトップ200の50位台に入ったんだ。グロルニックと手に入れたビルボードのチャートを見て、『なんてこった!』と思ったものさ。でもみんなスタジオワークで忙しいし、ポップミュージックを商売にしようとは思わなかった。趣味のようなものだったんだ。『5千枚しか売れないだろうけど、少なくとも自分の作ったものを世に出せるから』と思っていたのさ。もちろんクライヴはアルバムのプロモーションのためになんとかツアーさせようとした。でも、あまりにも忙しくて、そんなことはできない。自分だけじゃない。みんなスタジオで忙しくしていて、本当に売れっ子で、毎日仕事があった。クライヴは頑張ったよ。いくらでも私にプレッシャーをかけることはできたが、私には他のメンバーをツアーに出るよう説得することはできなかった。少しは回ったが、彼が望むほどにはできなかった。とにかく経済的に意味を成さないからね」

ギタリストのスティーヴ・カーンは、ジュール・スタインやジミー・ヴァン・ヒューゼンのソングライターとして知られるサミー・カーンの息子で、マイケルやランディと共に、予算潤沢なマンハッタンのスタジオ・シーンで活躍した人物である。「1970年にロサンゼルスからここに移ってきたときは、ジングル・シーンなんてものがあることさえ知らなかった。当時目指していたのはただひとつ、次のウェス・モンゴメリーになることだ。ニューヨークへ行けば、街中にジミー・スミスのようなオルガントリオがいて、そのどれかに入ってどうプレイするかを学んでいく、そうなると思っていた。でも、もちろんそうはならなかったよ。フュージョンが流行り、ジングルが大変なことになっていたんだ」

カーンがジングルの世界に入ったのは、ヴィブラフォン奏者のデヴィッド・フリードマンがきっかけだった。この世界でカーンが知っていたふたりのうちのひとりだ。「デヴィッドが月曜日の夜にヴィレッジ・ヴァンガードに連れて行ってくれて、サド・ジョーンズとメル・ルイスのバンドを観たんだ。翌日、『今日はジングルの仕事があるから見に来てほしい』と言うのでついて行った。小さなジングルのスタジオに入ると、ドラムのメル・ルイスとトランペットのサド・ジョーンズがいた。完全なショック状態だよ。意味がわからない！　前の晩にヴァンガードでふたりの素晴らしいビッグバンド・ジャズを見たばかりなのに、歯磨き粉のCM曲のレコーディングをしているって？　全く理解できずに『デヴィッド、これは一体どういうこと？』と聞いたんだ。すると『みんなやっていることだよ。ヴァンガードで演奏するだけで食べていけると思っているのかい？』と首を横に振っていた。そして別のスタジオでは、チコ・ハミルトンがまた別のジングルをプロデュースしている。『どうしてこんなことになっているんだ』と思ったよ」

「でも、ランディとマイケルも同じことをやっていたんだ」とカーンは続ける。「ウィル・リーもね。彼は歌もいけたから一番儲かっていたと思うよ。これこそが本当にお金になることだったんだ。ランディとウィルは『ブレッカー・ブラザーズで活動するってことは、ジングルの仕事をいろいろ逃して大損するってことなんだ』とよく言っていたよ。つまり『大好きなバンドをやって200ドル稼いで帰る。そしてその間に2万ドルくらいになるジングルの仕事をやり損ねる』という葛藤だ。ランディやウィルのような連中にとって、それはとても現実的な問題だったんだ」

カーンはやがて、他の多くのミュージシャンと同じようにジングルの世界に足を踏み入れることになる。「クラブで自分の好きな音楽を演奏している——ジャズだ。そしたら男が近づいてきて、『君はユニオンに入ってる？　楽譜は読める？　明日の10時にスタジオに来られる？　この仕事は君にぴったりだと思う』と言うんだ。そしてジングルのレコーディングに参加し、彼らは僕を気に入る。そう、そうやって電話が鳴りやまなくなるんだよ」

最高レベルの音楽とはいえなかったかもしれないが、ジングルの現場で最も楽しかったのは、他のミュージシャンたちとセッションを重ねる中で感じた仲間意識だったとカーンは言う。「大人向けの高校生活みたいなものだよ。『オーケー、今日は午前9時から社会科、10時から英語の授業だ』ってね。授業ごとにいろんな連中がいて、中には本当に仲が良い奴らもいる。ジングルの現場はまさに『朝9時からこのスタジオで仕事、10時からはここ』って感じだった。セッションごとに5～8人のミュージシャンと一緒で、プレイするのが楽しいお気に入りのミュージシャンもいる。まず1時間ほど素晴らしいミュージシャンと一緒になり、次のセッションに行くとまた別のプレイヤーがいて、みんな有能だし、一緒にいるだけで愉快な連中なんだよ。マイケルには、ジョン・ファディスやルー・ソロフ、ジョー・ファレル、ハワード・ジョンソンなど、ホーン・セクションで一緒にやりたい人たちがいた。全員、腕利きの優秀なプレイヤーだ。一日中、次から次へとレコーディングに行き、そこで本当に好きな人たちと一緒にやれるなんて本当に素晴らしいことだよ」

この予算潤沢なジングルの絶頂期に、カーンは、ブレッカー兄弟を70年代初期の自分のバンド、フューチャー・ショックに呼んでいた。元ドリームスのキーボーディスト、ドン・グロルニック、ベーシストのジョン・ミラー、ドラマーのブルース・ディトマスと共に。「ビター・エンドやフォーク・シティでのジャズ・フュージョン・ナイトで、フューチャー・ショックのライブを一緒にやったんだ」とカーンは回想する。「１９７２年の11月に一緒にデモを作ったんだが、最近それを発掘し、40年以上を経て改めて聴いてみたが、本当に驚かされるよ。マイケルとランディがいかにバンドのレベルを上げていたかよくわかる。主流とはいえない、いい加減な音楽を、なんとか素晴らしいものにしているんだ」

〈スニーキン・アップ・ビハインド・ユー〉はブレッカー・ブラザーズがクライヴ・デイヴィスに対して商業的に譲歩した結果の曲だが、１９７５年のバンド名を冠したデビューアルバムに収録された他の曲は、意欲に満ちた妥協なきものであった。ランディの複雑で組曲的な〈クリーチャー・オブ・メニー・フェイセス〉は、ボブ・マンの刺すようなロック調のギターワークが効いている。〈薄暮(Twilight)〉でも、マンはアップテンポのラテン調とマハヴィシュヌ的な不気味な半音階主義とを行き来し、ジェフ・ベック的なプレイで執拗に盛り上げている。最強かつ最も長く愛される作品となるのは〈スポンジ〉、ドリームスでも披露していたランディのワイルドなワウワウ・トランペットと、マイケルの引き裂くようなテナーソロが印象的な〈サム・スカンク・ファンク〉。そしてマイケルとサンボーンによる、目が眩むような速射バトルをフィーチャーし、クラビネットを使った〈ロックス〉だ。ランディの雰囲気のあるバラード〈浮揚(Levitate)〉は叙情的な面を見せると同時に、派手な連発花火からの息抜きの場でもある。ランディ作で唯一のヴォーカル・ナンバー〈オー・マイ・スターズ〉は、ブレッカー・ブラザーズ得意のタイトで力強い3管のフロントラインで、ちょっと軽めの気ままで楽しい曲。このブレッカー・ブラザーズ伝説のデビューアルバムの中で見過ごされがちな逸品が、燃えるような締めの曲〈D.B.B.〉だ。素晴らしいビッグバンド・アレンジのようであり、マイケルとランディの名人芸ソロをフィーチャーしたものでもある。

デビューアルバムで聴ける巧みなドラミングは、クリス・パーカーではなく、ハーヴィー・メイソンが叩いている。「ハーヴィーとは、ホレス・シルヴァーのバンドでボストンに行ったとき、とあるジャムセッションで知り合った」とランディは回想している。その後、ハービー・ハンコックの《ヘッド・ハンターズ》で演奏しているのを聴いて、『今回のレコーディングはハーヴィーを使わなきゃ』と思い、ラルフ・マクドナルドと一緒にブレッカー・ブラザーズの最初のアルバムに参加してもらうことにしたんだ」(パーカーはこのアルバムのシングル曲〈スニーキン・アップ・ビハインド・ユー〉でドラムを叩いている)

ブレッカー・ブラザーズのフロントとしてマイケルとランディに加わったサンボーンは、すぐにこのふたりとホーン仲間としての特別な繋がりを感じたという。「相性って言葉にするのは難しいけれど、僕らはどうも最初から同じ波長を感じていたみたいなんだ。夢中でお互いの音を聴いていた。どのホーン・セクションにもあるけれど、僕らが本当に特別だったのはお互いのニュアンスを聴き分ける力だったと思う。どんな感じで音を形作るのか、アタックはどうなのか、どんなフレージングなのか。ごく自然に聴き分けていた。もちろんマイケルとランディは子供の頃から一緒だし特別なテレパシーで繋がっていたけれど、なぜか自分もそこにうまくフィットし、良い音のバランスになったんだ。お互いのサウンドをうまく補い合っていた。僕の音はちょっとエッジがきつくなる傾向があったけれど、マイケルはそこにうまく実体とボディを加えてくれ、また、アーティキュレーションの面ではリードしてくれた。本当に素晴らしいコンビネーションだったよ」

カーンもそのことについて振り返る。「フレージングにあったと思う。恐ろしくタイトなね。このごく短い音符でのスタッカートはラテン音楽の世界では聴くことがあるかもしれない。マイケルとランディが、兄弟ならではの、どこで何を吹くべきかの共通理解を持って作り上げたものだ。そしてサンボーンはそれをすぐに掴むことができ、3人での素晴らしいフレージングになった。バリー・ロジャースはドリームスで同じようなことをできていたから、この4人が揃うとなんだか魔法がかかるんだよ（ラルフ・マクドナルドのアルバム《ザ・パス》で聴くことができる）。お互い何も言葉を交わすことなくこんなことを一緒にできちゃうって、それはもう魔法だよね。そしてそのすぐ隣にいるのもすごい経験なんだ。このレベルの卓越性と正確さはそうあるものじゃない。いったん手に入れたら、手放してもう少しルーズな方向に戻るのは難しいことだと思うよ。マイケルは多分、それも試したかったと思うけれど。ここまでの正確性より、少し緩さのある方向もね」

ブレッカー・ブラザーズとライブを重ねる中で、サンボーンはひとつ大事なことを学ぶ。「マイケルに最初にソロをとらせる、っていう間違いを犯したことがあるんだ。でもその過ちは二度と繰り返さなかったね。だって、彼がソロを終えたあとのステージはナパーム弾で焼き尽くされたような状態なんだよ。そこには小さなBフラットの音が倒れていて、自分はしょうがなくそれを拾ってみるものの、そこからもうどうしようもないんだ」

ふたりがブレッカー・ブラザーズで一緒に演奏していく中、より影響を与えたのは実はサンボーンの方だとカーンは確信している。「ふたりはお互いのプレイに大変な刺激を受けていたんだ。技術的には、サンボーンが全身全霊をかけて得ようとしているものをマイケルはすでに持っていた。でもマイケルの方はといえば、『ヤツはたったふたつの音符で、信じられないほど人々の心に触れることができる。自分が1万個の音符を吹いたって敵わないんだよ』といった感じだったしね。これはサンボーンがまだ〝最も模倣されるアルトサックス〟になる前のことだ。そしてふたりはそれぞれ練習に練習を重ね、お互いにとても深い影響を与え合うことになる。マイケルにとって、このミニマリスト的なアプローチを実際に身につけるにはそれなりの時間がかかったかもしれない。でも常にサンボーンと一緒にプレイすることにより、それは彼の中に沈殿し、とても大切なものになっていったんだ」

60年代に自分が作り上げたポール・バターフィールド・ブルース・バンドのホーン・セクションと、70年代になって参加したブレッカー・ブラザーズのホーン・セクションとは大きく違っていた、とサンボーンは語る。「バターフィールド・バンドの連中よりも、マイケルとランディの方がジャズ寄りのミュージシャンだった。もちろん、バターフィールド・バンドのテナーサックス奏者ジーン・ディンウィディも確かなジャズの感覚の持ち主だけどね。ブレッカー・ブラザーズの音楽は、ハーモニー的にも、メロディ的にも、リズム的にもずっと複雑だったから、広い振れ幅の中でいろいろ追及できたんだ。僕らの素晴らしい相性の良さがそれを可能にしつつね」

「この3人の組み合わせだったからこそ、とんでもなく難しい音楽も楽にやっているようにできた。〈サム・スカンク・ファンク〉〈スポンジ〉や〈ロックス〉のような曲の譜面は本当に難しいからね。去年だかその辺りに、NDRオーケストラとランディとのプロジェクト(アルバム《ロックス》、2019年発売)に参加して改めて思い出させられたよ。ブレッカー・ブラザーズの曲をビッグバンドにアレンジしようというプロジェクトで、リハーサルでまず『なんてこった、こりゃマジで難しい!!』と思い、最初は『こんなのもう二度と吹けるわけないよ』という感じだった。でも1分も吹いてみると、なんとちゃんと吹けるようになるんだ。ブレッカーのふたりと一緒にプレイする機会と幸運に恵まれたこの時期が、自分の人生でどれほど素晴らしいものだったか改めて感じたよ。その後自分のソロキャリアに進んでいくのだけど、あの音楽はこれまでずっと、そして今もとても大事なものなんだ」

1975年1月にブレッカー・ブラザーズがデビューした直後、2月にはマイケル、ランディ、サンボーン、グロルニック、パーカー、リー、カーンという気の合うメンバーで、デヴィッド・サンボーンのデビュー作《テイキング・オフ》(ワーナー・ブラザーズ)のレコーディングに参加している。4月にはエスター・フィリップスのアルバム《ホワット・ア・ディファレンス・ア・デイ・メイクス》のレコーディングで彼らは再びスタジオに入る。ダイナ・ワシントンの代表曲であるタイトル曲や、ルー・エマーソンのファンクチューン〈ハーティン・ハウス〉ではマイケルがキング・カーティスモード全開で炸裂。グローヴァー・ワシントンJr.の同年のヒット曲、ファンクジャズの〈ミスター・マジック〉のカバーでは、タイトでいかにもブレッカー・ブラザーズというホーン・セクションがたっぷり聴ける。

フィリップスのセッションのあと、この素晴らしいメンバーはフェリックス・キャバリエのアルバム《デスティニー》(ワーナー・ブラザーズ)のレコーディングのために再びスタジオに入る。5月には、マイケルはランディ、サンボーン、バリー・ロジャース、ガッドと共にドン・セベスキーのアルバム《エル・モロの強奪(The Rape of El Morro)》(CTI)をヴァン・ゲルダー・スタジオにてレコーディング。収録曲〈ムーン・ドリームス〉では並外れて表情豊かな歴史的ともいえるソロを披露している。

1975年9月発売の《ザ・ブレッカー・ブラザーズ》から1ヶ月後、10月に発売となったポール・サイモンのアルバム《時の流れに(Still Crazy After All These Years)》にもマイケルは参加している。印象深いソロを残しているタイトル曲は、同年末のヒットシングルとなった。グラミー賞を数多く受賞しているこのポップスのソングライターは、この曲のレコーディングについてこう振り返っている。「マイケルがソロを何度か吹き、そのうちの2テイクか3テイクからセレクトしたんだ。あの印象的な最初のフレーズは完璧だったよ。次のフレーズは2回目のテイクから、最後の数音は3回目のテイクからだったかな。いずれにせよ素晴らしく、心に残るインプロヴィゼーションだ」

(1975年10月18日に放送された「サタデー・ナイト・ライブ」ファーストシーズンの第2話冒頭では、ハンドマイクのサ

イモンがスツールに座って〈時の流れに〉を歌い、マイケル・ブレッカーではなく、デヴィッド・サンボーンがソロをとっている)

〈時の流れに〉でのマイケルのソロはポップスの世界に深く刻まれた。しかし、彼の名を圧倒的に高めたのは、シンガーソングライター、ジェイムス・テイラーの〈寂しい夜〉における素晴らしいテナーソロであった。1972年のアルバム《ワン・マン・ドッグ》からのヒットシングルで、ロマンティックなバラードだ。ギタリスト、作曲家、そして長年の友人であるパット・メセニーはマイケルの死後、2007年のナショナル・パブリック・ラジオのインタビューで、この曲でのマイケルの最高のテナーソロについてこう語っている。「初めてあのソロを聴いたとき、交通事故にでも遭ったような衝撃だった。だってアメリカの日常の生活の中で、あんなに素晴らしい音が聴こえてくることなんてなかったからね。ごく短い時間の中での、信じられないほど見事なインプロヴィゼーションだ。一体誰が吹いているんだろう？　新人のマイケル・ブレッカー？　そのときからすっかり大ファンになったよ」

ブレッカー・ブラザーズの2作目《バック・トゥ・バック》(1976年)では、クリス・パーカーとスティーヴ・ガッドがドラムとなり、お馴染みのメンバーであるマイケル、ランディ、サンボーンのホーン・セクション、グロルニックのキーボード、スティーヴ・カーンのギター、ウィル・リーのベースと共にプレイしている。また、ヴォーカルを強調するために、リーに加えてルーサー・ヴァンドロス、パティ・オースティンを起用。この2枚目のアルバムは、ブレッカー・ブラザーズのファーストアルバムよりもコマーシャルなもので、今から振り返るとやや古さも感じられる。最もわかりやすいのは、アルバムの1曲目〈キープ・イット・ステディ(ブレッカー・バンプ)〉で、当時流行っていたダンスであるバンプに便乗を狙ったものであった。サンボーンとカーンの鋭いソロはいいとして、安っぽいバックヴォーカル、リーのスラップベース、グロルニックのクラビネットとファンクラインのシンセベース、パーカーの絶え間なく続くディスコ・ハイハット・ビートなどで、急成長のディスコ・マーケットに迎合している。カウベルさえ入っているのだ。

「《バック・トゥ・バック》を作っているとき、すべてのソロがマイケルとサンボーンに集中しそうだった」とカーンは振り返る。「それでランディはあるときみんなに『俺もブレッカー・ブラザーズの一員だぞ！　トランペットソロは一体どこへ行ったんだ？』と。するとウィルはちょっと冗談めかして『だってトランプにはバンプできないだろ(You can't bump to the trump.)』と言ったんだ。もちろんこのトランプはトランペットのことで、ホワイトハウスにいたあのクソ野郎のことではない。一曲目のサブタイトル〝ブレッカー・バンプ〟の言葉遊びでもあってなかなか良い返しだった。まるで『おいおい、トランペットのソロは売れ線には向いてないだろ』って言っているようだったよ」

　遊び心に溢れたファンキーな〈ブギー天国(If You Wanna Boogie...Forget It)〉でのウィルのヴォーカルは気さくでソウルフルだが、曲は明らかに古くさい。ファンキーなクラビネットとハンドクラップが引っ張るダンサブルなインスト曲〈グリース・ピース〉では、リーとマイケルが共にエンベロープ・フィルター(おそらくシームーンのファンクマシーン)を通して演奏している。リーとパティ・オースティンが歌うファンキーでゴスペル調の、ドクター・ジョン的なヴォーカル・デュエット曲〈ウェスティン・タイム・ウィズ・ユー〉では炸裂するマイケルが聴ける。

《バック・トゥ・バック》は初めてマイケル作の曲を形にしたアルバムでもある。そのファンク・フュージョン曲〈ナイト・フライト〉でもキラー・テナーソロが聴ける。カーンによると、マイケルはこのときまですでに1年間〝ブルース・ア・デイ〟を続けていたにもかかわらず、自分の曲をバンドに提供することをどこか恥ずかしがっていたそうだ。ランディのような多作な作曲家の弟であるということが、マイケルが作曲に消極的だったことと関係があるかもしれない。ランディはこうも言っている。「最初の頃は及び腰だったかもしれないね。彼はいつも、そうだな、〝不安〟という言葉は適切じゃないかもしれないが、そう、完璧主義者だったから。誰もが抱くようななんらかの不安も、彼の場合は人よりもう少し増幅されていたかもしれない」

「曲を書くということについて、長い間話をしたよ」とランディは続ける。「彼はまだそれほど作曲していなかったし、自分にはその才能がないと思っていたんだ。でも、才能はそれほど関係ない、これは一種の技術なんだ、鍵盤の前で長い時間をかけ、順序立て、コツコツとやっていくしかないと伝えようとした。インスピレーションが湧くのを待つのではなく、そこに座ってやり続けるしかないんだと。トルーマン・カポーティのインタビューの話もしたな。書くというプロセスがどれだけ純粋に技術的な側面で占められているかを話しているんだ。筋書きは創作するものかもしれない。でもそこからはひたすら机の前で書き続けるんだと。その言葉が響いたようで、鍵盤の前に座るようになり、徐々に良い曲ができ始めたんだよ」

マイケルは自分がブレッカー・ブラザーズのために書いた曲をどうしても気に入らなかったとランディは言う。

「いつも自分の曲のどこかに気に入らないところを見つけてしまうし、毎回曲を書いてくれと頼み込まないとダメだったよ。あるとき偶然、〈ナイト・フライト〉のメイン・リフの最初の5音がトニー・ウィリアムスの〈ヴァシュカー〉と一致していることに気づいたんだ。無意識のうちにか、不運でしかないんだけどね。その後この曲をやりたいときはお願いしなきゃダメだった。本当にやろうとしないんだよ。〈ストラップハンギン〉(ブレッカー・ブラザーズの1981年のアルバムタイトル曲)も好きじゃなかったな。〈サニー〉(ボビー・ヘブの1966年のヒット曲)みたいなコード進行〔アドリブソロの1、2小節目〕のところが陳腐だと思ったからだ。とても人気のある曲だったのだけど、やるたびに説得しなきゃいけなかった。いつも自分の曲の中になにかネガティブなものを見つけ出してしまうんだよ」

2004年、カナダのテレビ番組「ディスティングイッシュド・アーティスツ」のインタビューで、マイケルはローン・フローマンにこう告白している。「プロの音楽家になった頃、作曲は決して好きなことではありませんでした。曲作りを学んだのはあくまで必要に迫られてのことだったのです。兄のランディとブレッカー・ブラザーズを結成し、1975年の最初のレコードはなんというか少し売れましたが、そのアルバムは基本、全部が兄の曲で、1曲だけみんなで作り上げたものがヒットしたんです(〈スニーキン・アップ・ビハインド・ユー〉のこと)。そんな感じだったので、私としてはこれは一回限り、ワンショットのレコード契約だと思っていて、ただ楽しくこのバンドで演奏していただけでした。でも結局またすぐに次のアルバムをレコーディングすることになり、自分が曲を書いていないことに罪悪感があり、なにか書いてみなければと思ったのです。そしてランディのスタイルで書き始めたんですが、それはなかなか難しいことでした。とてもユニークな作曲法だったので。彼は信じられないほどクリエイティブで面白い音楽を書いていました。ジャズ・ファンクのようではあるけれど、それまで世に出たどれとも違う。聴いたことのないようなものばかりでした」

「兄のスタイルを参考に書こうとやり始めたものの、ここ10年で作曲を楽しめるようになるまではかなり苦労しました。ランディにはジグソーパズルのような独特なやり方があるんです。いい感じのAセクションか、全然違うAセクションを5つ、そしてそれに加えて、やはりいい感じのブリッジ、Bセクション、Cセクション、サビになりそうなセクションをたくさん用意する。それらをシャッフルし、驚くほど素晴らしい曲を生み出していました。私もそんなやり方でうまくいったこともありますが、自分の場合は、それよりも通して書く方が好きなようです。あまりあちこちに飛ぼうと思わないし、その方が一貫したものを書けるので」

ブレッカー・ブラザーズは、76年春の《バック・トゥ・バック》を引っ提げたツアーで、ウィスコンシン州ミルウォーキー、ミシガン州サギノー、グランドラピッズ、デトロイト、オハイオ州アクロン、クリーブランド、イリノイ州シャンバーグを回り、中西部を駆けめぐった。カーンは、当時のバンドメンバーのほとんどが20代の連中がツアーでやるようなバカなことをしていたのに対し、グロルニックはバンドの中でひとり安定した存在であったと回想している。「ドンは間違いなくあの中でひとり大人だった」とカーンは言う。ウィル・リーも、バンド内でのグロルニックのあだ名が「ドン・グロウンナップ(Grown-up)」であったと証言している。

ランディは振り返る。「ドンは、みんなを本当にうまくまとめてくれたよ。リハの時間だと伝えたり、車を手配したり。ツアー・マネージャーを雇う余裕がなかったから、バンドの誰かがやらなきゃいけないことをやってくれたんだ。バンド内ではそこら中で言い争っていたけど、それもドンが仲裁してくれた。レンタカーはたいてい彼の運転だ。サンボーンとマイケルはそういうことに全く関心がなく、カーンは冷静だった。みんなが車に詰め込まれた状態で次の街へと旅するのを、なんとかうまくやっていかなきゃダメだったんだ」

「ドンが運転し、マイケルがホテルにソプラノを忘れて取りに戻らなければならないこともあった」とパーカーは回想する。カーンは、旅先でのさまざまな〝ソプラノ紛失事件〟を鮮明に覚えている。「どこかから別の街や空港に行くとき、ドンはいつも2台のレンタカーのうちの1台を運転するんだ。そしてマイケルは定期的になにかを失くす。潜在的に失くしたかったのだと思うのだけれど、それは毎回、ランディの曲のために持ってきているソプラノサックスとフルートだった。〝意図的な偶然〟とでも言うように、いつもどちらかを置き忘れてきてしまう。いろいろなところでね。ホテルを出発する前にドンが『さあ、みんな忘れ物はないか？』と言い、みんな『もちろん大丈夫！』と答えるんだけど、マイケルはといえば、後部座席で寝ていたのか無言だ。で、車を走らせていると、突然、後部座席のマイケルから『オーオー！』という声が聞こえてくる。ドンが目を丸くして、『大きいオーオーか？　小さいオーオーか？』と聞くと『でっかいオーオーだ。ソプラノをホテルに置いてきてしまった』とマイケル。もちろんドンはすごく怒る。彼の口癖に『俺はバカに囲まれている、俺は無能者に囲まれている』というのがあって、メンバーの誰にでも当てはまる言葉なんだけれど、誰かが失敗するとそう叫んでいた。でもしょうがないのでUターンしてホテルにソプラノを取りに行き、いつもなんとか飛行機に間に合わせる感じだった。マイケルはソプラノをホテルに置いてくるか、タクシーに忘れるか。意図的な偶然……そう、彼はソプラノが大嫌いだったんだよ」

カーンはまた、このような長いロードトリップでは、必ずと言ってよいほどマイケルとグロルニックが、誰が優れているか、なぜ優れているかについて議論していたという。「ふたりはいつもコルトレーンとロリンズについて議論していた。もちろん彼らは共にこのふたりが大好きだ。でもドンは、コルトレーンよりスウィングしているからという理由でロリンズ側、一方のマイケルは、同じぐらいめちゃくちゃスウィングしているし、スピリチュアルでもあるということでコルトレーン側だ。そんな感じでこれがツアー中ずっと続くことになる。おそらく奴らは一生、このクソみたいなことを議論するんだろう。でもその中でドンが出した結論は、『リズムが良ければ、何を演奏しても素晴らしく聴こえるんだ』というものだった。多分彼が言いたかったのは、『リズムがスウィングしてさえいれば、調性からどれだけアウトしてもいいんだ。なんだってスウィングしていれば受け入れられる』ということで、ふたりはその点では同意したんだ」

さらにカーンは、マイケルのユーモアのセンスと旅先での悪ふざけを思い出している。「ブレッカー・ブラザーズにいたとき、マイケルはギターに夢中だった。いつもギターでの音のベンドについて聞いてきたよ。彼の演奏を聴けば、いろいろなサックス奏者からだけでなく、ギターからの影響もあるのがわかる。ジミ・ヘンドリックスとアルバート・キングが大好きだったから、ブルースギターの要素も含まれている。ＥＷＩ(Electronic Wind Instrument)ではもっとそうだった。でも、彼のお返しはひどくて、サウンドチェックとライブ本番の間にステージに忍び込んで、私のエフェクターペダルのツマミを全部フルにしてしまうんだ。そして本番が始まって、最初のエフェクターをオンにするとノイズで大爆発だ。ヤツは僕の右側に座って大笑いしている。そこで、文房具屋で小さなステッカーを調達して、ペダルに貼って目印にし、彼がセッティングをいじっても、その目印に戻せばいいようにしたんだ。これを初めてやったとき、マイケルはステージ上で『一本取られた！』みたいにこちらを見て、自分の方は『やってやったぜ！』という感じだったよ」

ブレッカー・ブラザーズは幅広く人気が出たものの、あまり快く受け入れられなかったときのこともカーンは覚えている。「まだ最初の頃、ルーファス＆チャカ・カーン、グラハム・セントラル・ステーション、オハイオ・プレイヤーズといった素晴らしいバンドと一緒に回るＲ＆Ｂのツアーに参加していた。観客数１５００人かもっと大規模なものだった。いつも自分たちが前座で、『こいつら誰だ？』とどんよりとした目の客の前でプレイし始めるんだけど、〈スニーキン・アップ・ビハインド・ユー〉でスタートするとみんな気に入ってくれる。でもそのあとからは『こりゃ一体どんな音楽なんだ？』って感じだったよ」

76年のツアーが始まってまだ間もない頃の2月18日、ブレッカー兄弟の故郷フィラデルフィアのビジューで行われたコンサートでの不幸なシーンについて、カーンはこう語っている。「たまたまラサーン・ローランド・カークの前座だった。彼には我々の音楽は理解を超えるものだったかもしれないけれど、テナーサックスを吹いている奴が特別だということはわかるはずなんだ。しかし、どうやらそう感じなかったようだ。自分のセットに入ると、『白人のミュージシャンがエレクトリックな楽器で演奏しているのはジャズじゃない』と長々と非難し始めたんだ。『アヴェレイジ・ホワイト・バンドと自らを呼んでいる連中までいる』とも言っていたのを覚えている。もちろん、観客は居心地悪そうに笑っていたよ。舞台裏の2階の楽屋では、マイケルとランディの父親であるボビーの頭に血が上りつつあった。ちょっと飲みすぎだったのかもしれないが、とにかく激怒していたんだ。ラサーンのセットのあとに階段の上で待ち構えて殴りつけようとしたのだけど、そこはなんとかランディがつかまえ、ドアの外に連れて行って事なきを得た。でも、これはブレッカーの両親が子供のためにどれだけ戦うかを示す一例でしかなくて、彼らは心底、兄弟を守ろうとする。ボビーはその夜ちょっとやりすぎただけなんだ」

ランディはこう振り返っている。「ラサーンはこのショーのヘッドライナーで、メンバーはみな黒人、観客もほとんど黒人だった。そんな中、自分たち白人のバンドがフュージョンを演奏した。私はトークも担当していたけれど、バンドの紹介かなにかをしようとしたら観客のひとりが『ラサーンはアンプなんていらないぞ！』と叫んだのを覚えている。そしてラサーンとバンドがステージに上がり、僕らについて否定的な、やや人種差別的なコメントをしたんだ。父は憤然とし、舞台裏でラサーンとやり合おうとしたので、止めるしかなかったよ。なんとか収めようとしたんだ」

この頃、ドラマーのクリス・パーカーは、ブレッカー・ブラザーズとスタッフとの間を行ったり来たりしていた。「実は、スタッフのメンバーからは『そんな音楽をやってどうするんだよ？』と突っ込まれていた。でも、僕はブレッカー・ブラザーズにもスタッフと同じくらい足を突っ込んでいたから、彼らは受け入れるしかなかったんだ」

パーカーはやがてヴィレッジのカーマイン・ストリートにあったワンベッドルームの狭い部屋に愛想をつかし、バワリーのグランド・ストリート247番地のもっと広いロフトに引っ越した。「実はクリスティン・マーティンがその建物を見つけてくれて、ドンと私はふたりそろってそこに引っ越したんだ。ドンは2階で、私は3階に」。チャイニーズ家具店の上、クリスティ・ストリートのバスケットコートの真向かいにあり、家賃は250ドル(現在の同じ場所の家賃は月4000ドル)。「1976年の終わりか1977年の初めには、ドンはマイケルにロフトを売って、ニューヨークのモントローズに引っ越すことになった」と、パーカーは続ける。「私とのちの妻は、タップダンスとドラムとスケートボードで、哀れな下の階のドンをひどくイライラさせたんだと思う。それで、マイケルと私がグランド・ストリートのこのビルに住むことになった」

「マイケルにドラムセットをあげたんだ(彼はドラムもすごく上手で、エルヴィン・ジョーンズの影響を強く受けていた)。もちろん私もドラムセットを部屋に置いてあって、私たちはずっと演奏していたよ。一緒に練習することも多かったし、彼が夜遅くまでテナーを吹いているのは、自分も練習を続けるのに良い刺激になったな。夜明けまでジャムったあと、角にあるモイシェというコーヒーショップに朝食に行ったりしたけど、30年か40年はそこにいるであろうウェイトレスがテーブルにやってきて、『今朝は難しいこと言わないでね。昨夜はドラム、ドラム、ドラムの音がひどくて眠れなかったのよ』なんて言われたこともあったよ」

その頃までにアリスタのクライヴ・デイヴィスは、ブレッカー・ブラザーズとは別のスピンオフ・プロジェクトについてマイケルと何度か話していた。「クライヴと一緒だった6年間、彼と自分とマイケルとのバンドミーティングがあるたびに、マイケルはソロアルバムをやりたいと言っていたんだ」とランディは回想する。「ついにある日のミーティングでクライヴが『マイケル、ソロアルバムを作ってほしいんだ。いつでも君のやりたいときにやってくれ』と言った。でも、マイケルは実はまだちゃんとは考えていなかったんだ。のちにコンセプトを立てて物事を進められるようになったけれど、その頃はまだそうじゃなかった。ソロ活動を始めたのが遅かった理由のひとつだと思うよ。みんなが知っているように彼は完璧主義者だったから、どう進めるか考えるのにも時間がかかったんだ。でもとにかくソロをやりたがっていた。それで最初はバンドにはあまり積極的でなかったが、徐々に関わってきたってわけだ」

1976年末には、マイケルとランディはフランク・ザッパに声をかけられ、彼の公演に参加。クリスマスから大晦日にかけてニューヨークのパラディアムで4回開催され、すべてソールドアウトであった。この模様の一部は、1978年3月にリリースされた2枚組のライブアルバム《ザッパ・イン・ニューヨーク》に収められている。2019年3月には、その伝説的なパラディアム公演のすべての音源が、5枚組CDボックスセット《ザッパ・イン・ニューヨーク 40th Anniversary Deluxe》としてリリースされた。ザッパはこのライブでメンバーに対し、何にも気兼ねすることなく思い切り自由にソロをとることを求め、ホーン奏者たちはジャズ的な自由さでそれに応えた。28分に及ぶ壮大な〈ブラック・ナプキンズ〉では、マイケルは集中豪雨のような音符群のソロ、ランディはブライトな高音でのトランペットソロ、元ロキシー・ミュージックのエディ・ジョブソンも見事なエレクトリックバイオリン・ソロを聴かせている。17分の〈ザ・パープル・ラグーン〉(オリジナルの2枚組LPにも収録)では、マイケルは心拍数が上がるようなテナーソロを披露し、ランディは不気味なハーモナイザー効果を使ってトランペットでのエレクトロニクス・サウンドの限界に挑んでいる。ドラマーのテリー・ボジオをフィーチャーした複雑で通作的な曲、〈ザ・ブラック・ページ#1〉もハイライトのひとつだ。ボジオは翌年、ブレッカー・ブラザーズのツアーに参加することになる。

「ザッパの仕事で一番覚えているのは、自分のパートをちゃんと演奏できるかどうか、それがただただ怖かったということだ。彼の譜面は本当に難しかったからね」とランディは語る。「当時『サタデー・ナイト・ライブ』のホーン・セクションでレギュラートランペット奏者だったアラン・ルービンでさえ譜面を見て逃げ出したんだ。それで自分が雇われた(ザッパは1976年12月10日の「サタデー・ナイト・ライブ」ショーに音楽ゲストとして出演。その2週間後の12月26日から29日にかけてパラディアムでのコンサートを行なっている)。ザッパはヒッピーの格好をしたクラシックの指揮者のようなものだった。彼流のジョークなんだ。天才的だったよ。そして『サタデー・ナイト・ライブ』出演のときのメンバーもすごかった。ベースがパトリック・オハーン、バリトンサックスがロニー・キューバ、ルー・マリーニもサックス、ヴィブラフォンがデイヴ・サミュエルズ、ドラムがテリー・ボジオで、みんな素晴らしい演奏をしていたよ。そこでボジオに出会った。そうやってパラディアムでのギグから生まれたのが《ヘヴィ・メタル・ビ・バップ》なんだ。そのときフランクはしばらくオフをとっていてテリーは空いていたし、彼を誘ってブレッカー・ブラザーズのツアーをし、ロングアイランドのマイ・ファーザーズ・プレイスでのアルバムライブ録音へと盛り上がっていったんだ」

「とにかくあのときパラディアムでザッパと出会えてよかったよ」とランディは続けた。「彼は楽しそうだったし、家族も一緒だった。小さな子供がふたりいた。ムーンとドゥイージルだ。親しくまではならなかったけどね。実際、1ヶ月後どこかのホテルのロビーで偶然会ったが、彼は私のことを覚えていなかった。それがミュージシャンの人生ってものかな」

1977年のブレッカー・ブラザーズのアルバム《ドント・ストップ・ザ・ミュージック》は、再びかなりコマーシャルな2曲を含む、ディスコ・ファンを意識したものだ(このアルバムで《メロー・サンボーン》[1976年]、《流麗なる誓い(Promise Me the Moon)》[1977年]でソロとして成功していたサンボーンが外れる)。オープニングの〈フィンガー・リッキン・グッド〉(なんと母親のティッキー・ブレッカーとランディの共作)と、セッション・ギタリストのジェリー・フリードマンが書いたタイトル曲の2曲では、絶え間ないディスコグルーヴを刻むハイハットとありふれたバックヴォーカルで流行りの雰囲気を出している。一方、ランディの〈スクイッズ〉とマイケルのソウルフルな〈ファンキー・シー、ファンキー・デュー〉は、どちらも完成度の高い素晴らしい楽曲であり、今日でもブレッカー・ブラザーズの代表曲となっている(実際、〈ファンキー・シー、ファンキー・デュー〉はグラミー賞の最優秀R&Bインストゥルメンタル・パフォーマンスにノミネートされた)。ランディのバラード曲〈ペタルス〉ではフリューゲルホルンが素晴らしい。同じくランディによるフュージョン曲〈タブラ・ラサ〉ではマイケルがテナーソロで大暴れしたのち、ランディがワウワウを効かせたトランペットを披露(マイケルの次にソロをとるのが間違いでなかった数少ない例だ)。ゲスト参加のリターン・トゥ・フォーエヴァーのドラマー、レニー・ホワイトは、このエネルギッシュな曲のエンディングで嵐のようなドラムソロを聴かせている。

「あのアルバムは、誰のせいというわけでもなく、自分たちらしくないものになってしまった」とランディは言う。

「マイケルはジョー・ベックのアルバム（１９７７年の《ウォッチ・ザ・タイム》、ポリドール）で仕事をしたジャック・リチャードソンというプロデューサーを気に入り、自分たちの次のアルバムへの起用を提案してきた。カナダ出身で、本物のプロだったが、カナダの仲間をアルバムに参加させることにひどくこだわっていたんだ。自分が書いた曲を使わせようともした。押しが強くて、こちらはちょっと遠慮しすぎて、結局台無しになってしまったんだ。強引にカナダからいろいろ連れてきて、要りっこないホーンのアレンジャーさえいたからね」

この頃、ギタリストのカーンは不穏な空気を察知していた。「バンド内にはふたつの派閥があった。一方はランディとウィルで、クライヴ・デイヴィスが当初からバンドに抱いていたヴィジョンの流れだ。クライヴは金と成功の匂いを嗅ぎつけて、『お前らの進むべき方向はこれだ』と圧をかける。ウィルは歌えるし、ランディもバンドが経済的にもうまくいくことを望んでいたから、クライヴの考え方に従ったんだ。そしてもう一方では、ドンや私、マイケルがアーティスティックな方向を望んでいた。マイケルは常にどちらかというとアーティスト寄りで、年上で経験も豊富なランディは演奏だけでなくビジネス的なことにも頭を働かせていた。でも大きかったのは、ランディは結局兄だからマイケルをあっち側に引っ張っていけるってことなんだ。なので結局、ドンと私だけが見せかけのR＆Bバンドにされることに反対していたのさ」

「そういう考え方がバンドの方向性を歪めてしまって、《バック・トゥ・バック》はランディの素晴らしいインストゥルメンタル曲の中に、ヴォーカル曲が3、4曲混ざるようなものになってしまった。変な感じだったよ。恥ずかしく思うことさえあった。『ランディ、君の素晴らしい才能はこんなことをやるためにあるんじゃない』という感じかな。最後に参加したアルバム《ドント・ストップ・ザ・ミュージック》はもっとひどくて、両極端に分かれていた。スティーヴ・ガッドがドラムを叩いた〈スクイッズ〉と、レニー・ホワイトがドラムで参加した〈タブラ・ラサ〉という素晴らしい曲があったけれど、私にとっては他はひどい曲ばかりだった。その後間もなくバンドを脱退した。シンプルにもうやりたくなかったんだよ」

カーンは一方で、マイケル、ランディ、サンボーンのホーンに、グロルニック（ピアノ）、リー（ベース）、ガッド（ドラム）という強力なブレッカー・ブラザーズの面々を起用して、コロンビア・レコードからの初リーダーアルバム《タイトロープ》（1977年）のレコーディングを行なった。このメンバーは、続く《ザ・ブルー・マン》（1978年）、《アロウズ》（1979年）にも参加している。「コロンビアからの最初の3枚のアルバムは、本来のブレッカー・ブラザーズ・バンドのサウンドをしっかりと保ちながら、よりギター中心のものを作ろうとしたんだ」とカーンは語る。「マイケル、ランディ、サンボーンの3人のホーンが一緒にプレイする、あのサウンドをどうしても続けたかった。最高に素晴らしいと思っていたし、あれを失ってしまうのは嫌だったんだよ」（《タイトロープ》収録の〈サム・パンク・ファンク〉でのマイケルのハーモナイザーを効かせたテナーソロ、《ザ・ブルー・マン》収録の〈アイ・オーヴァー・オータム〉でのカーンとのお手本のようなソロのやり取り、《アロウズ》の〈シティ組曲（City Suite）〉での緊迫感のあるテナーソロ、〈キャンドルズ〉や〈ディリー・ヴィレッジ〉での珍しいソプラノソロをチェックしてほしい）。

スタジオワークが続いたり、ブレッカー・ブラザーズ・バンドがより商業的になっていく中でも、マイケルとランディはジャズの腕前を保とうとした。ハル・ギャルパーのクインテットやギタリストのジャック・ウィルキンスとのギグでできる限りジャズクラブでの演奏も続けたのだ。どちらのバンドも、スウィングに重点を置きながら自由にアドリブができる場を作り出す、アコースティックなジャズのセッティングだった。それはマイケルとランディにとっても、深くそして伸びやかな、当時の彼らの最高級の演奏を披露する場となっていた。

1977年10月31日、マイケルとランディは、ウィルキンスとニューヨークのダウンタウン・サウンド・スタジオに入る。そこでフィル・マーコウィッツ（ピアノ）、ジョン・バー（ベース）、アル・フォスター（ドラム）と共に、キアロスクーロ・レーベルからのウィルキンスのリーダーアルバム《ユー・キャント・リヴ・ウィズアウト・イット》のレコーディングに参加。トミー・フラナガンの〈フレイト・トレーン〉ではランディとマイケルのバップ奏者としての実力が遺憾なく発揮され、最高にスウィンギングな仕上がりになっている。そしてこのレコーディングでのマイケル最大の傑作が、ブラニスラウ・ケイパー作の〈インヴィテーション〉での芸術的なソロだ。この13分にわたる大作は、ウィルキンスとマイケルによる2分半の繊細なデュオの会話から始まり、ゆったりとルバートでメロディをとるマイケルに対して、ギタリストが美しいコードとハーモニックスで応えている。3分経ってバンドが入り始めると、マイケルは倍テンポを駆使した音の洪水のようなプレイを3分間ほど披露して素晴らしいソロを終える。ウィルキンスのソロに続いて、ランディもこのダイナミックな作品の中でエネルギッシュなソロを聴かせている。この優れたアルバムでふたりは他にも、かなりアップテンポの〈恋とは何でしょう(What Is This Thing Called Love)〉のソロでも燃え盛る。さらに〈ホワッツ・ニュー〉では、ランディの味わい深いフリューゲルホルンのソロとマイケルのリラックスしながらもハーモニーを掘り下げる情熱的なテナーソロで至極の技を披露。わずか4曲のアルバムだが、《ユー・キャント・リヴ・ウィズアウト・イット》はマイケル・ブレッカーのテナーサックス名演アルバムの中でも上位に位置づけられるべきものだ。

ウィルキンスは、「マイケルとランディとはだいぶ前から知り合いだった」と振り返る。「アッパー・ウエスト・サイドにあるリン・オリバーのスタジオは、ジャムったり譜面を読む練習をするのにうってつけのところで、一緒にいろいろなリハーサルバンドをやったよ。もちろん、マイケルは私も大好きな素晴らしいプレイヤーであり、ウマも合った。ブリーカー・ストリートに近いセヴンス・アヴェニューにある小さなクラブ、スウィート・ベイジルなどでライブもしたね。ランディとマイケルのふたりとも演奏したし、別でランディ、エディ・ゴメス、ジャック・ディジョネットの組み合わせでも何度か。《ユー・キャント・リヴ・ウィズアウト・イット》は、スウィート・ベイジルでのライブが終わってからスタジオに入ったんだ。ハロウィンの夜で、夜中の1時頃だったかな。『これをこのますぐレコーディングしよう!』と土壇場の思いつきみたいなものだったね。レコードレーベル(キアロスクーロ)のオーナー、ハンク・オニールも『いいね、スタジオに入って、すぐ録ろう』となり、プロデューサーだったフレッド・ミラーを連れてきてレコーディングした。ただジャムったただけだよ。何も決めていなかった。とても良い出来になったジャムセッションアルバムなんだ。マイケルの最高峰クラスの演奏もここに収められていると思う」

ウィルキンスは続ける。「正直言って、マイケルはレコーディングした曲をよく知らなかった。〈インヴィテーション〉はそれなりに知っていたと思うが、〈ホワッツ・ニュー〉と〈恋とは何でしょう〉は怪しかったんじゃないかな。〈フレイト・トレーン〉はブルースだから問題なし。でも、マイケルが曲をあまりわかってなかったなんて、聴いても気づきっこない。めちゃくちゃ耳が良いからね。そして〈インヴィテーション〉でのあの演奏。なんと言ったらいいんだろう。とにかく素晴らしい。あれ以上のものなんて滅多にあるもんじゃない。なにか違うことができたとしても、あれ以上のものにはならない。もちろんマイケルがコルトレーンを尊敬しているのは間違いないが、それを超えて自分自身の声を持っているんだ。完璧なまでに。コルトレーンの影響が見え隠れするのは普通だし、当然だ。でもマイケルが演奏するときは、間違いなくすべてが彼自身になっているんだよ」

コマーシャルな方向性ゆえに、ランディとマイケルは、ブレッカー・ブラザーズではこのような自由奔放なジャズ演奏を聴かせることはできなかったかもしれないが、ギャルパーとウィルキンスとのジャズの場では何ひとつ遠慮することはなかった。1977年の3月と4月、毎週月曜日の夜に、ギャルパーのクインテットはプレイヤーズ・タバーンで定期的にライブをすることになる。ギャルパーは「ブーマーズ、ヴィレッジ・ヴァンガード、アザー・エンドなどニューヨークのあらゆるクラブでプレイしたが、スウィート・ベイジルが我々の本拠地だった」と説明する。「スウィート・ベイジルが最初のチャンスをくれ、そこからアルバム《リーチ・アウト!》が生まれたんだ。スティープルチェイス・レコードのニルス・ウィンザーが、スウィート・ベイジルでの演奏を聴いてアルバムを作ろうと言ってくれたんだからね。アルバムが出たあとは店の周辺に行列ができるほどで、正式なサブバンドにもなった。誰かがキャンセルしたり、ライブができなくなったりするとスウィート・ベイジルから電話があり、出番ギリギリで代役を務めたりしたんだよ。そう、あそこで大切ななにかを育むことができたし、それはとてもホットなことだった。たくさんのミュージシャンが見に来て、バーは彼らで満杯だったんだ」

「あのバンドは最高だった」とギャルパーは続ける。「その頃ペンタトニックとモーダルな演奏に取り組んでいて、マイケルはコルトレーン研究で培った力を遺憾なく発揮していた。我々のことを〝アヴェレイジ・ホワイト・トレーン〟とからかっていた連中もいたみたいだけど、自分としてはなかなかそれも気に入っていたよ。このバンドは当時ちょっとしたカルト現象のようになっていた。ああいう感じのモーダルなアプローチを真似たい若いミュージシャンたちにかなりの影響力があったんだ。そしてもちろんマイケルがその中心にいた。コルトレーンのエネルギーをステージ上でチャネリングしていたような感じだよ」

ギャルパー・クインテットは一度ニューオーリンズにも行き、ロージーズ・ジャズ・クラブで演奏した(ここでライブアルバム《チルドレン・オブ・ザ・ナイト》が録音され、20年後の1997年にダブルタイム・レコードからリリースされた)。また、マイケルとランディの古巣で、ふたりの通った大学があるインディアナ州ブルーミントンでのライブも思い出深いものとなった。「ツアーに出てすでに2週間経っていたから、バンドはかなりタイトにまとまっていた」とギャルパーは振り返る。「観測史上に残るような吹雪に見舞われ、ブルーミントンで3日間足止めをくらったんだ。みんなスノーシューズを履いてライブにやってきたよ。そして他の場所でのライブをキャンセルせざるを得なかったから、その分のギャラがどんどんなくなっていったな」

1977年11月、マイケル、ランディ、ドラムのボブ・モーゼス、ベースのウェイン・ドッケリーからなるギャルパー・クインテットは、ベルリン・ジャズ・フェスティバルに出演するためにヨーロッパに渡った。「あれは狂気のギグだった」とギャルパーは回想する。「私は70年代半ばにキャノンボール・アダレイのバンドに在籍していて、彼に捧げた、まだ一度もレコーディングしていなかった〈ヘイ・フール〉という曲をやったんだ。ゴスペル調の曲なんだけど、マイケルはお客さんを席から飛び上がらせてしまうようなものすごいソロを吹いた。あのライブは気が触れていたね。限界突破を追求していたのかもしれない」

1977年11月4日のベルリン・ジャズ・フェスティバルではこのバンドのライブセット全体を通して、マイケルは激しく、凄まじい演奏を披露している(この模様はミキサー卓から録音されていて、40年後にギャルパーの個人的なアーカイブから発掘される。2021年に2枚組CD《ライブ・アット・ベルリン・フィルハーモニック1977》としてオリジン・レコードから発売された)。〈ヘイ・フール〉でのダイナミックな演奏に加え、ギャルパーの荒々しい〈ディス・イズ・ザ・シング〉、燃えるようなモード曲〈ナウ・ヒア・ディス〉、アップテンポのスウィングジャズ・ワルツ〈トリプル・プレイ〉でもマイケルの素晴らしいソロを聴くことができる。また、24分にも及ぶマラソン曲〈スピーク・ウィズ・ア・シングル・ヴォイス〉は、1977年当時のギャルパー・バンドが常に求め続けた、純粋なる運動量、そしてコルトレーン・カルテットに触発された高みを捉えた曲であり、マイケルはカタリスティックなまでに類まれな力強さを解き放っている。

すっかり有名になっていたブレッカー・ブラザーズをメンバーとして自分のクインテットのライブをブッキングするのは諸刃の剣でもあったとギャルパーは振り返る。「マイケルとランディは当時、スタジオワークに忙しくてジャズをほとんどやっていなかった。なので、私のリーダーバンドでは彼らふたりの名前をフィーチャリングとして使ってよいことにし、私がライブのブッキングもするという決めごとをしたんだよ。ある時期まではそれでうまくいったんだけど、そのうちにプロモーターたちはマイケルとランディに近づくためだけに私を利用するようになってきた。あるライブでは、勝手に『ザ・マイケル&ランディ・ブレッカー・クインテット・フィーチャリング・ハル・ギャルパー』とまでなっていたんだ。屋外の看板にプラスチック文字でそう書いてあるのをほうきで叩き落としてやったよ。ブレッカー・ブラザーズは話題のバンドだったから、観客はロックンロールを期待してライブに来るんだ。だからマイクを握って、『もしこれが君らの期待したものと違うなら、クラブの打ち出し方のせいなんだ』と言わざるを得なかった。そうすると大勢が帰り、クラブのオーナーは私に激怒していたね」

「バンドを始めて3年、何人かのクラブのオーナーたちがブレッカー・ブラザーズの名前を悪用するようになり、私にとってもふたりにとってもいろいろなことがよくない方向に向かってしまった。もう名前の決めごとも機能しない。一緒にやろうとしたことは成し遂げたわけだし、バンドは解散しようとみんなで決めたんだ」

ウィルキンスやギャルパーと思う存分ジャズをプレイし、

ガス抜きをしながら、マイケルとランディはポップスの世界にもしっかりと片足を置いていた。1977年はセッションプレイヤーとしてもとてつもない忙しさで、ワイルド・チェリーの《エレクトリファイド・ファンク》、アヴェレイジ・ホワイト・バンドのベン・E・キングとのコラボレーション《ベニー&アス》、キキ・ディーのセルフタイトル・デビューアルバム、フィービ・スノウの《薔薇の香り(Never Letting Go)》、J.ガイルズ・バンドの《モンキー・アイランド噴火(Monkey Island)》、リンゴ・スターの《ウィングズ〜リンゴIV》など数限りないアルバムに参加。さらに、実入りのよいジングルでも無数に演奏している。オデッセイの1977年のディスコアンセム、〈ネイティヴ・ニューヨーカー〉のオープニングではいかにもマイケルらしいテナーの音色で、曲中では燃えるようなソロを聴くことができる。同年、ジョアン・ブラッキーンの《トライング・ア・リング》、チェット・ベイカーの《ユー・キャント・ゴー・ホーム・アゲイン》、ドン・チェリーの《ヒア&ナウ》、チャールズ・アーランドの《啓示録(Revelation)》、アイドリス・ムハマッドの《ターン・ディス・ムッタ・アウト》などのジャズのアルバムにもゲスト参加。マイケルのスケジュール帳をざっと見るだけでも、いかに忙しい年だったかがよくわかる。

1月9日——ノーマン・コナーズ、140ドル
1月12日——ベット・ミドラー、アトランティック・スタジオ
1月14日——ハンク・クロフォード、A&Rスタジオ
1月19日——J.ガイルズ・バンド、レコード・プラント
1月27日——トヨタのコマーシャル、午後1時
1月28日——ノクズィマのコマーシャル、午前10時
2月16日——チェット・ベイカー/セベスキー、サウンド・アイデア・スタジオ
2月23日——チャールズ・アーランド、サウンドワークス・スタジオ(3セッション)
3月20日——TV用バンパー
3月31日——アヴェレイジ・ホワイト・バンド、アトランティック・スタジオ
4月20日——アリフ・マーディン、アトランティック・スタジオ、9〜12時

4月26日――ウィル・パワー、3曲
6月27日――ワイルド・チェリー、スーマ・レコーディングスタジオ
6月28日――ビーチ・デイ
6月30日――ボブ・ジェームス、A&Rスタジオ
7月26日――ルパート・ホルムズ、パワーステーション
8月2日――トヨタのコマーシャル
8月8日――フィービ・スノウ、A&Rスタジオ
8月13日――フィービ・スノウ、セントラル・パーク、6時30分
8月16日――プレイヤーズ・アソシエーション(リーダーフィー、2セッション)
8月19日――パティ・オースティン、エレクトリック・レディ(ダブルスケール)
8月31日――フレッド・ウェズレイ、ユナイテッド・サウンド・スタジオ
9月1日――ポール・サイモン、午後7~10時(テナー)
9月2日――ダン・ワイス、シグマ・サウンド、7~11時(リリコン持参)

1977年の終わりに、マイケルとランディはダウンタウンに10年間の賃貸契約を結んだ。このスペースは、彼らや同じ考えを持つミュージシャンたちが新しいプロジェクトを立ち上げ、何も気にすることなく試行錯誤できる場所として人気を集めることになる。そしてセヴンス・アヴェニュー・サウスと名付けられたこの場所は、間違ったことをあたかも正しいことのように行いたい人々にとっての悪の巣窟ともなった。コカイン常習者とフュージョンファンが階下のバーや2階のパフォーマンスエリアで肩を並べ、シャンパンが流れ出るようにコカインのラインが溢れる。そう、70年代だったのだ。

# 5章

# Those Perfect Eighth Notes

## 深まる薬物依存――完璧なる8分音符のために

マイケルがニューヨークでの最初の7年間――ドリームス、ホレス・シルヴァー、ビリー・コブハム、ブレッカー・ブラザーズ等での活動を通し、そしてファーストコールのセッション・プレイヤーとして――仲間のサックス奏者たちから得たすべての人気、賞賛、感嘆には暗い秘密が隠されていた。「マイケルは薬物乱用という個人的な問題を抱えていた。なんとかやっていくために必要なものだったんだよ」と兄のランディは語る。

ランディ・サンキは、マイケルがインディアナ大学時代、アルコールで自身に〝麻酔〟をかけていたと語っている。1968年のシカゴの夜、バンドの知人がLSDでトリップし、オールドタウンの中心にある彼らのアパート兼練習場所から飛び降り自殺した恐ろしい事件のせいかもしれない。あるいは何人かが証言するように、父親の承認を得ようと常に競争していた子供時代からの苦痛を麻痺させるためだったのかもしれない。痛みの原因が何であれ、ニューヨークに落ち着く頃までにはアルコールからヘロインと自己療法の強度を上げていたのだ。

これはマイケルのいた場にも由来しているかもしれない。40年代のビバップ革命から60年代のロフトジャズ・シーン、そして70〜80年代にかけて、ジャズの歴史は綿々と続く薬物乱用と切っても切り離せないものであった。チャーリー・パーカー、バド・パウエル、ビリー・ホリデイ、レスター・ヤング、マイルス・デイヴィス、J.J.ジョンソン、デクスター・ゴードン、リー・モーガン、ジャッキー・マクリーン、ソニー・スティット、ジーン・アモンズ、ソニー・ロリンズ、そしてマイケルが最も崇拝したミュージシャン、ジョン・コルトレーンなどのジャズ界を象徴する人物たちが、みなどこかでヘロイン依存と苦闘し、そして同時にその恩恵も享受したのだ。

偉大なドラマーでありバンドリーダーであったアート・ブレイキーは、かつて「誰もヘロインのおかげで演奏がうまくなることはないが、耳は良くなる」と示唆した。テナーサックスの巨匠、故ジミー・ヒースは自伝『I Walked with Giants(未邦訳)』でこのように言っている。「ヘロインは、持ち合わせている音楽的能力に影響を与えるものではないが、精神的な集中状態を作り上げることにかけては他のどんな薬物よりも優れていると感じた。アルコールは才能を台無しにするし、テクニックも落としてしまう。大麻は、アイデアはたくさん出てくるが頭が早く回転しすぎて、アイデアからアイデアへとどんどん移ってしまう。ヘロインは集中力を高める。なにかにズームインして、他のことはブロックできてしまう。集中力が高まれば緻密になれる。コルトレーンはよくハイになって、一日中練習していたよ。延々と続けられる。ヘロインが練習を強化したってことだ。自分自身も、ヘロインをやっていなかったらこれほど猛烈に練習ができたかどうかは疑問だ。本当の答えはわからないけれどね。でも決してヘロインを推奨しているわけではない。他はひどいことばかりだから。唯一のメリットは精神的集中力を高めることだけで、それ以外は悲惨だよ。社会生活、健康、評判、そのすべてが悲惨な目に遭うからね」

スタン・ゲッツや同世代のミュージシャンがバードの後を追ってヘロインに手を出したように、70年代のサックス奏者もヒーローであるコルトレーンの後を追ってヘロインに手を染めていった。60年代後半のロフト・ジャズのテナーサックス奏者の中にも、マイケルのようなヘロイン中毒者が少なくない。「マイケルに会ったとき、僕らはふたりともヘロインをやっていた」とテナーサックス奏者のボブ・ミンツァーは振り返る。「ふたりはそこで繋がったところもあるし、そういう時代だったんだよ。僕らのヒーローはみんなジャンキーだったからね」

ミンツァーは、ハイになるもうひとつの動機についても語っている。「自信を持てるか、自分の演奏能力はどうなのか、他人がどう思うかなど、自分が不安に思っていることが、ヘロインでハイになった途端にすべて消えてなくなるんだ。もうそんなことは気にしなくても問題なし。すべての自己不信をゼロにしてくれて、突然すべて大丈夫になる。実際、ヘロインがなかったら自分は音楽シーンで成功することはできなかったと思うよ。怖がっていたし、そんな価値はないと思い込んでいたからね」

ミンツァーはこんな話を続ける。「ある日曜の夜、ヴァンガードに行って、アート・ブレイキーのライブに飛び入りで演奏したことがあるんだ。日曜はそれができる曜日だって聞いていたのでね。ヘロインでハイになり、なんの不安もなく胸を張ってアートのところに行き、『最後のセットで演奏してもいいですか』と言えたんだよ。やってみたらその場でバンドに誘われた。ヘロインをやってなかったら、絶対にそんなことはできなかったな。そして恐怖心があったらリラックスできない。リラックスしていないと演奏にもそれが出て、指も回らず音も出なくなり、あらゆるものがダメになってしまう。ヘロインが恐怖心をなくしてくれたんだ」

サックス奏者のデイヴ・リーブマンによれば、「ヘロインこそが秘訣だっていうのは、ビバップのミュージシャンたちを見てみんな知っていた。認めざるを得ないのは、ヘロインをやっていると恐ろしいほど音が良く聴こえてくるってことだ。だからみんなやっていた。それと、演奏するとき、特に練習するときは、本当に集中できるんだよ。他のことはどうでもよくなる。一本道みたいなもので、何にも邪魔されず、どこにも寄り道せず、ただただ『俺は練習する、やり続ける、疲れたら休んでまた続ける』。もうそれだけだ。マイケルもその行動様式に忠実だったんだよ」。

1971年にマイアミ大学からやってきてドリームスに参加し、1975年にブレッカー・ブラザーズの創立メンバーとなったベーシストのウィル・リーは、マイケルのヘロインへの忠誠心を物語るエピソードを明かしている。「ヘロインについて〝完璧な8分音符〟という表現を使っていた。腕に注射する真似をしながら、自分に言い聞かせるように『完璧な8分音符を吹きたくてこれをやっているんだ』って言うんだよ。私はといえば、『ワオ！　君が何に惹かれているのかはわかった。でも遠慮しておくよ。自分はコカインで十分だから』だったな」

ランディは、ヘロインには手を出してみた程度だったがその効果を実感したと言う。「ヘロインはやったよ、でも針は使わなかった。いわゆる〝ウィークエンド・ジャンキー〟で、週末に少し吸って、2日間変な気分で過ごしたもんだ。継続的にやったことはなかったし、注射することもなかったから、最終的にすべてをやめるのはそれほど難しいことではなかった。残念なことに音楽とヘロインの相性は抜群だ。ひどい話だし、お勧めはしないけど、そこについて嘘はつかないよ。とにかく演奏したくなるんだ。自分の子供には使わせたくないし、誰もやらない方がいいに決まっている。ヘロインでうまくはならないけれど、気持ちよくなる。ひたすら演奏したくなるんだ」

ハル・ギャルパーの《リーチ・アウト！》のレコーディングのときに、マイケルの薬物中毒ぶりがみなにバレてしまった話もしている。「マイケルがドラッグに溺れ、最悪の状態に陥っていたときのことだ。〈チルドレン・オブ・ザ・ナイト〉という曲を輪のように並んで録音していて、ウェイン・ドッケリーのベースソロのあとにみんなでテーマに戻るところがあった。マイケルは楽器を持ってスツールにうまく座っているように見えたのだけれど、実はうなだれて寝ていたんだ。しょうがないのでスツールを蹴って起こして、なんとか間に合って戻ることができた。後日、そのセッションのテストプレスが送られてきて聴いてみると、ベースソロの最中にマイケルのいびきが聴こえてくるんだよ。のちのバージョンではなんとか消したけど、でも聴こえるんだ。ウェインがソロをとっているときの息遣いにも聴こえるが、実はスツールの上で寝ていたマイケルのいびきの音なんだ」

ランディは、マイケルの素行をすべて知っていたわけでもなく、弟がいつヘロイン中毒になったかもわからないと打ち明けている。「兄だから、弟にいけないことを教えたと思われるかもしれないが、実際はその逆だった。マイケルは私がやったことのないものも全部やっていたので、私の方はその中から『よし、これをやってみよう、あれをやってみよう』って。でも、自分はいつでもやめることができたし、注射針を使ったことはなかった。基本的に怖かったんだ。でも、彼は本当に深くのめり込んでいった。多くのテナー奏者がそうであるようにね。バードや初期のコルトレーンやマイルスの真似をしようとしたのかどうか知らないが、大変に高い授業料だったと思う。でも生活はちゃんとできていたよ。どん底まで落ちてしまう連中とは違って、コントロール不能にまでなるのを見たことはなかった」

マイケルがヘロインに耽っていた頃、7番街とリロイ・ストリートの角にある2階建てのジャズクラブ、セヴンス・アヴェニュー・サウスではコカインが娯楽用麻薬として愛用されていた。ブレッカー兄弟がビジネスパートナーのケイト・グリーンフィールドと共に経営していたこのクラブは、2階が3ドルか4ドルのリーズナブルなカバーチャージで楽しめる80席のライブスペースになっており、1階のバーにはスピーカーが設置され、チャージなしで2階の音楽を聴くことができる。そこには、スタジオミュージシャン、尖った最先端のジャズプレイヤー、王道からアヴァンギャルドまでのジャズ界の有名人、そして稀にはポップスター、といろんな連中がどんどん集まってきた。マンハッタンならではのメルティング・ポットとなり、そこでは誰もがハイになっていた。ホワイト・エレファント時代からのマイケルのバンド仲間であるヴィブラフォン奏者のマイク・マイニエリはこう語っている。「すごい盛り上がりで、なにか特別な電磁波が飛んでいるような場だった。他のクラブでは味わえない雰囲気なんだ」

1階では、お気に入りのミュージシャンたちが長いバーカウンターで話していたり、互いの作品について気の利いた批評を交わしたり、気取らず何十人をも相手にしていたりと、ファンにとっては目を見張るような光景が繰り広げられる。そして、あり得ないような組み合わせの人たちが1階で集っていたり、2階に座ったりしているのを目撃することも多かった。マイルス・デイヴィスとチャカ・カーン。ジョニ・ミッチェルと彼女のパートナー、ドン・アライアス。アヴェレイジ・ホワイト・バンドのドラマー、スティーヴ・フェローンとマックス・ローチがおしゃべり。アヴァンギャルドのパイオニア、セシル・テイラーはフュージョンギタリストのハイラム・ブロックとラップ。ナイル・ロジャースはポール・シェーファー(「デヴィッド・レターマン・ショー」の前バンドメンバー)と話している。ジョン・スコフィールドはチェット・ベイカーと近況報告。ジャコ・パストリアスは同じフィリー出身のCBSのジャーナリスト、エド・ブラッドリーと笑い合う。そしてパックマンやミサイルコマンドなどのビデオゲームに夢中になっている連中もいれば、公然とウェイトレスを口説いている奴もいる。さらには、すぐ近くに住んでいたジョン・ベルーシが「サタデー・ナイト・ライブ」の出演者たちを引き連れてこのクラブに出入りしていたこともあり、このパーティーの雰囲気は、まさに都会版『アニマル・ハウス』と呼ぶにふさわしいものとなっていた。

「クレイジーな70年代のジャズシーンだったよ。なぜかニューヨークのポップ・ロック界隈、スタジオミュージシャン界隈とも入り混じりつつね」とジョン・スコフィールドは言う。スコフィールドはマイケル、ランディと共にビリー・コブハムのバンドで短期間共演したことがあり、のちにデイヴ・リーブマンとの双頭バンドと、自らのトリオ(ベーシストがスティーヴ・スワロウ、ドラムがアダム・ナスバウム)でセヴンス・アヴェニュー・サウスの常連となる。「あの時代、基本的にみんなダメになっていた。『何事も程々に』みたいなヒッピー的な考えでやっていたんだけど、結局は何もうまくいかなかったんだよ。なので、マリファナを吸ってビールを飲んでいたヒッピー気分のガキから卒業し、コカインを大量にやってニューヨークのハイライフを気取ってみたってわけさ。70年代のディスコ時代の話で、本当にクレイジーだったね」

スコフィールドは、70年代、そこら中にコカインがあった様子も語っている。「初めてのアルバム(1979年の《フーズ・フー?》)を作ろうとアリスタ・レコードと契約することになった。契約書を交わすためにオフィスに行ったんだけど、ジャズレーベルのヘッドが、まるでアップタウンでは当たりまえのことだと言わんばかりにコカインを勧めてきたんだ。本当にそこら中にあるものだったんだよ」。マイケルがロフト時代にハーモニーを学んだピアニストのリッチー・バイラークも、当時のニューヨークについてスコフィールドの意見に同意している。「あれは他とは全く別の時代だったね。歯のクリニックに行くと、歯医者もコカインをやっているんだ。歯医者も郵便配達員も、みんなだよ！」

「70年代はみんなハイになっていた」とリーブマンは言う。「誰もがあらゆる刺激物を試していた時代だった。悪気なくね。自分たちはセヴンス・アヴェニュー・サウスでやっていたけれど、実はアップタウンのスタジオ54には比べようもなかった。ポップスに比べればジャズなんて……比較の対象じゃないよ。金はポップスの連中が持っているわけだから、奴らはそれで大変なことをしていたんだ」

1977年から1980年までブレッカー・ブラザーズ・バンドにいたギタリストのバリー・フィナティは、セヴンス・アヴェニュー・サウスがヒップスターやフュージョンファン、音楽業界人の溜まり場だったと振り返る。

「毎晩、夜中の1時半か2時に家を出て、セヴンス・アヴェニュー・サウスに向かったものだ。夜遅くまでのライブやレコーディングを終えた連中が集まってきて、朝の4時、時には5時、6時まで飲んだり、ビデオゲームをしたり。とても楽しい時間だったよ。もちろん、そこでの絶対的な存在はドラッグだ。ほぼ全員がコカインをやっていた。自分はサンフランシスコ出身のヒッピーだったから、マリファナを吸っていたけど。0・25グラムのコカインが25ドルで買えて1週間はもつ。マイケルははるかに先を行っていたけどね」

「1977年に初めてマイケルに会ったとき、僕はヘロインを打ちまくっていたし、彼も同じだった」と語るギタリストのマイク・スターンは、1987年にマイケル・ブレッカーの最初のバンドにリーダーとして参加することになる。「当時ブラッド・スウェット&ティアーズに所属していて、シカゴでのライブのときにブレッカー・ブラザーズが前座だったんだ。そこで2泊か3泊したんだけど、あるときマイケルに『どこかでヘロインを手に入れられるか知ってるか？』と聞いたら、『ああ、こういう奴がいる』と言われてそいつの家に行くことになった。このときはマイケルのおかげで助かり、その後も時々会うようになったんだ。まだボストンに住んでいた頃に電話があって、『お返しになんかないかな』と言われたのだけど、その夜はちょうど何も持っていなかったので役に立てなかったこともある。共に参加したトロントでのデヴィッド・クレイトン・トーマスのレコーディングでもヤクを随分と一緒にやったな（アルバム《クレイトン》1978年、ABCレーベル。マイケル、ランディ、デヴィッド・サンボーンが〈レイイング・ダウン・ロック・アンド・ロール〉〈フールド・ヤ〉〈スウィート・シックスティーン〉〈シュガー・カムズ・フロム・アーカンソー〉の4曲に参加している）。あの頃はいつも一緒にハイになっていた。僕らの繋がりは音楽だったけど、ハイになることとも間違いなく関係があった。僕にとって、音楽とハイになることは相関関係があり、ギターを最初に手にしたときから、ハイになることと演奏することをすぐに結びつけてしまうところがあったんだ。マイケルも同じだったんじゃないかな」

　スターンは、マイルス・デイヴィスのグループに加わりボストンからニューヨークに移ったあと、セヴンス・アヴェニュー・サウスなどでマイケルをよく見かけるようになる。「1981年7月18日、マイルスのサヴォイでのライブのときに楽屋で会ったんだけど、ものすごくハイになっていたよ。このバンドのことを本当によく理解していて、ライブ後いろいろと話したんだ。彼とつるむのはとても自然なことだった。その頃の彼は、ハイになっているときはすごく尖っていたけれど、でも同時に本当に優しい奴だった」

ブレッカー・ブラザーズ初期のリハーサルでデヴィッド・サンボーンの代役を務めたアルトサックス奏者のスティーヴ・スレイグルは、「マイケルはいつもとても褒めてくれた」と語り、「でも、とても寡黙でもあった。なにか別のことに取り憑かれているようで……時々姿を消してしまうしね。のちに、あの頃どうなっていたか教えてくれた。『どのコーナーにも売人がいる。それを知ってしまったんだ。人生のある時点で、ニューヨークではどこでも5ブロックも歩けば売人がいることに気づいたんだよ』と。当時はいつもそれで頭がいっぱいだったってね」

ランディもスレイグルの売人話を裏づける。「最初は15丁目と6番街の角にいるバートという奴だけから買っていた。自分たちのニックネームはヒューイとデューイで、その店に行ってその名前を言えば入れてくれるんだ。でもその後、街中にいたある日、もうマンハッタン中の売人を知ってるってことに気がついたんだ。ウォール街からハーレムまで、東から西まで、15ブロックごとに極悪非道な奴らを知っていて、そいつらからドラッグを買えたんだ。本当にクレイジーな時代だったよ」

キーボード奏者でプロデューサーのジェイソン・マイルスはこう振り返る。「ある夜、マイケルがブラークリフ・マナーにあるウィザード・スタジオのセッションにやってきたんだ。麻薬とは手を切ったあとのことだ。セッションが終わったあと、家まで送ることにし、グランド・ストリートに着くと『さて、ちょっとツアーに出よう』と言うんだよ。近所を歩き始め、『あそこの角が見えるか？ クスリの調達場所だったんだ。もしいなかったらこっちに行く。あそこのビルが見えるだろう？ あのビルの3階に注射を打ってくれる奴がいた。ヘロインとコカインを同時にっていうヤバい奴だ』。私は『冗談だろ⁉』という感じだったけれど、『全部本当だよ』と言うんだ。『もうそういうものとは一切縁を切って、こうやってここにいてくれる。心の底から嬉しいよ』と返したな」

ブレッカー兄弟とケイト・グリーンフィールドは、1977年にセヴンス・アヴェニュー・サウスの10年間の賃貸契約を結んだ。その後、この3人組はボブ・クーパーという人物をマネージャー候補として迎え入れ、クラブの出資者にも加える。「彼はビジネスを知っていて、私たちを導いてくれる人でした」とグリーンフィールドは語る。「ボブは、私がよく通っていたブリーカー・ストリートのジャズクラブ、ブーマーズを経営していたのです。私をマイケルとランディに引き合わせてくれた人でもあります。みんな20代で、才能もあり、クリエイティブだったけれど、こういうビジネスの経験はありませんでした。そこでこうしたんです。私は出資し、レストラン部門の責任を持ち、実務を行うパートナーになる。マイケルとランディはクラブで演奏し、出資もする。そしてボブ・クーパーはクラブ全体を見て、私たちにいろいろ教えてくれる、という形です」

ランディは語る。「マイケルと私はブーマーズの大ファンだったんだ。ハル・ギャルパーと何度もそこで演奏していたから、ボブとは仲良くなり、普段もいつもタダで入れてくれた。ブーマーズの閉店はジャズシーンに大きな打撃を与えたよ。他とはまた違うところだったからね。フレディ・ハバードの演奏を聴いたり、ジャムセッションに参加したりしたな。なにか飲み物を買えとも言われないし、たむろするには最高の場所だった。ブーマーズが閉店して数ヶ月後にマイケルから電話があり、クーパーがクラブにできそうな良い場所を見つけ、出資してくれる人を探してると言うんだよ。当時はふたりともスタジオの仕事も多かったし、ブレッカー・ブラザーズも随分と活動していたから、マイケルは4千ドル出資し、私は2千ドル出した。当時学校の先生をしていたケイトに会いにブルックリンまで行ったら、貯めていたお金があって彼女も出資したいということに。これで4人。みんなで場所を見に行き、2フロアあっていい感じだと思った。そしてこの4人でゴーすることになったんだよ」

「マイケルと私は、口出しもせず実務もしない単なる出資者として参加し、出した金が最終的に戻りさえすればいいと思っていたんだ。しかし、クーパーには実は罰金を払っていない交通違反が700件以上もあって、彼の名前では酒類の販売ライセンスを取れないことがわかり、僕らが担当者にコカインを吸わせてなんとかしたこともあった。またにあの時代だ。でもボブは自分の名前がライセンスに載らないことに腹を立て、〝雇われて働く〟のは嫌だからと辞めたんだ。ケイトは学校の先生でこのビジネスのことは何も知らなかったし、マイケルや私は言うまでもなくビジネスのセンスはゼロ。それでも、ケイトは最初の段階から全体をまとめてくれて、本当によく働いてくれた。ものすごく働き者で、1日12時間働いて店を守ってくれたんだよ」

「とても野心的なメニューでスタートしました」とケイトは言う。「ヴィレッジのアシュリーズからシェフを引き抜いてキッチンを任せたんです。アップタウンの72丁目とブロードウェイの角にあるオールステイト・カフェ(若き日のケヴィン・ベーコンが、役が来るのを待ちながらウェイターをしていた店)のオーナーであるスティーヴ・レズニックには、1週間来てもらって注文方法やレジの数え方などを教えてもらいました。そうやってひたすら進んでいったんです。起こるべきことは起こるものだと思っていますし、セヴンス・アヴェニュー・サウスもまさにそうだったんだと思います」

7番街南21番地、セヴンス・アヴェニュー・サウスの2階建てスペースの家賃は、月1000ドルだったが、ケイトはこんなことも付け加えている。「クラブをオープンする前に、他の出費もありました。アルコールを出せるように州の酒類管理局の担当者にコカインを賄賂として渡したり、ジュークボックスやゴミ収集関連を仕切っているマフィアたちへの支払いとか、進むためにはそんなことも必要でした」

ケイトは、マイケルが社会生活は送れているものの、薬物中毒者であることに早くから気づいていたと言う。「ある週末、ブルックリンのダウンタウン、ディーン・ストリートにある私のアパートに泊まりに来たんです。彼はとても痩せていて、そして混乱していました。ドラッグをやめたいけれどやめられない、とも。私たちはふたりとも痩せて顔色も悪く、健康的とはいえなかったけれど、なんとかクラブの運営はやっていったんです」

ケイトはクラブを切り回す傍ら、バックステージにある小さな楽屋や自分のオフィスでミュージシャンたちと一緒にハイになっていた。「コカインはそこら中にありました。愚かにも、ヘロインさえやらなければ自分は薬物中毒ではないと思っていたんです。大きな間違いでしたけどね」

クラブを始めてしばらく経ってから、グリーンフィールドはヘロインもやったことを告白している。「ランディに自慢げにこう言ったのを覚えています。『ヘロインをやったけど、あなたたちみたいにはならないわよ。50ドル分の量で1週間もってるの』って。そしたら『ああ、みんな最初はそうだ、ケイト、でもそのままではいかない。ヘロインに勝てる奴はいないんだ』と言われました。それは正しかったんです。ヘロインは、私がコントロールできなかった最初の薬物でした。コカインでさえ、かなりやってもコントロールできた。でもやはりヘロインには勝てなかったのです」

セヴンス・アヴェニュー・サウスはなんとか8年間は続いたが、決して儲かるビジネスではなかった。最後の方の時期にブッキングを担当し、のちにマイケルのロードマネージャー、そして親しい友人となるジェリー・ウォートマンは、「きちんと経営されていたわけではなかった」と認めている。「クラブハウスのようなものだったんだ。マイケルとランディもそれで始めた。みんなでたむろして演奏できる場所が欲しかったからやったんだよ」

「あそこでは大損したよ」とランディは言う。「クラブがオープンして1ヶ月後くらいに、ふたりでレジから100ドル札を1枚ずつ抜き取ったのが唯一の儲けだった。8年間でね」

クラブ経営が終わりに近づいた頃、マイケルとランディとケイトは、ジョン・〝チャ・チャ〟・チャルシア(「リトルイタリーの市長」とも呼ばれていた)に融資のことで助けを求める。チャ・チャはレストラン経営者、ボクシングプロモーター、俳優、シリウス・サテライト・ラジオのパーソナリティーであった。リトルイタリーのマルベリー・ストリートにある彼のレストラン「チャ・チャズ・イン・アル・ルーポ」は、ロバート・デ・ニーロ、マーティン・スコセッシ、ダニー・デヴィート、ヴィンセント・パストーレなどの映画スターが長年にわたって集まる人気店だ。人脈が広いうえにジャズファンでもあった。「シンガーの奥さんと一緒にクラブによく来ていた」とランディは言う。「そして私たちを助けてくれたんだよ。いろいろなコネクションを活かしてくれてね。映画『ゲット・ショーティ』は、彼のことを描いたものだという話もある。トニー・ダンザがプロボクサーだった頃のマネージャーでもあり、自身も『ザ・ソプラノズ　哀愁のマフィア』など、70年代、80年代、

90年代のリトルイタリー関連のドラマや映画には必ず出演しているんだ。すごい人なんだよ」

結局、セヴンス・アヴェニュー・サウスの経営で、ブレッカー兄弟は州や市から3万ドルもの追徴課税を受ける。1987年に賃貸契約が満期となったタイミングでこのビルを買い取ったインド人夫婦は家賃を3倍にし、実質的にクラブを終わりへと追い込んだ。「でも、8年間続けることができ、みんなにとっての素晴らしい溜まり場になったんだよ」とランディは振り返る。「ビジネスとしては失敗だったけれど、とても楽しかった。すごい冒険だったけれど、賢くなれたわけではないし、最後の数年間は大変だった。そこで初めて『ライフスタイルを少し変えなければ』と思い始めたんだ」

セヴンス・アヴェニュー・サウスの初期の頃、マイケルはクラブのウェイトレスのひとり、ジャッキー・スミスと付き合うようになった。彼女は、「マイケルは本当に優しくて親切な人だったけれど、ちょっと寂しがり屋で、ひとりでいるのが好きじゃなかった」と振り返る。「クラブで、ある日の午前4時くらいにバスルームに誘われて、一緒にコカインをやったのだけど、そのときにセックスは抜きで泊まりに来ないかと誘われました。『今夜はひとりでいたくないんだ』って。それで彼の家に行って泊まり、寝て、でも朝になったら結局〝セックスなし〟ではなくなり、その後は付き合ったり離れたり。私も自分のアパートを借りたたままだったけれど、彼のグランド・ストリートの部屋には随分と泊まったものです。そして私が彼のロフトにいるときも、隣の部屋でずっと練習していました。彼があそこまですごかったのには、ちゃんと理由があるんです」

マイケルとの付き合いの中で、ジャッキーは彼の中毒ぶりを間近で見ることになる。「私はヘロイン仲間ではなかったけれど、マイケルがクスリをやるのに付き合って、ヘロイン談義を聞きながら売人のアパートで幾晩も過ごしたんです。ヘロイン談義とコカイン談義、どっちがタチが悪いのか私にはわからない。でもとにかく彼らはハイになって、マイケルは注射のときもあったけれど、ヘロインとコカインを一緒に、いわゆるスピードボールを鼻から吸うのが好みでした。チャカ・カーンも時々一緒になったり。セヴンス・アヴェニュー・サウスのすぐ向かいにあるジョニ・ミッチェルのロフトにみんなで行って、同じようなことをするときもありました。みんながヘロインを吸っている間、私はピンボールで遊んだりしてクスリ自体はやらなかったけれど、ジャンキーの生活の輪にはしっかり入っている状態でした」

ブレッカー兄弟は、アルバムを発売するたびにセヴンス・アヴェニュー・サウスをプロモーションの場として使っている。1978年のライブ盤《ヘヴィ・メタル・ビ・バップ》の発売記念パーティーは、クラブが音楽のブッキングを始めてまだ間もない1978年9月に行われた。ベーシスト兼ヴォーカリストのニール・ジェイソン、ギタリストのバリー・フィナティ、そしてドラムスのテリー・ボジオという新しいメンバーをフィーチャーしたアルバムだ。ヒットシングル〈イースト・リヴァー〉も含まれており、これはジェイソンとカッシュ・モネという謎の人物が共作した、アルバム中唯一のスタジオ録音の曲だ。「今でも彼の本名は知らないんだよ」とランディは言う。「ブルックリンのラルフィー、としかわからない。彼とニールは当時作曲のパートナーでたくさん持ち曲があり、その中からこの曲を選んできた。例によってクライヴ・デイヴィスが『ライブ盤を出すのはいいけれど、シングル曲がなかったら出さない』という調子だったのでね。それでスタジオに入り、ロングアイランドのマイ・ファーザーズ・プレイスでのライブ録音全部にかかったのと同じくらいの予算をかけて、この一曲を仕上げた。今でもお気に入りの曲さ。ニールとカッシュは自分たちが何をしたいのかよくわかっていたし、全体をよく把握していて、数え切れないほどのオーバーダブもした。素晴らしい出来で、大ヒット曲となったんだ」

《ヘヴィ・メタル・ビ・バップ》にはこのファンキーなアンセムの他にも、マイケル、ランディ、そしてギタリストのバリー・フィナティたちの、最高にヘヴィーでファンキーなグルーヴと大胆なソロが含まれている。「素晴らしいバンドだった」とフィナティは振り返る。「1ヶ月にわたるライブツアーを経て、ロズリンのマイ・ファーザーズ・プレイスのライブでピークを迎えたんだ。ボジオは当時最もダイナミックなドラマーで、フランク・ザッパのバンドで演奏していたことで有名になっていた(実際、ザッパがボジオのために作曲した超難曲〈ブラック・ページ〉は、今でもドラマーたちの腕試しの曲とみなされている)」。マイケルとランディは、シームーン・ファンク・マシーンのエンベロープ・フィルターを使ったオートワウを、緊張感のあるシャッフルブルースの〈インサイド・アウト〉や〈スポンジ〉〈スクイッズ〉、そしてランディの力作〈サム・スカンク・ファンク〉のライブ・バージョンで存分に聴かせる。さらにツアーのときは、ステージ上に2台の巨大なSUNNのアンプを置いて爆音を出している。

フィナティは「今までで一番エネルギーのあるバンドだった。毎晩楽しくて、仲間意識が強かった。ボジオとは、まだ高校生の頃ベイエリアで活動していた私のバンドでも一緒にやっていたし、彼も昔からの友人だったんだよ」と言う。「でも残念なことに、レコード会社から金銭的なサポートを受けられず、1980年までツアーに出ることができなかった。〈イースト・リヴァー〉がイギリスでトップ40に入るという驚きのヒットがあったにもかかわらずね」

ブレッカー・ブラザーズ・バンドに在籍していた頃のドラッグ事情について、フィナティは「かなりの量のコカインをやっていたよ。《ヘヴィ・メタル・ビ・バップ》の制作を始めた頃、まずリハーサルを始めるだけでもひとり1グラムのコカインが必要だったんだ。自分は当時体重が軽かったのもあり、四分の一グラムもあれば1週間はもったので、このコカインの量やらアルコールやらがかなりのものだということもわかっていた。でも、マイケルがヘロイン中毒だと聞いたときはそれどころじゃなくて、『クソッ！　なんてこった！』と思ったね。自分にとって本当にヘヴィーな話だったんだ。僕の父（俳優のウォーレン・フィナティ）は、『ザ・コネクション』（著名なアルトサックス奏者、ジャッキー・マクリーンが脇役で出演している）という有名な舞台劇で、薬物の過剰摂取で死んでしまう主役のジャンキーを毎晩演じていた。これを9歳のときに観て強く影響されたんだ。父が舞台上で死んでいくのを見て、ヘロインに近づかなくなったんだと思う。実際、一度も試したことはない。だから、マイケルの話を聞いたときはちょっとパニックになった。マイケルは薬物に溺れることの悲惨さを身をもってわかっていたといえば十分かな……」

薬物を常用していたにもかかわらず、1978年はマイケルにとって最も多くのレコーディングをこなした年になった。ブレッカー・ブラザーズの《ヘヴィ・メタル・ビ・バップ》以外に、ハル・ギャルパーの《チルドレン・オブ・ザ・ナイト》(マイケル、ランディ、ベースのウェイン・ドッケリー、ドラムのボブ・モーゼスのギャルパー・クインテットによる、ニューオーリンズのロージーズでの妥協なき素晴らしいライブレコーディング)。見過ごされている名作、マイク・ノックの《イン・アウト・アンド・アラウンド》では、このニュージーランドのピアニスト、ベーシストのジョージ・ムラーツとドラムのアル・フォスターの強力なリズムセクションと共に、猛烈にスウィング。チャールズ・ミンガスの記念碑的作品《ミー、マイセルフ・アン・アイ》収録の〈スリー・ワールズ・オブ・ドラムス〉で見事な、そして〈デヴィル・ウーマン〉と〈水曜の夜の祈りの集い(Wednesday Night Prayer Meeting)〉では炸裂するソロを聴かせる。他にも、トニー・ウィリアムスのフュージョン・アルバム《ジョイ・オブ・フライング》、アル・フォスターがエレクトリック・マイルスに影響を受けて制作した大胆な作品《ミックスド・ルーツ》(〈ヤ・ダム・ライト〉でのソロはエッジが立って強烈)、クインシー・ジョーンズがディスコとジャズを巧みに繋げたアルバム《スタッフ・ライク・ザット》等に参加している。

同年夏には、モントルー・ジャズ・フェスティバルに出

1978年2月、エイヴリー・フィッシャー・ホールで行われたスティーヴ・カーンのライブに向けた「ビルズ・リハーサル」でのリハーサルにて。(左から)ドン・グロルニック、スティーヴ・カーン、スティーヴ・ガッド、ウィル・リー、マイケル・ブレッカー(ローラ・フリードマン提供)

演。ランディ、ヴィブラフォンのマイク・マイニエリ、ピアノのウォーレン・バーンハート、ギターのラリー・コリエルとスティーヴ・カーン、ベースのトニー・レヴィン、そしてドラムのスティーヴ・ジョーダンらとのオールスターのフュージョン・バンドで、その模様はライブアルバム《ブルー・モントルー》《ブルー・モントルーII》に収められている(後者にはマイケル作曲〈アップタウン・エド〉収録)。

さらにこの年、マイケルはポップミュージックのレコーディングでも怒濤の日々を送り、カーリー・サイモンの《男の子のように(Boys in the Trees)》、ティナ・ターナーの《ラヴ・エクスプロージョン》、チャカ・カーンの《恋するチャカ(Chaka)》、ロバート・パーマーの《ダブル・ファン》、アンジェラ・ボフィルの《アンジー》、フィービ・スノウの《詞華集(Against the Grain)》、ガーランド・ジェフリーズの《片目のジャック(One-Eyed Jack)》、メラニー《フォノジェニック》、ルパート・ホルムズの《浪漫(Pursuit of Happiness)》、ザ・ブラザーズ・ジョンソンの《ブラム!》、アヴェレイジ・ホワイト・バンドの《ウォーマー・コミュニケーションズ》、クインシー・ジョーンズのプロデュースによる『ウィズ』のサウンドトラックなどに参加している。

マイケルはまた、ヴァンガード・レコードがディスコ・ブームに便乗した「プレイヤーズ・アソシエーション」と呼ばれるスタジオミュージシャン仲間のグループにも参加していた。マイケルをはじめ、サックスのジョー・ファレル、デヴィッド・サンボーン、ボブ・バーグ、トランペットのジョン・ファディス、トム・ハレル、マーヴィン・スタム、ギター奏者のスティーヴ・カーン、リーダー/ドラマー/編曲家のクリス・ヒルズといったジャズミュージシャンたちが、ドナ・サマー、ダイアナ・ロス、ザ・トランプス、ヴィレッジ・ピープルらのヒット曲を、インストゥルメンタルで巧みにカバーしてクラブDJの間で人気を博したのである。1978年の《ターン・ザ・ミュージック・アップ!》と《ボーン・トゥ・ダンス》に続いて、《ウィー・ゴッド・ザ・グルーヴ》(1979年)と《レット・ユア・ボディ・ゴー》(1980年)が相次いでリリースされている。

そしてこの嵐のような忙しさの中、9月には「深町純&ニューヨーク・オールスターズ」のために日本を訪れている。マイケル、ランディ、サンボーンのブレッカー・ブラザーズ・ホーン、ギターのスティーヴ・カーン、ヴィブラフォンのマイク・マイニエリ、ベースのアンソニー・ジャクソン、ピアノのリチャード・ティー、ドラマーのスティーヴ・ガッドが参加。日本の人気フュージョン・キーボード奏者／作曲家でシンセサイザーのスペシャリストでもある深町純が率いたこのバンドは、ブレッカー・ブラザーズの派生的なものでもあった。9月17、18日の後楽園ホール、19日の郵便貯金ホールでの公演を収録した《深町純&ニューヨーク・オールスターズ・ライヴ》(日本のアルファレコードより発売)には、ランディのブレッカー・ブラザーズでの代表曲〈ロックス〉(オリジナルは《ザ・ブレッカー・ブラザーズ》収録)、〈インサイド・アウト〉(同《ヘヴィ・メタル・ビ・バップ》収録)、〈ジャックナイフ〉(のちに《ストラップハンギング》に収録)などの熱いライブ・バージョンが収められている。

1979年初頭、《ヘヴィ・メタル・ビ・バップ》のリリースから数ヶ月後、マイケルはジェリー・ウォートマンと出会う。この頃の例に漏れず、接点はヘロインだった。「マイケルは30丁目の僕のロフトにヤクがあるんじゃないかとやってきたんだ」とウォートマンは回想する。「ルームメイトのギャリー・ゴールドがなにか持っているかもしれないと誰かから聞いていて、実際そのとおりだった」

「ジェリーと私はロングアイランドからの親友だった」とゴールドは説明する。「ロングアイランドのファイヴ・タウンズのひとつ、ウッドミアで共に育った。ニューヨーク市内に一緒に引っ越してサリバン・ストリートに何年か住んだあと、30丁目251番地の16階のロフトに引っ越したんだ。200平米強で月450ドル、それをもうひとりを加えて3人でシェアした。ジェリーと私はふたりともドラマーだったんだけど、24時間演奏できる場所があるってことは、つまりみんながいつでもやってこれるということ。ジャムってたむろするホットスポットのようなものになった。当時私は、ケニー・カークランドとマンハッタン音楽院の連中何人かとバンドを組んでいて、その関係で彼はロフトのソファで暮らすような感じになったりもしていたよ。でもとにかく、あのロフトでは演奏することがすべてだった。元々は毛皮屋で、中には40平方メール弱の広さのウォークインの金庫があり、そこが音楽室になって絶え間なく演奏が続いていたんだ」

「そしてどういうわけか、マイケルは私がドラッグを持っているということを聞きつけてきた」とゴールドは続ける。

「とある夜にいきなりロフトにやってきてドアをノックし、ジェリーが出て、僕はちょっと見て、『うおっ、なんてこった、マイケル・ブレッカーだ！』と思ったんだ」

ウォートマンが話を続ける。「セッションからの帰り途中で、片方の肩にサックスケースを掛けていた。ロフトを覗いてドラムがセットされているのを見ると、『ああ、君も演奏するのか』と言ったんだ。私はちょっと臆病になり、恥ずかしくもあり、『ええ、でも……』と答えた。自分を少し卑下してしまったかもしれないのだが、彼は励ます感じで『よし、なんかやろう！』と言ってくれた。そして私はこんなふうに思ったんだ。『冗談だろう？　彼はマイケル・ブレッカーだぞ。俺は一体何をしているんだ？　俺の前にこれをやるべき連中は100万人いるんだぞ』」

結局、彼らはジャムった。メモレックス社のカセットC－90の片面が埋まるほどの時間〈ジャイアント・ステップス〉を演奏し、終わるとマイケルはウォートマンのタイム感を褒めたことをゴールドは覚えている。そしてジェリーは「なぜ私にあそこまでよくしてくれたのか、なぜ私の演奏をあんなによく言ってくれたのかはわからない」と言う。「マイケルに会った当時、私は自信を失い、落ち込み、自分が何者なのか、これからどうすればいいのかすっかりわからなくなっていたんだ。夢はあったし、妄想もしていたけれど、どうやって実現すればいいのかわからなかったんだよ。自分は周りの連中の音楽的レベルに達していないが、なんとかその一部になりたいと思っていた。以前は、エルヴィン・ジョーンズをたくさん聴けば自分もエルヴィンのようにプレイできるようになれるはず、と思いそう望んだときもあったけれど、この頃には練習に対する衝動も強迫観念も失っていた。そんなときにマイケルに勇気づけられ、自分が承認されたと感じることができた。ただクスリが欲しくて来ただけだったはずなのに、結局私の気持ちを大きく高めてくれたんだ。クスリを探しに来た奴が『よし、欲しいものは手に入れたし、もう帰る』なんていうのとは全然違う。心から気にかけてくれたんだ。彼の励ましで、本当に特別な気持ちを手に入れた。自分の中にあるはずと感じていたなにか素晴らしいものに辿り着けずにいたんだけど、それを見つけるのを助けてくれたんだ」

出会いのジャムの翌日、マイケルはジェリーを連れてブルーム・ストリートのソーホー・ミュージック・ギャラリーへレコードを買いに出かける。「私は全くお金を持っていなかったのだけど、マイケルが2枚買ってくれた。ドラムを志すなら必須の2枚だと言ってね。今でもどちらも持っているよ。ラリー・ヤングがエルヴィン・ジョーンズをドラムに迎えた《ユニティ》と、アート・ブレイキー&ザ・ジャズ・メッセンジャーズの《フリー・フォー・オール》だ。マイケル自身も素晴らしいドラマーだった。ジョン・コルトレーンの《クレッセント》に収録されている〈ベッシーズ・ブルース〉のドラムが、マイケルがコピーしているスタイルで、まさにそのとおりだった。あの曲でのエルヴィンのようにキックを踏めるんだ。どの音符も逐一そのとおりに叩けるんだよ。ライドシンバルを絶妙なタイミングで叩いて、まさにエルヴィンというようなプレイをするのだけど、それがとにかく格好よくて『俺もこんなふうに叩ければ!』と思ったものだった」

ウォートマンは、この2年前にマイク・マイニエリのセクステットでマイケルの演奏を初めて観たことをよく覚えている。1977年にボトム・ラインで行われた、デイヴ・リーブマンのルックアウト・ファームも出演したときのライブだ。「私は両親と一緒に観に行き、リーブマンの両親と並んで座ったんだ」と彼は回想している。「私の父はファー・ロッカウェイ地域のベル・ハーパーにある学校の校長で、デイヴの母、フラン・リーブマンは長年父の在任時代の教頭だったというわけさ。つまりこのときはルックアウト・ファームを観に行ったんだよ」

オープニングはマイニエリのグループで、そのとき初めてマイケルの演奏を観た。その晩の彼は、とてもハイテンションだった。大きな帽子をかぶっていて、顔は全く見えなかったけど存在感があり、ただ立って演奏しているのではない。ショービジネス的にやっているわけではないと思うけれど、とにかく彼がステージで演奏していると誰もがそのパーソナリティーに惹かれていくんだ。自分の見た目が良いこと、そして観客と繋がれる力があることを自覚している。素晴らしいプレイヤーであっても、お客さんが入り込めないことはよくある。でもマイケルは違う、みんなと繋がれるんだ。マイケルのソロをたくさん観るとわかる。マイク・スターンがちょっとしたトリックを使ってやるように、観客をどう取り込むかを知っている。自分の得意なことと、それを観客に興味深く見せる方法を知っていたんだ」

その一例を挙げよう。1977年のモントルー・ジャズ・フェスティバルで、マイケルがアヴェレイジ・ホワイト・バンドと〈ピック・アップ・ザ・ピーセズ〉を演奏しているYouTubeビデオがある。サングラスをかけて登場しているが、1分40秒までにはうまくサングラスを外し、音をベンドさせ、16分音符を多用した激しいソロに突入していく。ジェームス・ブラウンの、ケープを使ったあの有名なルーティンのようでもあり、もっと最近でいえば、アレサ・フランクリンが2015年のケネディ・センター名誉賞授賞式で歌った〈ナチュラル・ウーマン〉の山場で毛皮のコートを脱いだように、ちょっと芝居がかったものだ。

「そうなんだよ、彼はそういうことをとても意識していたんだ」とウォートマンは語る。

マイケルと知り合いになった1979年初頭、ウォートマンは昼間は12丁目のザ・ヴィレッジ・コピヤーというコピー店で働き、夜はロフトでマイケルらとジャムセッションを続けていた。「マイケルは当時グランド・ストリートに住んでいて、『ジャムろうよ』とよく電話してきてくれた。いつもそうやって勇気づけてくれるんだ。『本当に？　スティーヴ・ガッドとのセッションを2回終えたばかりだろう。そんなときにこの僕に演奏してほしいって言うのかい？』。もちろん、私はすでにマイケルの大ファンだった。ブレッカー・ブラザーズのレコードは全部好きで、特に発売されたばかりの《ヘヴィ・メタル・ビ・バップ》がお気に入りで何時間も聴いていたよ。マイケルとランディが参加していたジャック・ウィルキンスのレコード《ユー・キャント・リヴ・ウィズアウト・イット》も好んで聴いていた。黒いジャケットが気に入っていて、よくその上でコカインをカットしていたんだ。今でも持っているよ――白いものがこびり付いているけどね。でもマイケルと演奏するときは自分の中でいつも『こいつはレコードで演奏しているんだ！　有名なんだ！』と思っていた。私にとってはエリック・クラプトンみたいな、大物ロックスターのような存在だったんだ。ジャズっていうものはそういう感じではないし、ジャズミュージシャンはもっと普通の人に近い、ということがうまく理解できなかった。マイケルは、僕には到底存在できない別世界にいるように見えたんだ」

しかし、この奇妙なふたりの友情は時が経つにつれてさらに深まり、薬物依存症にもなっていく。ウォートマンが言うように、「私は経済的に毎日をやり過ごすのがやっとだった。一方、マイケルはお金を持っていて、私よりはるかにハイエンドなところにいた。ローズランド・ボールルームの上にあるミュージシャンユニオンに一緒に小切手を受け取りに行ったときは、いつも驚かされたよ。13週間ごとに小切手が送られてきて、それを組合で受け取るんだけど、組合の人がマイケルを見かけると奥に行って彼用の小切手が詰まったバスケットを持ってくるんだ。マイクは小切手の束にざっと目を通し、中から1枚を選び、笑顔で当時全米でテレビ放映されていたトヨタのCMのテーマを鼻歌で歌い始める。そして現金に換え、ヤクを買いに行くんだ」

ピーター・アースキンはこう語る。「マイケルが言っていた。昔ジングルの仕事が大きな収入源だった頃、ワンセッションで一番儲かったのは、彼、ランディ、サンボーン、ロニー・キューバの4人で、トヨタのCMの〝You asked for it, you got it …〟というタグラインのところで4音だけ演奏したときだったと。これは何年間にもわたってすべてのトヨタのコマーシャルで使われたそうだからね」

1979年夏の10日間(7月19~29日)、マイケルはハリウッドでジョニ・ミッチェルの全米ツアー「シャドウズ・アンド・ライト」のリハーサルに参加する。このツアーは8月3日のオクラホマシティ公演を皮切りに、締めとなる9月12~16日のグリーク・シアター(ロサンゼルス)での五夜連続公演へ向けて盛り上がっていく。シャドウズ・アンド・ライト・ツアーには、テナーサックスにマイケル、エレクトリックベースにジャコ・パストリアス、ドラムスはドン・アライアス(当時のジョニの恋人)、キーボードのライル・メイズ、ギターのパット・メセニーらオールスター・バンドが参加していた。ジョニの〈パリの自由人(Free Man in Paris)〉、チャールズ・ミンガスの〈グッドバイ・ポーク・パイ・ハット〉、ジョニの〈デ・モインのおしゃれ賭博師(The Dry Cleaner from Des Moines)〉などでは、いかにもマイケルらしい激しいソロを聴かせている。そしてこのツアーは、耳目を集めかつ高額なギャラの仕事だっただけでなく、その後のマイケルのキャリアにとって重要なコラボレーション相手で、親友にもなったメセニーとの個人的交流が始まる機会でもあった。

ウォートマンはこう振り返る。「タングルウッド(マサチューセッツ州レノックス)に彼らを観に行ったんだ。ギャリー・ゴールドと、彼がこの日のために借りたメルセデス

280SZLに乗って、マイケルの体調が悪かったのでクスリも持ってね。ライブのあと、バックステージに行ったんだけど、みんな急いでいたのを覚えている。ステージを降りるとすぐにプライベート・ジェットに乗り込むんだ。マイケルはそんなことはしたことなかったし、随分と盛り上がっていたよ」

マイケル自身が筆者とのインタビューで回想しているように、「あのツアーは、ドラッグだらけでずっとどんちゃん騒ぎでした。まさにあの時代らしい感じで——当時は誰もがコカインをやっていましたからね」

セヴンス・アヴェニュー・サウスからすぐのヴァアリック・ストリートにあるジョニ・ミッチェルのロフトに何度かみなで集まった際、ウォートマンはスターの生活ぶりに驚いていた。「彼女とドン・アライアスは当時一緒に住んでいて、私もすでにふたりとも仲良くなっていたんだ。オフィスビルで夜は閉まるんだけど、ドンがエレベーターの鍵を持っていた。最上階全部が彼女の住居で、屋上も彼女のものだったから歩き回ることもできたんだよ。バスケットボールのフープがあったり、望遠鏡もあったな。あんなところは見たことがない。彼女の絵が至るところにあり、シャドウズ・アンド・ライト・ツアーに持って行っていたピンボールマシンもたくさん置いてあった。カワイの2・7メートルサイズのピアノもあるし、ドンのコンガやドラムもだ。レストラン並みの本格的なキッチンも。よくケニーとドンの3人で大騒ぎをしたな。ジョニはいなかった。当時ロサンゼルスでレコーディングをしていたので、アライアスが仕切っていたんだ。私はその頃毎日ヘロインをやっていて、ブツを持っていると知るとアライアスが『来なよ』って言うんだよ。で、行ってたむろっていたってわけさ。ある晩、アライアスがジェリー・ゴンザレス、ダニエル・ポンセ、ミルトン・カルドナといったコンガ奏者たちとジャムっていた。私にカウベルを叩いてほしがったんだけど、ひどく酔っぱらっていてカウベルがどこにあるのか全然わからず、参加できなかったなんてこともあった」

1979年5月31日、マイク・マイニエリは、自身がヴィブラフォン、テナーサックスにマイケル、ピアノにドン・グロルニック、ビル・エヴァンスの元ベーシスト、エディ・ゴメスと、世界的ドラマー、スティーヴ・ガッドというアコースティックなジャズ・クインテットを集め、セヴンス・アヴェニュー・サウスでライブを行なった。ゴメス以外のメンバーは、マイニエリのアルバム《ラヴ・プレイ》(1977年、アリスタ/ノヴァス)に参加しており、マイケルもタイトル曲にゲスト参加している。そのアルバムはスムースジャズ寄りでとっつきやすいものだったが、このときにセヴンス・アヴェニュー・サウスで二晩続けてプレイしたこのクインテットは、かなり冒険的、そしてバップ指向のもので、自由にソロをとることに重きを置いたものであった。このエキサイティングな新グループは、純粋なる口コミでその評判が伝わっていく。

「5月の最初の二晩のあと、次は10月に四晩連続(10月4日の木曜日から7日の日曜日)で同じくセヴンス・アヴェニュー・サウスでやったのだけど、毎晩満員だった」とマイニエリは言っている。「その後驚くほど観客が増え始め、12月初旬に三晩戻ってきたときには、入場待ちの長い列ができるほどになったんだよ」

前の年に「深町純&ニューヨーク・オールスターズ」のプロダクション・コーディネーターを務め、東京でのライブレコーディングも行なったキキ・ミヤケは、この新しいグループの熱烈なファンでもあった。キキは、グループ自体

セヴンス・アヴェニュー・サウスのステージに立つマイケル・ブレッカー、ベーシストのマーカス・ミラー、名前不明のドラマー、そして様子を見ているマイルス・デイヴィス、1981年[ケイト・レヴィトン・グリーンフィールド提供]

と、中でもスティーヴ・ガッドを好んでいた。「ガッドは当時日本でとても人気があって、スタッフで2、3回日本に行っていたんだ」とマイニエリは語る。「それでキキは日本コロムビアと話をつけてくれ、日本に行って東京のピットインで二晩（1980年12月15～16日）演奏し、全部ライブ録音し、滞在中の別日にはスタジオアルバムをレコーディングするように手配してくれた（ADLIB誌81年2月号のツアーレポートによれば、スタジオ盤の録音日は12月8日と10日、ライブは全6日間行われた。ライブ盤の録音日は発売元の日本コロムビアによると12月14～16日）。私は両方のアルバムをプロデュースし、みんなで昼夜を問わず働いたね。私はちょうどワーナー・ブラザースのトミー・リピューマと契約したところだったので、自分の名前で日本コロムビアからリリースすることはできなかった。それでバンド名を考えなければならず、『ステップス』という名前に落ち着いたんだ」

（1982年、マイニエリはステップスという名称がノースカロライナのバンドによって商標登録されていることを知り、「ステップス・アヘッド」に改名する）

東京でも人気のエリア、六本木にあるピットインで行われたこのライブの模様は、2枚組のライブアルバム《スモーキン・イン・ザ・ピット》として1981年2月に発売された。マイニエリの〈ティー・バッグ〉や〈サラズ・タッチ〉でのスリリングな演奏、グロルニックの激しいサンバ〈フォールティー・テナーズ〉、マイケルの疾走感あふれる〈ノット・エチオピア〉（ゲストの日本人フュージョンギタリスト、渡辺香津美の素晴らしいソロをフィーチャー）、マル・ウォルドロンの哀愁あふれるバラード〈ソウル・アイズ〉、悲恋の歌〈ラヴァー・マン〉、ジョー・ザヴィヌル作のウェザー・リポートのアンセム〈ヤング・アンド・ファイン〉の才気あふれるバージョン等を収録したこのアルバムは、日本で大ヒットを記録している。別日のスタジオ・レコーディングからは、アルバム《ステップ・バイ・ステップ》が1981年夏にリリースされる。マイケルは、グロルニックの4ビート曲〈アンクル・ボブ〉で自由に飛び回り、マイニエリのポップな〈KYOTO〉や美しいワルツバラード〈ベル〉では類まれなリリシズムを披露。そしてマイニエリのラテン調の〈ブレット・トレイン〉でこれぞまさにテナーサックスという白熱のプレイを聴かせている。

「ライブアルバムが日本で売れ、1981年の夏にスタジオアルバムが発売されたあとの状況は爆発的なものだったよ」とマイニエリは言う。「東京に戻ると、もはや暴徒化したような状態だったな。ガッドとの最後のステップスの日本ツアーでは、ホテルに数千人もの人々が集まったことさえあった。まるでロックバンドのようで驚いたよ。でも日本で大騒ぎになったアルバムは、こちらでは発売もされなかった。アメリカでは私たちが何者なのかさえ知られていなかったんだ」

東京で行われたそのガッドとの最後のステップスのライブで、ガッドが2セット目のステージに上がってこれず、マイケル・ブレッカーが代わりにドラムをプレイしたことをマイニエリは覚えていて、「彼のドラムがまたとても良いんだよ」と言っている。

そのライブに立ち会っていたステップスのマネージャー、クリスティン・マーティンは、ガッドがセカンドセットに出てこれなくなったときの楽屋での出来事をこう語っている。「私は客席にいたんですが、突然スティーヴが演奏をやめてステージから立ち去ったんです。日本のプロモーターは英語がしゃべれなかったので彼とは話せず、『一体どうしたらいいんだ』と私のところに来たので、慌てて舞台裏に行きました。スティーヴは座って泣きそうになりながら『自分はこの連中には釣り合わないんだ』と言っていて、私はかける言葉もなくただ彼を抱きしめてから、『大丈夫、すべてうまくいくわ。あなたは十分に素晴らしい。戻って演奏しなきゃ』と励ましたんです。そしてなんとかステージに戻り、セカンドセットを終えました。その頃の彼はいろいろなことがあり、ちょっとパニックになっていたんです。幸いなことに、スティーヴがなんとか自分を取り戻してステージに戻るまで、マイケルが見事なドラムをプレイしてくれていました」

1980年5月、ブレッカー・ブラザーズはジョージ・デュークのプロデュースによるアルバム《デタント》を発売したが、最高の評価を受けたというわけではなかった。ジェイソン・アライアスはAllMusic.comで「少しラジオ・フレンドリーすぎる曲もいくつかあるが、期待どおり、知的なブレッカー・ブラザーズのサウンドとジョージ・デュークのプロデュース能力が出会った素晴らしい曲たちもある。何曲かは中途半端かもしれないが、全体として《デタント》は十分手に取る価値がある」と評している。

あるいは、ジョン・ケルマンはオール・アバウト・ジャズでこう書いている。《ヘヴィ・メタル・ビ・バップ》は行きすぎだったと考える人がいるとすれば――確かにある程度はそのとおりだったかもしれない。よく考えられてはいたが――《デタント》は、《バック・トゥ・バック》や《ドント・ストップ・ザ・ミュージック》のような、よりヴォーカル曲に重きを置いたアプローチへと戻ったと感じるだろう。ブレッカー・ブラザーズはついに、自分たちのインストゥルメンタル曲への情熱とソウルやR&Bへの関心をうまくミックスできる、ジョージ・デュークというキーボーディスト兼プロデューサーを得たのである」

《デタント》のアルバムジャケットでの自らの痩せ衰えたジャンキー姿を、マイケルはのちに〝アウシュビッツの写真〟と呼ぶことになる。

ベーシストのマーカス・ミラーとドラマーのスティーヴ・ガッド、ドラマーのスティーヴ・ジョーダンとベーシストのニール・ジェイソンなどのリズム隊と、キーボードはドン・グロルニックと新人のマーク・グレイ、ギターはハイラム・ブロック、ジェフ・ミロノフ、デヴィッド・スピノザだ。〈ユー・ガッタ〉はアヴェレイジ・ホワイト・バンドの焼き直しのようなサウンドだが、ランディの手によるザッパ風〈ドント・ゲット・ファニー・ウィズ・マイ・マネー〉では、ランディ自身による茶目っ気のあるヴォーカルでファンク度も上がっている。

ランディの〈バフルド〉はディスコ調ともいえる巧みな仕掛けのある曲だ。マイケルの手による〈アイ・ドント・ノウ・イーザー〉はエッジの効いた鋭いファンク練習曲、〈ティード・オフ〉は初期ブレッカー・ブラザーズ・サウンドを蘇らせ、キング・カーティスの影響を深く受けたマイケルのソロも聴ける。ランディはハイノート・トランペットのショーケースともいえるような自作〈スクイッシュ〉で気を吐いているが、セッション・シンガーのカール・カーウェルがソウルフルなヴォーカルをとるアース・ウィンド&ファイアー風の〈ノット・トゥナイト〉は少しここには場違いだったようだ。

1980年5月、パット・メセニーは4枚目のECMアルバム《80／81》のレコーディングにマイケルを招いている。5月26日から29日にかけて、ノルウェーのオスロにあるタレント・スタジオで録音されたこの自由奔放な作品には、ジャズ界のアイコンであるベーシスト、チャーリー・ヘイデン、テナーサックスのデューイ・レッドマン、ドラムのジャック・ディジョネットも参加。マイケルは、メセニー作曲の感動的なバラード曲〈エヴリデイ(アイ・サンキュー)〉で大きくフィーチャーされ、彼のバラード演奏の中でも最も表現力豊かなもののひとつと評価されている。力強くスウィングするタイトル曲では、彼ならではの直感が前面に出ていて、曲名どおりのインプロ作品〈オープン〉では、アルバム中で最も痛烈なソロを聴かせている。

ウォートマンは、この《80／81》のオスロでのセッションでマイケルが大変だったと振り返っている。「1週間の滞在だったのだけど、マイケルは、あっちではヤクの入手ルートがないし、持ち込むこともできなかった。あのアルバムの裏表紙のメンバー写真を見ればわかるよ。本当にひどい顔をしている。禁断症状で体調を崩し、苦しんでいたんだ。早く家に帰りたがっていた。まさに帰ってきたその瞬間にヤクを用意したのを覚えてるよ。とにかく体調を崩していて、すぐにでも必要だったんだ」

2007年1月19日放送のBBCのジェズ・ネルソンのラジオ番組「Jazz on 3」でマイケル・ブレッカー追悼特集が組まれた。そこで生前のマイケルは《80／81》とその後のメセニー、レッドマン、ヘイデン、ディジョネットとのツアーが彼のキャリアにおいて極めて重要な転回点になったと語っている。「アルバムのレコーディングもとても楽しいものでしたが、その後のヨーロッパでのツアーで私は大きく変わりました。ある種の啓示でさえありました。あのときのように演奏したことはそれまでなかったんです。もちろんニューヨークでジャズや他の音楽をたくさんプレイしましたが、このようなリズムセクションと一緒に演奏したことはなかったし、彼らがいろいろな可能性のドアを開けてくれ、その虜になりました。その後の私は、もう以前と同じではなくなったのです」

1980年の末、ブレッカー・ブラザーズは新しいメンバーを集めて、最後の作品となった《ストラップハンギン》のレコーディングを行なった。ベースがマーカス・ミラー、ギターがバリー・フィナティ、キーボードがマーク・グレイ、パーカッションがドン・アライアス、ドラムスがリッチー・モラレス。マイケルの手によるファンキーなタイトル曲や、凶暴とさえいえそうな〈ノット・エチオピア〉(ミラーのジャコ風ベースソロをフィーチャーしている）では、初期ブレッカー兄弟の勢いと少しのユーモアが再現されている。ランディ作のご機嫌な〈ジャックナイフ〉ではマイケルとランディ両方のソロが冴え、マイケルのラテン調の〈バスシバ〉、ランディのゴスペル風の〈スリーサム〉も素晴らしい出来となっている。

１９８０年のブレッカー・ブラザーズの夏のツアー中、ハンブルクのクラブ、オンケル・ポー・カーネギー・ホールでの演奏がレコーディングされており、のち２０２０年にランディの妻アダ・ロヴァッティのピルー・レコードから《ライヴ・アンド・アンリリースド》としてリリースされた。「あれは凄まじいツアーだった。バンドは毎晩最高の演奏をしていたよ。しばらく一緒に演奏していたし、本当にタイトなアンサンブルになっていた。みんな絶好調だったんだ」とランディは語っている。

ドラマーのモラレスは、「ランディとマイケルに初めて出会ったのは、１９７５年。ミシガン州アナーバー出身のスカイ・キングという、デイヴ・ブルーベックの息子クリス・ブルーベック率いるプログレッシブ・ファンクロック・グループにいたときだった」と振り返っている。「コロンビアとレコード契約を結び、アルバムを１枚出していた（１９７５年発売の《シークレット・ソース》。プロデューサーはドリームスのセカンドアルバム《イマジン・マイ・サプライズ》［１９７２年発売、コロンビア］のプロデュースを手がけたスティーヴ・クロッパー）。２枚目のアルバムを作ることになり、ランディにプロデュースを依頼した。そうしたら、ファンク・サックスとドラムのデュエットのパートがある曲のためにマイケルを連れてきたんだ」

クリス・ブルーベックによると、「あのアルバムには〈レッド・テープ〉という曲があって（レコード会社の都合でどうしてもお蔵入りになってしまった）、ファンクのすごいブレイクが入っていたんだ。ランディが『俺にはこの曲でマイケルが吹いてるのが聴こえてくるぞ』って言うんだけど、全くそのとおりだと思い、『おお、俺にも聴こえるよ！』と叫んだ。自分はドリームスに入れ込んでいたし、マイケルの大ファンだったからね。〈サム・スカンク・ファンク〉が入ったブレッカー・ブラザーズの最初のアルバムもその頃リリースされたところで、当時私にとって最高の録音、最高の音楽性、とにかくすべてが素晴らしい、史上最も優れたアルバムの１枚だった。そんなこんなで当時コロンビアのブルース・ランドヴァルを説得して、ランディ・ブレッカーにセカンドアルバムのプロデューサーになってもらい、マイケルがその曲でプレイすることになったんだ。そしてマイケルがオーバーダビングのためにスタジオに現れた。用意したソロパートは64小節だ。そこでランディは私を企みに巻き込む。『エンジニアは、まずは音作りするだけだから、とマイケルに言うけれど、本当は最初から録音するつもりだから余計なことを言うなよ』とね」

「マイケルがこの曲を聴くのはもちろん初めてで、ランディに『録音レベルを合わせたいので、とりあえず一緒に吹いてくれ』と言われて吹き始めたのだけど、もう信じられないくらいぶっ飛んでいたよ。終わるとランディが僕にウインクしてきた。『いいかい、ヤツはこれから2、3テイク吹く。そして俺たちは一番最初の、ヤツが初めて聴きながら吹いたテイクに戻る。弟は天才だから、次に何が来るかわからない状態で反応するのが最もクリエイティブな演奏になるんだ。これから何が起こるか、それにどう反応すべきかを事前に分析し始める前だからだ』。そして、彼は正しかった。3、4テイクやって、もちろんどれも素晴らしかったんだけど、ランディが『なあ、マイケル、最初のテイクをもう一度聴いてみよう』と言うんだ。それがベストテイクであることは、誰の耳にも明らかだった。あのテイクには魔法のような輝きがあった。剥き出しの天才が、その場で、リアルタイムに、すべてに反応しているのが聴けるんだからね」

モラレスは初期の頃から両ブレッカーのファンだった。

「ドリームスとビリー・コブハムのバンドから始まり、次にブレッカー・ブラザーズの最初のアルバムを聴いていたんだ。ジャック・ウィルキンスと一緒にスウィート・ベイジルやニューヨーク近辺でやるときもよく観に行っていたよ。ふたりを畏怖さえしていたけれど、会うととても親しみやすかった。実際、スタジオにも呼んでくれて、《バック・トゥ・バック》《ドント・ストップ・ザ・ミュージック》《デタント》のレコーディングを見学させてもらったんだ。たくさんの傑作マスターテープが出来上がるところを目の当たりにすることができた。クリス・パーカー、スティーヴ・ガッド、レニー・ホワイトがレコーディングしているところを見るのは、本当にいい勉強になったよ」

スカイ・キングの解散後、モラレスはニューヨークを中心にフリーランスとして活動を始め、やがてセヴンス・アヴェニュー・サウスに出入りするようになった。そこでマイケルが話を持ちかける。「下のバーにいたらマイケルが来て、『バンドに参加しないか？』と言うのだけれど、『え??』としか返せなかったんだ。だって候補者が山ほどいるのはわかっているし、自分よりすごい奴らがたくさんいるのもわかっていたからね。でも『君にやってほしいんだ。ギャラは少ないけれど』と言われ、今度は『え、ギャラまでくれるの？』となったよ。最初のギグはセヴンス・アヴェニュー・サウスで、1979年大晦日まで1週間連続のライブだったな。そのときはまだグロルニックがいたけれど、その後すぐにマーク・グレイがキーボードで入ってきた。彼とバリー・フィナティはその前から知っていて、セヴンス・アヴェニュー・サウスで一緒に演奏したこともあった。1980年の夏のヨーロッパツアーはこのメンバーで回り、その年の冬にはみんなでスタジオに入って、アリスタとの契約で最後のアルバムとなった《ストラップハンギン》をレコーディングした。このアルバムは、年月を経てより輝きを放っていると思う」

1981年1月から2月にかけて、マイケルはロサンゼルスのマッドハッター・スタジオで、ベーシストのエディ・ゴメス、ドラマーのスティーヴ・ガッドと共にチック・コリアの《スリー・カルテッツ》のレコーディングに参加した。その素晴らしい作品の中の1曲、〈パート2(ジョン・コルトレーンに捧ぐ)[Quartet No. 2 (Part II (Dedicated to John Coltrane)]〉は、マイケルのインスピレーションの源であるジョン・コルトレーンに捧げられたもので、この曲でのマイケルの演奏は、彼の卓越した技量の高さを示す驚異的な一例である。コリアは言う。「マイケルはいつも、そのゴージャスなサウンドのどこかにコルトレーンの要素を持っているようだった。僕らはみんなコルトレーンの教え子だったんだ。特にマイケルと僕はね。ハーフノートでコルトレーン、マッコイ、ジミー、エルヴィンの演奏を聴きながら、忘れられない夜を数多く過ごしたよ。よく仕事を断って、週末のライブの全セットを聴きに行ったものだ。まさにコルトレーン大学だ!!」

同年、コリアの《スリー・カルテッツ》のスーパーグループは、アメリカと日本でいくつかの厳選されたライブを行うことになる。その後ブレッカー・ブラザーズは、ギタリストの渡辺香津美をスペシャルゲストに迎えた1981年

5月3日から14日にかけての日本ツアーに向けて再結成。マイケルはメセニーの《80／81》バンドと1981年8月23日から9月4日まで2週間の短いツアーを行なった。

マイケルは2000年のダウンビート誌のテッド・パンケンとのインタビューで、そのメセニーのツアーでの驚きについて語っている。「パット、チャーリー、ジャックとのツアーでは、初期のニューヨーク時代とは違った自由を経験しました。とても開かれた空気の中、お互いがどうやり取りするか、音楽をどのように概念化するのか、それらが私にとてつもない自由を感じさせ、何でも演奏できるような気になったのです。それ以前には感じたことがないような、ステージ上での現在進行形でのコミュニケーションがありました。私の演奏に対するアプローチに方向転換をもたらすようなものでした」

セヴンス・アヴェニュー・サウスでライブ録音されたステップスの3枚目のアルバム《パラドックス》では、ガッドに代わってウェザー・リポートのドラマー、ピーター・アースキンがメンバーに加わっていた。アースキンがマイケルとの出会いを回想している。「マイケルに初めて会ったのは、実はロサンゼルスだった。マイケルは、フランスのキーボード奏者／作編曲家、ミシェル・コロンビエのアルバム(クリサリス・レーベルからのセルフタイトル・アルバム、1979年発売)でソロをオーバーダブするために来ていたんだ。一方それ以前、ウェザー・リポートに加入してリハーサルのために最初にロサンゼルスに行ったときに、ジャコがコロンビアがコロンビエの曲をいくつか聴かせてくれていた。また、コロンビアがコロンビエのアルバムに参加するように僕をブッキングしてくれたので、コロンビエのレコーディングの流れはわかっていたんだ。そんな中で、マイケル・ブレッカーがレコーディングしにロサンゼルスに来ると知ってとても興奮したよ。『マイケル・ブレッカーと一緒にレコーディングするんだ！』と、知り合いに片っ端から話したのを覚えている。自分にとって最もエキサイティングなニュースは、『自分はウェザー・リポートの新しいドラマーなった』ではなく、『マイケル・ブレッカーと一緒の曲でレコーディングする』だったんだ。最高にクールなことだと思ったよ」

アースキンは、高校時代に聴いたドリームスのファーストアルバムの頃からマイケルのファンだった。「マイケルとビリー・コブハムがやっていることは、僕らの世代にとってのコルトレーンやエルヴィンだったんだ。コルトレーンやエルヴィンの大ファンだったけれど、彼らの演奏を生で聴くことはできなかった。だから、このテナーサックスとドラマーが、ファンキーな要素も取り入れながら同じくらいすごいことをやっているのはスリリングだったね。不可能にも思えるけど、同時にとても目指し甲斐があるハードルが設定された感じだ。それと、ヴォーカルや歌詞のあるポップなレコードでそのすごさを聴くのもこれまた興味深いことだった。この連中は、そういう中で自由奔放にやっていたんだ」

実のところ、アースキンのマイケルとランディ・ブレッカーへの入れ込みぶりはそこで止まらなかった。こう振返っている。「ランディのアルバム《スコア》が発売されたときのことを覚えているよ。ランディがアルバムのジャケットで履いているのに似たベルボトムのジーンズを探し、同じブーツを手に入れ、フリンジのついたレザージャケットも手に入れたんだ。ヒゲは生やせなかったけど、『これだ、大人になったらあんなふうになりたい』って感じだった。マイケルは背が高くて細かったから、彼のようにはなれっこなかった。マイケルのように背も高くないし、痩せてもいなかったからね。でも、ランディは真似できる感じだったんだ」

1979年4月、ミシェル・コロンビエがボトム・ラインでニューアルバムのお披露目ライブを行なったとき、マイケルとアースキンのふたりは、ギタリストのリー・リトナー、シンセのスペシャリスト、マイケル・ボディカー、ベーシストのウィル・リーと共にバンドメンバーだった。「マイケルともウィルともライブで一緒に演奏したのはそのときが初めてだった」とアースキンは言う。「そしてその後、セヴンス・アヴェニュー・サウスの音楽シーンは、僕にとって本拠地みたいになったんだ」

その後アースキンとブレッカーは、マイク・マイニエリがプロデュースしたギタリスト渡辺香津美のアルバム《TOCHIKA》。1980年、ニューヨークのメディア・サウンド・スタジオで録音）と、マイニエリのワーナー・ブラザースからのデビュー作である《ワンダーラスト》（1981年2月25、26日録音）で共にプレイする。「ドン・グロルニックと初めて会い、スティーヴ・カーンと初めてスタジオで仕事をしたのはこのときだ。これもまた、自分にとっては念願の夢が叶ったような出来事だった。ヒーローたちと一緒に仕事ができたんだからね」とアースキンは《ワンダーラスト》のレコーディングについて語り、こんな逸話も披露している。「パワー・ステーション・スタジオでの《ワンダーラスト》のレコーディングの初日、マイケルは遅れていた。そこで彼がスタジオに来て最初になんと言うか、どんな言い訳をするか賭けて遊ぼうという話になったんだ。『昨夜は一睡もできなかったって言うだろう』『いや、最初に言うのは「もうダメだ」じゃないかな』『いやいや、「リードが見つからない」だよ』ってね。それで、みんな5ドルずつ賭けたところでちょうどスタジオのドアが開き、すごくやつれた感じのマイケルが入ってきた。そして一言、『もうダメだ、昨夜は一睡もできなかったし、リードも見つからない』と言うんだ。僕らは顔を見合わせて大笑いだよ。マイケルは『何？　なんか変なことを言った？』って感じだったな」

ドン・グロルニックにセヴンス・アヴェニュー・サウスでのギグに誘われた頃、アースキンはまだロサンゼルスに住んでいた。「ドンのリーダーとしての最初のギグで、ボブ・バーグ、マーカス・ミラー、ジョン・トロペイというすごいメンバーのバンドだった。ニューヨークまで来てやったわけだけど、とてもいい感じだったんだ。そして次はステップスのギグに呼ばれ、結局メンバーになるよう誘われた。そこでロサンゼルスを離れてニューヨークに引っ越すことに決めたんだ」

そのアースキンが参加したステップスのライブアルバム《パラドックス》（1981年9月17日［木］～20日［日］、セヴンス・アヴェニュー・サウスで録音）でも、マイケルは驚異的な名人芸を披露している。「マイケルにとってはとにかく音楽が一番だった」とアースキンは語る。「こと音楽となると果敢な戦士となり、凡庸さに対しては決して寛容とはいえなかったね」

《パラドックス》の中で、マイニエリのアヴァンギャルドな〈ジ・アレフ〉ではアースキンのパワフルなドラミングとゴメスのウォーキングベースに支えられながら感情あふれるテナーソロを聴かせ、マイニエリのモーダルな作品〈パッチ・オブ・ブルー〉ではなんの制約も受けずにソロを追求している。そして、陽気ながらもどこか尖ったブルース〈テイク・ア・ウォーク〉を曲提供し、バップボキャブラリーの力強いソロにおいてジョー・ヘンダーソンを感じさせる要素も入れ込んでいる。

このステップスと同じメンバー――マイケル・ブレッカー、マイク・マイニエリ、エディ・ゴメス、ドン・グロルニックは、1982年にコンテンポラリー・レコードから発売された、アースキンが自分の名前を冠したデビューアルバムにも参加。マイケルはアースキン作の〈オールズ・ウェル・ザット・エンズ〉で無伴奏の美しいイントロに続いて情熱的なソロを披露。ウェイン・ショーターの〈E.S.P.〉では、マイケルの1987年の初リーダーアルバムに参加することになるピアニスト、ケニー・カークランドの素晴らしいソロを聴くことができる。


一見、絶好調に見えるマイケルだったが、ヘロイン中毒との葛藤は深まるばかりだった。ジャッキーはこう語る。

「いつもそのことを話していました。『話したいわけではないのだけど、話さないと嫌な気持ちになるんだ』という感じで。ハイになるたびにやましく感じるけれど、体調を悪くしないためにはやらなきゃいけない、そんな状態に思えました。罪悪感に苛まれ、恥じ、苦しんでいるようで、ハッピーなジャンキーではなかったのです。ハイになるためではなく、正常でいるためにやっているように感じました。陶酔感を得ているようにも見えなかったし、ただただ引きこもらないためにやっていたんだと思います」

マイケルは、コネチカットのウェストポートにあるエリアナ・スタインバーグ(ジミー・コブの妻)所有の美しい家を借り、そこでヘロインを断ち切ろうと中途半端な試みもした。「ジャッキーとマイケルと私でそこに車を走らせ、ジャッキーはマイケルがヤクを断つ助けをしようとしたんだ」とウォートマンは回想する。「でも、マイケルも私も麻薬と手を切る準備ができていなかった。明日はやらないぞとお互いに約束するのだけど、結局守ることはなかったんだ」

マイク・マイニエリはこう言っている。「薬物で彼が病んでいることはわかっていた。私自身はそこに近寄らないようにしていたし、彼も私に説教されるのを嫌がっていたよ。『この先どうなってしまうかわかっているのか?』とは何度か言ったけれど、『ああ、こんなことはやめなきゃいけないんだ』となるだけだった。それに、コカインだけの話じゃない。確かにガッドは山のようにコカインを吸っていた。セヴンス・アヴェニュー・サウスの楽屋を覚えているかい？　あの小さな部屋での数々の瞬間……本当にクレイジーだったし、あそこにはいくらでもコカインがあった。でもマイケルの問題はそれ以上のものだったんだ」

マイケルも、真剣に取り組むかどうかは別として、自分が抱える薬物問題を認めるようになっていった。「なんとかしなくては、と常に思っているようだった」とウォートマンは言う。「『終わりにしなきゃ』と言うのが彼の毎日のマントラになり、いつも『これじゃダメだ』と言い続けていた。一方、私はといえば『ヤクとはうまく付き合ってるよ。君ともこうやってつるめているしね！』といった具合だった。問題を認めるのが怖かったんだと思う。薬物を取ったら自分には何も残らないんじゃないか、とね。〝よき薬物中毒者〟であることが唯一のアイデンティティだったんだ。ヤクのおかげでいろいろな人たちと付き合えたし、それが自分の個性となり、私という存在だったんだ」

マイケルは、リハビリ施設に入れば問題が解決するかもしれないとも思っていたようだが、ウォートマンには受け入れることができなかった。「施設に入るのはとにかく怖くてね。恐怖がすべての根底にあったんだ。『自分は何をやってもダメな人間だ、自分をごまかしてやってみてもしょうがない、施設に入ったとしても更生できるわけないだろう』と思っていた。ハードルを低く設定することが心地よくて、基本的に1日のミッションは、ヤクが切れて調子が悪くならないように20ドル稼いで一袋買うこと、それだけだ。麻薬に対しての強迫観念や衝動はとても強いものだった。気分がよくないときは、心地よくなりたいだろう？　いったんヤクを使い始めると、やめようと思っても代わりになるものはないんだよ」

ジャッキーは、マイケルを更正させるために別の試みもした。「彼を麻薬から抜け出させようとするのは大変なことでした」と彼女は振り返る。「ヘロインがないところ、あってもどこで手に入るかわからないようなところに、よく旅行に行きました。〝地理の時間〟って言いながら。つまり、基本マイケルが麻薬を絶つための休暇です。マイケルの親友だったドン・グロルニックとバルバドスに行ったこともあります。ドンは素晴らしい人物で、クスリは絶対にやらず、1日に1冊本を読み、物静かで、思慮深くて……本当に優しい人で、マイケルは彼を兄のように慕っていました。でも1週間後に家に戻ると、当然のようにまたハイになってしまうのです」

1981年の終わりには、常なるドラッグの必要性、〝完璧な8分音符〟への終わりなき探求、そしてハイになったあとの罪悪感、それらすべてがマイケルに重くのしかかっていった。ウォートマンはこう話す。「秀でた才能があり、素晴らしい仕事もあり、すべてを持っていた。ルックスも良くて女の子に苦労したこともない。さまざまな才能を持ち、素敵な心の持ち主だった。でも彼は惨めだったんだ」。マイケル自身も、薬物から抜け出たあと、1984年にノーステキサス州立大学のクリニックで学生たちにこう告白している。「もう自殺しようとは思いません。クスリに溺れていた頃はそこへと向かっていたかもしれませんが、幸せなことではありませんでした。時には良い演奏ができても、自分は惨めだったのです」

そんな中、薬物使用で健康状態が悪くなるにつれ、ウォートマンとマイケルの絆は強まっていく。ジェリーは「私たちの関係は、また別のレベルに変わっていった」と振り返る。「問題があることを認識できるようになり、あとはヤクから抜け出ること、それがふたりの新たなミッションになったんだ」

マイケルの背中を押したのは、親友ドン・グロルニックからの手紙だったかもしれない。「マイケルのことをどれだけ大切に思っているか、死んでしまうのではないかと心配していると綴った感動的な手紙を書いてくれました。実際、その手紙がきっかけでマイケルはリハビリ施設に入ることになったんです」とジャッキーは振り返る。

ランディはこう回想する。「想像がつくと思うけれど、我々の両親はこの事態にかなり憮然としていた。ふたりはマイケルのために介入しようとしたけど、正直自分はちょっとついていけなかったよ」

ウォートマンは、「マイケルの両親にとって、リハビリ施設に入ることを人がどう思うかも問題だった」と付け加える。「そんな中、マイケルがリハビリ施設に助けを求めようと決めたのは思い切った行動だったんだ。やりすぎだとさえ思った。マイケルの決断に現実を突きつけられて私自身怖くなったのかもしれない。『なんと、本当に施設に入るのか？　今までのでたらめなやり方、〝とにかくもうやめようぜ！〟ではダメだってことか……』と。そう、確かにそれではうまくいかなかったんだ」

もうジャンキー生活を送ってはいられないと、マイケルが本気で認めるに至ったのだ。「診察を受けたり、ビタミンB1の注射を打ったりしていたが、もっと本格的に治療する必要があった」とウォートマンは語る。「ある夜、彼はこう言ったんだ。『もしこれができないなら、もしこれでヤクを断つことができないなら、音楽をやめるよ』。その言葉が、私の心をズバッと切り裂いたのを覚えている。もうふらついていないんだとわかった。マイケルはそれまでにもいろいろと努力していたが、今回は本当の本気だったんだ」

姉のエミリーの助けもあり、マイケルは1981年12月2日、ついにパームビーチ・インスティテュートに入所する。フォートローダーデールのミスター・ピップスで行われた、ジャコ・パストリアスの30歳の誕生日を祝うワード・オブ・マウス・ビッグバンドの盛大なライブの翌日のことだ。このライブの模様はエンジニアのピーター・イアニロスが24トラックの移動式トラックでレコーディングし、のちにワーナー・ブラザースから《バースデイ・コンサート》として1995年にリリースされた。ブロニスラウ・ケイパーの〈インヴィテーション〉のとんでもなくアップテンポなバージョンでは、同じテナーのボブ・ミンツァーと激しいやり取りを繰り広げながらカタルシスに溢れた熱狂的なエネルギーを解き放つ。ジャコの美しいバラード〈スリー・ヴューズ・オブ・ア・シークレット〉(ジャコのアルバム《ワールド・オブ・マウス》でのトゥーツ・シールマンスの感動的なハーモニカの代役をテナーで務めている)では驚くほど表情豊かな歌心を聴かせる。ピーウィー・エリスの〈ザ・チキン〉ではキング・カーティス風のファンキーかつ切れ味鋭いソロ、そしてジャコの〈リバティ・シティ〉〈パンク・ジャズ〉でも奮い立つようなテナーソロを披露する。特に〈ドミンゴ〉では尋常でない加速度と超人的な推進力のダブルタイムの演奏を聴かせている。

自らのサックス奏者としてのキャリアの頂点に立っているかと思われたそのとき、マイケル・ブレッカーは5週間にわたって姿を消した。1992年の筆者とのインタビューで、「それが私の回復期の始まりでした」と振り返っている。「強力な中毒と闘っていたので、そのライブの記憶はかなり曖昧です。でも、数日後にジャコが病院にいる私を訪ねてきたことは覚えています。バスケットボールとジャグリングボールを3つ持ってきてくれたのですが、酔っぱらって現れたので、なんのためのお見舞いかよくわからなくなっていました。なかなか中に入れてもらえなかったようなのですが、最終的には2分ほど会いました。信じられないかもしれないですが、追い出されたあと、フェンスを乗り越えてこっそり戻ってきたのです。私はプレゼントのお礼を言い、薬物をやめようとしていることを伝え、帰ってくれるよう頼みました。私とジャコとの関係はほぼそこまでで、私としてはその後彼とは付き合えなくなったのです」

ジャッキーは、マイケルが1982年1月にリハビリを終えた直後のことを回想している。「リッキー・リー・ジョーンズのライブがビーコン・シアターであったのですが、彼女はまだクスリをやっていたのでマイケルはとても神経質になっていました。それまで彼がライブで緊張したり神経質になっているところなんて見たことがなかったのですが。結局、素晴らしい演奏でうまくいきましたが、またウサギの穴に落ちてしまうのではないかという恐怖を常に感じながら、ギリギリのところにいたんだと思います。まだどっぷりと薬物をやっているメンバーがいるライブは初だったわけですし」

「クスリを絶とうとする人は、薬物乱用時代を思い出させるような事柄から自分を切り離さなければならない、と更生ミーティングで学びました」とジャッキーが続ける。「マイケルにとって、それは私だったのです。不運なことに、私は彼が捨てなければならない人生の一部になってしまったのです。別れるまでほんの数ヶ月のことでした。とても濃密な関係だったし、私は彼を愛していました。本当に辛かった。おそらく私の人生で最大の心の傷は、マイケルを失ったことだと思います」

マイケルは、薬物を絶ち、クリーンなライフスタイルを送るようになって再度音楽と向き合い始める。自らの再出発と同時に、周りの人たちの更生も助けていこうという気持ちを持って、音楽シーンへと堂々と戻っていった。

# 6章

# Working the Program

## 更生プログラム——依存脱却の旗印

パームビーチ・インスティテュートを出たあと、マイケルは再び健康になってニューヨークに戻り、徐々に人生をやり直し始めた。兄のランディは、「彼は5週間リハビリをして、それ以来、クスリには一切手を出さなかった。それどころか、問題を抱えた人たちの光明となり、幾人をもリハビリ・プログラムに参加させたんだ」

作曲家、バンドリーダー、テナーの巨人としての並外れた貢献以外に、実に多くの人たちを薬物から立ち直らせる助けとなったのもマイケルの大きな遺産である。そしてその方法は、優しく、決めつけず、押しつけがましくなく、いかにもマイケルらしいものであった。ジェリー・ウォートマンは言う。「助けに行くのだけれど、なにかを押しつけるようなことはなかった。私やギャリー・ゴールド、ボブ・バーグをはじめ、多くのミュージシャンが麻薬中毒になっているとき、マイケルはそばにいて助けになってくれたんだ。薬物中毒から立ち直ることはできる、人生はやり直せる、とみんなに知らせることが彼にとって重要だったんだと思う。中毒からの立ち直りが、彼の人生に新たな次元をもたらしたんだ」

マイケルがこれほどまでに人々の回復に重要な役割を果たすようになったのは、彼自身が落ちるところまで落ちたことを抜きにしては語れない。70年代に経験したすべてがあったからこそ、稀に見るほどの説得力を持って麻薬と手を切ることの素晴らしさを伝えられたのだ。アルトサックス奏者のスティーヴ・スレイグルは「マイケルの薬物中毒が最もひどい頃から知っている」と語る。彼は、ブレッカー・ブラザーズ・バンドのリハーサルでデヴィッド・サンボーンの代役を何度か務めていた。「あそこまでのひどい状態を乗り越えて、反対側に戻って来られた人たちのことは本当に尊敬するよ。彼らは自分が何を言ってるのかわかっているわけだし、実際にやり遂げたんだんからね。だからこそ、マイケルは誰かが薬物に関する問題を抱えたときに相談できる最高の人物のひとりだったんだ。彼は最悪の事態を経験し、より良い人間になって帰ってきたのだから」

「マイケルは本物のルネッサンスを得たんだ」とピアニストで作曲家のリッチー・バイラークは言う。「クスリから抜け出すことができて本当によかったと思ってるのがわかるんだ。麻薬と手を切っても未練が残ってる連中も多いが、マイケルはそんなことはなかった。どうしてそうなれたかって？　他の薬物中毒者たちを救うことによってだよ！　なんて素晴らしいものを残していったんだ！」

ドラムのピーター・アースキンはこう語る。「マイケルがクリーンになってリハビリ施設から出てきて、みんな驚き、感心したと思う。更生をやり遂げたのを知って、誰もがマイケルのことをさらに好きになった。密かにやり遂げたしね。最初に出会った頃マイケルはまだ薬物にハマっていたし、ミュージシャンがハイになるのは当たりまえでクスリをやってない奴に出会うのは稀、そんな時代だった。だからこそ、マイケルの生まれ変わりは、他の連中が自分が立ち止まって自分を見つめ直すきっかけになったんだ。元々多くの人に尊敬されていたしね。そして、みんなが自分自身を振り返って、『うーん、マイケルはなにか大事なものを掴んだのかもしれないな』と考えたんだと思う。中心的な存在だったからね。薬物を断つことは彼の人生の重要な一部となり、多くの人を助けたんだ」

ボブ・ミンツァーもこう続ける。「彼は間違いなく音楽的なムーブメントを起こしたが、同時にニューヨークの音楽界に、薬物から抜け出るというムーブメントも起こしたんだ。誰もが彼を尊敬していたし、彼がクリーンになったことで、みなが立ち止まり、『クソ、もうそろそろ潮時なんじゃないか？』と言い始めた。実際、ジャズコミュニティの大方は、ある種一緒になってクスリから抜け出たんだ。それはお互いに励みになったし、自分もやっていけるという気持ちにさせてくれたんだよ」

「音楽は別としてこのことだけでいっても、彼は英雄的存在だった」と語るのは、のちの１９８７年に、マイケルの初のリーダーバンドのメンバーになるドラマー、アダム・

ナスバウムだ。「彼はとても前向きで、人を思いやる気持ちを持ち、多くの人が薬物依存から抜け出られるようスポンサー〔更生プログラムの経験者が務める相談役〕になっていた。私自身は、幸運なことにあちこちに楽しみを見つけられたので薬物の問題を抱えることはなかったが、マイケルは薬物の世界にどっぷりとつかり、そこからの回復の過程で今度は人の役に立ちたいと思ったんだ。私たちはみんな、この世界をより良い場所にしたいと思うし、音楽はそのためのひとつの方法だと思う。でも、もしあなたが手を差し出すことにより誰かを助けることができるならば、それはとても重要なことだ。誰もがこの人生で恩返しをするよう努めなければならないし、それはまさにマイケルがやったことなんだ」

「マイケルが得た啓示は、人生には、ハイになることよりも大事なものがあるということだった」とデヴィッド・サンボーンは言う。「冷静であればそう言うのは簡単かもしれないが、渦中にいるときはなかなかそうは思えないものだ。でもマイケルはそれができた。薬物から抜け出た人がまだまだ少ない時代にそれができたんだ。みんなはまだクスリをやっていた。でも、マイケルは正しいやり方で抜け出し、最後までそれを貫き通した。私にとっても大いなる模範となるものだったし、みんなに押しつけがましくなく範を示し、忍耐強く接することで、多くの命を救っていたんだ」

「正直なところ、マイケルなしに自力で薬物から抜け出られたかどうかわからない」とサンボーンは続ける。「少なくとも数年間にわたって救けてくれた。彼は、『自分の場合はこうやった』と言うだけなんだ。誰もが自分自身のやり方を見つけなければならないとわかっていたからね。でも、求められたときはそばにいてくれる。そんな彼を、私はずっと愛し、尊敬しているよ」

ベース奏者のデイヴ・ホランドは、マイケルが19歳の新鋭テナー奏者としてロフト・シーンに登場した頃に出会った。リハビリ施設での時間は、マイケルを中毒の世界から抜け出させただけでなく、彼の音楽の世界をも新しくしたと信じている。「あんな人生の試練を経験し、乗り越えたとき、それは物事に対する新しい視点や、新たな始まり、ある種の救済を与えてくれると思うんだ。いろいろな意味において大きな転回点になったと思うし、それを最大限に活かそうと決意したんじゃないかな」

ホランドは続ける。「ドラッグには、とても孤立した側面があり、時にいろいろなものへのドアを閉ざしてしまう。マイケルはドラッグをやめたことで、音楽に対して以前とは異なる選択肢にも目を向けるようになり、より魅力的なアプローチを取り始めたんだ。いくつかの本当に美しい芸術的なプロジェクトに携わったり、作曲の幅も広がった。リハビリのあと、彼の中にはとてもポジティブなものがたくさん出てきて、その経験を他の人と共有したいと心から思っていたんだ。それって、癒しのプロセスの一部だと思わないかい？　自分の経験を活かして他の人を助けようとする、そしてそれは結局自分にとっての助けにもなるのだから」

「マイケルは、あの時点で多くの人の先を行っていたともいえる」と、やはり1987年にマイケルのツアーバンドの一員となるギタリスト、マイク・スターンは語っている。「多くのミュージシャンがどん底状態にいる中、よく知られた誰かは更生し、うまくいっている。しかも以前よりも良い状態で。みんなマイケルに触発されたんだ。そうやって、私も含め、ひとりずつクスリから抜け出し始めた。私はジャコと一緒に演奏していて、本当にどん底状態だったのだけど、私も妻のレニーも、どこか施設に入って薬物から抜け出るべきだと気づいたよ。ジャコと一緒に55グランドの上に住んで、完全におかしくなっていたんだ。マイケルの薬物乱用もひどかった。抜け出るまでに、とんでもなくひどい目に遭い、苦しみ、そして更生プログラムをひたすらに頑張ったんだ。マイケルは元々オープンな性格だったから、そういうことには向いていた。そしてひたむきに更生プログラムに取り組んだあと、大勢の人を助けることになったわけだ」

ドラマーで長年の友人であるギャリー・ゴールドは「誰もが、『マイケルが私の人生を救ってくれた』ストーリーを持っているんだ」と言う。彼の場合はこうだ。「マイケルはいつも、『クスリから抜け出したいんなら、ミュージシャンユニオンに行くといいよ、助けになってくれるから』と言っていた。1984年の冬、その頃彼は『サタデー・ナイト・ライブ』のバンドのメンバーだった。ある日スタジオに観に行ったんだ。12月15日のクリスマス特集で、ロバート・プラントのハニードリッパーズとブライアン・セッツァーが音楽ゲストとして出演していた（マイケルはこのゲストによる〈サンタが町に来る（Santa Claus is Back in

Town)〉に参加し、キング・カーティス風のご機嫌なソロを聴かせている)。その後、マイケルと一緒に雪の中を歩いたんだけど、自分はとにかく絶望的な気持ちだった。凍えるような寒さの中を1時間歩いて、最後にこう言われたんだ。『ミュージシャンユニオンに行くといいよ。リハビリ施設に連れて行ってくれるから』と」

「数週間してからようやくミュージシャンユニオンに行った。クスリをやめる勇気がなかなか出なかったからね。そこにはテディ・ゴンパースという、年配の引退したミュージシャンがいて、『ミュージシャン支援プログラム』というものを始めていた。のちに大変大きなムーブメントになったプログラムだが、当時は小さなオフィスに小柄な老人がいて、ミュージシャンが麻薬から足を洗う手伝いをしようと始められたものだった。テディはまるで漫画の主人公のようだったよ。80代の老人が『それで、君はどんなヤクをやってるんだ?　40年代、俺たちはレタスをケツに突っ込んでハイになろうとしたもんだ。ああ、40年代、俺とバードはどこそこの角でヤクを調達してたもんだ……』とかね。全くイカれてるよ!」

「そして保険担当の女性のところに連れて行かれたんだけど、組合費を何ヶ月も滞納しているのがすぐにわかって、そのままだと組合から追い出されるところだった。テディが『彼の組合員資格を1月1日に遡らせるんだ』と言うと、彼女は『大丈夫だけど、ここまでの分で400ドル必要だわ』。自分は破産状態だしそんなお金は持っていないと伝えると、『400ドル出してくれる人を知っているか』と聞かれ、マイケルにここに来るように言われたので、もしかしたら助けてくれるかもしれないと答えた。そうしたらテディはすぐにマイケルに電話して『ミュージシャンユニオンのテディ・ゴンパースと申します。今あなたの友人のギャリーがいらしてるのですが、彼は今すぐに400ドルが必要な状況です。私どもとしては彼をリハビリ施設に入れなければと思っています』。マイケルは電話を切るとすぐにタクシーに飛び乗って駆けつけ、400ドルの小切手を切ってくれた。ユニオンは、マイケルが入ったのと同じフロリダのリハビリ施設、パームビーチ・インスティテュートへ行くための飛行機を予約してくれた。その日マイケルは私の命を救ってくれ、私たちはとても近い間柄になり、それから30年間、親友であり続けた。毎日話していたよ」

ギタリストのマイク・スターンはこう証言する。「リハビリ施設に入る1年前、マイケルに、薬物から更生するためのミーティングに初めて連れて行かれたんだ。でも自分は途中までしかもたず半分で出てしまった。帰るところをマイケルが見ていて、ちょっと罪悪感を感じたよ。翌日の夜、55グランドで演奏してぶらぶらしていたら彼に会った。マイケルは良いクラブだと思ったらしい。音楽以外の〝課外活動〟は除いてね。その頃はもう更生していたわけだし当然の反応で、純粋な音楽のクラブとしては気に入ったということだ。流れで更生ミーティングの話になり、『どうも自分には向いてないみたいだ』と言ったら、『あのミーティングはちょっと変だったね。また他のところに行ってみるといいと思うよ』と。しょうがないので、『いや、そういうことじゃないんだ。ああいうのは俺には効かないんだよ。これまでにセラピーも受けたし、他にもあれやこれややってみた。でもダメなんだ。この先長生きもしないだろうし、クスリから抜け出れっこないし、俺には無理なんだ』と延々と言い訳を続けた。それから何年か経って結局私もクリーンになり彼のバンドで演奏していたとき、『55グランドでの会話を覚えているかい？　もう少しで納得させられるところだったよ』って言われたなんてこともあった」

スターンも結局リハビリ施設に入ったのだが、最初はうまくいかなかった。「クスリからいったん抜け出してリハビリ施設から出たものの、3ヶ月も経たないうちに、ついやってしまった。歩道に突っ伏すという失態を犯したんだ。そのときに私をリハビリ施設に連れ戻したのはコカインを売った張本人だった。どういう仕組みかというと、誰かをリハビリ施設に入れると、72時間後には入れられた当人の判断で施設を出られたんだ。1時間経っただけでもう出たかったけれど、72時間待たなければならない。最初の24時間が終わったとき、『俺は一体何と戦ってるんだ？　もう本当に最悪だ』と思い、最初に頭に浮かんだマイケルに電話してこう言ったんだ、『いいか、もうこんなのはうんざりだ！　ようやく吹っ切れた。こいつから抜け出ることに全力を尽くすよ』ってね。そして私たちは話し始めたんだ」

「それまでクスリも何もやらないで演奏したことはなかった」とスターンは続ける。「12歳のときから、ギターを手にするときはいつもなにかしらやっていた。だから何もなしでは演奏できないんじゃないかと心配だった。まだハイになっていたその頃、ギターはクスリへのトリガーでもあったんだ」

マイケルには、スターンの苦悩に共感するところがあった。彼も初めて薬物を断とうとしたときに、同じような気持ちを味わったことがあるのだ。マイク・スターンは続ける。「マイケルに『一番大事なことは、とにかくクスリを断ち続けることだ。演奏することがトリガーになってしまうなら、しばらく楽器は放っておくといい』と言われてそうしたんだ。グリニッジ・ヴィレッジのちょっと外れの方であまり知られていないクリストファー・ストリート55番地に部屋を見つけた。そこに私がいるとは誰も知らなかったので、プレッシャーを感じることなく楽器を再び弾き始めるのに完璧な環境だったんだ。マイケルも、人前での演奏再開に向けた良いやり方だと言っていたよ」

そんな中、スターンのかつての麻薬仲間であるジャコ・パストリアスが、再び一緒にツアーに出ようと誘ってきていた。「ジャコがしつこくなってきたのでマイケルに電話で相談した。『断ったらジャコは本当に怒ると思う。リハビリに入る前に、退院したら一緒に演奏してツアーに出るって約束してたからね』と言ったんだけど、マイケルは断固として譲らなかった。『それだけはダメだ！　もちろん君は自分がやりたいことをやればいい。でもこれをやったら前よりもっとひどいことになるのは間違いないし、君もそれをわかっているはずだ。またクスリに引きずり込まれてしまう。ヤツのせいではなく。ヤツはまだ中毒状態だし、君はまだまだ弱い状態だからね』。言うとおりだ。自分もそれを予見できたし、感じることができた。そして、『ジャコといたら1日ももたない』と自分に言い聞かせ、ジャコと一緒にプレイするのはやめざるを得なかったんだ」

麻薬に戻らないための賢明なアドバイスもマイケルからもらったとスターンは続ける。「とにかく1日1日を積み重ね、それを続けることだと。そして更生ミーティングに出ることも大切にしていた。87年に彼のバンドにいた頃、ヨーロッパと日本中の更生ミーティングに参加したよ。オスロでのミーティングではみんなが知らない言葉でしゃべっていたけれど、言葉がわからなくても何が起こっているかわかるんだ。心からしゃべっているからね。通訳はいらない。マイケル自身も経験した更生プログラムの大事な部分だ。それぞれの心からの言葉を共有し、お互いがクスリやアルコールから抜け出るのを助け、自分もより強くなる。彼はそのやり方を深く心に刻み、取り組んでいた。音楽以上とは言わないまでも、音楽と同じくらい大切にしていたよ」

バイラークも、困っている友人を助けようとするマイケルの粘り強さについて語っている。「薬物問題を抱えていた私に電話をかけてきたものだ。『リッチー、君の悪い噂を聞いているんだ』『ああ、わかってる、わかってるよ』『こっちに来て話をしないか?』そんなやり取りだ。当時、僕は明らかにおかしくなっていて、あるときついに『これはなんとかしなきゃダメだ。このままじゃ人生終わってしまう。とにかくひどい。もう笑えないだろう?』と言われ、『君がここを抜け出るためのガイド役になるよ。君の望むことは何でもしよう。君の力になりたいんだ』と続けた。いつもそうやって手を差し伸べて、クソ野郎どもを助けていたんだ。自分自身がクリーンになったあと、みんなを助けていたよ。彼自身もそれで楽になるのがわかった。親切というより寛大だった。まるでアルベルト・シュバイツァーだよ!」

一方、マイケルに近い人たちは、リハビリ後の彼の性格がリハビリ前のそれと大きく変化したと言う。セヴンス・アヴェニュー・サウスのケイト・グリーンフィールドは「マイケルにとって、クリーンになる前は薬物中毒を生き抜くことがすべてでした」と語る。「以前は良い人ではなかったとかフレンドリーでなかったとか、そういうことではありません。とにかく薬物を手に入れること、確保すること、常にそれが気になってしまっていたのです。でもクリーンになってからは、親しみやすくなり、周りを助け、しゃべりかけ、話を聞くようになりました。より思慮深くなったのです。ほら、誰でも、自分自身の問題を解消して余裕があるときの方が頼りになりますよね?『こいつはクスリを持っているかな? あいつは持って来るかな? 探しに出ないとダメか? 今日はどうやって手に入れよう?』なんて気にしなくていいのですから」

彼女は続ける。「マイケルは、私にとっても、他の多くの人にとっても、クスリからクリーンになるための素晴らしいお手本となる力を持っていたのです。元中毒者だからこそ持てたもので、医者やセラピスト、ソーシャルワーカーにはできないこと。説教をしないのも見事でした。なにかをしなきゃとは言わない。音楽だけでなく、実に多くの人々を助けたことも彼の立派なところだと思います。間違いなく私を助けてくれ、人生を取り戻させてくれたのです。マイケルと友人になり、更生し、ビジネスパートナーだったことは本当に恵まれていたと思います」

マイケルのインディアナ大学の友人でバンド仲間のトランペット奏者ランディ・サンキは、「リハビリ後の彼はいろいろな意味で幸せそうだった」と語る。「以前ほど物事に重荷を感じなくなったようだし、間違いなく抜け出たんだとわかった。その姿にはとても勇気づけられたよ」

「信じられないほどの音楽性と能力を持っているという意味では以前と同じだ」とブレッカー・ブラザーズのドラマーだったクリス・パーカーは言う。「ただ、リハビリのあとは、あんなことにはもう振り回されず、集中力は増し、長い時間会話できるようになった。音楽についてだけでなく、家族や健康などの人生のいろいろについてもね。リハビリ施設に入る前も、優しく美しい心の持ち主でとても頭が良かったのだけれど、人と話しているときもなにか他のことに気を取られているようだった。いつも考えがあっちこっちに飛んでいたんだ。でも、ドラッグやアルコールのせいで頭にかかっていた霧が晴れると、思考もクリアになり、より集中できるようになった。そのおかげで作曲家としても開花できたんだと思うよ」

サックス奏者のスレイグルも、リハビリ後のマイケルの振る舞いが明らかに変化していることに気づく。「ドラッグ中毒者の振る舞いはひとくくりにされがちだけど、実はそうではなく、みんな違うんだ。例えば、ドクター・ジョンもヘロインをやっていたけれど、ハイになるととても社交的な性格になり、おしゃべりで楽しくて人付き合いがよくなる。一方、マイケルは元々内向的でシャイな性格だが、ドラッグによってさらに無口になり、自分の世界に入っていった。そしていったんクスリから抜け出ると、はるかに社交的な人間になった。リハビリ後のマイケルと、1977年に初めて会ったときのマイケルとでは、自分にとっては全く別人なんだ。人と繋がり、その時々を生き、より思慮深くなったからね」

「人の話の素晴らしい聞き手になり、その人の人生の苦労を気にかけることにより、自分の人生の失われた時間を取り戻そうとしたのかもしれない」と、スレイグルは続ける。「実際、人のことを思いやり、アドバイスしたり共感してくれるのは大きな助けになった。リハビリ後のマイケルはいつも子供の話をしていて、私が父親になると知ったとき も、父親としていろいろなアドバイスをくれたんだ。ふたりとも興味があるブルガリアの音楽や電子音楽、シーケンサーなどについても話をした。マイケルが亡くなる前の5、6年間の関係は、本当に大切だったし失いたくないものだった。僕にとってとても意味のあることだったし、多分彼にもなにかしらの助けになったんじゃないかと思う」

1969年から1970年のホワイト・エレファント時代にマイケルと出会い、その後ステップス創成期のマネージャーとなり、東京で録音したライブアルバム《スモーキン・イン・ザ・ピット》(1981年発売)にも関わったクリスティン・マーティンは、マイケルがリハビリ施設に入っていたと知って驚いたと振り返っている。「薬物中毒者だったとは全く知りませんでした。話していても全然わからなかったし、気づかせないようにすることができたんだと思います。リハビリ施設に入ってクリーンになれたと知らされたとき、『あら、あなたにクスリの問題があったなんて知らなかったわ』と言ったくらいです。だって、ハイになっていようがいまいが、彼の演奏は変わらず〝マイケル・ブレッカー〟だったから。本人は辛く感じていたかもしれないけれど、人から見てわかることはなかったと思います。その視点で見ると、何も変わっていないともいえると思います」

しかし、マイケルはクリスティンに、クリーンでシラフな生活への不安も打ち明けていた。「リハビリ施設から出た後のことです。麻薬と手を切ったあとも以前のようにプレイできるかどうか怖いんだと言っていました。『自分は別人になってしまうのだろうか?』という内なる不安があったのでしょう。でも、もちろんその後も素晴らしい演奏をしていたわけです。ある意味、より深いレベルでの演奏だったかもしれません」

「マイケルは、自分が素晴らしい演奏をしているとは決して思わなかったし、常に過剰に自己批判をしていた」と親友のジェリー・ウォートマンは言う。「でも、リハビリを経て、最終的にはそんなふうに自分を責めたり、苦しんだりする必要がない状態にまでなったんだ。自分を落ち込ませたり自己批判させてしまう、内なるなにかに対処できる手段を手に入れたんだと思う。そこに辿り着くまで随分と時間はかかったけれどね」

ウォートマンは続ける。「彼がクリーンになってから初めてステップスで日本に行ったときのことだ（1982年1月）。ツアーに出ることをとても恐れ、神経質になり、慎重になっていた。日本での更生ミーティング用の連絡先を前もって入手したりと、抜かりなく準備していた。回復したこと、クリーンであり続けることが何よりも大事だった。そうでなければ、他は意味がなくなってしまうからね。そして大変な集中力でやってのけたんだよ」

5週間リハビリ施設で過ごしたあと、クラウス・オガーマンのアルバム《シティスケイプ》（ワーナー・ブラザース）のレコーディングですぐに音楽活動に復帰する。胸を打つほど美しいこの作品は「サックスとオーケストラのための協奏曲（ジャズ・リズムセクションと共に）」と銘打たれ、ジャケットには巨匠オガーマンと並んでマイケルの名前も大きくクレジットされている。共同ながらも初めてリーダー名義となったアルバムだ。マイケルは以前、オガーマンの1977年のアルバム《夢の窓辺に（Gate of Dreams）》の1曲にも参加していて、やはりクラシック、ポップス、ジャズがミックスされたこのアルバムのライナーノーツには、伝説のピアニスト、ビル・エヴァンスが「素晴らしきものへのリマインダー」と寄せている。ポップ・ジャズ・ナンバーの〈カプリス〉の2分40秒から始まるソロでは、複雑なコード進行に乗せながら、いかにもマイケルらしく気持ちよく高音域を飛び回る。このポップスとクラシックを巧みにミックスした音楽に、コルトレーンに触発された〝音の洪水《シーツ・オブ・サウンド》〟のコンセプトを掛け合わせた素晴らしい例を見せているのだ。

《シティスケイプ》の三楽章からなる組曲〈神々の出現そして不在（In the Presence and Absence of Each Other）〉で、マイケルは自身のレコーディングキャリアの中でも間違いなくトップランクに位置する演奏を披露している。〈パート1〉は豊かなストリングスで始まり、54秒あたりからマイケルが登場、印象的なメロディのテーマを力強く、歌うように奏でる。派手な花火を打ち上げるのではなく、温かく、リラックスした、息を呑むような美しさだ。メロディックなインプロヴィゼーションが続く中、4分40秒あたりからは一連の音の連射が始まり、ハーモニーの輪郭に添いながらも平然と16分音符の洪水へ、そしてブレッカー流の高音域へと駆け上がっていく。〈パート2〉では最後の52秒、〈パート3〉では最後の1分にしか登場していないが、サックスの全音域をカバーする彼ならではの名人芸で、深いインパクトを与えている。

愁いあるアルバムタイトル曲では、ジョン・コルトレーンの影響を直接的に見ることができる。この曲の3分40秒と4分48秒の部分に、《至上の愛》の〈パート1：承認(Acknowledgement)〉冒頭の9音からなる音列を引用しているのだ。また、ガッドのグルーヴが心地よい〈ハバネラ〉でも素晴らしい演奏を披露。少しファンクやクールさがあるこの曲の文脈にも沿いつつ、グローヴァー・ワシントンJr.、サンボーン、キング・カーティスらの影響を垣間見せながらのソロを聴かせている。

このアルバムをレコーディングしてから数年後、オガーマンは「25年に一度、マイケルのような音楽家が現れる」と語っている。「グレン・グールドを思い出させるよ。グレンは、すべてをきびきびと、しかも極めて明瞭に演奏した。曖昧なところがないんだ。同じことがマイケルにも当てはまる。曇りひとつない演奏ができ、すべての音が聴き分けられる。どれだけ速く演奏しても、すべての音を聴き取ることができる。かつてスタン・ゲッツに、『私の前に楽譜を置いてくれさえすれば、その場で傑作をお届けするよ』と言われたことがあるのだが、これはマイケルにも当てはまると思う。読譜力、楽器の扱い、即興性と解釈力、すべてにおいて驚異的なんだ」

ウィリアム・パターソン大学のマイケル・ブレッカー・アーカイブでは、《シティスケイプ》のマイケルのスコアを管理している。キュレーターのデヴィッド・デムジーは、オガーマンの大作に対するマイケルのアプローチについてこう語る。「彼の譜面には多くの書き込みがあります。とても研究熱心で、ここはなんのスケールを使うとか、あそこのパッセージをどう攻略するとか、練習するところは丸で囲むとか、とても細かく書き込まれている。クラシックのソリストが協奏曲の譜面に書き込むのと似ています。また、みなさんが想像する以上に、即興ではなく作曲された部分が多いのです。彼はそれをあたかも彼が作り出しているように、書かれたものも自らの声として聴かせることができるのです。スコアを見てそのことを知ったときは驚きましたし、他にもたくさんの人たちが同じような反応を示していました。『そうか、ここはオガーマンが書いた部分だったんだ。わからなかったな』と。マイケルのインプロヴィゼーションのように聴こえるが、実はオガーマンが作曲していた部分なのです。アドリブと作曲家が書いたものが区別できないというのは驚くべき状態で、これも彼の才能と言えましょう」

デムジーはこう付け加える。「また、リハビリ前とリハビリ後の練習メモに差が見受けられません。これも大事なことでしょう。同じように詳しく、同じように熱心に、同じようにしっかり書かれています。例えば、カッコの中に星3つ付きで『これを全部のキーで練習すること』と書かれたメモとか。しかも字もすごく綺麗で、本当に素晴らしいメモなんです」

ジェームズ・マンハイムはAllMusic.comでの《シティスケイプ》の4つ星レビューで、「オガーマンの成功の鍵は、アーティストの黒子でありながらも、なにかしら彼ならではのものを作り出す能力にある」と記している。「ジャズサックス奏者マイケル・ブレッカーとの1982年のコラボレーションは、彼の最も成功した作品のひとつだ。とりわけ、ジャズのハーモニーを拡張させ、オガーマンが教育を受けたドイツ後期ロマン派の多声音楽における半音階主義と重ね合わせることにより、ブレッカーが伸び伸びとプレイできる場を作り出したことは大きい。背景から徐々に浮かび上がるような即興演奏を生み出し、どんなジャズとクラシックのクロスオーバー作品よりも、ジャズのバンドとストリングスオーケストラの自然な交わりを作り上げている。夜想的、内省的な風景だ」。ブレッカーはこの時点ではまだリーダー作をリリースしておらず、主にジャズやR&Bのセッション・ミュージシャンをよくチェックする人たちの間で知られていた。そしてこのアルバムはあくまで、マイケル・ブレッカーを迎えての、クラウス・オガーマンのリーダー作としてリリースされた。しかし、オガーマンがいかに巧みに、この恐るべき才能を持つ若きサックス奏者に優しくスポットライトを当てていったかにも注目してほしい。

(オガーマンとブレッカーは、アルバム《クラウス・オガーマン・フィーチャリング・マイケル・ブレッカー》(1991年、GRP)で再び共演することになる)

リッチー・バイラークは、《シティスケイプ》でのマイケルのパフォーマンスを「圧倒的、信じられない」と語っている。「あまりにも赤裸々で、見るのが辛いくらいだ。更生施設から出たばかりで、神経の隅々まで、内面の弱さまで、すべてがさらけ出されている。テクニックはDNAレベルにまで組み込まれていて、ピッチもリズムもコードも何も考える必要はない。僕らだったら頭を使わなきゃいけないようなつまらないいろいろが、彼にとってはすべて自分のものになっているんだ。だからあのアルバムでは、あとは自分に集中するだけだったんだと思う。麻薬に縛られることもなく、探し回る必要もない。そんな状態になれたことがどれだけ気持ちいいことだったろうか。いつもより喜びが聴こえてくる気さえする。あのアルバムでの彼は解放されているように聴こえるんだ」

《シティスケイプ》のレコーディングでパワー・ステーションに入る前、マイケルはステップスでの同胞、マイク・マイニエリに不安を打ち明けていた。「リハビリ施設から出て電話があり、『これができるかどうか心配なんだ。どうなると思う?』とオーケストラとのレコーディングについて聞いてきた。私はいろいろと経験していたからね(オガーマン指揮のジョージ・ベンソン《インサイド・ユア・ラヴ(Livin' Inside Your Love)》等)。『君ならなんの問題もなくやれるよ』と答えたよ。彼はいつも譜読みのことを心配していたんだ。ランディは素晴らしく譜面に強かったけれど、彼はマイケルよりもはるかに譜読みの機会が多かったからね。サド・ジョーンズ=メル・ルイス・オーケストラ、クラーク・テリーのビッグバンドやデューク・ピアソンのビッグバンドでも吹いていたし、難しいビッグバンドの曲も含めてどんな譜面も恐れなく読むことができた。難しい譜面ほど得意なくらいだったよ。それに引き換えマイケルはビッグバンドをあまりやっていなかったので、読譜力に不安があったんだ。譜面に本当に強くなるためには、3ヶ月に一度とかではなく、毎日のように触れていなきゃならないものだからね。本当に難しい譜面のリハーサルバンドやレコーディングに参加して学んでいくんだ。そんなわけで、マイケルはランディほどの経験がない自分の読譜力をいつも疑っていたんだよ。でも、あのアルバムでは見事にやってのけたってわけだ」

(《シティスケイプ》に収録されているオガーマン作曲の〈神々の出現そして不在〉は、第25回グラミー賞の最優秀器楽作曲部門にノミネートされ、ジョン・ウィリアムズの〈フライング・テーマ　映画『E.T.』より〉に敗退している)

クラウス・オガーマンの堂々たるオーケストラ・プロジェクトで演奏することへの恐怖を克服したマイケルは、セヴンス・アヴェニュー・サウスという悪の巣窟に戻ることへの恐怖に立ち向かわなければならなかった。かつて、コカイン、セックス、ジャズで悪名高かったこの場所は、リハビリ後のマイケルにとって、薬物を断ち続け、綺麗な身でいるための究極の挑戦となったのだ。マイケルが前年に通ったパームビーチ・インスティテュートに送り込まれ、1982年9月に麻薬から立ち直ったウォートマンは、「あの場所は、麻薬から抜け出たあとの彼にとっては悪夢のようなものになったんだ。とにかくやめたかったのだが、借金があったからそうもいかなかった。必死に借金を綺麗にして抜け出そうとしたんだ」

一方、ブレッカー・ブラザーズ・バンドは終焉を迎えようとしていた。《ストラップハンギン》が1981年3月にリリースされ、グループとしての最後のライブは同年5月の東京で、マイケルがリハビリ施設に入る半年前のことだった。その後ライブの予定はなく、バンドは活動を休止した。「マイケルはブレッカー・ブラザーズを続けたくなかったんだ」とランディは説明する。「彼曰く『自分の能力を試してみたい』と。ブレッカー・ブラザーズはもう十分に長くやってきていたし、やめて他のことをやるのはいいことだと思ったよ」

ステップスは1982年までヨーロッパ、アメリカ、日本でのツアーを続け、1983年にはステップス・アヘッドとなった。また、ランディはマイケルの後がまとしてジャコのワード・オブ・マウス・ビッグバンドでソリストとして活躍することになる。彼はこう回想する。「良かったよ。ジャコと一緒にプレイし、アメリカや日本でツアーをするのは楽しかったし、スリリングでもあった」

（ランディは1982年のワード・オブ・マウスの日本ツアーに参加し、その様子は日本のみで発売された2枚組LP《TWINS I&II～ライヴ・イン・ジャパン'82》と、アメリカで発売されたその編集版《インヴィテーション》に収められている。また、1982年のモントリオール・ジャズ・フェスティバルにも参加、DVD『ライブ・イン・モントリオール』に収録されている）

ランディは続ける。「マイケルは、ステップス・アヘッドへと移っていき、このバンドはかなりの人気となったんだ。そこで作曲にも磨きがかかり、素晴らしい曲を書いていた。実のところ少し嫉妬していたよ。今ではステップス・アヘッドを聴いて心から楽しめるけどね」

長期にわたるブレッカー・ブラザーズの活動休止期間中、ランディはピアニストで妻のイリアーヌとグループを結成。1985年に、娘の誕生を記念したブラジリアンフレーバーのコンテンポラリー・ジャズアルバム《アマンダ》を発売している。マイケルはアルバム中〈パンダマンディウム〉に参加し、この強力なリズムの曲でお得意の力強いテナーソロを披露。ブレッカー・ブラザーズの元バンド仲間、ウィル・リー、バリー・フィナティ、ドラマーのデイヴ・ウェックル、元ウェザー・リポートのパーカッショニスト、マノロ・バドレーナも参加している。その後、ランディはリーダーとしてストレートアヘッドなジャズアルバム《イン・ジ・イディオム》(1987年)と《ライヴ・アット・スウィート・ベイジル》(1988年)の2枚を発表。その次のアルバム《トー・トゥ・トー》(1990年)では、よりコマーシャルでプリンス風の超絶ファンキーな曲〈イット・クリープス・アップ・オン・ユー〉で、マイケルのサックスソロがフィーチャーされている。

「82年から92年までの10年間は、あまり一緒に演奏することはなかった」とランディは言う。「話はしていたよ。ふたりの間になにか問題があったというわけではなく、単に、ブレッカー・ブラザーズのレコード契約が82年に切れ、別々の道を歩むことになったということだ」

マイケルはリハビリ前ほどスタジオの仕事をしなかったが、1982年は《シティスケイプ》の他に、ステップス・アヘッドのデビュー作《ステップス・アヘッド》、ドナルド・フェイゲンの《ナイトフライ》、ジョージ・ベンソンの《ユア・アイズ》、ロン・カーターの〈エル・ノーチェ・ソル〉、ルーサー・ヴァンドロスの《フォーエバー・ラブ》、ボブ・ジェームスの《ザ・ジーニー：テーマス&ヴァリエーションズ・フロム・タクシー》、マイケル・フランクスの《愛のオブジェ(Objects of Desire)》、バリー・フィナティの日本発売のアルバム《ニューヨーク・シティ》などに参加している。

マイケルはピーター・アースキンのコンテンポラリー・レコードからのデビュー作《ピーター・アースキン》にも参加し、〈オールズ・ウェル・ザット・エンズ〉で完全に〝ビーストモード〟でのプレイを聴かせている。1982年6月22日にニューヨークのユーロサウンド・スタジオで行われたこのアルバムのレコーディングについて、アースキンはこう語っている。「録音の前夜、アルバニー近辺でレコーディングメンバーによるライブをやったのだけど、少し緊張感があった。ステップス・アヘッドの全メンバー（マイク・マイニエリ、ドン・グロルニック、エディ・ゴメス、マイケル・ブレッカー）が参加してのアルバムレコーディングだったわけだけど、ステップス・アヘッド自体はまだエレクトラ・ミュージシャンからのファーストアルバムを作っていなかったからだ。自分としては全く違うサウンドになることはわかっていたけれど、今思えば、クリスティン・マーティン（ステップス・アヘッドのマネージャー）が、私が自分のアルバムにメンバー全員を参加させていることを快く思っていなかったのも理解できる。でも、ニューヨークでは他のプレイヤーはあまり知らなかったし、何よりお気に入りのプレイヤーたちだったから彼らと一緒にアルバムを作りたかったんだ」。ジョン・ケーニッヒのレーベル、コンテンポラリー・レコードからのこのリーダーデビュー作《ピーター・アースキン》には、他にランディ・ブレッカー、ボブ・ミンツァー、ドン・アライアス、そして才能あふれるピアニスト、ケニー・カークランドも参加している。カークランドはのちにインパルスからのマイケルのリーダーデビュー作《マイケル・ブレッカー》に参加することとなる。

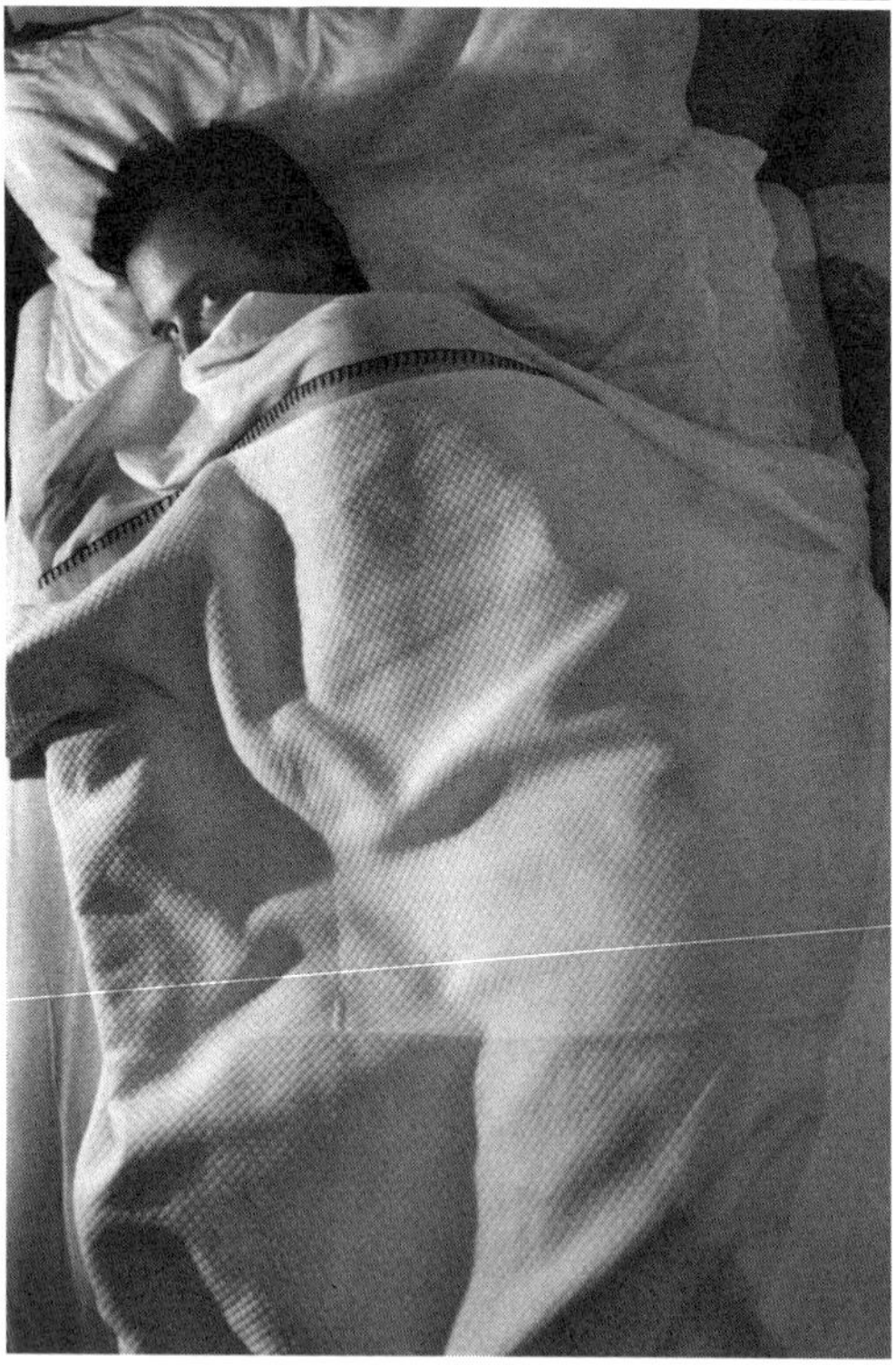

1982年、モントルー・ジャズ・フェスティバル時のエデン・オー・ラック・ホテルでのマイケル（ダリル・ピット撮影）

　１９８２年は更生の初期段階だったため、マイケルは自宅近くにいることを優先してツアーに出ることは控えた。

しかしセヴンス・アヴェニュー・サウスには頻繁に出演し、グロルニックのグループ「イディオ・サヴァン」やボブ・ミンツァーのビッグバンド、ギタリストのチャック・ローブやフィナティ、ドラマーのレニー・ホワイトのバンドなどで演奏を続けた。

ステップス・アヘッドが1982年11月21日にボトム・ラインに出演した際、オリジナルメンバーのグロルニックに代わる新しいピアニストとしてブラジル人ピアニストのイリアーヌ(のちのランディ・ブレッカーの妻)が紹介された。その頃、グループは《ステップス・アヘッド》のレコーディングを終え、ブルース・ランドヴァルが新たに立ち上げたエレクトラ・レコードのジャズ部門であるエレクトラ・ミュージシャンから北米でデビューを果たしていた。翌年の夏、アルバム《ステップス・アヘッド》(「新メンバー、イリアーヌ・イリアス参加」のキャッチフレーズ付き)がリリース。マイケルはエディ・ゴメスのアップテンポな〈ロクソドローム〉、ドン・グロルニックの見事なまでに構成されたオープニング曲〈プールズ〉、マイク・マイニエリのドライブでキャッチーな〈アイランズ〉でいかにも彼らしい素晴らしいソロを披露。唯一の自作曲〈ボス・サイズ・オブ・ザ・コイン〉では誰にも真似できない演奏を聴かせている。この見事なアルバムについて、イギリスのジャズワイズ誌は「息を呑むほど完璧なバランスのジャズ室内楽グループ」と評し、ダウンビート誌は「思わず気になってしまうほど洗練されたサウンド」と評した。

1983年8月のダウンビート誌のカバーストーリーで、ハワード・マンデルはこう記している。「ステップス・アヘッドはこの80年代半ばの音楽シーンで重要な位置を占め得る。若いながらも経験十分な5人のメンバーが作り出す音楽はフレッシュで親しみやすく、かつ味わいがあり、ナチュラルでアコースティックな音楽、洗練されたコンセプト、知的で素直な感情を好む人々に愛され、受け入れられるだろう。このクインテットには、モダンジャズ・カルテットやコドナのようなバランスと深みがある——リズムセクションの上にタイプの違うソリストたちがいてバランスを生む形ではなく、バンド全体として計算されたバランスだ。ステップス・アヘッドのプレイヤーたちは、チームとして互いに関わり合っている。ゴメスはこのように表現している。『家族なんだ。私たちはお互いのためにいるんだよ』。リスナーに聴こえるような形で、お互いを共有しながらプレイしているのだ」

マイニエリは、ステップス・アヘッドが一部の批評家や音楽ファンを混乱させたとも語っている。「エレクトラから出した最初のアルバムはアコースティックなもので、ダウンビート誌の読者投票のベスト・アコースティック・バンドで2位になったのだけど、なぜかエレクトリック・アンサンブル部門でも2位になった。そのときはまだエレクトリック・バンドではなかったのにね。エレクトリックになったのは、《マグネティック》(1986年)でマイケルがEWIを多用し、僕がMIDI機能を付けたヴァイブを使ってからだ」


マイケルは1973年に喉頭部のヘルニアの最初の手術を受けたが、うまくいかなかった。その不快感を軽減するため、1983年には首に包帯を巻いて演奏するようになる。ステップス・アヘッドで一緒だったピーター・アースキンは「彼はツアーや演奏するときに、手製の装具を使っていた――こんな感じの首に巻くサポートバンドのようなものだ」と回想している。

デヴィッド・デムジーはこう付け加える。「マジックテープ付きのバンドで、サックスを吹いたときに首が膨れないようするものでした。でも首を絞められているみたいな気がするようで、結局使うのをやめたのです」

マイケルの咽頭部のヘルニアは、大音量のロックバンドで激しく吹いたところから始まっている。インディアナ大学時代のミセス・シーマンズ・サウンド・バンドや、パワフルなビリー・コブハムのドラム、強いエフェクトで激しくアンプを使ったジョン・アバークロンビーをフィーチャーしていたドリームス等だ。ミセス・シーマンズ・サウンド・バンドでマイケルと一緒だったトランペット奏者のランディ・サンキは、マイケルより数年前に同じ咽頭部のヘルニアを患い、膨らんだ首にガーゼの包帯を巻いて演奏していた時期がある。「インディアナ大学時代に一緒にやっていた大音量のジャズロック・バンドが、ふたりともこの病気になった大きな原因だと思う。アンプを使う、大音量のエレキギターやオルガンがいたバンドだった。マイクは使っていたけれど、当時の音響システムはまだ貧弱だったので、ふたりとも音が聴こえるようにかなり無理をして吹いていたんだ」

フィルモア・イーストやスティーヴ・ポールのザ・シー

ンといったロックの会場で、大音量のバンドの前座を務めたドリームスや、爆音で演奏するビリー・コブハムのパワー溢れるフュージョン・バンドでも、その状況は同じであった。

1973年のマイケルの手術の失敗について、デムジーはこう話す。「気管のあたりを切ったのです。手術の痕を見ると、首の形を保つための神経を切ってしまったのは明らかで、それでディジー・ガレスピーがトランペットを吹くときのように首が膨らんでしまうのです」。ジェリー・ウォートマンは、マイケルがステップス・アヘッドでの初期に首をサポートする包帯を使っていたのは、「実は悪いアドバイスを受けていたせいかもしれない」と語っている。「クリーンになってから、彼はこの問題を自己流で解決しようという時期があった。首が破裂して二度と演奏できなくなるかもしれないと誰かに言われ、この包帯を巻き始めたんだ。過剰に反応しすぎていると思ったし、巻いていても首が膨らんでいるのが見えたから意味がないとも思った。でも、彼はとても恐れていた。もし首が破裂したら、二度と吹けなくなると言われたんだからね。とにかく怖かったんだと思う。どう演奏するか、どう吹くか、というアプローチにも心理的に影響を及ぼしていたよ」

「それが、彼がマウスピースをいろいろと試していた主な理由なんだ」と、ウォートマンは付け加える。「問題の首に、不必要な圧力をかけないで済むような息の使い方をなんとか見つけようとしていたんだよ」

ディヴ・ガーデラは、マイケルが望むサウンドを損なわずに、かつ喉を痛めない程度に楽に吹けるマウスピースを作り上げた。「マイケルは長年にわたりディヴ・ガーデラと、正しいコアを持った音――明るすぎず、詰まりすぎず、大袈裟すぎない音――を出すと同時に、喉に負担をかける圧力や抵抗を減らそうと模索を続けたのです」とデムジーは回想する。「私のオットーリンク(マイケルが元々使っていたマウスピースブランド)を試しに吹いてみて、『そうだよ、やはりこれだ！　このマウスピースで吹き続けられたらな。でもあまりにも痛いんだ』と言うこともありました。でも、ガーデラのマウスピースならサックスを吹き続けられるくらいに痛みを軽減することができたのです」

80年代半ばにナイル・スタイナーが創った「エレクトリック・ウィンド・インストゥルメント(EWI)」は、マイケルにとって天の恵みとなった。EWIは音を出すのにそれほど強い力を必要としないので首の問題を軽減し、さらには虹のように多彩な音色、音質を探求できるものだった。デムジーは語る。「救世主のようなものでした。ヘルニアのそもそもの原因は強く吹きすぎることだったわけですが、ＥＷＩはそのストレスを解消してくれたのです。マイケルは、ＥＷＩを試した当初の動機のひとつは『痛みが強くなって、サックスが吹けなくなる日がそう遠くないかもしれないと思ったからだ』と教えてくれました。マウスピースの抵抗を工夫することにより、結局はその後もテナーを吹き続けられたわけですが。そして、ＥＷＩは単なるサックスの代わり以上に、より大きく、音楽的に重要な存在になっていったのです。でもいずれにせよ、その80年代半ばの彼の言葉は私に大いなる恐怖を与えました。忘れることはできません」

ツアーやセヴンス・アヴェニュー・サウスの慌ただしい現場から離れ、地に足の着いた状態でいたいと考えたマイケルは、「サタデー・ナイト・ライブ」のハウスバンドの仕事を受けることにした。当時セヴンス・アヴェニュー・サウスでブッキングを担当していたウォートマンは、「マイケルはツアーに出てクスリに戻ってしまうことを心配していたんだ。彼は、まだ更生したばかりだったからね」と言う。

マイケルは、「サタデー・ナイト・ライブ」に２シーズンにわたってフル出演している（１９８３年10月８日〜84年５月12日のシーズン９と、１９８４年10月６日〜85年４月13日のシーズン10）。この毎週の番組で彼が画面に映る時間はとても短く、オープニングでホストのドン・パルド〔フランク・ザッパ《ザッパ・イン・ニューヨーク》でもナレーションを担当〕がゲストを紹介し、ステージ上の高い位置にあるキャットウォークから、ステージレベルのバックステージドアまでカメラがパンするほんの数秒間だけだった。だがもちろん、テーマ曲を平然とダブルタイミングで演奏し、毎回アルティッシモ音域へと駆け上がり、オープニングにさらなるインパクトを加えていたのだ。

マイケルの様子が初めて長時間オンエアされたのは、１９８３年11月５日に放送されたエディ・マーフィーによる寸劇「ジェームス・ブラウンのセレブリティ・ホットタブ・パーティ」での、水着にバスローブ姿であった。その１年後、ノーステキサス大学のワークショップでこう打ち明けている。「私には、苦手でいつも恥ずかしい思いをすることがふたつあります。ひとつはビーチに行くこと、もうひとつはダンス。不安な気持ちになるのです。でもあのジェームス・ブラウンが湯船に浸かるシーンでは……水着になって踊るのが役割だったんですよ」

2年間にわたる「サタデー・ナイト・ライブ」の出演時期に、マイケルの参加レコーディングのクレジットはさらに印象的なものになっていく。マーク・ノップラーが198 3年に制作したバート・ランカスター主演の映画『ローカル・ヒーロー』のサウンドトラックでは、感情豊かで力強いテーマ曲を演奏。また、ケニー・ホイーラーが1983年にECMレコードから出した傑作《ダブル、ダブル・ユー》(ピアニストのジョン・テイラー、ベーシストのデイヴ・ホランド、ドラマーのジャック・ディジョネットと共演)や、ギタリストのジョン・アバークロンビーが1984年にECMから出した素晴らしいアルバム《ナイト》(ディジョネット、キーボードのヤン・ハマーと共演)にも大きく貢献している。また、アシュフォード&シンプソンの198 4年のR&Bアルバム《ソリッド》の中の〈チェリッシュ・フォーエヴァー・モア〉ではソウルフルな演奏を披露。フランク・シナトラの1984年のスタジオアルバム《L.A.イズ・マイ・レディ》に収録された〈マック・ザ・ナイフ〉では、オール・ブルー・アイズ本人から「ブレッカー・ブラザーズもプレイしてるよ!」と曲中で呼ばれている(ふたりはクインシー・ジョーンズのオールスター・ビッグバンドのメンバーとして参加)。

ステップス・アヘッドが1984年に発表した《モダン・タイムズ》は、1983年のアコースティック志向のセルフタイトル・デビュー作とは大きく異なるものであった。ウォーレン・バーンハートのシンセベースとシーケンサー、アースキンのDMXドラムマシン、マイニエリのシンセヴァイブ、そして当時まだ始まったばかりだったDDD(レコーディング/ミキシング/マスタリングいずれもデジタルで行う制作手法)等をフィーチャー。ハイテク、進歩性、〝未来のジャズ〟等に重点を置いたこの作品は、初期のテクノジャズの傑作となる。マイケルは全編にわたって力強いテナーサックスを吹きつつも、EWIをさりげなく加えて色付けを行い、今後の展開を予感させるような演奏をしている。1984年にノーステキサス大学で行われたクリニックで彼はこう語る。「今、テクノロジーの世界で起

こっているこ とにとても興奮しています。機械に支配されるようになってしまうと言う人たちも多いでしょう。でも私にとっては、これは心の持ち方次第なのです。ステップス・アヘッドでは、多くのシンセサイズされた音、シーケンサー、ドラムマシンを使って、それを音楽の中に組み込もうとしています。とてもうまくいっていて、本当に嬉しく思っています。突然、白黒から鮮やかな色の世界に移って演奏しているような感じなのです」

マイケルは《モダン・タイムズ》の中で2曲、素晴らしくキャッチーな彼のオリジナル〈サファリ〉とピーター・アースキン作の〈ナウ・ユー・ノウ〉でソプラノサックスを使用している。マイニエリは、1981年のワーナー・ブラザースからのアルバム《ワンダーラスト》で、マイケルにソプラノサックスを吹かせるのに苦労したと回想している。「〈フライング・カラーズ〉という曲があって、『マイケル、この曲でソプラノを吹いてほしいんだ。君のソプラノを聴いたことはないけれど、僕にはこの曲でソプラノが聴こえてくるんだよ』と言ったのだが、『あり得ないね』とつれなく、『テーマだけ吹いてくれればいいんだ。ソロを吹く必要はない』と言っても、『テナーでできる』と。しょうがないから彼の足を掴んで『明日、ソプラノを持ってくるって言うまで帰さないぞ』とふざけてみたら笑い出して、『わかった、ソプラノでテーマを吹くよ』とようやくなったんだ。そして翌日ソプラノを持ってきたら、なんとホコリをかぶっていて音が出るかどうかもわからない状態に見えた。でも、メロディを吹くとそれはそれは美しかったよ。同じ曲をモントルーでのライブで演奏したときは、ソプラノを吹くように説得できずテナーで吹いていたけれど。その後EWIが登場すると、その魅力に取り憑かれていた。たしか8オクターブの音域があり、好きなだけ高い音が出せるからね。おそらくそれからは、ソプラノは必要なくなったのだと思う」

新たな楽器を得てさらなる音楽の可能性を追求し、麻薬と手を切ったクリーンな生活へとコミットしつつも、セヴンス・アヴェニュー・サウスという頭痛の種を抱えていることには変わりなかった。しかし、彼にとって悪の巣窟となっていたまさにそのクラブが、人生を永遠に変える運命の出会いの場となる。

# 7章

# Susan and a New Lease on Life

# スーザンとの新たな人生

ふたりは、セヴンス・アヴェニュー・サウスの螺旋階段で出会った。人々がミュージックチャージを避けてたむろする階下のバーから、ステージを囲むテーブル席に座ってチャージを払う2階のパフォーマンスエリアへと続く階段だ。彼女は身長160センチメートル、彼はそれよりはるかに高い193センチメートル。小柄な心理療法士と大柄なサックス奏者は、傍から見たらお似合いではなかったかもしれないが、スーザン・ノイシュタットはその場で絆を感じたという。「すぐに打ち解けました。昔〝一目惚れ〟という表現がよく使われたと思いますが、マイケルは私たちの出会いを語るとき、いつもそう言っていました。本当にそのとおりでした」

この完璧なマッチングは、マイケルとランディのクラブ経営のパートナーであるケイト・グリーンフィールドがお膳立てしたものだった。「マイケルにはガールフレンドが大勢いました」とケイトは言う。「2ヶ月、4ヶ月、5ヶ月といった〝月単位〟で付き合う数多くの相手たち、そしてその間には一夜限りの恋も。一方、私が麻薬から足を洗ったあと、グレイシー・スクエア病院でのボランティア活動を通して知り合ったスーザンは、地に足がついていて、しっかりした大人として私に強い印象を与えました。そして、私は閃いたのです」

「ケイトが何度も言っていました。『こういう人がいるんだけど、あなたにすごく合うと思うの』と」。スーザンは振り返る。「名前はなんとなく知っていたけれど、私はブレッカー・ブラザーズのファンでもなく、どちらかというとブルースが好きだったんです。そうこうする間も『今は誰かと付き合ってるみたいよ』とか『誰とも付き合ってないみたいだけど、まだそのときじゃないかな』などとマイケルの状況を少しずつ話してくれていました」

マイケルとスーザンの運命的な出会いは、1984年9月29日、セヴンス・アヴェニュー・サウスの階段でようやく実現した。マイケルがパームビーチ・インスティテュートを出て人生を立て直し始めてから約3年後のことだ。その日はステップス・アヘッドで出演していて、ケイトはセットの合間にふたりを紹介した。「初めて会ったとき、本当にハンサムで印象的だと思いました」とスーザンは語る。

階段で何気ない世間話をしたあと、ふたりとも少し言葉が詰まったところで、マイケルが恥ずかしそうに「これからどうしよう?」と聞くと、スーザンは「私の電話番号を聞いてみて」と当然のように答える。上の空だったのか、恋に落ちたのか、マイケルは電話番号を素早く書き留めて次のステージのために2階に戻り、彼女はアッパー・イースト・サイドのアパートへと帰っていった。「それから彼は10日間のツアーに出て、毎日私に電話をかけてきたのです」とスーザンは回想している。

マイケルは10月初旬、ちょうど「サタデー・ナイト・ライブ」のハウスバンドのメンバーとして2シーズン目の出演をスタートさせるタイミングで、ステップス・アヘッドのツアーから戻る。この有名な番組の毎週の仕事は、リハビリ後の生活に安定とルーティンをもたらしてくれるものであった。スーザンはこう言っている。「彼にとって、薬物使用から抜け出たあと、家から通える仕事で自分を取り戻す時期だったんです」

ステップス・アヘッド・ツアーからニューヨークに戻ったマイケルは、セヴンス・アヴェニュー・サウスの階段で出会ったスーザンと、事実上の〝初デート〟を計画していた。「一緒にコーヒーを飲むつもりだったのですが、『サタデー・ナイト・ライブ』のリハーサルが長引いてしまい、何度も時間を変更しました。結局夜9時くらいに『まだ会えるかな?』と電話があり、私はイエスと答え、74丁目と1番街の角にある小さな店で会ったのです。アッパー・イースト・サイドによくあるような、食事ができる小さな店です。お茶を飲んで、おしゃべりして、とてもいい雰囲気でした。その店を出て歩き始めたとき、歩道で彼を呼び止め、『なにか忘れてないかしら?』と言うと、彼は『え?なんだろう?』。私は『サックスよ!』と答えました。彼はすぐにレストランに駆け戻ってサックスを取り戻し、すっかり慌てふためいた様子で戻ってきました。そのとき、完璧に惚れ込まれたのがわかったのです」

そしてスーザンもまた、マイケルに惚れ込んだのは明らかだった。「とても穏やかな人で、私たちはすぐに打ち解けました。2回目のデートでタイムズ・スクエアに『パープル・レイン』を観に行ったのですが、すごく盛り上がってしまって。まるで世界が変わったみたいに！　その後ずっと、ふたりともプリンスの大ファンでした。そしてタイムズ・スクエアから76丁目の私のアパートまで、ずっとおしゃべりしながら歩いたのです。そこではっきりとわかりました。ふたりの心は通じ合うということが。そう、彼こそが〝運命の人！〟だったのです」

「私たちふたりが出会えたことは本当に幸せなことでした」とスーザンは続ける。「マイケルの作曲の先生だったエドガー・グラナは、満員のマディソン・スクエア・ガーデンにいたとしても私たちは互いを見つけ出しただろうとよく言っていました。何があっても一緒になる運命だったのだと思います。そして、その出会いが私たちふたりの人生を変えたのです」

「マイケルが彼女と付き合い始めたときのことを覚えているよ」とステップス・アヘッドのバンド仲間であるマイク・マイニエリは語る。「細身で、とてもチャーミングで、ハッピーで明るい小柄な女性がいて、大柄なマイケル・ブレッカーがいる。ふたりの間には喜びが溢れているんだ。スーザンと一緒にいるときのマイケルは、この世で一番幸せな男という感じだったよ。宙に浮いているみたいにね。それが転機になり、自分の可能性に気づき始め、自分を信じるようになったんだ」

キーボーディスト／プロデューサーで、マイケルのコラボレーターでもあるジェイソン・マイルスは、「彼には真のパートナーがいなかったんだと思う」と言う。「スーザンとの出会いは、彼に落ち着きをもたらしたんだ」

「昔マイケルは次から次へと美女と付き合っていたが、あまり幸せそうではなかった」と、のちにマイケルのマネージャーとなるダリル・ピットは言う。「でもやがて、自分にとって何が本当に大切なのか、本当に価値があるのは何なのか、気づいたんだ。スーザンを選んだことが、マイケルの人としての成長を物語っている」

スーザンはリハビリ病院で働いていたため、依存症の問題をよく知っていたが、ふたりが出会ったとき、マイケルはすでにしっかりと回復の道を歩んでいた。「彼は週2回のセラピーと、週5回の更生ミーティングに通っていました。彼が麻薬を使っていた頃はまだ出会っていなかったので、当時の彼の人生については知らないのです」

スーザン・ノイシュタットは、マサチューセッツ州ニュートンで育ち、ボストンの大学院に進学した。「私はそれほどジャズ好きではなかったんです」と彼女は振り返る。「でも、自分の好きなものはわかっていました。15歳のときにコルトレーン、ドルフィー、ミンガスに出会ったのですが、その後はロック、フォーク、ブルースをよく聴いたものです。マイケルと私はブルースでも気が合い、ふたりとも持っていたアルバート・キングのレコードを一緒に聴いたり、ブルースのカセットをかけながらドライブしていました」

「でも、私の耳はそんなに肥えていたとは思いません」と彼女は続ける。「あの夜、セヴンス・アヴェニュー・サウスで初めてマイケルの演奏を聴いたとき、上手とは思いましたが、今とは違って、彼がやっていることをしっかり理解できるような耳は持っていなかったと思います。簡単にいえば、今ほどにはジャズをわかっていなかったと思います」

アルバート・キングの他にふたりに共通していたのは、ユーモアのセンスだ。スーザンは、「彼は面白い人でした。私も面白いことが好き。マイケルはおバカなのでめちゃくちゃ面白い。私もおバカ。お互いにとって完璧でした。だって、ふたりでバカになり切って、世の中の他のことは全部ほっとけるのですから」

「笑いもそうでしたが、言葉のキャッチボールを楽しむことも大事でした。マイケルは口数の多い方ではなかったのですが、ユーモアを通してだとか、一緒のライフスタイルや共有するなにかを通して、とてもうまくコミュニケーションがとれていました。彼は私を信頼し、私も彼を信頼していたのです。ふたりとも知的好奇心が旺盛で、芸術や旅行が好きでした。それから、コーヒーはこう飲まなければならないとか、こういうふうに寝てはいけないとか、そういう神経質なこだわりがふたりとも全くなかったのもよかったのです。私たちは本当にルーズな人間で、あまり決まりごともなかったので、一緒にやっていくのはとても楽でした。彼のところに引っ越して一緒に暮らすようになっても、私がどこに何を置こうが彼は気にしません。そして、私がしてあげることは何でも気に入って、いつも感謝してくれていたのです」

１９８５年2月、スーザンはアッパー・イースト・サイドの自分のアパートから、グランド・ストリート２４７番地のマイケルのロフトに引っ越す。「85年の6月に婚約したのですが、夏の間はふたりの秘密にして、誰にも言いませんでした。そして8月に両親に話し、翌年の1月に結婚。あっという間でしたね」

マイケルとスーザンは、１９８６年1月25日に結婚し、ボストンのフォー・シーズンズで披露宴を行なった。「私たちとしては特になしでよかったのですが、母のために結婚式を行いました。マイケルも私も気にしていなかったし、重要なことではなかったのです。実際、結婚式中ずっと笑い続け、文字どおり涙が出るまで笑っていました。結婚して何年も経って、彼が『結婚式をやり直そう』と言ったことがありました。最初のときはふたりともちゃんとやろうとしていなかったからです。結婚前から感情的にも精神的にもお互いに支え合い、結婚した頃はすでに一心一体でした。なので、結婚式は単に母のために必要なものだったのです」

スーザンは、マイケルの謙虚さと人間らしさが際立つ、付き合い始めて間もない頃のエピソードを語っている。

「ふたりで8丁目を歩いていたら、ケースを開けて投げ銭をもらおうとサックスを吹いている人がいて、立ち止まって聴きました。マイケルは20ドル投げ入れて、歩き去りながら『あいつは僕より上手だよ』と言うのです。『ホントに？　どこがそうなの？』と聞くと、『僕より指が速く動くんだ』と。でも実際はそうでないと指摘すると、『ああ、でも彼のブレスはすごい。僕よりずっと強くサックスに息を吹き込めるんだ』『うーん、実際はそうじゃないわよね』という感じで、事実との違いを指摘するたびに新たな反論をするのです。そんなこんなで20分ほど経ってまだ歩きながら、『わかってるわよね、マイケル。あの人はあなたより上手じゃないのよ』と言うと、5秒ほどの沈黙のあとに『ああ、でもあそこに立ってサックスを吹くなんて、僕よりずっと勇敢だよ』と言うのでした」

「これがマイケルという人なのです」と彼女は続ける。「誰に対してもなにか良いところを見つけるのです。もちろん、彼にも誰もが持っているようなエゴはありますが、でも同時に、誰からもなにか学ぶべきことがあると感じていたのです。例えば家の芝生を刈ってくれる人に『どうやっているんですか？』と聞くのも、適当に相手に合わせているのではなく、どんな仕組みになっているのか？　人はどうやって物事を成し遂げるのか？　と純粋に興味があるからなのです」

作曲法を突き詰めたいマイケルは、ジュリアード出身の教育者兼作曲家である前述のエドガー・グラナに師事することになる。グラナの弟で、マイケルと同じ更生支援グループにいたジャズファンのマシューを通しての出会いだった。「当初は、伝統的で保守的な、普通の生徒と教師の関係で教えようとした」とグラナは振り返る。「しかし、マイケルはあまりに直感的で、教えるのは不可能に近いことがすぐにわかった。何に対しても直感的だし、私も直感的な人間だ。音楽に対するアプローチの仕方がとてもよく似ていたんだ。もうひとつ私に対してマイケルが気に入っていたことは、音楽を堅苦しくない言葉で説明できるということだった。アカデミックなタイプではなく、『教えることもできる現役の作曲家』であり、それはある人々にとってはとても価値のあることなんだ」

「マイケルはとても好奇心が旺盛だった」とグラナは続ける。「私が紹介した一連の練習課題にすぐに没頭していった。それは非常にシンプルでありながらも彼の考え方に大きな影響を与えたものだった。ジュリアード音楽院でそれを私に教えてくれたスタンリー・ウルフ先生は『メロディをハーモナイズさせる5つの方法』と呼んでいて、基本的には音楽の垂直構造を利用したテンションのエクササイズだ。マイケルは極めて自然にこれを自分のものとした。彼にとっては即座に理解できるものだったんだ。直感的に理解できるので、四苦八苦する必要などなく、上手に使うことができた。大きなブレークスルーだったね」

1984年にノーステキサス州立大学で開催されたクリニックで、マイケルは会場いっぱいの学生たちにこう話している。「エドガーから学ぶと、視野が広がっていくのです。これからもしばらくは学び続けていきたいと思っています。心理的な側面もあると思います。いくつかの基本的な手法を教えてくれました。今は、マトリックスからヴォイシングを考えながら、十二音技法を使っての作曲を教わっているところです。コードや音符やラインに慣れ親しんできた私にとっては全く新たな考え方でした。私にとってのこの新たな手法、つまりエドガーのシステムを使ってラインをヴォイシングしようと試みているところで、そのアプローチでこれまでに何曲か書きました」

グラナは、マイケルに初めて会ったとき、ステップス・アヘッドやブレッカー・ブラザーズでの活躍を知らなかったと言う。「どれだけ有名か知らないし、なんの特別扱いもないことは、マイケルにとってよい驚きだったんだと思う。私はスターに憧れるタイプではないんだ。そのあたりは彼にとって大きなインパクトがあったのかもしれないね。私はジュリアード音楽院で6年間、芸術的・文化的な〝バブル〟の中で過ごし、自分の仕事に集中するあまり70年代前半の文化をあまり通っていない。なのでマイケルが私のところに来たときも、彼が当時のシーンでどんな存在なのかなど私には関係ないことだった。ただ教えたかったんだ。結果、私たちは大きな進歩を遂げ、さらには音楽だけでなく、素晴らしい個人的な関係も築くことになった。私は彼にとってメンターのような存在になり、相談相手になり、お互いを暗黙のうちに尊敬し合い、よく知る間柄になっていったんだ。そして、マイケルの飽くなき好奇心も尊敬していたよ」

グラナのメソッドは、実に実践的で、極めて直感的なものであった。「生徒たちは私のやり方にいつも驚いていた。彼らの目を見て、肘をついて、『ではバルトークの〈弦楽四重奏曲第4番〉の譜面を見てみよう』と言うんだ。音楽家が譜面を見せられるのだから、それは興味を惹くはずだよね。学者が書いたものじゃないんだ。音楽家が、音楽家の課題に直接応えられるように用意した譜面で話しかけているんだ。講義概要や、お仕着せのリスニングリストなんていうものではなくてね。そういうやり方が彼らを本当に驚かせたんだ。デヴィッド・サンボーンに、テナーの音域でチェロを使ったシェーンベルクの譜面を見せたらひっくり返り、マイク・スターンはそれを見て、『これはやばい！ なんてこった！』と言っていたよ」

グラナは、十二音技法を通してマイケルに大きな飛躍をもたらしただけでなく、教え子の別の素晴らしい才能も認め、称賛していた。「マイケルは傑出したミュージシャンだが、それとは別に、天賦の才と寛大さが合わさったような極めて稀な能力を持っていた。自分とは別の才能と接する能力だ。ニューヨーク中の誰にも真似できないようなものだった。スティーリー・ダンであれ、ジョニ・ミッチェルであれ、ポール・サイモンであれ、ジェイムス・テイラーであれ、彼らに大変よく似合う服を着せることができる。恐ろしく腕がいい仕立て屋のようにね。信じられないほどの才能で、それこそが彼の本質なのではとよく思ったりしたものだ。確かに、彼がソロを吹けばそこはマイケル・ブレッカーの世界だ。でもそのソロは、私には決して『マイケルが人に呼ばれた仕事をこなしているだけ』とは聴こえなかった。それは、マイケルが、特定の誰かのためにオーダーメイドで作ったものなんだからね」

共に時間を過ごす中、マイケルはグラナに自分のキャリアについての考えや気持ちを打ち明けていた。「彼はステップス・アヘッドでは決して幸せではなかった。バンドのメンバーたちのことは愛していたのだが、彼はまだ自分の音楽を探している時期だった。ステップス・アヘッドの音楽は、ブレッカー・ブラザーズのサウンドにちょっと近いフュージョン的なもので、ある種経験済みであり、彼にとっては袋小路のようなものだったんだ。このバンドで自分がもう一段階上に行けるかどうかわからず、このままでは前に進めないと感じていたんだよ。だから私の仕事は、彼が自分の両足で立てるように手伝うことでもあった」

マイケルと仕事をしたあと、グラナはルー・ソロフ、デヴィッド・サンボーン、マイク・スターンなど、ジャズ界の多くの人々に作曲を教えることになる。「マイケル・ブレッカーが私に師事していることが知れ渡り、門が開かれたんだ。本当に感謝しているよ。私自身もそれで成長した。やり遂げ、成長し、自分の専門性を信じ、自分自身を大切にしなくてはならなかっからね。マイケルが、自分自身の足で立てるように、と私のところにやってきたのと全く同じことだよ。私が自分自身の足で立てるよう、マイケルが間接的にせよ助けてくれたんだ」

グラナは、彼のジャズミュージシャンとの仕事について、出航前の船を艤装する船具商に例える。「船具商の仕事を知っているかい？　有名な船長や船が港に入港して停泊すると、船具商は船全体の手入れをし、磨きをかける。新しい帆やロープを張り、いろいろな船用品を揃えるんだ。ジャズアーティストたちにとっての私はそれに似ている。世界中で同じことを繰り返し演奏するのにうんざりし、自分をすり減らしてニューヨークに戻って来た彼らは、私を何度訪ねてくる。本当に悩んでいるんだ。同じフレーズを何度も何度もリサイクルしているだけだと打ち明けてくる。観客は入れ替わるけれど、やることはほとんど変わらない。そこで私の登場だ。船具商の私は、彼らの手入れをし、磨きをかけ、リフレッシュさせ、そしてまた出港していく彼らを見送るんだ」

ボブ・ミンツァーは、マイケルの作曲の才能がエドガー・グラナと過ごしたあとに開花したと証言している。「マイケルは、それまでは自分の作曲について至って控えめだったけれど、エドガーの教えに本当に真剣に取り組み、作曲の技術を深く掘り下げ、作曲家として開花していった。偉大なジャズアーティストたちと同じように、自分の作曲スタイルと演奏スタイルを融合させて、独自のサウンドを作り上げることに成功したんだ」

1985年4月、マイケルは約2年にわたる「サタデー・ナイト・ライブ」のハウスバンドの仕事を終える。

同年その後、多くのアルバムにゲスト参加している。ボブ・ミンツァー・ビッグバンドの《インクレディブル・ジャーニー》、エディ・ゴメスの《ディスカヴァリー》等。そしてドン・グロルニックの秀作《ハーツ・アンド・ナンバーズ》(1985年、ウィンダム・ヒル)では、レゲエ風味の〈月を指して(Pointing at the Moon)〉、〈プールズ〉の新バージョン、痛ましいほど美しいバラード〈リグレッツ〉で骨太なテナーを披露。グロルニックが高い評価を得たこのリーダーデビュー作では、他にもピーター・アースキンとスティーヴ・ジョーダンのツインドラムでパワーアップしたアップテンポ曲〈ヒューマン・バイツ〉でその技を炸裂させている。

フランコ・アンブロゼッティの《テンテッツ》(1985年、エンヤ)にも参加。さらにギタリストのジョー・ベックのアルバム《フレンズ》(1985年)の中の3曲〈スノウ・シーン〉〈ゼアズ・オールウェイズ・タイム〉〈NYC〉でベックとグロルニック、ドラマーのスティーヴ・ガッド、ベーシストのジェイ・レオンハートと共にプレイし、お馴染みの素晴らしさを披露している。また、トランペッターのランディ・サンキの初リーダーアルバム《ニューヨーク・ストーリーズ》にスペシャルゲストとして参加。インディアナ大学時代にミセス・シーマンズ・サウンド・バンドで一緒に演奏していたサンキは、「マイケルは最高に信頼でき、最高にプロフェッショナルだった」と振り返る。「セッション中も一緒にいて話しやすく、とてもポジティブな印象だったよ」

マイケルのステップス・アヘッドでの最後のアルバム《マグネティック》(1986年)は、エレクトリック・ジャズへ完全に移行したものだった。アコースティックベースのエディ・ゴメスに代わって元ウェザー・リポートのエレクトリックベーシスト、ヴィクター・ベイリーが参加。ハイラム・ブロックとチャック・ローブがエレキギター。マイク・マイニエリはキーボードとシンセを交互に。そしてドラムはピーター・アースキン。マイケルは〈トレインズ〉と〈ベイルート〉において、オーバーハイム・エクスパンダーでパワーアップしたEWIからこの世のものとは思えないような音を引き出す。作曲では〈スモ〉と〈ケイジャン〉で貢献している。また、ダイアン・リーヴスのソウルフルなヴォーカルをフィーチャーしたマイニエリの曲〈マグネティック・ラヴ〉では、完全にビーストモードに突入する。

しかし、《マグネティック》の中で最も印象的なのは、デューク・エリントンの穏やかなバラード〈イン・ア・センチメンタル・ムード〉でのマイケルのEWIであろう。この新しいテクノロジーでの表現力は際立ち、このあとマイケルはより深くそれを開拓していくことになるのだ。

アースキンは「マイケルは、常に新しいテクノロジーに興味を持っていた」と語る。「知り合いでコンピューターにロジック〔アレンジや録音ができるコンピューターソフトウェア〕を入れたのは彼が最初で、昔から最先端を行っていたんだ。ドリームス時代にもコンドルボックス(ハモンドのInnovex Condor SSM Multi Effects Unit)をいじっていたし、ブレッカー・ブラザーズではワウワウのエフェクトも使っていた。マイケルもランディも当時から最先端だったということだ。いつも電子機器をいじっていたから、EWIは彼にとって自然なものだったのだろう。ステップス・アヘッドが、アコースティック・バンドからなにか別のものに進化するのも理にかなっていた。エディ・ゴメスのベースラインをシンセサイザーでダブリングするのはもう始めていたから、エレクトリックに進もうとしていることは明らかだったんだよ」

《マグネティック》は、バンドの存在にとってもターニングポイントとなった。「《マグネティック》のリリース直後に大きな変化が起きたんだ」と、マイニエリは言う。「私とマイケルとピーターの3人はパートナーみたいなものだったのだが、このアルバムのあとにピーターはグループを去っていった。ピーターはステップス・アヘッドが向かっていたエレクトリックな方向が好きではなく、《マグネティック》が嫌いだったんだ」

アースキンはこう話す。「どこかのタイミングで、『これはもうおかしいよ!』と言ったのを覚えているよ。マイニエリはギターのような音を出そうとし、ギターはヴァイブのような音を出そうとし、マイケルはEWIでピアノのような音を出そうとしている。しかもMIDI以前の時代のことで、たくさんの機材を持ち運んでいた。このバンドにはもっと他にできることがあったはずなんだ」

そんな頃アースキンは、再結成したウェザー・リポートのツアーに参加しないかとジョー・ザヴィヌルから声をかけられた。「ピーターはニューヨークを引き払って西海岸に行ったのだが、ザヴィヌルは結局彼を使わなかったんだ」とマイニエリは回想する。「ピーターから電話がかかってきて、『本当に参ったよ。ザヴィヌルは別のドラマーを使うことにしたんだ』と言っていた。そして『ちょっと環境を変えたいから、こっちに住むことにするよ』ともね。それでドラマーを探して、スティーヴ・スミスに《マグネティック》のツアーと次のアルバム《N・Y・C・》(1989年)をやってもらうことになったんだ」

1985年末には、マイケルはセヴンス・アヴェニュー・サウスを続けるという望みを捨てていた。1985年12月31日、クラブでの最後のギグは、ジャコ・パストリアス、ハイラム・ブロック、ミッチ・フォアマン、ケンウッド・デナード、そしてスペシャルゲストのマイケル・ブレッカーによるセヴンス・アヴェニュー・サウス・オールスターズのガラ公演であった。8年間にわたるワイルドな時間と素晴らしい音楽を締めくくる、激しい夜だ。かつてパーティータイムの中心地だったクラブは、ケイト・グリーンフィールド、ジェリー・ウォートマン、マイケル、ランディなど、お馴染みの顔ぶれの多くが人生の方向転換をし、麻薬と手を切ったあともしばらく営業を続けていた。「クラブの最後の数年間は、更生ミーティング参加者の溜まり場みたいになっていたんだ。酒を売りたいのに、みんなペリエを飲んでいる。商売には向いてないだろう」とランディは言う。

スーザンが付け加える。「あそこは完全に現金商売でした。毎週金曜と土曜の夜にはクラブに行き、店を閉めたら現金をロフトに持ち帰って数えるんです。とても面倒なことでした。ビジネスモデルとして優れているわけでもなく、クラブハウスや溜まり場のようなものでした。みんな遊ぶ場所が欲しかった。あそこは彼が持っていた小さな場であり、誰もがそこで遊んでいただけなのです」

ケイトがいなくなり、ランディもクラブへの関与をやめ、日々の業務はマイケルに降りかかっていった。スーザンは言う。「彼がうまくやれるように手助けしようと思い、私も参加していきました。そして、週末には現場に行かなければならないことに気づいたのです。スタッフがお金を誤魔化してしまうので。とてもフラストレーションがたまりました。ただただ消耗するばかりで、生活にも支障をきたすようになったのです。ビジネスとして成立しているわけでもなく、ビジネスのプロによって運営されているわけでもないので、成功するはずもない。そしてついに、『なぜこのクラブを続けるの？　このままでは私たちがダメになってしまうわ』と言ったのです。電力会社の担当者が電気を止める際も私が立ち会うしかありませんでした。ビジネスとしては成り立たないものだったのです。でも、あそこでマイケルに出会えたことは最高の出来事でしたけれどね」

「セヴンス・アヴェニュー・サウスは8年間続きました」と、マイケルは1987年のラジオインタビューでリー・カマンに語っている。「救おうとしたんです。責任は私たちにありました。最後までなんとかしようとしたのですが、あまりにも難しくなってしまった。あの空間で演奏されていた素晴らしい音楽を考えると、寂しい限りですよ。あそこでの音楽は最高でしたから。ステップス・アヘッドをはじめ、多くのグループがスタートを切った場所でもあります。そういうところだったし、ニューヨークに、ある種の音楽に関しての空白地帯ができてしまったのです」

しかし、クラブの終了と共に、このテナーの巨人のキャリアは新たなスタートを切ることになる。

# 8章

## Going Solo:
## The "Pitt" Bull and the EWI

ソロ活動へ——悪役マネージャーとＥＷＩ

1986年初頭、マイケルは長年の課題であったソロデビューの計画を練り始める。37歳。誰からも一目置かれ、ポップス、ロック、ジャズ界のミュージシャン仲間から称賛される〝モンスター〟プレイヤーになっていた。70年代にブレッカー・ブラザーズで名声を博し、80年代には当時最高のフュージョン・バンドだったステップス・アヘッドで作曲家としても開花した。絶頂期を迎え、麻薬からも抜け出て4年、まさにそのときかと思われた。しかし、それでも彼には不安があったのだ。

マイケルの妻スーザンは、「ステップス・アヘッドで《マグネティック》を作っている頃の話ですが、ソロをやることに不安があったんです」と振り返る。「ステップス・アヘッドをやる際にマイケルはランディから離れたわけですし、それは大きな一歩でした。でもそれよりも、自分ですべてをやり遂げられるかどうかが心配だったのだと思います。すべての曲を書けるのか？　バンドリーダーとしてやっていけるのか？　でも、不安を表に出さない人なので、『ああ、うまくいくかなあ、心配だなあ……』と言いながらベッドに入るようなことはありません。いつも自分の中で考え、完結させようとする人でした。実は神経質になっていてもそうは見えないでしょうし、包み隠さずなんでも言うタイプではなかったんです」

「そう、心配にはなるのですが、ならばやめてしまおうということではありませんでした」と彼女は続ける。「それどころか、初の自分のアルバムを作るということにいたく興奮していました。中身の音楽について、とても深く入り込み、すごく気に入っていて、いつも頭の中で音が鳴っていたのです。絶え間なく。彼にとってとてもエキサイティングな時間でした」

1985年末にマイケルのマネージャーとなったダリル・ピットからもソロアルバムを出すことを勧められる。ピットは、エレクトラ・レコードのボブ・クラズナーとステップス・アヘッドのパイプ役も務めていた。「その頃ステップス・アヘッドにはマネージャーがいなくて、私にその役割が回ってきたんだ」と彼はその一時的な状況を説明する。「当時は、グループ内がルーズな状態だったので、もう少ししっかりさせられればと思ったんだ」

ピットは、ジャズの既成概念に囚われない新しい方法でステップス・アヘッドを売り出そうというアイデアも持っていた。「私がこのグループでやりたかったのは、『もっとショービズらしくしよう』ということだ。ステージに上がる前に照明を当てたり、音楽を鳴らしたり、いろいろなことをして、お客さんがもっと楽しめるようにしたかったんだ」

当時ステップス・アヘッドのロードマネージャーとして働き、のちにマイケルのロードマネージャーにもなったジェリー・ウォートマンはこう語る。「ダリルにとても腹を立てたことを覚えているよ。彼はバンドのTシャツを作ったり、グッズ販売用のテーブルを設置するといったアイデアを実践し始めたのだけど、私はといえば『このバンドにはこんなものは必要ない。彼らは世界で最も偉大なジャズミュージシャンなんだぞ』と考えていた。当時はショービジネスというものをわかっていなかったんだ。その後ダリルから多くを学んだよ。アーティストの名が知れ、お金を稼ぐポテンシャルがあるのなら、そのアーティストをより大きくするために、できることは馬鹿にせず何でもやるべきだ、ということを理解するようになったんだよ」

ステップス・アヘッドには、ショービズ問題以外にも解決すべきビジネス上の問題があった。ひとつは、マイク・マイニエリ、ピーター・アースキン、そしてマイケルの三者間でのバンドの決定に対して、マイケルに責任を持たせることだ。「マイケルは本当に優しいので、その場の雰囲気で誰にでも賛成してしまうんだ」とピットは言う。「そして、意見が違う人たちがいたら、その両方に同意してしまう。ピーター・アースキンと、マイク・マイニエリが別の意見を持っていたら、マイケル・ブレッカーがその真ん中にいて決定権を持つわけだけど、彼は必ずふたり両方の意見に賛成するんだ。それでは物事が進まないので問題となってしまった」

「最後には、『マイケル、君が均衡を破らなければならないんだよ』と言わねばならなかった。3人が意見を言い、多数決が成立すればよかったのだが、ここではそうなっていない。『均衡を破るのは君だ』。その結果、マイニエリ陣営に軍配が上がったということだ。そしてそれは、ピーターがバンドを去るきっかけになったと思う」

《マグネティック》が発売されて間もなく、ピットはマイケルにもっと作曲するように促し始めた。「マイケルは《マグネティック》に自作を2曲、共作を1曲提供していた」とマイニエリは言う。「ついにダリルは本気で、『よし、マイケル、もっと曲を書こう』と言い出したんだ。そして1986年にエレクトラが僕らとの契約を切ったときは『GRPの契約を取ってくる。ステップス・アヘッドとの契約、それとマイケルのソロ契約だ』と言った。そこでGRPのラリー・ローゼンとミーティングをしたんだけど、ステップス・アヘッドには興味がないことがわかった。彼は『私のところにはバンドが多すぎるんだよ。でも、もし他のレーベルで別のバンドを始めるとしても、マイケルを参加させるわけにはいかない。彼のソロをどうしてもうちから出したいからね』という趣旨のことを言ったんだ」

マイケルは当初、ステップス・アヘッドから独立することをためらっていたが、マイニエリは「ソロを出すべきタイミングだ。出て行った方がいいよ」と勧めた。「なんにせよ、とにかくもう終わりに近かったんだ。ピーターがバンドを脱退し、ギターのマイク・スターン、ベースのダリル・ジョーンズと共にスティーヴ・スミスがメンバーになっていた。そのメンバーで小さなツアーを1回やったところで、私は休憩が必要だと感じていたんだ。ちょうどレコーディングスタジオを作る機会もあったので、他のメンバーには『しばらくはツアーに出たくない』とだけ伝えた」

その結果、マイケルはソロ活動に全力を注ぐようになった。マイニエリは、「彼は本当にいろいろな面で生き生きするようになった」と言う。「より多くの曲を書くようになり、曲作りが彼の中で根を下ろしていった。私もいつもマイケルにもっと書くべきだと言っていたんだ。彼の中にその才能があることはわかっていたからね。あとはどうきっかけを作るかだった。彼の作曲の才能は、植物学者が森の中で見つけたエキゾチックな花のようなものだった。得難いものなのだから、忍耐強く、ゆっくりと成長させなければばダメなんだよ」

ソロになることにより、マイケルの意識も明らかに変化していく。ウォートマンによれば、『マイケルは、スタジオセッションに雇われることに不満を感じ始めた。なんだかちょっと娼婦的な領域に入ってしまう気がし始めていたんだ。もちろん実際にそんなふうに言ったわけではないけれど、もうそういう仕事からはインスピレーションを得られないという感じだった。そして、『そろそろステップアップする時期だ』と。彼の頭の中には、他にやりたいことがあったからね」

マイケルのマネージャーとして、ピットは、このマイケルの転身に重要な役割を担っていた。彼は元々カメラマンとして多くの雑誌やアルバムカバー等で活躍し、ローリングストーン誌ともフリーランスとして契約していた。1981年7月11日、スイスのモントルー・ジャズ・フェスティバルでエレクトリック／アコースティックハープ奏者のアンドレアス・フォーレンヴァイダーがデビューしたとき、ダリルは同フェスのオフィシャルカメラマンとして彼と出会い、親交を深めていった。その後ヨーロッパでの撮影のたびにチューリッヒのアンドレアスの自宅を定期的に訪ねるようになる。「チューリッヒに飛んで、新しい友人のアンドレアスと、彼のクレイジーで素晴らしいハンガリー人の奥さんと一緒に時間を過ごし、それからどこか撮影の仕事の場所に向かうというのが、私の習慣になっていた。そんな中、マネージャーを見つけるのを手伝ってくれないかと頼まれたんだ。そこで、知り合いのエージェントやマネージャー、ビジネスサイドの連中全員にあたり、ヘッドホンをつけさせて、アンドレアスのハープ演奏のテープを聴かせた。全員が同じ反応を示すんだ。『とても面白いけど、彼は絶対に成功しない』とね」

「ある日、スイスに飛んでアンドレアスのお母さんとランチをしたら、『息子のマネージャーになってくれないか』と言われて驚いた。アンドレアスは、『私の人生にここまで関わってもらうのは申し訳ないと思っているんだ』とも言っていたしね。マネージャーとして何が必要なのかなんて全くわかってなかったけど、よく考えもせず『もちろん、やりますよ』と言ったんだ。そこからは実にあっという間だったね」

ピットは、スイスのハープ奏者をマネージメントするという新しいキャリアをスタートする一方で、フリーランスのフォトグラファーとしての仕事もなんとか両立させていた。「自分のキャリアで極めて重要なタイミングだったのは、アンドレアスのことが軌道に乗り始めて、フリーランスの写真の仕事の依頼を断り始めたときだ」と振り返る。「タイムライフにローズ・キーサーという編集者がいて、彼女からの仕事を断ったんだが、そこで言われたことにとても感謝しているんだよ。『わかってる? あなたは私の人生を面倒にしているのよ。私は電話をかけ、仕事を頼み、次のことをしたいだけ。あなたが副業で何をやっているのか知らないけれど、ちゃんと成功させた方がいいわよ。私を含め、みんなあなたに電話しなくなるから。だから、とにかくしっかり成功させることね』」

ブルーノート・レコードのブルース・ランドヴァルも、ピットが優先順位を決めるのに手を貸している。「すでにマネージャー業を始めていた頃、フォーブス誌でブルースの写真撮影があったのだが、そこで『写真家としての君のためにならないから、一方の仕事を選ぶか、ペンネームを使うか、どちらかにしないと』と言われたんだ。彼がコロンビア・レコードにいた頃に何枚かのアルバムカバーの仕事をしていて、彼とは知り合いだった。彼の言葉は、アンドレアスに集中すべきだと気づかせてくれたんだ。アンドレアスは本当に独創的で、誰とも違っていたからね。とにかく人々に彼の音楽を聴いてもらえるように懸命に働いて、聴いてさえもらえれば世界中の人に響くと確信できたんだ。心の底からそう信じていた。そして、実際それが実現したんだ」(ピットは、その後の写真の仕事のために、オダサン・マコヴィッチというペンネームを考案し使っている。この名は、デトロイトの有名オーケストラのリーダーであった彼の父、マック・ピットへのトリビュートになっていて、「マコヴィッチ」はロシア語で「マックの息子」、「オダサン」は「もうひとりの息子」という意味である。ピットの説明によると、「父には、私の兄弟であり医師であるスティーヴンという息子がいて、もうひとりの息子がこの私ということだ」)

フォーレンヴァイダーは、アメリカで83年1月にCBS/ソニーから発売されたアルバム《カヴェルナ・マジカ》(82年録音)でブレイクし、スペースミュージック/ニューエイジのシーンに華々しく登場した。ピットは同年末、フォーレンヴァイダーを唯一のクライアントとするデプス・オブ・フィールド・マネージメントを設立する。

フォーレンヴァイダーの次のアルバム《ホワイト・ウィンズ》(1984年)は、6桁の売り上げを記録した。このスイス人ハープ奏者の、穏やかで牧歌的な雰囲気を漂わせる音楽のニューヨークでのお披露目は、1984年10月20日にビーコン・シアターで行われ、ニューヨーク・タイムズ紙のスティーヴン・ホールデンが取材をした。マネージャーとして出だしから成功したピットは、マイケル・ブレッカーを含む業界の注目を集める。

マイケルの演奏を初めて観たのは、ミシガン大学の学生カメラマン時代にキャンパスで行われたボブ・ジェームスのコンサート(1979年2月2日)を撮影していたときだったとダリルは回想している。「ボブ・ジェームスはミシガン大学の卒業生で、マイケル、ランディ・ブレッカー、スティーヴ・ガッド、デヴィッド・サンボーンというスーパーバンドを引き連れて、ヒル・オーディトリアムに演奏しに来ていたんだ。当時、私は彼らのことを何も知らなかった。この公演は、エクリプス・ジャズ(ミシガン大学のイベント部門の後援で運営されている、学生運営のコンサートプロモーション会社)のロジャー・クレイマーがプロモートしたものだった。ロジャーはその後、音楽業界で有名な弁護士となり、リヴィング・カラーのマネージャーにもなっている。とにかく彼は私がカメラマンであることを知っていて、『うちのコンサートを撮りに来ないか』と言ってきたんだ」

ヒル・オーディトリアムのプロセニアム・ステージの前でボブ・ジェームスのライブを写真に収めたあと、ピットはバックステージに呼ばれ、アーティストたちの個々のポートレートを撮影した。そこで特にマイケル・ブレッカーに衝撃を受けたという。「部屋の中でも帽子をかぶり、サングラスをかけていて、『こいつは格好いい!』と思ったよ。そのときはわからなかったけれど、彼はかなりハイになっていたはずだ。なんらかの痛みを抱えていたことにも全く気づかなかった。確かなのは、とても親切にしてくれたということだ。バックステージで写真を撮らせてくれ、それをとても気に入ってくれたようだった」

デトロイトで微生物学を専攻し、かつてはウェディング・フォトグラファーだったダリルは大学卒業後、モントルー・ジャズ・フェスティバルの公式フォトグラファーという名誉ある仕事に就くことに成功する。彼のアイドル、ジュゼッペ・ピノが10年間も務めていたポジションだ。

「毎年夏になると、モントルーでマイケルに出会っていた」と振り返る。「素晴らしい才能に惚れ込むだけでなく、純粋に人として好きなところがあったんだ。彼の方もよくしてくれ、モントルーでお互いを知っていったんだよ」

アメリカに戻ると、ピットは、アーティ・ショウのビッグバンドでリード・アルトサックスを吹いていた父親を連れて、マイケルのライブを観に行った。「このとき、マイケルは誰かのバンドにサイドマンとして参加していた。そして、父がこう言ったのを忘れられない。『この男……なんということだ！　お前は俺に天才を紹介してくれた』と。それはすごく自分の心に響いたよ」

ピットのマイケルへの愛情は、翌年の夏、モントルー・ジャズ・フェスティバルで一風変わった展開を見せる。「マイケルの人柄なのか、私が兄のような存在を求めていたのか、あるいは父が彼について語ったことが心に響いていたのか。マイケルのサックスに惚れ込んでいるだけでなく、彼ともっとなにかができるんじゃないかという思いが沸き起こってきていたんだ」と語る。

ふたりの関係の分岐点となったのは、モントルー・カジノの外、ジュネーブ湖に面した丘での出来事だった。ピットは「カジノに入るには、普通は丘を階段で登るのだが、草の斜面を歩く方が近道だった」と振り返る。しかし、その日のモントルーは雨が降っていたため、少し滑りやすかった。そしてその草の斜面を登ってカジノに行こうとするマイケルを見つける。「彼はプレスしたての綺麗なスーツを着ていたのだけど、なぜかそれを見たとき、彼にタックルするしかないという気持ちで頭の中がいっぱいになったんだ。ふたりで滑りやすい坂道を登っていくわけだけど、『足を払って、仰向けに転んだら、坂を滑っていくな』と思い、実際そうしたんだ。もちろん、そんなことをしたらその場でクビになるかもしれない。でも、濡れて草まみれになったにもかかわらず、マイケルはなぜかそれをとても面白がったんだよ。言葉にできないような思いが私の中で沸き起こっている、ということを直感的に理解してくれた。このクレイジーなやり方で伝わったんだ。そこから私たちの関係は少し変わっていった」

１９８５年10月5日へと話を早送りしよう。ステップス・アヘッドはニューヨークでトップクラスのライブ会場であるボトム・ラインに出演し、ピットは昔の仲間と再会するためにこのライブにやってきた。「この頃には、マイケルは私がアンドレアスと関わっていることを知っていて、そのうえで『今は何をしているんだい?』と聞いてきたんだ。『マネージャーになったんだと思う』と答えたら、即座に『私のマネージャーになってくれないか?』と言うんだ。それを聞いて、文字どおり涙が浮かんできた。マイケルは気づいていなかったと思うけれど、彼は私にとって兄のような存在だったから。マイケルへの愛情、彼の音楽への愛情、父のマイケルへのリスペクト、私のマイケルへのリスペクト、これらが不思議な感じで交差していた。そして私はこう答えたんだ。『マイケル、君のマネージャーほどやりたいことはない。しかし、私がちゃんと役に立つためには、君はソロとしてのキャリアをスタートさせ、自分のアルバムを作らないとダメだ。いろいろなバンドの共同リーダーを続けるだけじゃなくね』。マイケルはいつもランディやマイク・マイニエリのような誰かに頼っていた。いつも他の誰かがマイケルのリーダーとしての可能性を狭めていたんだ。そして彼は少し考えて、『大丈夫、準備はできている』と言った。それが始まりだった」

マイケルのソロ活動の手綱を取ることは、ピットにとってやりがいのある仕事だったが、同時にいくつかの課題もあった。「アンドレアスとの仕事は、まさに爆発しようとしているキャリアがうまく軌道に乗るように考え、手助けすることだった。マイケルとの仕事はちょっと違っていて、まずは人々に怒られ、嫌われるのに慣れることからだったんだ。最初の仕事のひとつは、半ダースくらいのレコード会社に対して、マイケルのソロアルバムを出すという誤解を解くところからだったからね」と振り返る。「マイケルお得意の〝誰にでもいい人マイケル〟で、話しに来たどのメジャーレーベル(実際、すべてのメジャーレーベルから話があった)のトップにも、ソロデビューアルバムを出すと約束していたんだ。CBSと約束し、ブルーノートのブルース・ランドヴァルと約束し、ワーナー・ブラザースと約束し、ECMと約束していた。なので私は、尻拭いをしなければならなかった。それらすべてのレーベルに『ノー』と言って回ったんだ」

「マイケルのマネージャーとしての仕事は、そこから始まった」とピットは続ける。「そして、それが私たちの定型パターンとなる。私は乱暴者の悪役だ。たちまちのうちに人々に嫌われる。でも、好きでやっていた。マイケルのためにこの役を担うことが大好きだったんだよ」

ピットは、新しいクライアントのために容赦のない〝ピットブル〟となり、マイケルのキャリアの全体像を常に見据えながら、厳しい交渉を行なっていった。目的に最短距離で辿り着くための粘り強さを持つそのスタイルで、時には交渉相手に罵倒されながら。あるレコード会社のエグゼクティブは、マイケルがレーベルを離れることを知ったとき、こんな手紙を書いている。「マイケル、私がとても残念に思っていることを知ってほしい。あなたを愛しています。我々があなたを失ってしまうのはとても残念なことです。でももしひとつだけ良いことがあるとすれば、それはダリル・ピットとはもう会わなくて済むということです」

ピットのやり方が無愛想であったことは否定できないが、彼がクライアントに大きな利益をもたらしたのは間違いない。そしてお互い大切な友人にもなっていく。ジェリー・ウォートマンは、ダリルとマイケルについて、「彼らは、ビジネスの範疇を超えてとても特別でユニークな関係だったんだ。もちろん、ビジネスは常にちゃんと行いつつね」と語る。

1986年、ピットはマイケルのレコード契約をMCAのリッキー・シュルツと結ぶ。リッキーは、MCAが買収したインパルス・レコードの再興を指揮していた。ジョン・コルトレーンの最も強力な作品群をリリースしていた、神聖化されたレーベルだ。「マイケルのレコード契約を取ること自体は信じられないほど簡単だった。誰もがマイケルとレコーディングをしたがっていたからね」とピットは言う。

マイケルの名前を冠したデビュー作は、マイケルの親友でキーボード奏者兼作曲家のドン・グロルニックがプロデューサーとなり、ギタリストのパット・メセニー、ベーシストのチャーリー・ヘイデン、ドラマーのジャック・ディジョネット（メセニーの《80／81》に参加した面々が再び共演）、ピアニストのケニー・カークランドという世界選抜のようなバンドがフィーチャーされた。カークランドは、渡辺香津美のアルバム《TO CHI KA》（1980年）、ピーター・アースキンのセルフタイトルのデビュー作（1982年）、フランコ・アンブロゼッティのアルバム《ウィングス》（1984年）とその続編《テンテッツ》（1985年）、さらにステップス・アヘッドのアルバム《マグネティック》

（1986年）でマイケルと共演している。さらにグロルニックは、〈ザ・コスト・オブ・リヴィング〉〈ナッシング・パーソナル〉〈オリジナル・レイズ〉の3曲の素晴らしい楽曲を提供した。マイケルは、「ドン・グロルニックをプロデューサーとして迎えられたのは贅沢な経験でした。最も親しい友人であり、音楽仲間でもあります。細部に至るまで鋭い観察眼を持ち、同時に全体像を把握する能力も備えていたのです」と語っている。

スーザンは振り返る。「マイケルはドンを本当に信頼していました。友人としてだけでなく、音楽の仕切り役として信頼していたのです。ドンは素晴らしい作曲家であり、思慮深く、綿密で、マイケルは彼と一緒にいると安心できるのです。さまざまなタイプの音楽やアレンジを探求できるだけでなく、それがちゃんとうまくいくのですから。ドンは、自分自身にも他人にも、非常に高いレベルを求めていました。マイケルもそうだったので、ドンのそのやり方を嬉しく思っていたのです。ドンは決めごとに関して非常に厳格でしたが、マイケルも同じように自分自身をとても高い次元に置いていたのです」

グロルニックとブレッカーの関係は、70年代前半のドリームスでの共演から、ブレッカー・ブラザーズでの5年間の活動まで遡る。「ふたりとも同じように少し風変わりな人で、電話で何時間も話していたわ」とスーザンは言う。「ふたりは本当によい友人で、とても面白い人たちだった。ドンは、私が今まで会った人の中で、間違いなく一番面白い人でした。マイケルは僅差の2位。マイケルは、私が泣くまで笑わせてくれたわ。ふたりとも、とてもドライでウィットに富んでいたんです。ドンが身を乗り出して、すっかり真面目くさってなにか冗談を言うだけで、私は涙を流して笑ったものです。実際、ドンと食事するのはやめなくてはならなくなりました。あまりにも笑わせられて、アッパー・ウエスト・サイドのレストランでご飯を吹き出してしまったことがあるんです。彼は本当に面白い人でした」

1983年の《ステップス・アヘッド》と1986年の《マグネティック》を手がけたエンジニアのジェームス・ファーバーも《マイケル・ブレッカー》の制作に参加することになった。レコーディングは1986年12月、パワー・ステーション・スタジオAで行われた。ファーバーは、マイケルからの電話メッセージでこのプロジェクトの知らせを受けたと振り返る。「シカゴで友人を訪ねていたときに、留守電をチェックしたらマイケルがメッセージを残していたんだ。『ジャズのレコードを作ることになったんだ！』って。『おお、素晴らしい！　まさにそのタイミングだな』と思ったよ。そしてもちろん、このスーパーバンドが参加したアルバムは名盤として歴史に残るものになった」

ファーバーは、ブレッカーの最初のアルバムにおける、マイケルとプロデューサーのグロルニックのスタジオでの仕事ぶりについて観察している。「彼らは兄弟のようなものだった。ドンはミスター直感派で、マイケルをいつもリラックスさせていた。そうは思わないだろうけど、マイケルはちょっと緊張してしまうようなところがあったんだ。でも、ブレッカー・ブラザーズやステップス・アヘッドで長年プレイしながらも、38歳まで自分のリーダー作を出していないという事実を考えてみれば、寄せられる期待だけでも当然ストレスになるよね」

「ドンは一種の導師だった」とファーバーは続ける。「そして彼のユーモアのセンスは周りをリラックスさせる。考えすぎず、やりすぎず、技術的なことや、直しを入れることにこだわりすぎず、そんな方向に持っていけるんだ。ドンは地に足がついた男で、マイケルのある衝動を抑えてくれた。例えば、マイケルはちょっとしたテクニカルなことで少し視野が狭くなってしまうときがあるのだけど、ドンはそこに別の見方を示して視界を開かせることができるんだ。そういうことをやり続けられるんだよ」

アルバムの内容はというと、マイケルはソロデビューの方向性を最初から明確にしていた。ウォートマンは言う。「昔のマイケルは、ソロデビューをするとしたら、ブレッカー・ブラザーズのようなフュージョン的なアルバムが良いのか、ジャズのアルバムが良いのか、迷い考えあぐねていた。でもインパルスで最初のアルバムを作ったあとに電話してきて、ちょっといたずらっぽく『どうだ、ジャズのレコードを作ったぞ』と言ったのをはっきり覚えているよ。素晴らしいアルバムだった。当時私のルームメイトだったケニー・カークランドは、このアルバムで演奏できたことは彼のキャリアの中でも最高の栄誉だったと言っていたよ」

「最初のアルバムは、彼にとって大事なものでした。あのアルバムが、彼のその後のキャリアの流れを作ったのです」とスーザンは認めている。アルバム冒頭の〈シー・グラス〉でのマイケルのホーンによるゴスペル調のシャウトから、〈シズィジー〉の完全燃焼（最初の2分半は、コルトレーン－エルヴィンに触発された、ジャック・ディジョネットとのうねるようなブレイクダウン）。そしてドン・グロルニックの〈ナッシング・パーソナル〉と、爽やかなEWIのショーケース〈オリジナル・レイズ〉まで、アルバム《マイケル・ブレッカー》はエネルギーとアイデアに満ち溢れている。また、グロルニックのメランコリックなバラード〈ザ・コスト・オブ・リヴィング〉では、マイケルが「自分にとって、このアルバムのハイライトのひとつだ」と絶賛したヘイデンのベースソロを聴くことができる。このグロルニック作のレクイエムでのマイケルの力強い表現力あふれる鋭いテナーソロ、そして〈マイ・ワン・アンド・オンリー・ラヴ〉における最初の2分半のソロ・イントロも、彼の素晴らしいリーダーデビュー作の高い水準を示している。

1987年6月号のダウンビート誌に掲載された、著者が行なったインタビュー（「New Axe, New Attitude」と題したカバーストーリー）で、マイケルはセルフタイトルのデビュー作、インパルスでのレコーディングの意義、そしてEWIの魅力について語っている。

「今年、私は自分自身のアルバムを作る準備ができたと感じたのです。これまではそうせずに、兄のランディや、マイク・マイニエリやアースキンと共同作業をしていました。自分のアルバムを作る意味があるとは特に思えなかったんでしょうね。本当はやるのが怖かったのかもしれません。でも、今年に入ってから『なにかやりたい』という気持ちが芽生え、その後いろいろなレコード会社から声がかかるようになり、インパルスのリッキー・シュルツからも声をか

サックスとワイマラナーと共にポーズをとるマイケル・ブレッカー（1986年）［ジョン・サン・エステート提供］

けてもらったのです。最初はインパルスの名が持つオーラに恐れをなしました。いや、怖くなったのではなく、コルトレーンやソニー・ロリンズなど、このレーベルの豊かな歴史に畏敬の念を持ったのです」

「そして、私がやりたかったジャズのレコードを作ろうという話になり、一緒に演奏したいリズムセクション、望ましい音楽的な環境を作ってくれそうな人たちを頭の中で考え始めました。パット、チャーリー、ジャックとは、パットのアルバム《80／81》からの付き合いで、あのアルバムを出したあとのツアーは私にとって新しい扉を開けてくれたものでした。その扉は今も開いています。ただ、それ以来そのような演奏を追求する機会はあまりなく、思うほどにできていませんでした。それをこの私のアルバムでやってみたかったんです。特にこの3人、そしてやはり素晴らしい演奏をするケニー・カークランドと、追求したかったのです。たっぷりとスペースがあり、開放的で、ハーモニーやリズムの可能性が無限に広がっている、そんな感じの演奏を。この4人が生み出す温かさもとても魅力的です。4人とも楽器を超越しているような感じで、楽器の難しさや限界を超えた、音楽性とオリジナリティに溢れた演奏をするのです」

EWIの魅力についてマイケルは、「サックスとは別の楽器であり、サックスにピックアップを付けて新たな音を出そうとするのとは全く違います」と言う。「指使いはサックスと同じですが、タッチセンサー式なので全く別物です。キーは動きません。サックス奏者はキーに指を置くように教えられるので、最初は慣れるのがとても難しい。EWIでは、キーに指が触れると音が鳴ってしまいますからね。なので、どこに触るか細心の注意を払わなければいけません。指使いもタンギングもかなりの正確さが要求されます。楽器本体は、電子装置が詰まったスーツケース型のケースに接続されていて、楽器の背面にはオクターブ切り替え用のローラーが8つ付いています。どのローラーに触れているかで演奏する音域が決まるので、親指を転がすことで驚くほど素早くオクターブの移動ができるのです。さらにユニークなのは、温かみのあるサウンドが得られることです。アルトフルート、バイオリン、尺八、スティーヴィー・ワンダーのようなハーモニカなど、アコースティックなサウンドを作ることができます。冷たく脆いシンセサイザーの音ではなく、オーガニックな音を。本当に魅力的な楽器なんです」

マイケルがＥＷＩの音をプログラミングするアプローチには、彼の科学的な洞察力が表れている。両親が住むチェルトナム・タウンの地下室で、化学セットと一緒に過ごした若き日の経験に基づくものだ。「私にとって、この楽器は可能性に満ちていて、唯一の限界は自分の想像力です。新しい景色を見せてくれたのですが、だからといってサックスを棚に仕舞い込んだわけではありません。むしろ、これまで以上にサックスを吹くようになりました。ＥＷＩはある種私を自由にしてくれましたが、私にとって、サックスもＥＷＩもどちらもお互いに欠かせない存在だったのです。シンセサイザーで音を作り、ブレンドし、波形を扱い、音色を試すのは確かに楽しい。でもそうしているうちに、テナーのようなアコースティックな楽器に戻りたいという欲求が湧いてくるのです。なんにせよ、ＥＷＩを演奏するのは単純に面白いからです。楽しいのです。私はいつも、なんらかの形でエレクトロニクスの世界に惹かれていましたから。5年ほど前にはビデオゲームに夢中になった時期もありましたね。そういったエネルギーをこのＥＷＩに注ぎ込んだのだと思います。時間を無駄にするのが嫌になったんでしょうね」

アルバム《マイケル・ブレッカー》での表現力豊かな演奏について話す中、音楽を作ることの精神的な側面についても触れている。「なにか引き出せそうなものがあるとずっと感じていました。特にこの5年間は以前にも増してそうでした。この1年ほど、自分の内にある感情と以前よりもずっと深く向き合うようになったからかもしれません。それを音楽として引き出すためには、自分に合った、素晴らしいミュージシャンたちが必要でした。意図的ではなかったのですが、最近、以前よりも自分の気持ちに寄り添うことができるようになったように思え、それが演奏に大きな影響を与えていると思います」

「でも、感情的なところは、それ自体が生き物なのです。私が感情に触れていくのではなく、感情の方が私に触れてくるような感覚。そして、それが音楽として出てくるのです。スピリチュアルな話になってしまいますが、最高の状態にあるときは、自分では演奏していないような気がするんです。まるで、演奏自体が生命を宿しているような感じなんです。そして、そういった瞬間は、以前よりも頻繁に訪れるようになったと思います。とても素晴らしい気分ですが、今のところ、自分でコントロールしてできることではないようです。なのでとにかくテクニックを磨き、音楽を聴き、より広く学び、できるだけたくさん演奏し、そうやって前へ進むことを心がけ、そして良い心構えでいるようにしています。あとは神のみぞ知るかもしれません。その状態に入ると、なにか別の力によって演奏させられているような気がするのです」

1987年4月に発売されたアルバム《マイケル・ブレッカー》は、6月20日にビルボードのトラディショナル・ジャズ・チャートで1位を獲得し、その後10週間にわたってその座に留まり続けた。「あのアルバムが発売され、パリのニュー・モーニングの公演では1週間、六夜にわたって行列ができ、完売したんだ」とロードマネージャーのウォートマンは振り返る。「もう誰もそんなことはできない。もう誰もどこでも二晩以上できる時代じゃないからね。ニューヨークのファット・チューズデイズも、ボトム・ラインも、すべてソールドアウト。あの頃、マイケルには間違いなく勢いがあったんだ」

マイケルは、インパルスのデビュー作に登場した豪華なラインナップをツアーに連れ出すことはできなかったが、カークランド(ピアノ)、マイク・スターン(ギター)、ジェフ・アンドリュース(エレクトリックベース)、アダム・ナスバウム(ドラムス)という強力なツアーバンドを結成した。「マイケルが55バーにやってきて、私とジェフ、アダムのトリオを彼のツアーバンドに使うことにしたんだ」とスターンは振り返る。「そこで毎週ライブをやっていたんだけど、ある晩マイケルがやってきて、『私のバンドに入って、一緒にツアーしてほしい』と言ってきたんだ。それで、彼と練習し、曲をさらい、何をいつ演奏するか、とやり始めた。マイケルはとても正直な性格で、時に弱気になることがある。あるとき、『何も演奏できないんだ。緊張で何もできないよ』とこぼしたことがあったけれど、結局すごい演奏をする。でも、彼が不安を抱くことは理解できたよ」

スターンとブレッカーはこれまでにも何度か顔を合わせている。最初は遡ること10年前、スターンがブラッド・スウェット&ティアーズに所属し、マイケルはブレッカー・ブラザーズのツアーをしていたときだ。そして全盛期のセヴンス・アヴェニュー・サウスで何度か会う。スターンがマイルス・バンドに在籍していた1981年には、マイルス・デイヴィスのコンサートのバックステージでも。ふたりともまだ依存症に悩まされていた時期だった。1985年、共に薬物から抜け出ようとしていたふたりは、思いがけない、しかし重要な絆で結ばれることになる。「マイケルと更生ミーティングでばったり会ったら、まず何も言わずにハグしてくれ、しばらく話をしたんだ」とスターンは回想している。「そして、86年の夏にステップス・アヘッドのライブが始まり、マイク・マイニエリとマイケル・ブレッカーと一緒に演奏することになった。あのふたりと共に演奏できたのは、なんと素晴らしい経験だったことか」

新生マイケル・ブレッカー・バンドの最初のギグは、1987年3月26日、バーモント州モンペリエのハンツ・タヴァーンであった。そして翌日にはマイケルのテナーサックス仲間だったデヴィッド・デムジーのブッキングで、メイン大学でライブを行う。「メイン大学で教える仕事を得て、そこに住んでいました」とデムジーは回想する。「その前年にはステップス・アヘッドを学内でのライブにブッキングしたのですが、マイケルには『なぜソロアルバムを作らないんだ?』と言い続けていました。『まだ準備が整ってないんだ』と言うので、『こっちは準備できてるぞ! 世界は準備できている!』と言っていたんですよ」

マイケルはその後、デムジーに電話して、メインキャンパスでのライブをすることになる。「彼がこう言ったのを覚えています。『ついに作ったぞ! ライブの場所はある? この新しいバンドを完成させるための場が必要なんだ。ニューヨーク・タイムズ紙にレビューされないようなところでね』って。それで、『ここオーガスタなら、どこにも書かれないと保証するよ』と言いました。そして、3日間かけてリハーサルを行い、問題点を解消するために、基本的にすべての曲を2回演奏するという大がかりなコンサートを行なったのです」

その4日後の1987年3月31日、マイケル・ブレッカー・バンドは、スタン・ゲッツの息子スティーヴが経営する3番街の17丁目と18丁目の間の地下にあるクラブ、ファット・チューズデイズでニューヨークデビューを飾る。火曜日から日曜日までの約1週間、マイケル、スターン、カークランド、アンドリュース、ナスバウムが織りなす見事な化学反応を見ようと、ブレッカー・ブラザーズやステップス・アヘッドのファンが列をなして満席になった。

このダイナミックで非常にスウィング感のあるアンサンブルは、絶対的なバンドとなる素質があった。しかし、夏のヨーロッパツアーを目前に控えたこの時期に、予期せぬ悪い知らせが舞い込んでくる。

5月5日、セントルイスのミシシッピ・ナイツでのライブの前夜、ロードマネージャーのウォートマンに、カークランドからバンドを脱退しなくてはならないという電話がかかってきた。「シカゴのビック・シアターでのギグを終えてすぐの頃だった。ケニーから電話がかかってきて、とても静かにこう言ったんだ。『スティングから電話があった。行かないとダメなんだ』って。私はもちろん『行かなきゃダメ、ってなんだそれは!』という感じだよ。この頃、ロードマネージャーとしての経験はまだ浅かった。デヴィッド・サンボーンのバンドやビリー・コブハムのバンド、ジャコ・パストリアス、ケンウッド・デナード、ハイラム・ブロックのPDBトリオなどでライブの仕事を多少した程度で、今回のマイケルバンドはレベルが違った。トラックで機材を移動したりするちゃんとしたツアー、しかもマイケルの初めてのツアーだ。7月にはヨーロッパの予定も入っている。そんな中、ケニー・カークランドは、あのアルバムの曲を演奏したことがある唯一のピアノプレイヤーなのに。他の誰も弾いたことがなかったんだ」

カークランドはマイケル・ブレッカー・バンドの次のライブに代役を出すと言うが、スターンはキーボードの状況が見えないままで残りのツアーを行うことに不安を感じていた。「彼は知らないピアノプレイヤーが自分の演奏に変な影響を与えることを恐れていて『俺たちが知っている誰かを呼んでくれ。ミッチ・フォアマンに電話しろ』と言う(フォアマンはスターンが1986年にアトランティック・レコードからリリースした《アップサイド・ダウンサイド》に参加し、マイケルは彼の1985年のアルバム《トレイン・オブ・ソウト》で演奏していた)。でも、マイケルに状況を話したらこう言うんだ。『この前のクリニックで一緒に演奏したあの若者はどうだろう? 彼はいけると思う。とても若いけれど才能がある。いいヴァイブを持っているよ』」

その若者は、ニューロシェル出身、20歳の話題のキーボード奏者ジョーイ・カルデラッツォ。数ヶ月前にロングアイランド大学で行われた、指導者でもあるベテランアルトサックス奏者、ピート・イェリン主催のクリニックでマイケルと演奏していた。ウォートマンは、その大事な出会いをこう振り返る。「マイケルは当時グランド・ストリートに住んでいて、車を持っていなかったので、古いサーブで迎えに行った。そしてEWIや他の機材を車に詰め込んで、ブルックリンのクリニックまで連れて行ったんだ。基本的にマイケルはクリニックを敬遠していた。『半数の子たちはプレイできないし、でもそれに気づかないふりもしなくてはいけないし大変なんだよ』と言って。でも、このときはやろうとなったんだ」

ロングアイランド大学に到着したウォートマンは、マイケルの機材のセッティングを開始する。クリニックでマイケルのバックを務めるのは学生トリオだ。「フランス人のピアノ(ローラン・ド・ウィルド)、ベース、そしてジョーイの兄であるドラマー(ジーン・カルデラッツォ)の3人だった」とウォートマンは回想する。ジーンはロングアイランド大学の学生で、ジョーイはこのときすでにドロップアウトしていた。しかし、マイケル・ブレッカーが来ると聞いて、なんとか潜り込めればとクリニックにやってきたのだ。カルデラッツォの大胆さは功を奏し、ジョン・コルトレーンの〈インプレッションズ〉でマイケルと演奏し、このテナーの巨人に強い印象を与えることになった。「その後、グランド・ストリートのマイケルの家に戻る途中、『俺は間違ってる? あの連中は演奏できないって言ってたよね?』と言うと、『いや間違ってない、あんなのは初めてだよ』と返ってきた」

その頃、ジョーイは自分が育った場所の近く、ホワイトプレインズのホテル「ラ・リザーブ」で、毎週金曜夜に演奏していた。ベーシストのリッチ・シラキュースがリーダーで、兄のジーンがドラムを担当するトリオである。サックス奏者のデイヴ・リーブマンなどがすでにスペシャルゲストとして入ったりしていたが、カルデラッツォは勇気を振り絞って今度はマイケルを招いた。「おかしな光景だったよ」とウォートマンは振り返る。「ウェストチェスターのレストランで、みんなは夕食を食べていて、この連中は隅っこで演奏に燃えているんだ。マイケルはそこに行って一緒にプレイした」

カルデラッツォはラ・リザーブでの演奏について、こう振り返っている。「マイケルには200ドル払って参加してもらった。金曜の夜で、店は小さいし完全に満員だった。そのうち店のマネージャーがやってきて、『こいつはなかなかいいね。毎週呼んでくれないかな』って言うんだよ」

数ヶ月後、マイケル・ブレッカー・バンドのアメリカとヨーロッパのツアーでケニー・カークランドの代役を務めてほしい、とマイケルがジョーイに電話する。この若きピアニストは、先約があって最初の2日間の日程には参加できないと言う。「当時、私はヘネシー・ジャズ・サーチという、全米のバンドがグランプリ(2000ドルとプレボーイ・ジャズ・フェスティバルへの出演)を目指して競い合うコンテストに出場していたんだ。そのバンドではただのサイドマンだったのだが、ハリウッド・ボウルで行われた決勝戦に進出していた。ヘネシーがロサンゼルスまでの飛行機代を出してくれ、2日間ホテルに滞在することになっていた。でもマイケルとツアーに出たいので、このバンドは辞めようとしたのだけれど、私がファイナルに出ないとバンドが失格になることが判明したんだ。なのでマイケルには『すみません、できないんです』と言うしかなかった」。カルデラッツォはバンドと一緒にロサンゼルスに飛び、ハリウッド・ボウルで演奏したが、結局決勝でテナーサックス奏者のリック・マーギッツァのバンドに敗れることになる。

セントルイスのミシシッピ・ナイツでのカークランドの代役は、ピアニストのフィル・マーコヴィッツ(1977年のジャック・ウィルキンスのアルバム《ユー・キャント・リヴ・ウイズアウト・イット》でマイケルとランディと共に演奏していた)にギリギリのタイミングで決まった。そして5月7日のピッツバーグのグラフィティでのライブからカルデラッツォが合流し、この日は若き天才キーボード奏者にとっての記念すべき日となる。ウォートマンは「ピッツバーグの空港にジョーイを迎えに行ったら、キーボードのDX7をケースなしで持っていたんだ。一体どうやって飛行機に持ち込んだのやら。車でグラフィティに到着すると、クラブの正面の看板に〝ピアノ：ケニー・カークランド〟と書いてあった。ライブが始まる直前、ジョーイに『モニターになにかリクエストはある?』と聞いたら、彼は『わからないな。とにかくプレイしよう!』って。おそらくモニターのあるステージで演奏したことがないんだろうなと思ったよ。そしてライブが始まり、お客さんはみんな、キーボードはケニー・カークランドだと思っていた。ジョーイ・カルデラッツォなんて知らないしね」

バンドはいつものように、《マイケル・ブレッカー》からグロルニックのアップテンポなマイナー・ブルース〈ナッシング・パーソナル〉でライブを始めた。ウォートマンは言う。「ジョーイが最初にソロをとって、ライブ会場を引き裂くようなプレイをしたんだ！　マイケルはそのソロのあと、演奏することさえできなかった。会場は大興奮だ。まさに伝説的な出来事だったよ」

マイケル・ブレッカー・バンドのツアーに参加する直前、カルデラッツォはニューロシェルの母親の家に住みつつ、15キロほど離れたママロネックのガールフレンドの家にも出入りしていた。17歳で父親を亡くしたカルデラッツォにとって、ツアーが進むにつれ、マイケルは父親代わりのような存在になっていく。「私とマイケルの関係はそういう感じで、その後もずっとそうだった」と言う。

「ジョーイは本当にまだ若かったし、私たちは彼のことをずっと自分たちの子供のように思っていたの」とスーザンは語る。「バンドに参加することになって、最初のヨーロッパツアーのための譜面を受け取りにグランド・ストリートのロフトに来たとき、まだ21歳で子供みたいなものだった。マイケルの曲を歌いながらロフトの階段を登ってきたのを覚えているわ。とても可愛かった」

しかし、この天才児の厄介な一面がその後ツアーで明らかになってくる。「俺はマイケル・ブレッカーと一緒にツアーをしてるんだ、とロックスターにでもなった気分だった」と、カルデラッツォはバンドとの初ツアーを振り返る。「かなり飲んでワイルドになっていて、バンドのみんなが心配してくれていた。でもマイケルを失望させたくないと思って、彼には隠そうとした。そう、あの頃の私はワイルドだったんだ。そして、それを彼に知られたくなかったんだ」

マイケルは、自分も同じような経験をしたことがあるので、共感できるだけでなく、ジョーイの発するサインをすべて読み取ることができた。「マイケルは、私が暴走しそうになるのに気づくと、『チェック！』と言って、まるで私の記録簿をつけるかのようにしていた」とジョーイは振り返る。「そしてそのうち、言葉には出さずにチェックの仕草だけしなければならないほどになってしまった。私があまりに頻繁にそんな状態になるからだ」

ウォートマンも、「ジョーイはワイルドな奴だった」と言う。「みんなは結婚していて、歳もとってきていた。マイケルは当時38歳だ。ジョーイは若くて独身で、いつもムラムラしていたから〝チャビー〟というニックネームがついた

（ステージ上でいつも〝ポッピング・ア・チャビー＝勃起している〟ことに因んだ内輪ネタ）」。ジョーイも認める。「あの頃は誰とでもファックしていたよ」

「信じられないくらいだった」とジェリーは振り返る。「怖くなるような瞬間もあった。危ない連中ともつるんだりしてね。かなりワイルドだったけど、周りに親身になってくれる人やしっかりした人たちがたくさんいたのでよかったよ」

「あのときのジョーイはちょっとした恐怖だった」とスターンが付け加える。「みんな彼のことを気にかけていたけれど、誰かが誰かに説教することなんてできないし、まだ落ち着ける歳じゃない。まだまだバカ騒ぎしたかったんだ。当の本人はというと『みんな何年もそうやってたんだよね。俺もそうしちゃダメだってこと？』。そういう傾向がある場合、誰に説得されてもダメなんだ。自分で失敗するしかない。そういう意味では、私たちは彼にとっての良い見本になれた。マイケルもそう、パワフルな見本だ。私たちも、麻薬や酒から抜け出ていた。ジョーイもいったんはかなりひどい状態にまでなったけれど、結局そういうことが彼の助けになったんだよ」

ピットは、カルデラッツォのライブ時の天真爛漫とでもいうべき振る舞いについてのユーモラスなエピソードを回想している。「最初のセットが終わり、バンドがステージから捌けて休憩時間になったら、ジョーイがステージ前部の端まで出てきて座ったんだ。私はサウンドブースの脇に立ってその様子を見ていたのだけど、その頃には人々が彼に近づいてきて、おしゃべりし始めていた。しょうがないので舞台の端まで行って、こう言った。『ジョーイ、何をやっているんだ。今こんなことをしちゃダメだ。お客さんと話したいなら、休憩時間中ではなくライブのあとだ。バックステージに戻るんだ！』と。結局、女の子たちに会いたかっただけだと判明したんだけどね」

いつもはコンサートのあと、マイケルとダリルはライブがどうだったかを話すのが日課だった。しかしこの夜、ピットはジョーイの行動を問題視し、マイケルに言った。『妙なことをしたんだ。休憩時間に出てきて、ステージの端に座り、ただぶらぶらしてみんなと話し始めたんだよ。今後はこういうことがないようにと伝え、理解したようだけど』。するとマイケルは、『ああ、大変だ。それは私のせいだ！』と言うんだ。マイケルからそんなことを言われるとは思っていなかったので、『え、どういう意味？』と聞くと、『女の子と知り合いになりたいなら、ステージの上をぶらぶらしながらちょっとしたことで忙しそうにしていれば、勝手に近づいてきて自己紹介してくれる。なかなか良い方法だよって教えたんだけれど、休憩時間中はダメだと言い損なった』と言うのです」

ウォートマンは、いかにもジョーイ・カルデラッツォらしいエピソードを披露している。「ソルトレイクシティのユタ・アーツ・フェスティバルでのことだ。広大な敷地に3つステージがあって、ジャズや音楽だけでない巨大フェスティバルだ。我々はそのほんの一部でしかない。なにか大きな爆発が遠くに見え、突然すべての電源が落ちた。一番大きなステージのトリを務めることになっていたのだけれど、そのステージは真っ暗だった。しかし、プロモーターは『別のステージがあって、そこは電源が生きています。お客さんのためになにかしてもらえないでしょうか？』と言い、マイケルは『もちろん』と答える。それで、車に機材を全部詰め込み、フェスティバルの会場を回って、もうひとつのステージまで行ったんだ。そこでジョーイがピアノをチェックするためにステージに出て行き、『おい、ピアノはどこだ』と言うと、誰かが『何やってるんだ、すぐ出て行け！』と叫ぶ。なんと、ムメンシャンツ的なダンスパフォーマンスの真っ最中だったんだ。パフォーマーたちが暗いステージ上のさまざまな場所にいて、1万人の観客が一体どうなっているんだろうと見ている中、ジョーイはピアノを探しに歩き回っていたというわけさ」

そんな些細な災難はさておき、マイケル・ブレッカー・バンドは、ツアー先のすべての都市で毎晩、燃えたぎるような演奏を聴かせていた。カルデラッツォのピアノは、マッコイ・タイナーにインスパイアされ、力強くスウィングし、叩きつける。さらにそこへ高度なハーモニーが差し込まれることにより、マイケルの持つコルトレーン的側面がより一層の高みに引き上げられる。さらにギタリストのスターンによる、限界に挑戦し、ディストーションを絡ませ焼き尽くすようなソロも加わる。1987〜88年のジャズ・サーキットで最も衝撃的なアクトとなる要素が揃っていたのだ。

ドラムのアダム・ナスバウムは、「あのバンドは熱かった」と言う。「全員がとんでもないから、いつもエキサイティングだった。毎晩すごかったよ。ジョーイが燃え、スターンが燃え、マイケルが燃える。とても楽しかったし、毎晩あのメンバーで演奏できた。それに代わるものなんてないんだ」

カルデラッツォは「狂気のバンドだった」と付け加える。

「今、テープを聴いてみると、まさに爆発してたよ！　まずスタートと同時にゼロから100になる感じだ。そして大体の場合、マイク・スターンがさらに上げていく。例えば〈ナッシング・パーソナル〉の最後のソロで110まで上げるんだけど、そのあとに自分が弾かなきゃいけないんだ！　ツアーが進むにつれて、150まで上がっていくときもあったよ」

一方、ウォートマンはマイケル・ブレッカー・バンドのロードマネージャーとしても、ジャズの純粋主義者的な姿勢を貫いていた。「1987年10月10日、ボトム・ラインでの最初のショーがあったんだけど、私はグッズやショービズ的なことには関わりたくなかったんだ」と彼は回想している。「でも、ダリルはビジョンを持っていて、パット・メセニーも同じだった。私がそれをようやく理解したのは、何年か経ってパットの仕事をしたときだったよ。つまり、演出や照明、ショービジネス的な要素も重要だってことを。当時の私の態度はといえば、『そんなもの必要ないだろう？　世界最高のサックス奏者と最高のドラマー、そして最高のバンドを聴いているんだ。なんのために照明が必要なんだ？』。そこから自分も随分と成長し、そんな考えは視野が狭いということがわかるようになった。今なら、お客さんにとってライブがより充実したものになり、さらにはライブを超えて何かイベント的なものになるために必要だと理解できる。ダリルが、ジャズでもショービジネス的な要素が大切だと教えてくれたんだ」

マイケルのウォームアップが異常なほど集中したものだったとカルデラッツォはツアー1年目を振り返っている。

「楽屋でのウォームアップで、ステージに上がるまでに相当なところまで追い込んでいくんだ。まるでボクシングのヘヴィー級チャンピオンが、汗びっしょりになるまでウォームアップしてリングに上がるようにね。そう、とにかく入り込んでいた。そして、そこでマイケルの邪魔をしてはいけないと学んだんだ。彼の楽屋に入って話しかけようとしたら、『出ていけ！』とドアの方を指差されたからね。ライブ前の彼のテンションの高さには本当に驚かされた」

その一方で、カルデラッツォはマイケルにまつわるこんなエピソードを振り返っている。「3週間の国内ツアーがあり、ツアーが始まる前に1日リハーサルをしようと、最初のライブ会場であるマサチューセッツ州ノーサンプトンのアイアンホースに向かったんだ。私はマイケルを連れて車で行き、マンハッタンから4時間ほどでアイアンホースに着いた。そうしたら、マイケルはテナーを家に忘れてきたことに気づいたんだよ。しょうがないから近所の人にお金を払って、テナーを車で運んでもらうことになった。いかにもマイケルらしい忘れ物エピソードなんだけれど、彼もそれを笑い飛ばしていたな」

マイケルは、インパルスからリリースされたリーダーとしての2作目《ドント・トライ・ジス・アット・ホーム》(1988年)で、EWIの世界により深く入っていく。ケルト風味の〈イッツバイン・リール〉では、ゲストのフィドル奏者、マーク・オコーナーと複雑なユニゾンを奏でる。また、ハービー・ハンコックのピアノをフィーチャーした激しくスウィングするタイトル曲では、EWIとテナーサックスの見事なダブリングでテーマを聴かせる。このアルバムには何人かが曲を提供している。グロルニックが〈チャイム・ジス〉と〈トーキング・トゥ・マイセルフ〉。セクシーでスウィングする〈サスポーン〉はスターン作。ヴィンス・メンドーサは、エモーショナルな〈スクリアビン〉(ハンコックをフィーチャー)。そしてジム・ビアードによる〈ザ・ジェントルマン&ヒズケイン〉などだ。マイケル自身は、前述のターボエンジン付きの〈イッツバイン・リール〉と、テナーサックスのソロ・イントロも印象的な心に残るバラード〈エヴリシング・ハプンズ・ホエン・ユーアー・ゴーン〉の2曲を作曲。後者では、カルデラッツォの驚くほど成熟した優しくリリカルなピアノソロ、チャーリー・ヘイデンのベースとアダム・ナスバウムのドラムがフィーチャーされている。

《ドント・トライ・ジス・アット・ホーム》の1曲に参加したピーター・アースキンは、自身のアルバム《モーション・ポエット》でマイケルに参加してもらおうと、お互いのアルバムで演奏しあったことを回想している。「マイケルはソロ・アーティストとして絶頂期だった。ドンは《モーション・ポエット》のプロデュースもしていたから、その繋がりもあったんだ。いろいろ調整できて、そんなアイデアを実行できることになった。僕はマスター・サウンドのアストリア・スタジオをロックアウトしていたんだけど、『マイケル、お互いのアルバムで演奏しあいっこしないか？　僕のアルバムでソロを1曲演奏してくれたら、君のアルバムで1曲演奏するよ』と言ったら了解してくれた。私は彼のアルバムでドン・グロルニックの曲〈トーキング・トゥ・マイセルフ〉を演奏し、マイケルはコードチェンジが難しいヴィンス・メンドーサの曲〈ヒーロー・ウィズ・ア・サウザンド・フェイセズ〉でソロをオーバーダビングしてくれた。あのときのマイケルはすごかったよ」

ウォートマンは、マーク・セリガーによる《ドント・トライ・ジス・アット・ホーム》の印象的なジャケット写真の撮影にも立ち会っていた。マイケルがセルマーのテナーサックスを右手の人差し指に乗せて危なげにバランスをとり、いたずらっぽい表情をしている写真だ。アルバム中の〈サスポーン〉で、マイケルが実はいつものセルマーとは別の楽器を吹いていたことをウォートマンは明かしている。

「マイケルはいつもサックスを探していたんだ。今吹いているサックスが、いつかはちゃんとした音を出さなくなると思っていたからね。ブーンと変な音が出ないか常に気にしていた。金属はもろくなり、真鍮は経年変化し、音の芯がなくなって拡散してしまい、ブーンという音が出てしまうと説明してくれた。オーディオマニアでないと聴き取れないようなものだけれど、まさにマイケルらしい話なんだ。そして、楽器がぶつかったり、乱暴に置かれたりすると『すぐに楽器屋に持っていかなきゃ』といつも言っていたよ」

ウォートマンは続ける。「マイケルは空気漏れやなにかにとても敏感だったので、私も楽器の扱い方を学ばなければならなかった。普通ならまだ吹けるし、なにか問題があるなんて誰も気づかないような状態でも、彼にはわかっていた。だから、いつも他の楽器を探さなきゃと思っていたんだ。そして、この楽器を石森管楽器から手に入れた。石森は日本の有名なサックスショップで、誰もが欲しがる特定の範囲のシリアルナンバーのセルマーをすべて揃えているようなところだ。その東京の店に行ったときのこと。石森には暖炉のある地下があり、そこでは飲み物が飲めるようになっていて、クッションも置いてある。マイケルと一緒にそこに座ると、石森氏がマイケルに吹いてもらおうと楽器を持ってやってきた。それを見て、『この楽器はどこで手に入れたのですか？　この楽器は知っています。

ルー・タバキンが吹いていた楽器ですよね。どうやって手に入れたのですか？　いくらで買いましたか？』とマイケル。すると石森氏は、『一生貸して差し上げますよ』と言う。私たちは訝しげな顔を見交わした。石森氏がこの楽器をくれたのか、それとも貸してくれたのか、よくわからなかったのだ。でもとにかく、その楽器を持ち帰ったよ。この美しいセルマーのマークVIは、手つかずの状態で、ラッカーはオリジナルのまますべて残り、まるで買ったばかりの新品のようだった〔実際にはゴールドにリプレートされたスーパー・バランスド・アクションだったとされる〕。一度も使われていない美しいケースに入っていて、シリアルナンバーはまさにマイケルが探していた範囲内のものだ。そんな中、《ドント・トライ・ジス・アット・ホーム》のレコーディングの期間中に、マイケルがいつも使っている楽器の調子が悪くなり、オーバーホールに出された。空気の漏れがないようにスプリングやらパッドやらすべてを調整する作業だ。そこで、〈サスポーン〉という曲では、マイケルは石森から手に入れたセルマーを吹いたんだ」

カルデラッツォとナスバウムは、《ドント・トライ・ジス・アット・ホーム》収録のある一曲は今になっても特別

ピーター・アースキンの《モーション・ポエット》レコーディング時のスタジオでのドン・グロルニックとマイケル・ブレッカー（1988年）［ピーター・アースキン提供］

なものだと感じている。「マイケルは〈イッツバイン・リール〉で、自分自身を見つけたんだと思う」とジョーイは言う。「あの曲はマイケルのキャリアの中でも頂点に立つものだと思うんだ。それまで誰もあれに近いようなことさえやっていなかったし、まさにマイケルそのものだった。何年にもわたって〈インプレッションズ〉を演奏し、〈ジャイアント・ステップス〉を研究し、コルトレーンに入れ込んできた集大成であり、すべてがあの演奏に結実したんだ。そしてEWIもこれまでになかったようなオーガニックな音を出し、曲中でテナーに持ち替えたときは最高に新鮮な空気が入ってきたような展開で、もうとにかくすごい曲なんだ」

ナスバウムは、ツアー初期の頃、マイケルがEWIのマウスピースにカラフルなヘッドバンドを巻いて、電子回路が濡れて壊れないようにしていたと思い出している。「いつも涎《よだれ》を垂らしていて、〝涎垂らし病〟と呼んでいたこともある。でも、マイケルがあれを発展させていく様はとても魅力的だったよ。EWIは彼にとって全く新しい音の世界であり、また、彼が大好きなエレキギターのような突き抜ける音を与えてくれるものだったんだ」

「EWIは、マイケルにとってギターを弾くマイク・スターンに近づくための手段だった」とウォートマンは付け加える。「ずっとそうなりたかったんだ。大音量のエレクトリック・バンドでは、サックスに居場所がないと感じていた。ランディと一緒にコンドルボックスを使っていたドリームスの時代から、ブレッカー・ブラザーズでワウワウ・ペダル、ハーモナイザー、エンベロープ・フィルター(シームーン・ファンクマシーン)を使っていた頃まで、ずっとエレクトロニクスを用いた実験を続けている。サックスだけではできない表現手段が欲しかったんだ。サックスではギターに敵わない。だからこそ、EWIでギターのサンプリングを突き進めて、大音量のエレキギターに対抗したんだ。ずっとそうしたいという気持ちを持っていたんだよ」

EWIに、オーバーハイム・エクスパンダーを繋げることでコードの各音を発し、さらにヤマハTX7とAKAI S900デジタル・サンプラーへと繋げ、さまざまな異世界的な効果を出せるように設定し、マイケルはライブでスターンと対決できるくらいになっていた。〈オリジナル・レイズ〉やスターンの〈アップサイド・ダウンサイド〉(スターンの1986年のアトランティック・アルバムのタイトル曲)などの曲では、格好いいDJスクラッチ的な効果だったり、エレキギターの叫ぶようなサウンドや、ミニムーグの燃えるようなフレーズをEWIで演奏していたのだ。1987年8月16日、ニューポート・ジャズ・フェスティバルでの演奏前のバックステージインタビューで、マイケルはEWIについてこう話している。「EWIは本当に面白いし、これからももっといろいろ試していきたいと思っています。全く新しい景色を、別の道を開いてくれたのです」。その後、2004年3月10日のローン・フローマンとのインタビューでは「オーケストラ全体を演奏できる電子楽器なのです。金星からでもやってきたのかな。瞬く間にこの楽器に魅了され、学び、試行錯誤し、すべてのプロセスを楽しんでいます」と語っている。

マイケルにとってEWIのもうひとつの利点は、信頼すべきセルマー・マークⅥサックスよりも肉体的にはるかに楽に吹けることだった。テナー仲間であるデヴィッド・デムジーは、「サックスを吹くとかなり痛く、このままだといつまで吹けるかわからないというのもあってEWIに力を注いでいるんだとマイケルは言っていました」と振り返っている。

そして、60年代後半から70年代前半にかけてテナーサックスにのめり込んだのと同様に、EWIにのめり込み始める。ウォートマンは「探求がやむことはなかったね」と言う。「そして、彼が生み出したものは、まさに驚くべきものだったんだよ」

「オリジナルのスタイナーホーンがグランド・ストリートのマイケルのロフトに届いたとき、私もそこにいた」と、キーボード奏者でプロデューサーのジェイソン・マイルスは振り返る。彼はマイケルのいろいろなプロジェクトで一緒に仕事をし、マイルス・デイヴィスのアルバム《TUTU》(1986年)と《アマンドラ》(1989年)のシンセプログラミングも行なっている。「スタイナーホーン、のちのEWIは、それ単体ではそれほど多くのことはできない。リリコンのような音だった。だがスタイナーホーンが大きく違うのは、MIDIを通して他の音源や機材に繋げられるところだ。元々マイケルは、自宅にヤマハのDX7といくつかのモジュール、そしてローランドのシーケンサーをセットアップしていて、それをいじくりまわしていた。そこに人の息を吹き込めるようになったのは大きな出来事だった。それからＡＫＡＩがスタイナーホーンを引き継いでさらに開発を進めることになったのも、とても大きかったよ。新たな表現手段を求めていたマイケルはこの楽器にすぐに飛びついた。あらゆる形態の音楽で自分を試したがっていたからね。才能があるからこそできることであり、その才能がまた新たな場所へと彼を導いていったんだ」

さらにジェイソン・マイルスは「マイケルはＥＷＩのスタート地点のような存在だった。信じられないようなやり方で発展させていったよ。今でも他の人がＥＷＩをプレイするのを聴くし、YouTubeでも見るけれど、マイケルが当時やっていたようなことは誰もやれていない。誰ひとりね！　例えば、五度の和声を作るんだ。そして構成音それぞれにオーバーハイムの別々の音を割り当て、各々の音ごとに違った音色作りをし、アンサンブルを作り上げる。あの楽器の本来あるべき姿で使っていたんだ。当時、シンセサイザーを使っていた人たちの90パーセントは、自分が何をしているのかわかっていなかったのにね」

ステップス・アヘッドのマイク・マイニエリは、「マイケルはＥＷＩに本当に多くの時間を費やしていたよ。ＥＷＩを発展させ、より良い楽器にしていったんだ。そして、シンフォニックなものを生み出した。驚異的だったね。あの楽器の開発のまさに最前線にいたんだ」と語る。

サックス仲間のティム・リースはこう言う。「マイケルは実験室にいる子供のようで、ＥＷＩを使ってこれまで誰も出したことのないような音を作っていた。新しい音楽を見つけようとしていたんだ」

ジャコ・パストリアスのビッグバンドや、セヴンス・アヴェニュー・サウスでの自身のビッグバンドでマイケルと共演したボブ・ミンツァーは、マイケルのグランド・ストリートのロフトでＥＷＩと関連機材を個人的に見せてもらったときのことを振り返っている。「その頃登場し始めたシーケンサーに、マイケルは魅了されていた。彼がシーケンサーでプログラムしたデモがあって、スタートボタンを押すと、圧倒的に進化、発展した深い曲が流れてきた。『すごい！　こいつは何でもできるんだ！』という感じだったよ」

「その後、ＥＷＩを徹底的に研究していたよ。彼らしくね」とミンツァーは続ける。「非常に深く追及していて、特にソロ演奏で、ルーパーを使って曲を作り上げていく様は圧巻だった。そういうアプローチをした最初のひとりだと思う。ジャコが、ウェザー・リポートでのソロ曲〈スラング〉やジョニ・ミッチェルのシャドウズ・アンド・ライト・ツアーでもっと初期のルーパーを使っていたけれど、マイケルはさまざまな音をプログラミングすることで、全く別の次元にまで到達していた。時にはシンフォニー・オーケストラのようなサウンドを奏でることもあったんだ。誰よりもこの楽器にのめり込んでいた。外部モジュールを使うことで、EWIを使った高度なサウンドデザインに取り組み、私を含め、他の人たちがEWIでやっていたことよりもはるかに高い次元に到達していたんだ」

マイケルのロードマネージャーでありEWIテックでもあったウォートマンは、「今思えば、EWIを研究し、毎日数時間サックスを練習し、なおかつ仕事での演奏をこなす。どうやって時間をやりくりしていたのかと思うよ」と語っている。

ウォートマンは、マイケルと一緒に日本のAKAIの工場に行ったときのことを振り返る。「マイケルはナイル・スタイナーの手作りのスタイナーホーンを吹いていたんだが、そのスタイナーホーンには奇妙な管やらなんやらがくっついていた。でもナイルは自分自身がトランペッターだったこともあり、ミュージシャンが楽器に何を求めているのか、フィーリングや操作性に関してよく理解していたうえでそうしたんだ。一方、AKAIの工場の日本人は優秀なエンジニアなのだけど、ミュージシャンではない。だから、そこにはちょっとしたギャップがあった。工場で彼らが『どうして新しいAKAIのEWIは吹いて頂けないのですか?』と尋ねると、マイケルは『なんかしっくりこないんですよね。私が慣れ親しんできた不具合(glitch)がなくて、つるっとしてしまっているんです』と答え、我々は工場をあとにする。そうすると2日後に電話がかかってきて、『マイケルさん、不平(gritch)って何ですか』とね」

ミュージシャン仲間がマイケルによるEWIの進化に驚愕している一方、少なくとも一部の有力評論家の目には好ましく映っていないとマネージャーのピットは感じていた。「マイケルが正当な評価を受けていないと私は腹を立てていたのだけれど、その評価はEWIのせいだった。EWIの可能性を追及するあまり、ジャズポリスから真剣に評価するべき対象とみなされていなかったんだと思う。彼のこの楽器への深い愛情や、自宅の地下室で費やしている無限の時間にもかかわらず、このままこの楽器を続けるべきかどうか、ふたりで真剣に話し合ったことさえあったよ。でも彼は新しいサウンドを作り、ライブで演奏できる作品として仕上げることに専念し、そんな話し合いは無意味になった」

１９８８年の夏、マイケルはハービー・ハンコックに誘われ、１９７３年に結成されたファンク／フュージョンの先駆的グループの後継バンド「ヘッドハンターズⅡ」のメンバーとしてツアーに参加する。このときピットは、そのツアーでマイケルの名前がフィーチャーされるように、そしてソロでの演奏パートを確保して、急速に進化しているＥＷＩの演奏を観客に披露できるように交渉した。「１９８７年からツアーでＥＷＩの可能性を追求していた」とウォートマンは回想する。彼は、ベンソン＆ヘッジス主催による、ヘッドハンターズⅡとチック・コリア・エレクトリック・バンドとの三十夜にわたるツアーで、マイケルのＥＷＩテックとチャーリー・ドレイトンのドラムテックを務めた。「ハービーとのツアーのために、ＥＷＩ用の巨大なラックをふたつ作ったんだ。ツインタワーと呼んでいたよ」

このヘッドハンターズⅡのツアーで毎晩、マイケルはバンド抜きでのＥＷＩの見事なソロ演奏を披露した。熱帯雨林の音やピグミーのチャントをサンプリングして雰囲気のある空間を作り、ハイテク機材を使ってフルオーケストラ・モードに突入していく。ドラマチックな照明を駆使したこの驚くべきパフォーマンスは、ＥＷＩの可能性を強く印象づけるものであった(2年半後のポール・サイモンとのツアーでの演奏の伏線にもなっている)。

ウォートマンは、「彼は完璧に仕上げていたし、楽しんでいたよ」と語っている。「彼はＤ.ＳＴ(ターンテーブリストのデレク・ショワード。芸名の「グランドミキサー・Ｄ.ＳＴ」はロウアー・マンハッタンのデランシー・ストリートの略に由来)とコール・アンド・レスポンスでスクラッチをやったり、自分の演奏をループさせてその上に被せていくというジャコ的なこともやっていた。ジャコが、ジョニ・ミッチェルのシャドウズ・アンド・ライト・ツアーでソロでやったように。マイケルはジャコのショーマンシップから多くを学んでいたんだ」

ウォートマンはさらに続ける。「ハービーのライブは素晴らしかったが、テック的にはめちゃくちゃだった。〈ロック・イット〉を演奏しようとショルダーキーボードを使うのだけど、決してうまくいかないんだ。キーを叩いても、何も起こらない。バンドはグルーヴしているのに、ハービーの音は出ない。一方、チック・コリアの方は常に的確で、すべてが完璧に仕上がり、きちんとしている。我々はまさにその逆だ。あるとき、ハービーはキーボードの音がすべて入ったハードディスクを紛失した。タクシーの中に置き忘れたんだ。そんな状態だし、このツアーでは随分といろいろなことが起きたんだよ」

ピットが続ける。「ライブの半ば、ショーが続いているのに、カーツウェルのシンセを直そうとハービーがステージ上でドライバーを持って奮闘したなんてこともあった。ショーが行われていることに気づいてないかのようにね。そう、時にはひどいことになった」

6月のヘッドハンターズIIとの短いツアーのあと、マイケルは1988年7月にヨーロッパに向かう。ベーシストのバスター・ウィリアムスとドラマーのアル・フォスターを擁するハービー・ハンコック・カルテットに参加して、いくつかのアコースティックジャズのコンサートでプレイした。そのうちの数回にはヴォーカリストのボビー・マクファーリンも参加。ソニー・ロリンズの〈オレオ〉でマイケルと自由奔放に、時にはユーモラスにコール・アンド・レスポンスしたり(7月15日、ミュンヘン)、マイケル作のステップス・アヘッドの人気曲〈サファリ〉で声とサックスの素晴らしい共演を披露したりしている(7月14日、スペインのジャズ・ビトリア・ガスティイス)。このハンコックのアコースティック・カルテット・ツアーでは、マイケルはジョー・ヘンダーソンの影響を強く感じさせる演奏をしていて、これがのちにこの長老サックス奏者の怒りを買うことになる。

夏の大半をハンコックのヘッドハンターズIIとアコースティック・カルテットで過ごしたあと、マイケルは自身のバンドでのツアーを再開した。1988年9月4日、ブラジルのリオデジャネイロで開催されたフリー・ジャズ・フェスティバルに出演した際は、アダム・ナスバウムは第一子の出産に立ち会うためニューヨークに残ったので、ドラマーのデニス・チェンバースが代役を務めた。のちのブレッカー・ブラザーズ再結成時にドラマーとして参加するチェンバースは、ホテルでのマイケルとのひとコマを振り返り、テナーの巨人がいかに謙虚であったかを語る。

「フェスティバルに出演するため、みんな同じホテルに泊まっていて、大勢知り合いがいた」と彼は回想する。「ライブが始まる前、マイケルの部屋で話をしていたら、隣の部屋からアーニー・ワッツがテナーを練習している音が聴こえてきた。単なるスケール練習をしていただけだが。そうしたら突然マイケルがそっと壁にコップを当てて、熱心に耳を澄まし始めた。僕らは突っ立って、マイケルはコップを壁に当てて立っていて、もしそのときに誰かが部屋に入ってきて騒いだりしたら、マイケルは『静かにしろ！　静かにしろ！　アーニーが隣にいるんだ！　ウォーミングアップしているんだぞ！』とでも言っただろうね。僕らが『何を気にしているんだい？　君はマイケル・ブレッカーだろ！』と言っても、『ああ、僕はマイケル・ブレッカーだ。でも、あれはアーニー・ワッツなんだぞ！』と言うんだ」

（約1年後の1989年7月29日、ワッツとブレッカーは東京で行われたセレクト・ライブ・アンダー・ザ・スカイ・サキソフォン・ワークショップで共演した。メンバーは、同じくサックス奏者のビル・エヴァンスとスタンリー・タレンタイン、そしてドラマーのナスバウム、ピアニストのドン・グロルニック、ベーシストの鈴木良雄）

1988年の締めくくりには、スターン、カルデラッツォ、アンドリュース、ナスバウムというマイケル・ブレッカー・バンドのレギュラーメンバーとアメリカで一連のライブを行なった。翌年は、1989年1月21日に東京で華々しく幕を開ける。クラウス・オガーマンの《シティスケイプ》からの壮大な音楽をフィーチャーした、ギタリストのパット・メセニー、ベーシストのチャーリー・ヘイデン、ドラマーのナスバウム、ピアニストの辛島文雄、そして小泉和裕指揮の新日本フィルハーモニー交響楽団とのコンサートだ。作曲家の武満徹と鯉沼利成（1974年以来キース・ジャレットの日本での専属プロモーターであった）がプロデュースした、第5回東京ミュージック・ジョイ・フェスティバルのメインイベントである。ウォートマンは「アダムは、彼のスウィング感を指揮者がうまく理解してくれず、噛み合わなくて苦労していたよ」と思い出している。「チャーリーがベースソロを弾いたときも興味深かった。オーケストラのコントラバス奏者たち（全員若い女の子）は、あんなにベースを前後に揺らす人を見たことがなかったんだ。みんなクスクスと笑い始めたのだけど、それがどれほど驚異的なことなのかもわかっていた。そして、チャーリーが航空会社の荷物係が使う耳保護用のヘッドホンをつけて演奏していたのも見ものだった。本当に面白い夜だったよ」

「忘れられないコンサートだったね」とナスバウムが付け加える。「私にとっては、まさにレジェンドであるチャーリー・ヘイデンと一緒に過ごせたのも素晴らしかった。マイケルのおかげでそんなすごいことも経験できたんだよ」

1989年2月22日の夜、マイケルは《ドント・トライ・ジス・アット・ホーム》で初のグラミー賞を、最優秀ジャズ・インストゥルメンタル・パフォーマンス・ソリスト部門で受賞した。しかし、ロサンゼルスのシュライン・オーディトリアムでの受賞式には出席していない。スーザンの陣痛のため、ニューヨークの病院にいたのだ。翌日2月23日、娘のジェシカが誕生する。

マイケルは、1989年の夏まで、スターン、カルデラッツォ、アンドリュース、ナスバウムのレギュラー・クインテットでツアーを続け、ヨーロッパとアメリカで多くの公演を行なった。7月29日には東京で開催されたライブ・アンダー・ザ・スカイ・フェスティバルで再来日を果たす。そして9月7日、テキサス州フォートワースでのライブのあと、スターンとアンドリュースがバンドを脱退した。

翌月10月28日には、ポーランドのワルシャワで開催されたジャズ・ジャンボリーで、カルデラッツォのピアノ、ナスバウムのドラム、ジェイ・アンダーソンのベースによる、ギターなしの新しいカルテットのお披露目をした。アンダーソンは「最初のツアーは、国務省主催の数週間にわたる東欧でのツアーだった。そのとき、マイケルからアップライトベースだけでなく、エレクトリックベースも持ってくるように言われたのだけど、この頃はもうエレキベースは弾いていなかったんだ。楽器もキップ・リードに売ってしまっていて、ツアーに持っていくベースもなかった。でもマイケルは、各セットで2、3曲はエレキベースを弾いてほしいとこだわったので、キップからそのベースを借りてツアーに出て、結局、売った値段よりレンタル料の方が高くついてしまったよ」

東欧ツアー中、マイケルはどっぷりと作曲家モードに入っていた。「ツアー中、マイケルはサードアルバムのための曲を書いていた」とアンダーソンは回想している。「中型冷蔵庫ほどの大きさの、キャスター付きの大きな機材ケースを持って移動していた。今なら小さなキーボードとラップトップを持って行けば大丈夫だけれど、当時は毎晩この機材ケースを自分の部屋に持ち込んで、一晩中ヘッドホンをつけてEWIとキーボードを弾いていた。そして《ナウ・ユー・シー・イット》の曲をたくさん書いたんだ」

「我々が東欧にいる間に、ベルリンの壁が崩壊した(1989年11月9日)」とナスバウム。「あれはすごいことだった。記念にと壁の破片を手に入れたよ。それから、シャーリー・テンプル(元々は著名な女優)がアメリカ大使だったときに、チェコスロバキアで演奏した。演奏後に彼女に会ったのだけど、まるでずっと前から知っている人と再会したような感じだったよ。外交官として、アメリカの大使として完璧な人物だったな。世界中の誰からも愛されるような人だね。ジョーイがソロの途中で、彼女の子役時代のヒット曲〈こんぺい糖のお舟(On the Good Ship Lollipop)〉のフレーズを引用したのだけど、その後のレセプションで彼のところにやってきて、『気づいたわよ!』と言うんだ。とてもヒップだったね!」

ナスバウムは、その国務省のツアーでポーランドのクラクフで演奏した翌日の午後、アウシュビッツに行って記念館や博物館を見学したことも回想している。「あれは、とてもヘヴィーな経験だった。そしてこのツアーでは実にさまざまな経験をしたよ。マイケルと過ごしたあの時間にとても感謝している。本当に良い人だし、彼のユーモアのセンスもツアー中に欠かせないものだった。例えばこんなジョークだ。『俺はちょっと腰が弱いんだ(weak back)』『そうなんだ。いつから?』『1週間くらい前からなんだ(a week back)』。とてもドライでウィットに富んでいて、語呂合わせがたくさん出てくる。なかなか楽しかったね」

ジェイ・アンダーソンは、《ナウ・ユー・シー・イット》の2曲でアコースティックベースを弾くことになった。ボビー・トゥループの曲〈ザ・ミーニング・オブ・ザ・ブルース〉をソウルフルにアレンジしたものと、ヴィクター・ベイリーとツインベースでプレイしたマイケル作の複雑でアップテンポな曲〈ピープ〉だ。ドン・グロルニックがプロデュースしたこのアルバムは、1990年8月17日にGRPレコードからリリースされた。元ウェザー・リポートのベーシストでマイケルのステップス・アヘッドのバンドメイトでもあるヴィクター・ベイリーが6曲でエレクトリックベースを弾いている。そこには、ポリリズムの〈エッシャー・スケッチ（A Tale of Two Rhythms）〉などが含まれる。この曲は3拍子と4拍子が魔法のように切れ目なく絡み合い、アルバムのカバーアートとなっている数学にインスパイアされたジグソーパズル（M.C.エッシャーによる1938年のオプ・アートの木版画『空と水Ⅰ』）と音楽的に同等なものになっている。ベイリーは、ウェザー・リポート風のジム・ビアード作曲〈クワイエット・シティ〉でも演奏［もう1曲のビアードのオリジナル〈オード・トゥ・ア・ドゥ・ダ・デイ〉ではビアード自らがシンセベースをプレイ］。このマイケルのリーダーとしての3作目には、アフリカン・フレーバーの〈ドッグス・イン・ザ・ワイン・ショップ〉とムーディーな〈ミンスク〉というグロルニック作の2曲も含まれている。

同じ年の10月16日にワーナー・ブラザースから発売されたポール・サイモンのアルバム《リズム・オブ・ザ・セインツ》の5曲で、マイケルはEWIをプレイ。サイモンは1ヶ月後の11月17日、「サタデー・ナイト・ライブ」に出演し、このアルバムに収録された新曲の一部を初披露する。

マイケルがEWIをプレイしたこの番組でのパフォーマンスは、サイモンが翌1991年に予定していた「ボーン・アット・ザ・ライト・タイム」ツアーのリハーサルも兼ねていた。このツアーはかなり大規模なもので、音響や楽器周りのスタッフ、ミュージシャンからロードクルーまで、関係するすべての人たちの多大なる時間を拘束するものでもあった。

「ポール・サイモンが《リズム・オブ・ザ・セインツ》のバンドで数年間のツアーに出ることになり、マイケルはそこに参加する道を選んだ」とアンダーソンは回想する。「ギャラもすごかったし、彼はあのような音楽を演奏することもかなり好きだったからね。それで結局カルテットは終わりとなった。でも、少なくとも僕はあの素晴らしいカルテットで何年かにわたって演奏することができたんだ」

# 9章

# Paul Simon and a Brotherly Reunion

## ポール・サイモン、そしてランディとのリユニオン

マイケルがEWIで新境地を切り開いていることに、批評家、ミュージシャン仲間、音楽界の有名人等は気づいていた。そしてポール・サイモンもそのひとりであった。マイケルがライブやアルバムで聴かせている、この新しいテクノロジーを使っての不思議なほど有機的な音の世界に魅了され、次のアルバム《リズム・オブ・ザ・セインツ》でそのサウンドを取り入れようと心に決めていたのだ。南アフリカ色の強いアルバム《グレイスランド》(1986年)に続くこの新作は、グルーポ・カルチュラル・オロドゥンによるパーカッシブな下地がブラジルで録音され、メロディや歌詞の味付け、独特の音の質感、雰囲気、さらに〝魂の声〟を加えるために何人かのゲストがニューヨークのヒット・ファクトリー・スタジオに招かれた。マイケルとランディも、C.J.シェニエ(ザディコのアコーディオン奏者)、エイドリアン・ブリュー(トーキング・ヘッズ／キング・クリムゾン／フランク・ザッパ等で活躍したスーパーギタリスト)、J.J.ケイル(ルーツロックギタリスト)、クリフトン・アンダーソン(ジャズトロンボーン奏者)、キム・ウィルソン(ファビュラス・サンダーバードのハーモニカ)といった面々に加わっている。また、このアルバムでサイモンは、のちにマイケルの重要な音楽仲間であり親友となるカメルーン出身のギタリスト、ヴィンセント・ングイニと初めて共演している。

「このセッションのためにヒット・ファクトリーでEWIをセットアップしたのを覚えているよ」とジェリー・ウォートマンは語る。「レコーディング後、マイケルはポールの新しい音楽にとても興奮していた。『信じられないと思うよ。本当に素晴らしいんだ』と言っていた」

マイケルは1975年にサイモンの《時の流れに(Still Crazy After All These Years)》に参加していたが、それはマイケルの大ファンだったプロデューサー、フィル・ラモーンが主導したものだった。しかし今回は、《リズム・オブ・ザ・セインツ》を自らプロデュースしていたポール自身による指名だ。そして、EWIへの興味を通して、アルバムのレコーディング中にマイケルとの絆を深めていく。「ポールは自分が何が嫌いかわかっているが、何を望んでいるかはわかっていないタイプだった」とウォートマンは言う。「だから、ふたりは何時間も一緒にスタジオにいて、探しているものを見つけていくんだ。ポールはEWIが気に入っていて、それが呼吸でコントロールするシンセサイザーであり、それゆえに他にはない表現力を持っていることを理解していた。マイケルはそのことをとても喜んでいた。マイケルがEWIでできることの限界は、彼の想像力によってのみ制限されるものであり、ポールはそれを新しいアルバムに求めていたんだ」

《リズム・オブ・ザ・セインツ》は10月16日にワーナー・ブラザースから発売され、アルバムのリードシングルとして選ばれた〈オヴィアス・チャイルド〉は、マイケルがEWIで参加した5曲のうちの1曲だった。その1ヶ月後、サイモンは「サタデー・ナイト・ライブ」で《リズム・オブ・ザ・セインツ》の曲を披露し、マイケルもバンドの一員としてEWIを演奏している。

その頃、マイケルはすでにサイモンのワールドツアー「ボーン・アット・ザ・ライト・タイム」に参加する契約を結んでいた。1990年の後半から91年丸々、そして92年のそれなりの期間にわたって拘束されるもので、ツアー開始前には友人たちに「オーケー、2年後に会おう!」と言っていたくらいだった。

話は1990年の夏に遡る。この頃、マイケルはサイモンのツアーに参加するかどうかまだ迷っていた。ニューアルバム《ナウ・ユー・シー・イット》が発売され、このリーダーとして3枚目のアルバムを引っ提げて、自分のバンドでツアーをすることを楽しみにしていたのだ。ウォートマンは、「あのとき、彼のバンドはとても活動的だった」と振り返る。「マイク・スターンは抜けたけれど、ウェイン・クランツのギターが入ってのライブがすごく良かったんだ。そして、エレキベースのジェフ・アンドリュースが抜けたあとの、アコースティックベースのジェイ・アンダーソンとの演奏はさらに素晴らしかった。エレクトロニックとアコースティックを見事にセンス良く融合したんだ。ウェザー・リポートやステップス・アヘッドとまた違うもので、新しい時代が始まろうとしているような感じだった」

ブレッカー・ブラザーズの元バンドメイトで、マイケルの長年の友人でもあるギタリストのスティーヴ・カーンは、サイモンのツアーに参加するかどうか迷っているマイケルと電話で話したことを思い出している。「その頃、彼はついにソロ・アーティストとしてブレイクし、マイケル・ブレッカーの名前で世界中のジャズ・フェスティバルで演奏することができるようになっていた。やりたいことは何でもできるんだ。アルバムを作り、自分のバンドでツアーを行い、クラブやコンサート会場など、どんな場所でも演奏することができ、客席は埋まり、人々は自分の演奏を聴きに来る。それは誰しもが夢見ることだ。ミュージシャンにとっての一生の夢なんだよ」

「そして、マイケルがこう言うんだ。『ポール・サイモンから2年間一緒にツアーに出ないかというオファーを受けた。この話を受ければ、家も買えるし、お金も貯まるし、子供たちも大学に行ける。でも今は、これまで自分を見つけるために懸命に頑張ってきて、ついに自分自身として表に出て、演奏することができるときなんだ。それを後回しにして、ポール・サイモンの仕事を数年やったらどうなるんだろう?』。私が自分の意見を言うのは簡単なことで、ブレッカー・ブラザーズを一緒にやっていたときと同じく、『やめとけ』だった。『これまでずっと、このために頑張ってきたんだろ。自分のバンドでやっていけよ』とね。でも結局、彼は正しい決断をしたんだと思う。その過程で人生の数年間を失ったわけだが」

マイケルが、サイモンのツアーに出て自分の今の勢いを止めてしまってよいものかどうか迷っている一方、ウォートマンとバンドのメンバーが、マイケルがツアーに参加すると決めた場合の自分たちの生活を心配するのも当然なことであった。「みんな不安だった」とジェリーは言う。「夏のヨーロッパツアーが大成功に終わったばかりなのに、彼は2年間も続く別のツアーに参加する可能性があったんだ。アダム、私、ジョーイ、ジェイ……みんな、『こんなのやるはずないよな』とは思っていても、やはりビクビクしていた。誰にも確かなことはわからなかったからね」

マイケルはウォートマンに、サイモンのツアーへの参加はないと断言した。サイモンが諦めざるを得ないようなオファーを出すつもりだったからだ。ジェリーはこう証言する。「マイケルは、『心配するな、絶対に実現しないよ。あり得ない額のギャラを要求するから。絶対出さないようなやつだ』と言い続けていた。そうしたら、なんと！　彼らはその要求を呑んだんだ。そこで次には『自分のアルバムが出るからと広告のサポートを依頼する。でもそんなの絶対に受け入れられないよ』と。でもなんと！　アメリカン・エキスプレスがスポンサーとなったこの大規模なワールドツアーのすべての開催地の洒落たプログラムに、マイケルの写真付きで、ニューアルバムの全ページ広告が載ったんだ。ポールは、マイケルが求めるものすべてを与えたんだよ」

マイケルの要求がすべて満たされたのは、ダリル・ピットがサイモン陣営と地道に交渉した結果だ。「しかも、ポールはマイケルをスペシャルゲスト扱いとし、さらにはショーの途中でサイモンが休むところが必要だと判断して、マイケルに、その部分を長時間のソロ演奏の場として与えたんだ」とウォートマンは語る。「基本的に彼らのマイケルに対する態度は、『彼が望むものは何でも与える』というものだった。マイケルがなにかを求めると、必ず手に入れていたのだから」

マイケルはまた、ウォートマンをEWIのテックとしてボーン・アット・ザ・ライト・タイム・ツアーに同行させるようにリクエストし、それも要望どおりになった。「誰かがEWIをセットアップしなければならないし、私はやり方を知っていた。マイケルは譜面をさらったり他のことに集中しなければいけないからね」とジェリーは言う。「でも実は、やり方を覚えさえすれば、キーボードテックの連中でもマイケルの機材の面倒を見ることはできたんだ。ロケット・サイエンティストでなければできないようなことじゃないからね。彼らはマイケルを満足させたかったから、私もツアーに参加させたんだよ」

ボーン・アット・ザ・ライト・タイム・ツアーのリハーサルは、ロングアイランドのリバーヘッドで始まった。ポールは1987年にミリアム・マケバとヒュー・マサケラをスペシャルゲストに迎えたグレイスランド・ツアーを行なっているが、このツアーはさらに大規模なものだ。ブラジルとアフリカのミュージシャン、それにアメリカ人のスティーヴ・ガッド、リチャード・ティー、クリス・ボッティ、マイケル・ブレッカーなど16人が参加している。ハンプトンズにある豪華な一軒家をいくつか借りて、バックライン用、音響スタッフ用、アフリカのミュージシャン用、ブラジルのミュージシャン用としていた。全員に家があり、それぞれが自分の寝室を持っていた。だがマイケル、リチャード・ティー、スティーヴ・ガッドの3人はそれを望まずにホテルにこだわり、リバーヘッドのベストウェスタンに泊まることになった」

リハーサルはリバーヘッドにある警察学校で行われた。「リハーサルが始まって2、3日後に私が到着すると、マイケルが『ここから出してくれ！』と言ったのをよく覚えているよ」とウォートマンは回想する。「ツアーについて考え直していたんだ。『2年間、どうやってこれを続けろっていうんだ？ 気が狂いそうだ』と言っていた。このリハーサルが始まる前に、マイケルのバンドと行なった夏のツアーでは、ポールの〈コール・ミー・アル(You Can Call Me Al)〉(《グレイスランド》からのヒットシングル)のキャッチーなリフを歌いながら、マイケルに『これに慣れなきゃね。これから2年間、毎晩このリフを吹くことになるんだぞ』とからかっていたんだけどね」

「毎晩ジャズクラブで、火の出るようなインプロヴィゼーションを最高のレベルで演奏し、バンドリーダーとして活動した4年間を通してハードコアなジャズミュージシャンという評価を得ていた。しかもそれでいい稼ぎもあったのが、突然〈コール・ミー・アル〉のシンプルな繰り返しのリフを毎晩のように演奏しなければならなくなった。それがちょっと怖くなったんだと思うよ」

しかし、サイモンのツアーは信じられないほど条件の良い仕事だった。自分と家族の快適な将来のために十分稼ぐことができたのだ。スーザン・ブレッカーは「人生を変えるようなお金でした」と言う。「マイケルとは長い間離れ離れになってしまいましたが、ヘイスティングスに家を買う余裕ができたんです。ポールには感謝しています。マイケルは十分な報酬をもらっただけでなく、南アフリカでネルソン・マンデラに会うなど、今までの人生で見たことのない世界を目にして、やったことのないことを経験することもできました。ツアーには旧友のスティーヴ・ガッドも参加していたし、トランペッターのクリス・ボッティやカメルーン人ギタリストのヴィンセント・ングイニとも親しくなれました。自家用飛行機に乗ったりするのも楽しかっただろうし、とても有意義なツアーだったと思います。そして、マイケルとポールが真の絆を結び始めたのもこのツアーでした」

マイケルとポールはこのマラソンツアー「ボーン・アット・ザ・ライト・タイム」の間に、ふたりに共通するアフリカ音楽への愛を通して絆を深めていく。サイモンはこう語る。「僕たちはよく音楽の話をした。主にジャズやアフリカのリズムについてだったが、曲作りやアルバム制作の話もしたよ。そして、EWIの可能性についての彼の考えもいつも興味深かった。優れた人柄で、先見の明があり、偉大なミュージシャンだったんだ」

ツアーで始まったふたりの関係について、スーザンは「ポールの心の中に入っていくのは簡単ではありません」と語っている。「あれだけの名声を得て、そしてなんらか悪口も言われるような人生では、少し難しくなるのもしょうがないと思います。ディランを見ればわかりますよね。親しみやすい存在ではないんです。でも実際は本当に良い人で、マイケルのことを愛していたし、その後も献身的にサポートしてくれました。2015年に初めて開催した、私の企画によるチャリティーコンサート「ニアネス・オブ・ユー」で、最初に電話したのは彼でした。『マイケルを讃えるコンサートをやろうと思っています』と伝えたら、『いつやるのか、どこでやるのか、それだけ教えてくれればそこに行くから』と言うんです。とても誠実で、信頼できる人です」

1991年に行われたマラソンツアー以前、マイケルは幾度もサイモンのレコーディングに参加していたが、ポップアイコンとスタジオのセッションマンとして、ふたりは別の世界の住人であった。スーザンが言う。「ポールはポップスの人だし、ジャズの世界はよくわかっていなかったのです。最初のリハーサルでポールが最初にマイケルに言ったのが『コルトレーンって一体何がすごいの?』。驚きですよね。一方、マイケルもポールの音楽をよくわかっていませんでした。リバーヘッドでのリハーサル初日から電話がかかってきて、『ハニー、〈ボクサー〉のサビを歌ってくれ』と言うので吹き出してしまいました。〈ボクサー〉は誰だって知ってますよね。あの時代を象徴するような曲なのですから。なので『どういう意味?』と言ったら、『とにかく歌って!』。しょうがないので歌ったら、『素晴らしい。じゃあね』とすぐに電話を切るんです。リハーサルで吹かなくてはならなくなったのに、知らなかったということですよね」

カメルーン出身のベーシスト、アルマンド・サバルレッコはこう振り返る。「ツアーのリハーサルの前に、《リズム・オブ・ザ・セインツ》のレコーディングといくつかのチャリティーコンサートに参加し、ポールの現場の緊張感は少しわかっていました。マイケルはリハーサルが始まって2週間ほど経ってから参加したので、みんなに追いつかなければいけないし、より厳しい環境だったと思います。しかし、あれほどの音楽の巨人が、どんなアイデアも受け入れ、柔軟で、有機的で、素直になれることに驚きました。謙虚さとプロフェッショナリズムを学ぶことができました」

超一流とはいえ、サイモン・バンドのメンバーのほとんどは、ポールが夢中になり《リズム・オブ・ザ・セインツ》で追求した西アフリカの音楽を聴いたことがなかった。「この新しいバンドにインスパイアされつつ、西アフリカのリズムを使って新たなアイデアを探求し、新しいことを試し、昔の曲を再アレンジする。リハーサルでのポールの姿は本当に強烈だったので、みんなで勝手に『ポール・サイモン・リハーサル・ツアー』と呼んでいたくらいです」

ロングアイランドでの集中的なリハーサルのあと、ウォートマンとスタッフ全員は、リハーサルの場をニュージャージー州ティーネックにある巨大な武器庫に移す。マイケルが自宅から通えるほど近くにある場所だ。ジェリーはこう振り返る。「1991年1月2日、ワシントン州タコマにあるタコマ・ドームがツアーの初日で、現地でも本番に向けてさらにリハーサルを行なった。ツアー全体の最初のリハーサルが始まってからそこまで、少なくとも3ヶ月は経っていたよ」

135都市を回るボーン・アット・ザ・ライト・タイム・ツアーは、大きく4つに分けられる大規模なものであった。1991年の1月2日から4月17日までの第一弾で全米を駆けめぐり、5月3日から7月23日までの第二弾でヨーロッパを回り、第三弾は8月15日のセントラルパークでの10万人を超える無料ショーから始まり、9月29日のカリフォルニア州マウンテンビューのショアライン・アンフィシアターまで再び全米を回る。そして第四弾で中国、日本、オーストラリア、ブラジル、アルゼンチン、メキシコとグローバルに展開されていき、ツアーのクライマックスは1982年1月、南アフリカ共和国のケープタウン、ヨハネスブルグ、ポートエリザベスで行われた5回のコンサートであった。全都市、全公演が満席となった。ウォートマンは、この大成功を収めたワールドツアーをこう振り返る。「ふたりでよく冗談を言い合ったよ。マイケルはいろいろなアリーナで客席の奥の方の小さな一角を指差して、『あのセクションが見える？　あそこなら僕だけでもソールドアウトできるかな』とかね」

「とにかくエキサイティングなツアーだったよ」と続ける。「すべてがファーストクラスだった。マイケルとは別々に移動していたので、友人としては辛い部分もあったけれどね。ツアーで別々になるのは慣れていなかったから。でも、あのツアーで本当に多くのことを学んだんだ。そのおかげで、今の私がある。自分だけでそのままやっていたら、決して見ることのできない世界を一から見せてもらった。そしてできる限り多くのことにボランティアで首を突っ込んだんだ。会計士から学び、照明のスタッフと一緒にステージの上にも登った。照明を吊ったり、音響システムを組み上げたり、ステージを組み立てたり。これを毎日どうやっているのかなんて知らなかったけど、学ぶことができた。自分にとってはすべてが目新しく、喜んで学んでいったよ。もちろんジャズのライブツアーのことならよく知っていた。車を運転し、夕食を取りに行き、サウンドチェックをし、クラブで客数を数え、プロモーターに怒鳴る。でも、このツアーはそれとは全く別の世界だ。楽器や機材のケース、プロダクションオフィス、アシスタントやさまざまな人々がいて、まるで動く街のようだったよ。こんな世界があるなんて知らなかったけど、すぐにコツを覚えていった」

ウォートマンは、そのツアーでマイケルが真の紳士であることもわかったと付け加える。「最初の6ヶ月、ツアーの第一弾のあとに、私のギャラが他の楽器担当のギャラより安いことがわかったんだ。間違いなく私も彼ら並みに頑張って働いていたんだけどね。いい気分ではなかった。そうしたら、その差を埋めるために、マイケルが週に数百ドルを自分のポケットマネーから払ってくれたんだ。そんなこと、普通はしてくれないよね？」

報酬はともかく、マイケルはそのサイモンのツアーで、カメルーン人のングイニやサバルレッコと一緒だったおかげでセネガル音楽と西アフリカ音楽について貴重な洞察を得ることができた。「マイケルは好奇心旺盛で、常に探究心に溢れていた」とサバルレッコは言う。「当時、彼が親しんでいたのはアフロ・ラテン音楽が多く、それはバリー・ロジャースの影響だと思う。でも、ヴィンセントと私がやっていた音楽は全く別物で、時には自分たちの母国でさえ知られていないものだった。最初にマイケルにこう言ったんだ。『アフリカ音楽は文化であり、なんらかの技や簡単なコツで1時間で教えられるようなものじゃない。王族に対するときのように敬意を持って、もしくはインスピレーションを持って接しなければいけない。まず向こうから語りかけてもらうようにし、それから君が答えていくんだ』」

「というのも、アフリカ音楽が投げかける質問のひとつひとつが、あなたのDNAを知る鍵のようなものだからだ。答えが正確になるにつれ、内面から演奏できるようになる。民族衣装を着た観光客が適当に演奏するのとは違ってね」と、アルマンドは続ける。「そして、西アフリカのリズムに関していえば、マイケルはあのツアーでまさしく自分の内面から演奏し始めた。個人的には、私が大好きなジャズのアルバムで聴けるような、マイケル・ブレッカーのクラシックなフレーズを期待していたのだけど、彼がブレることはなかった。常に文脈を大切にし、私はそれに静かに感銘を受け、教えられたんだ

のちに《リターン・オブ・ザ・ブレッカー・ブラザーズ》（1992年）や《アウト・オブ・ザ・ループ》（1994年）のレコーディングにも参加するサバルレッコは、このテナーの巨人を高く評価している。「彼は毎晩、熱意を持って素晴らしい演奏をしていた。火山のような熱さを、天使のように優しくコントロールしながら」

さらに彼は、ツアーの最中、そしてツアーが終わったあとにも、ステージ以外でもマイケルと多くの時間を共に過ごしたと付け加えている。「どの国でも、オフの日にはふたりで地元のレストランで食事をしたり、伝統音楽のCDを買いに行ったりしていたよ。ツアー中の移動やオフの日の85パーセントくらいは、彼に聴かせようと集めたいろいろな音楽を聴いて過ごしたものだ。その後、ウェストチェスターにある彼の家で家族と一緒に過ごしたのだけど、マイケルがアフリカに入れ込み、その影響で家族もアフリカの波に乗っていたのがわかった。家の中の装飾品を見ても、そのことがよくわかったよ」

彼はマイケルを「優しく、寛大で、好奇心が強く、創造

的で、謙虚な魂の持ち主だった」と偲び、「知らない人たちや、自分にはメリットがない人たちに対しても変わらない」と付け加える。「ポジティブでいることを選び、何についても笑うことができた。自分自身のことさえね。そんな彼が、早くから音楽面で私を信頼してくれたことは、私自身の音楽と人間性を飛躍的に向上させてくれたんだ。とても感謝しているよ」

ウォートマンは、マイケルはそのマラソンツアーでングイニやサバルレッコと一緒に行動して、生き生きとしていたと言う。「アフリカ人のふたりがやっていることを見て、これは自分にとっても興味深いことだと思い始めたんだ。リチャード・ティーやスティーヴ・ガッドが、ただやってきて自分の仕事をこなして、そのままホテルに戻るのとは違う。マイケルは『ちょっと待てよ、ここでなにか面白いことをやってるぞ』という感じだった。そして、ある意味彼らの弟子になり、ツアーを通して彼らの音楽を勉強し、興味深い時間を過ごしたんだ。その影響は、のちに自身の音楽にも現れることになる」

マイケルは２０００年のダウンビート誌のインタビューで、ポール・サイモンのツアーでカメルーン人たちと行動を共にしたことについて、テッド・パンケンにこう語っている。「彼らのそばにいる機会を得たことは、まるで新しいドアが開いたようなものだった。おおもとの人たちに直接質問できるのです。一緒になにかを聴いているとき、まずどこのものかを聞き、次に言葉の意味を聞きます。曲の構造、リズムの意味、6拍子で聴いているのか12拍子で聴いているのか、3拍子なのか4拍子なのか、はたまた9拍子なのか。アルマンドは私の腕でリズムをとってくれたりもしましたが、それは私に聴こえているタイミングとは全く違うことがよくありました」

別のインタビューで、フェニックス・ニュー・タイムズ紙のジミー・マガハーンにこう語っている。「ポールのそばにいて、彼が音楽を作る様を見て吸収できる喜びもさることながら、他の文化圏のミュージシャンと一緒にいられたことも驚くほど素晴らしい出来事でした。このツアーで学んでいることは、今後の自分の作品にも活かされると思います。今はまだ表面を引っ掻いているくらいですけどね」

１３５都市を巡るツアーで毎晩アフリカやブラジルのリ

ズムに浸ると同時に、マイケルは各公演で、自分のソロ・ショーケースという大事な場を与えられ、ＥＷＩを体験したことがない観客に、その驚くべき可能性や表現力を紹介していった。ジェリーは「ペダルを７つ搭載したペダルボードを作ったので、マイケルは演奏し、アドリブするだけでなく、ペダル操作のための複雑な振り付けも考えなければならなかった」と説明する。「でも彼は、何事もないかのように、うまくやってのけたんだ」

ウォートマンは続ける。「マックのコンピューターも持って回っていたよ。マックプラスを機材用のケースに入れ、万が一の事態に備えてバックアップも取っていた。また、ホーン奏者としては珍しく、マイケルは自分の音のミックスやリバーブをコントロールしたがっていた。自分でレベルをコントロールできることがとても大切だったんだ。そこで私はマイケルと一緒に、小さなボックスやコントローラーを作り、彼が快適にプレイできるように工夫したんだよ」

サイモンのコンサートでのマイケルのソロステージが、ツアーが進むにつれて進化していったとウォートマンは言う。「最初は、《ナウ・ユー・シー・イット》収録のドン・グロルニックの曲〈ドッグス・イン・ザ・ワイン・ショップ〉をそのままの形でやったのだが、ショー全体の流れにうまく馴染むものではなかったんだ。でも、ヴィンセント・ングイニが手を入れてアフリカ志向のものに変えると、素晴らしく魅惑的なものになっていった。また、ワイヤレスマイクにしてステージ上を動き回り、観客を自分のパフォーマンスに巻き込めるようになったのもこのときだ。ジャズクラブで演奏するのと、毎晩３万人の観客の前でコンサートをするのとでは、大きな違いがあるとポールから学んだんだよ。そして、ポールが休憩している間のソロステージで、ＥＷＩを演奏しながら観客を巻き込むことを学んでいった。このツアーのショー自体は休憩がなく、ソロステージ部分はマイケルの独壇場としてＥＷＩで大いに盛り上げていたんだ」

ＥＷＩでシンプルなパンフルートのサンプリング音を使いながらソロを始め、豊かな和音に移っていくと、サイモン・バンドのパーカッション・セクションがそれを支えていく。次に、ディストーションがかかったエレキギターのサンプリング音でＥＷＩを泣かせ、ピグミーの詠唱と熱帯雨林のサウンドへと移っていく。そして最後にセルマー・

マークVIを手に取り、西アフリカのリズムが鳴り響く〈ドッグス・イン・ザ・ワイン・ショップ〉が始まる。ングイニならではの快活なアレンジで、マイケルのソロ・ショーケースは、サイモンの西アフリカ色濃いライブに完璧にフィットしていったのだ。

「EWIは、テナーサックスとはまた違う力をマイケルに与えたんだ」とウォートマンは言う。「そして、ブレッカー・ブラザーズが復活し、マズ&キルゴア(プログラマー兼リミックスの名手、マズ・ケスラーとロビー・キルゴア)と共に、EWIを使った全く未来的なものをやっている。本質的には、ハウス/アシッドジャズ的なものを、まだ誰も知らないうちにやっていた。当時の曲を聴いてみると、今もスナーキー・パピーの曲と同じような聴き応えがあるんだ。今の若い子は自分たちが作り出したと思っているけど、マイケルとランディは20年前にそういうことをやっていたんだ」

１９９２年、ブレッカー・ブラザーズ再結成のときがやってくる。マイケルとランディがブレッカー・ブラザーズの活動を休止して以来、約10年の時が経っていた。テクノロジーの革新や音楽の好みの変化を考えると、新しいサウンドと、昔から変わらぬ兄弟のケミストリーで再び戦線に加わることは悪くないアイデアであった。実は、ブレッカー・ブラザーズはその何年か前、１９８４年に、スティーヴ・フェローン、ウィル・リー、バリー・フィナティ、マーク・グレイと共にセヴンス・アヴェニュー・サウスでそっと再結成を果たしている(ブレッカー兄弟のこの有名なマンハッタンのナイトクラブが閉鎖される約1年前)。そして、ブレッカー・ブラザーズの第二幕は、《ドント・ストップ・ザ・ミュージック》《デタント》《ストラップハンギン》の時代には存在しなかった、あるいは単に彼らが存在に気づいていなかった音楽、特にヒップホップやアフロポップの影響を受けたものとなった。

マイケルとランディは、１９９２年4月末に《リターン・オブ・ザ・ブレッカー・ブラザーズ》のレコーディングをデジタルの48トラックで始め、同年8月上旬にマスターテープをGRPに納品した。マイケルのポール・サイモン・ツアーへの参加は、90年代に入ってからのこのバンドの再結成に大きな影響を及ぼしている。１９９２年10月号のダウンビート誌のインタビューで、マイケルは「私は昔からアフリカ音楽に興味がありました。そしてポール・サイモンのツアーでは、アフリカのミュージシャンと一緒に生活し、演奏する機会を得たのです。たくさん質問して、実にたくさんのことを学びました。彼ら、特にアルマンド・サバルレッコは、自分の知識を惜しみなく与えてくれたのです。長い時間を共にし、多くを学び、作曲でも大きな影響を受けました」と語っている。

サイモンのツアーの間、サバルレッコはマイケルがアフリカ各地の豊かな音楽の微妙な違いや明白な差異を把握し始めるのを手助けしていた。「ポール・サイモンのプロジェクトに参加した時点では、私は西アフリカと南アフリカの音楽の違いも知りませんでした。北カメルーンと東カメルーンの音楽の違いも、セネガル、ガーナ、ナイジェリアの音楽の違いも、まだよくわかっていませんでした。でも、今はかなり理解できるようになってきています。まだまだですが。これらの国から発信される音楽情報は膨大で、まだまだ学ぶべきことが多いですからね。とにかく、アルマンドのおかげで、把握し始めることができたのです」

ランディは、70年代から80年代初頭にかけてのブレッカー・ブラザーズのアルバムと、GRPの《リターン・オブ・ザ・ブレッカー・ブラザーズ》（1992年）の連続性について語っている。「新譜のうちの何曲かは、前作からの流れに沿って書いたのだけど、仕上げていく中で進化させていった。なので共通点はありつつ、意図的に変えたところもある。その辺は特にマイケルの曲によく表れていると思う。私の曲作りも昔に比べて洗練され、ハーモニーもより高度になったと思うけれど、マイケルの曲作りほどの変化はしていないからね」

マイケルがポール・サイモンのツアーから受けた影響は、《リターン・オブ・ザ・ブレッカー・ブラザーズ》の魅力的な曲〈ワカリア（ホワッツ・アップ？）〉に見ることができる。カメルーンの首都ヤウンデで生まれた音楽スタイル、ビクシーをベースにした12／8拍子の陽気なグルーヴを持つ曲だ。複雑なポリリズム、ハンドクラップ、チャント、サンプリングしたウッドフルートなどの重なりの上で、マイケルとしては珍しいソプラノサックスと、太いテナーとを交互に聴かせている。「アルマンドとヴィンセント・ングイニが話す言語であるエウォンドでは、このタイトルは『こんにちは』や『調子はどう？』というような意味です。《リズム・オブ・ザ・セインツ》には、このビクシーから生まれた曲がいくつかあり、私はツアー中、この音楽に魅了されていました。さまざまなビクシーが収録されたレコードも集め始めました。レ・テット・ブリューレというアフリカの新しいバンドは、ビクシーをポップパンクにしたような演奏をしています。そして、僕らのバージョンもまた、この伝統的な音楽を変わった形でアレンジしたものなのです」

ランディの〈ROPPONGI〉は、ブレッカー・ブラザーズ流のクラシックなファンクチューンだ。ジェームス・ジーナスのスラップベース、デニス・チェンバースの叩きつけるようなバックビート、そしてランディのトランペットとマイケルのテナーの組み合わせでいかにもニューヨークらしい粋なフロントライン。ブレッカー・ブラザーズの1975年のデビューアルバムに収録されたランディの〈スポンジ〉のような雰囲気だが、この新作では、ドン・アライアスのコンガプレイが炸裂するサルサ的な部分など、新しい方向性も探っている。

〈キング・オブ・ザ・ロビー〉はマイケル作曲で、もう少しグルーヴ系のファンクだ。ランディ作の〈スクイッズ〉(1977年発売《ドント・ストップ・ザ・ミュージック》収録)の90年代版的な趣で、マックス・ライゼンフーバーがプログラミングしたシンセのベースラインとドラムトラックが効いている。そしてデヴィッド・サンボーンがアルトサックスで参加し、ブレッカー・ブラザーズの最初の2枚のアルバムでのホーン・セクションの特別な化学反応が再現された。「3人が一体となったあのセクション・サウンドを再現したかったんだ」とランディは言う。「最初は3ホーンだったし、デヴィッドのファーストアルバム《テイキング・オフ》(1975年)でもこの3人でレコーディングした」。サンボーンとブレッカー兄弟は、数年前にハイラム・ブロックのアトランティックからのデビュー作《フロム・オール・サイズ》(1986年)でも、このタイトなホーン・セクションの化学反応を蘇らせている。

《リターン・オブ・ザ・ブレッカー・ブラザーズ》で他に特筆すべきは、マズ&キルゴアが活躍するハイテク・ヒップホップ風のファンク〈ビッグ・アイデア〉で、ここではブレッカー・ブラザーズの初期の名曲〈サム・スカンク・ファンク〉と〈スクイッズ〉の引用が巧みに織り込まれている。ランディ作曲の〈グッド・グレイシャス〉はロックテイストのバックビート・ナンバー。そしてやはりランディ作のレゲエ風味の遊び心あるヴォーカル・ナンバー〈ザッツ・オール・ゼア・イズ・トゥ・イット〉でも、ランディはご機嫌な感じだ。ここでは、1971年のドリームスのセカンドアルバム《イマジン・マイ・サプライズ》のタイトル曲、1980年のブレッカー・ブラザーズのアルバム《デタント》の〈ドント・ゲット・ファニー・ウィズ・マイ・マネー〉、そして自分名義の1990年のソロアルバム《トー・トゥ・トー》の〈イット・クリープス・アップ・オン・ユー〉で聴かせたようなトーク／シング的なものを再現している。

ランディは〈アバヴ・アンド・ビロウ〉も作曲。ジョージ・ホイッティのミニムーグ・ソロの効果もあって、リターン・トゥ・フォーエヴァーのソングブックの1ページにでもありそうな、ミュージシャンの技が炸裂する曲だ。マイケルはもちろん、デニス・チェンバースも激しいドラムソロでさらに盛り上げている。また、マイケルはセロニアス・モンクの風変わりなリズムへの敬意を表したファンク・スウィングのナンバー〈スフィリカル〉を提供。〈ソズィーニョ(アローン)〉(ポルトガル語で「ひとりぼっち」の意味)では、ランディがフリューゲルホルンで優しい感情を表現する。凝ったスタジオワークが光る〈オン・ザ・バックサイド〉では再びマズ&キルゴアが大活躍し、急速に広まりつつあったヒップホップ・ジャズへのアプローチを見せている。マイルス・デイヴィスもちょうど同時期に《ドゥーバップ》で同分野を探求し始めていたところだった(1991年1月録音。発売はマイルスの死後92年6月30日で、《リターン・オブ・ザ・ブレッカー・ブラザーズ》発売の2ヶ月前であった)。マズ&キルゴアは、クラブでのプレイに特化した〈オン・ザ・バックサイド〉の12インチ・リミックスも制作している。

《リターン・オブ・ザ・ブレッカー・ブラザーズ》の中で最も強力かつ不朽の曲は、アルバムのオープニングであるマイケルの〈ソング・フォー・バリー〉だ。この曲は、1991年4月18日に亡くなった、かつての恩師でもあるドリームスのトロンボーン奏者、バリー・ロジャースに対するマイケルのトリビュートである。マイク・スターンの専売特許のような容赦ないギターソロをフィーチャーして、毎回ライブの最後を飾る曲としても使われることになる。ロジャースの葬儀でマイケルは、〝ブレッカー・ブラザーズの名誉兄弟〟への感動的な弔辞に、ちょっと場違いなセリフも入れて弔問客の気持ちを和らげていた。トランペット奏者であるロジャースの息子クリスは「追悼式でのマイケルの弔辞の冒頭の『バリーは私が初めて出会った、車を修理できるユダヤ人でした』というセリフは、のちの語り草となりました」と回想している。

アフリカの影響を受けたキャッチーなナンバーである〈ソング・フォー・バリー〉は、ロジャースがドリームスで毎晩のように吹いていたフレーズを取り入れている。サルサの巨匠エディ・パルミエリの1973年のアルバム《センティード》に収録されている〈コンディシオネス・ケ・エクシステン〉でも繰り返しているフレーズだ。1992年のダウンビート誌のインタビューでマイケルは、「バリーのお気に入りだったこのフレーズを中心にメロディを作ったのです」と説明している。「そして、エディ・パルミエリの《ザ・サン・オブ・ラテン・ミュージック》(1974年)の〈ウン・ディア・ボニート〉での彼のソロもコピーしました。レコード盤になっている彼のソロの中でおそらく一番好きな演奏なのです」

また、マイケルは、同志であり、メンターでもあった亡きロジャースについてこうも語っている。「私が初めてニューヨークに来たとき、彼は父親のような存在でした。19歳でシーンに入ったばかりの頃の私を、庇護下に置いてくれたのです。バリーは、30代半ばにしてグループの長老的存在でした。それから膨大なレコードコレクションを持っていて、それまで聴いたことのないような音楽をたくさん聴かせてくれたのです。ブロンクスにある彼の家に行くと、アフリカ音楽、サルサ、ケイジャン……すべてに熱くなりながらいろいろと聴かせてくれました。クリエイティブな情熱が溢れる彼のそばに居るのは、とても刺激的なことでした」

ブレッカー・ブラザーズはこのレコーディングのあと、夏のヨーロッパツアー、日本での公演を経て、秋からアメリカツアーを開始した。ポール・サイモンのツアーでマイケルと共演し、《リターン・オブ・ザ・ブレッカー・ブラザーズ》(1992年)にも貢献したベーシストのサバルレッコは、ブレッカー・ブラザーズの復帰に携われたことにとても感謝していると語っている。「彼らは、復活し、チャンスを掴み、そしてシーンのレベルを上げた」と彼は言う。「サイモン・ツアーが終わったあとだったけれど、マイケルとの絆はそのまま続いていたんだ」

サバルレッコは、ブレッカーが《リターン・オブ・ザ・ブレッカー・ブラザーズ》で新しい音楽的境地に達したと感じていたが、本当の限界を超えたのは、次のアルバム《アウト・オブ・ザ・ループ》(1994年)であった。「素晴らしい、なんの枠にもはまらないアルバムだ」と彼は言う。「私たちはそれぞれ西海岸と東海岸に住んでいたので、アレンジやアイデアを交換するのに、DATを送り合ったり、果てしなく電話で話したりしていた。その後、マイケルの曲〈アフリカン・スカイズ〉のリハーサルとレコーディングのためにニューヨークを訪れたのだけど、この曲は、私の母の出身地である南カメルーンのビクシーという12／8拍子の音楽がベースになっているんだ。マイケルは、そのスタイルとレ・テット・ブリューレというバンドに惚れ込んでいた。みんなと一緒に、普通のベースを録音したあと、ヴォーカルとエレクトリック・ピッコロベースを重ねて完成させたんだ。ギタリストのディーン・ブラウンやキーボーディストのジョージ・ホイッティなど、このトラックではバンドもすごかった。ジョージはこのCD全体において、とても重要な役割を果たしたと思う」

《リターン・オブ・ザ・ブレッカー・ブラザーズ》でシンセを弾いたりプログラミングをしたホイッティは、マイケルとの最初の出会いをこう振り返っている。「1992年の1月か2月、イリアーヌ・イリアスのツアーバンドでキーボードを弾いていた頃だ。彼女のアルバムは凝ったアレンジが多く、彼女自身はピアノに集中したかった。だからシンセの音やストリングスなどで雰囲気を出してくれる人を探していて、私がやることになった。そして、ブレッカー・ブラザーズ・バンドを再始動するという話が出たとき、イリアーヌがランディに推薦してくれたんだ。私がシーケンサーをいち早く取り入れていることを知っていたしね。ランディからかなりラフなデモのカセットと譜面を受け取り、それをとてもいい感じの音に仕上げた。それが気に入られてブレッカー・ブラザーズの復活アルバムに携わることになり、マイケルに会うためにヘイスティングスまで車を走らせることになったんだ」

「どんな感じになるかもわからないし、少し怖気づいた」と続ける。「当時29歳だった私にとって、マイケル・ブレッカーはもうとんでもない巨人だったけれど、どんな人なのか人物像は知らなかったんだ。ブレッカー・ブラザーズの音楽は、オレゴン州ポートランドから320キロほど離れた小さな街クースベイで育った高校時代から知っていた。初めて手にしたアルバムは、《バック・トゥ・バック》だったと思う。このアルバムの緊迫感は、私の音楽的な育ちに大きな影響を与えたんだ。その後、80年から82年までバークリー音楽大学に通っていたときには、彼らのコピーをしていた。チック・コリアの音楽と同じように、彼らの音楽も魅力的だった。ものすごいフレーズを聴かせるけれど、予想外の展開や奇妙なひねりや角度も入れ込んで、私をニヤリともさせるんだ」

「マイケルが参加しているパット・メセニーのアルバム《80/81》も大好きだった」とホイッティは続ける。「自分の部屋の窓からステレオ・スピーカーを突き出して近所中に鳴り響かせ、周りをイライラさせていたものだ。レコードがすり減るまで聴いたね。マイケルの演奏は、そのアルバムでも緊張感に溢れていたし、それまでの他の作品でもすべてそうだった。だから、彼自身もかなりピリピリした人なんだろうなと勝手に思っていたんだ」

ホイッティが、ヘイスティングスにあるマイケルの家に到着して初めて会ったとき、それとは少し違う印象を持つことになる。「なんと彼は、お尻で階段を登り降りするという不思議な状態だったんだ。腰を痛めてそんなことになっていたのだけど、参ったよ、とてもいうようなくだけた笑みを浮かべていた。そんなわけで、とても奇妙な初対面だったんだ。でもとにかく、アルバムのことを話し、どのようなプロセスを踏むかを考え始めた。クースベイにいた頃は、マイケル・ブレッカーと仕事をすることになるとは夢にも思っていなかったが、そう。そうなったんだよ」

マイケル、ランディと仕事をしていると、彼らは常に〝奇妙なねじれ〟のあるものを求めたと言う。「マイケル、ランディのふたりは、セロニアス・モンクの遺伝子を持っている、といつもみんなに言っていた。例えば、僕がアレンジをしているとランディがやってきて、『あまり面白くないな。ねじれがないんだよ』と言うんだ。それで、移調を試し始めたらクラリネットのパートがすごく変なキーになって、ランディの方を振り返ってみると、『そう、これだ！』って目を輝かせてたりね。マイケルも同じだった。ふたりともいつもそんな感じだった。普通じゃ満足しないんだ」

「マイケルは、たったひとりの聴衆に向けて曲を書いていると言っていた。そしてそのひとりというのがランディなんだ。とても興味深いと思ったよ。多分ランディもそう感じていたと思う。マイケルは、ランディに曲を気に入ってもらいたかったんだ。だから、あまりに普通だったり、シンプルすぎたりするとダメだ。ねじれがないとね。でも、とにかく、マイケルの曲を一緒に仕上げていくのはいつも面白かったよ。インスピレーションがぎっしり詰まった良い曲ばかりだったからね」

1992年のリターン・オブ・ザ・ブレッカー・ブラザーズ・ツアーのバンドは、マイケルとランディ、ギターのマイク・スターン、ベースのジェームス・ジーナス、キーボードのジョージ・ホイッティ、ドラムのデニス・チェンバースで構成されていた。1993年、GRPはバルセロナのパラウ・デ・ラ・ムジカで前年11月5日に行われた彼らのダイナミックな演奏を収めたVHSビデオをリリースしている。この92年のツアーは、すべての公演が、マイケル作の〈ソング・フォー・バリー〉の広大かつ観客の心を虜にするようなバージョンで締めくくられた。バリー・ロジャースがマイケルに聴かせたという1952年の野外録音〈ミュージック・オブ・ザ・マリンケ・アンド・ボール〉にインスパイアされた西アフリカ風の曲だ。マイケルの壮大なEWIソロで始まり、ロック調のクレッシェンドを経て、最後は心拍数が上がるようなスターンの超絶技巧ソロで観客も総立ちになっていた。

この強力なユニットは1992年を通してツアーを続ける（1992年8月23日のマウント・フジ・ジャズ・フェスティバル、その後の大阪・福岡・東京のブルーノートでの日本ツアーでは、元ブレッカー・ブラザーズのギタリスト、バリー・フィナティがスターンの代役を務めた）。スターンとチェンバースが在籍するこのバンドは、93年春までヨーロッパと日本でのツアーを行い、93年4月1日の名古屋のボトム・ラインでの公演を最後に解散した。

ツアー中、チェンバースとマイケルは「創造的ないたずら」を仕掛け合って時間を潰したようだ。チェンバースは語る。「あれは楽しいツアーだった。マイケル、ランディとは、あのツアーの何年も前、1977年から78年にかけてPファンクがセヴンス・アヴェニュー・サウスでライブをやってた頃に会っている。あそこでは彼らはプレイヤー以外の顔を持っていて、それはPファンクのライフスタイルにもフィットするようなものだった。とても興味深い連中だと思ったし、仲良くなれたよ。それから、数年前（1988年9月4日）にはマイケルのバンドで、アダム・ナスバウムの代役をリオのフリー・ジャズ・フェスティバルで務めたことがある。そう、お互いのことは知っていたし、良い相性だったんだ」

チェンバースは、92年のブレッカー・ブラザーズ・ツアーのリハーサルの初日が危うく失敗に終わるところだったことを覚えている。「エレベーターを降りたらドラムの音が聴こえてきて、『うわ、早かったな。もうクビなのか』って思ったんだ。ドアの前に立って耳を傾けると、『誰だ？　こいつすごいな……』ってなったしね。そしてドアを開けて入っていった。シンバルなんかをまとめて、家に帰ることになるんだろうなと思いつつ。そうしたらなんと、マイケルがドラムのところに座っていたんだ！　信じられなかったよ。私は微笑み、彼も微笑み、彼が叩いている間、ずっと見ていた。ステージに上がり、ドラムの後ろに立って、テクニックやすべてをチェックしたんだ。そしてついに彼の手からドラムスティックを取り上げて、こう言った。『ここからどくんだ。もう二度と俺のドラムを勝手に叩くんじゃない、いいか？』」

この対決をきっかけに、ふたりは旅先で友好的でありながらも結構な一騎打ちをするようになり、時には少し行きすぎたときもあったようだ。「私は彼にいろいろとクレイジーなことをし、彼も私にいろいろとクレイジーなことをした」とチェンバースは振り返る。「お互いの楽器には何もしないというのが唯一のルールだったかもしれない。自分はサックスには決して触れないし、彼はドラムには何もしない。ドラムスツールにいたずらされたことはあるけどね。ソロの途中でドラムセットが大きくなっていくんだよ。マイケルがスツールのネジを緩めていたんだ。ソロを叩いていると、スツールがどんどん下がっていく。『一体どうなっているんだ！』と思ったね。マイケルの方を見ると、にやにやしながら、『さあ、どうやってソロをやってみせるかな？』みたいな顔をしているんだ。私は『上等だ。次は必ず仕返ししてみせるぞ』ってね」

ここから、ブレッカーとチェンバースの悪ふざけ戦争が始まった。「ある夜、南仏でのライブのあと、相談したいことがある、とマイケルがホテルの部屋に私を呼んだんだ」とチェンバースは言う。「そこで話していると、シェードが開けっ放しになっていることに気づいた。外は暗く、電気はついていて、窓は閉まっている。そして彼はトイレに行きたいと言い、トイレに入っても私に話し続けていた。ふと窓の外を見ると、蚊でいっぱいだ。そこでとあるいたずらのアイデアが浮かぶ。『やるべきか、やめとくべきか』と少し悩んだけれど、こんなタイミングはなかなかないし、やらなかったら後悔しただろうしね」

「で、バスルームのドア越しに、『ねえマイケル、部屋に忘れ物をしてしまった。すぐに戻るから』と言い、窓を開けて部屋中を蚊でいっぱいにして出て行ったんだ。そして、廊下を歩いていると、『わんぱくデニス』のウィルソン氏のような叫び声が聞こえてきたよ。『デーニーース!!!』ってね」

マイケルが仕返しするのに、長い時間はかからなかった。

「ある日、見事にやられたんだ」とデニスは回想する。「マイケルとのツアーでは、彼の部屋のドアをノックし、ドアが開いたら部屋に駆け込んでベッドに飛び乗る、なんていうのをルーティンにしていた。その日もそのルーティンをやろうとしたら、一体どうやったのか、布団とマットレスの間に大きな板が置いてあって、ダイブしたらまるでセメントの壁にぶつかったみたいだったんだ。飛び込んだとき、閃光が見えたよ。ほとんどノックアウト、大怪我をしてこのベッドに突っ伏したような感じで。そして、マイケルはそれを見て大笑いしている。こんな感じのことをツアー中、お互いにやっていたんだ」

悪ふざけの度合は、ツアーが進むにつれてエスカレートしていく。「パリでホテルにチェックインしようとしたときのことだ」とチェンバースは振り返る。「その日はオフだったんだけど、部屋はまだ準備できていなくて、外は雨が降っていた。スターンには、そういうときにロビーで騒ぎを起こして、すぐに部屋を用意させるという技があるんだ。外へ行ってでっかいチキンの塊を手に入れ、ホテルのロビーに戻ってくるとフロントのすぐ向かいに座る。腕は鶏の肉汁でベタベタ、髪の毛はびしょびしょ、表情はイッちゃってる。そう、危ない奴にしか見えないんだ。一方、スーツとネクタイに身を固めたチェックイン待ちの連中はスターンを見て、『なんてことだ。誰がこのホームレスをホテルの中に入れたんだ?』とね。こうしてすぐに部屋が用意されるんだよ」

「そしてマイケルは部屋の鍵を手に入れ、『デニス、あとでなにか食べに行かないか』と言うので『ああ、行きたいときに言ってくれ』と答えた。なにか企んでいるのはわかったが、それが何なのかまではわからなかった。私もようやく部屋の鍵を手に入れたので、スーツケースをエレベーターの方に運ぼうとすると、マイケルが立って待っている。私のスーツケースには特殊なパネルロックがついていて、その鍵を合わせないとロックが外せないようになっていた。なのに、フロントから2歩ほど歩いたところでスーツケースが開いて、中身がすべて床にぶちまかれてしまったんだ。マイケルは、『あらら、じゃあ、また会えるときにでも』と言い、ニヤリと笑みを浮かべながらエレベーターに乗って立ち去っていく。『殺してやる！』と思ったよ」

彼らの〝クリエイティブな悪ふざけ〟がピークに達したのは、おそらくその年の暮れにブレッカー・ブラザーズのツアーでアルバに行ったときだ。「マイケルの部屋は1階にあり、ビーチに面していて、部屋から直接出られるようになっていた。私の部屋は2階で、ビーチを見下ろしながら、『なんとなんと。これはなにかお見舞いしないとな』という感じだったよ。ラウンジチェアに座って本を読んでいるのだけれど、何をすればいいのかわからなかった。そうしたらマイケルの部屋の電話が鳴り、彼はいったん部屋に入ると、ビーチで話そうと電話機を持って出てきた。好機が来たんだ。『下に行って、どうにかして部屋に入り、めちゃくちゃにしてやろう』と考え、下の階に降りて、茂みを抜け、見つからないようにして部屋に忍び込んで、そうしてやった。すべての電球をソケットから引き抜き、他の電話を分解し、タンスを開けて、服をすべて床に投げ散らかした。ベッドの布団もひっくり返してみた。楽器以外、触ることのできるものは全部めちゃくちゃにしてやったんだ。マイケルが部屋に入ってくるのが見えたので、バスルームに駆け込み、シャワー室のドアを閉めて隠れた。そしたらマイケルは入ってきて笑うんだ。何が起こったかわかっていた。そして、電話を組み立て、ジェリー・ウォートマンを内線で呼び出し、『ジェリー、デニスが僕の部屋に忍び込んだ。部屋をめちゃくちゃにしてくれたよ。降りてきて見ないと』と。でもジェリーは事務仕事があって、その時間がなかった」

「そこで、マイケルは部屋を元どおりにし、電球をすべて戻し、服を綺麗にたたんで引き出しにしまい、布団にベッドカバーをかけ、とことん片付けた。そして、ビーチに戻る。バスルームには来なかったので、彼がビーチに戻るとすぐに20まで数え、バスルームから出て、外の椅子に座っているのを確認したうえで、またもめちゃくちゃにしたんだ。するとと部屋に戻ってきたので、再びシャワー室に隠れた。『何なんだこれは！』って声が聞こえてきて、笑わないよう必死に唇を噛みながら座っていた。でも彼はまたすべてを元に戻し、ビーチに出て行く。そこで私はもう一度めちゃくちゃにする。戻ってきた彼は完全に怒っている。ムカついているんだ。そしてまたもや部屋を元に戻し、ジェリーに電話する。『デニスが降りてきて、またやってくれた。もう可笑しくないからと伝えてくれ』って。そして今度はドアに向かい、私がもう入れないようにロックを確認し、外に出て行った。私は再度めちゃくちゃにして、今度はこっそり表のドアから出たんだ。罵倒し、悪態をつく声が聞こえてきたよ。そして翌日、私のところに来て、『わかったよ、お前がいたずらの王様だ』と言ったんだ」

チェンバースは、ランディの〈サム・スカンク・ファンク〉で超人的なテンポのカウントを出し、兄弟がついてこられるかどうか試すというステージ上での悪ふざけも振り返っている。「マイクルは最初のテーマを、そしてその直後にソロを吹く、だからその間のどこかで息継ぎをしなければならない。そこで、彼が息継ぎできないくらい速くしようと思ったんだ。マイケルはというと『おい、どんなテンポでもいいぞ。吹いてみせる！』って態度で、私は『よし、じゃあ実力を見せてもらおうか』だ。そんなわけで超高速でカウントを出すと、彼は振り返って『このクソ野郎！』って感じで私を見る。彼は吹き切ったけれど、曲が終わるとまたこちらを見て、『ちくしょう、やっぱりお前にカウントさせるべきじゃなかったな』とでも言うように首を振っていたよ。あとで聞いたら、こう言っていた。『君は腕を振り回していればいい。でもこっちはテーマを吹いたら、ブレスしなきゃならないんだ。ここで気絶するわけにはいかないからね』。一方、ランディは賢かったよ。単純に演奏しないんだ。私が間違えてカウントを速く出しすぎたとでも言わんばかりに、ただ座って指を動かしているんだよ」

ジェリー・ウォートマンは、このブレッカー・ブラザーズでの活動時期に、マイケルが耳鳴りに悩まされたことも覚えている。「サンフランシスコのヨシズ(Yoshi's)でやったとき、デニスがドラムを叩いていたんだ。ヨシズはとても狭い場所だけれど、バンドは大音量でプレイしていた。

そしてシンバルの位置がマイケルのスツールのすぐそばだったんだ。『この口笛みたいな耳鳴りが消えない』と言っていて、〝ティーポット〟と呼んでいた。その後何年も苦労して、医者に診てもらったり、特定の周波数を除去するものを作ってもらったりもしていたが、70年代の首の痛みのときと同じくらい大きな問題となってしまったんだ」

ブレッカー・ブラザーズ・マジックが再び盛り上がっている中、1992年秋にジャズ界で起こった不幸な論争により、マイケルは大きな挫折を味わうことになる。これは、彼のお手本でもあったテナーサックスの巨匠、ジョー・ヘンダーソンによる、マイケルに対する厳しいコメント記事から始まったものだ。当然ながらマイケルはこの非難に傷つき、ジャズ界では大きな騒動となった。

その騒ぎの何ヶ月か前、1992年3月号のダウンビート誌はヘンダーソンが表紙となり、特集記事が掲載されていた。その記事を書いたマイケル・ボーンは、マイケルのことを〝人気サックス奏者〟と呼ぶことで、ジョーの怒りの対象を意図的にわからなくしていた。「ジョー・ヘンダーソンについての特集を任され、ジャズの知られざるヒーローのひとりとして描こうとしていたのです」とボーンは説明する。「編集者は、ジョーと誰かの組み合わせのインタビューを望んでいました。ジョーとマッコイ・タイナーとか（ふたりは一緒に新しいアルバムを出したところであった［1991年、チェスキー・レーベルからの《ニューヨーク・リユニオン》］）、ジョーとジョー・ロヴァーノという2世代のテナーサックス奏者というようなものです。私はジョーだけの記事を書きたいと主張したのですが、編集者はジョーだけの表紙では売れないと言うのです。しかし、最終的には、ロヴァーノ、ブレッカー、ジョン・スコフィールドなど普段からジョーから大きな影響を受けたと言っている面々のコメントを載せられるのなら、ジョーだけの記事でもオーケーということになりました。さらに、スティーヴン・スコットとリニー・ロスネスのコメントも入手し、ジョーへンQ&Aも一緒にして記事にしたのです。インタビューの中で、ジョーは確かにマイケル・ブレッカーを徹底的に批判し、『自分の音楽を盗んだ』と主張し、マイケルが演奏しているレコードでいかに彼の音楽を盗んでいるか証明できると言いました。しかし、これはジョーを巨匠のひとりとして讃えようと進めていた企画です。ジョーがマイケルを酷評する部分を載せてしまったら、ジョーの偉大さについてではなく、マイケルに対する怒りについての話になってしまうと思い、具体的な名前は記事に入れなかったのです」

ヘンダーソンはそのダウンビート誌で、〝人気サックス奏者〟が彼のフレーズをパクっていることを問題視したあと、次のように語っている。「こういう連中はインタビューで私のことに触れないんだ。苦言を呈するつもりはないが、私自身は、自分が影響を受けたミュージシャンについて喜んで話しているよ。レスター・ヤング、チャーリー・パーカー、ジョン・コルトレーン、ソニー・ロリンズ、リー・コニッツ、スタン・ゲッツたちのアイデアを演奏してきた。そして、インタビューを受けるときはいつもこの人たちのことに触れている。でもこの連中といえば、まるで自分が作った音楽であるかのようにしゃべるんだ。でもそうじゃない、私が作ったものなんだよ」

その3ヶ月後、ヘンダーソンの罵詈雑言は競合誌に掲載され、はっきりとマイケルに向けられることになる。ボーンはこう言う。「ジョーはそっちの記事で一線を越えてしまったのです。ダウンビート誌で彼のマイケル叩きを載せなかった私のことも決して許してくれませんでした。そしてジャズ界の大きなスキャンダルになったのです」

ジェリー・ウォートマンの回想によると、「ジョーが彼を罵倒したあと、マイケルはそのことが頭にこびりついてしまった。レコーディングしていても、ソロの途中でやめ、『ジョー・イズムが多すぎる』と言って、その部分を全部消すんだ。自分が受けた計り知れない影響について否定したことなんてないとマイケルはジョーに言ったのだが、ジョーはマイケルが十分にそれを伝えたことなどないと感じていた」。

ウォートマンは付け加える。「その後、ジョーとツアーを回ったことがあるのだが、彼は、コルトレーンも彼の音楽を盗んだ、と同じようなことを言うんだ。信じられるわけないだろう。それで言ってやったよ。『へえ、そうなんだ？ それは知らなかったな、ジョー』って。だからジョーのマイケルに対するコメントは割り引いて聞かなきゃいけないってことだ」

1993年と95年にジョー・ヘンダーソンのカルテットで演奏したギタリストのマイク・スターンは、マイケルがこの公然たる批判に動揺していたと振り返っている。「マイケルがポール・サイモンとのツアーから戻ると、ジョーが『お前は俺をパクってるんだ、云々かんぬん』と言っているんだからね。電話してきて、『どうしたらいいんだろう』と言っていた。この話を聞いたときは吐きそうになったよ。ジョーは僕のヒーローのひとりでもあるしね」。ジョーは、その頃からヴァーヴの一連のトリビュート盤を出して一躍再評価されるようになっていった(《ラッシュ・ライフ》:ビリー・ストレイホーンの音楽[1992年]、《ミュージング・フォー・マイルス(So Near, So Far)》:マイルスへの想い[1993年]、《ダブル・レインボウ》:アントニオ・カルロス・ジョビンの音楽[1995年])。「あらゆる人気投票でトップになり、あらゆる雑誌の表紙を飾っていた。その直前までは苦しかったのに、唐突に誰もが彼にすべてを与え始めたんだ。儲けも、ライブも増え、そして突然、マイケルのことを気にしなくなり、話題にすることもなくなった。私がジョーと共演した頃には、綺麗に忘れていたよ。あの記事の頃は、苦しいときだったんだ。誰かが入れ知恵したんじゃないかな。本当にクソみたいな話だよ!」

スーザンはこう振り返る。「ジョーは、マイケルが自分の音楽をパクっている、ちゃんと敬意を払わない、インタビューで自分に触れない、といった趣旨のことを言っていて、マイケルは何週間も動揺していました。こういうことに囚われてしまうタイプの人でしたし。3日間も考え込んで、『彼になんて言えばよかったんだろう』と言ったこともありました。頭から離れなかったんです。自分は何も悪いことをしていないと思っていたからこそ動揺したのでしょう。ジョーからパクったなんて思っていなかった。でも時には『私はジョーをパクっているんだ。そう、彼は正しい』という考えが頭をよぎり、次には『けれど、彼はなぜそんなことを言ったのだろう』とさまざまなシナリオが浮かぶのです。『彼に電話するべきか？ なんて言えばいいんだろう？』とも。私の記憶ではジョーに電話はしていないと思いますが、とにかくしばらくはそのことでとても苦しんでいました」

ジョー・ヘンダーソン事件についての自省がピークに達した頃、マイケルは自分のアルバムを何度も聴き、自分の演奏を分析し、ジョー・ヘンダーソンの影響を見逃しているところがないかと検証していた。「常に聴いていました。そして『そうだ、彼の言うとおりだ。確かに彼をパクっている』と言うのです」とスーザンは語る。「そのことに少し取り憑かれてしまっていたし、動揺していました。その後のインタビューではいつも必ずジョー・ヘンダーソンに触れていました。欠かさずに。ジョーの言うことが正しいと思ったからです。しかし、彼が傷ついたのは、それが公然と、かつ彼の名誉を傷つけるような形で行われたからです。ジョーが間違っているのか正しいのか、あるいは他のみんなにもしたことなのか、そんなことは関係ありません。そしてマイケルは『ジョーの言うとおりだ。私は彼にふさわしい敬意を払っていなかった』として、この状況を自分に納得させていったのです」

ジョー・ヘンダーソン論争について、マイケルは自分の中で平穏を取り戻せたのだろうか、という質問に対して、スーザンはこう語る。「おそらくそうではないと思います。記憶から消しはしたかもしれませんが。何ヶ月も何ヶ月もそのことについて話したあとは、もう口にしなくなりました。事件後、彼はいろいろなところでジョーについて触れるようになっています。『誰から影響を受けましたか?』と聞かれたら、必ずジョーの名前を挙げていました。その後のインタビューやライナーノーツの感謝の言葉を見ればわかります。あらゆるところでジョーについて触れているのです。それが彼の対処法であり、理性に従ったやり方だったのでしょう。感情的にはまだ痛んでいたかもしれませんが」

ヘンダーソン事件のあと、ジェリー・ウォートマンなど何人かが、マイケルは自分の演奏に〝ジョー・イズム〟がないように過剰に気を遣っていたと証言している。ベーシストのジョン・パティトゥッチは「あれはマイケルに明らかに大きな影響を与えた」と語る。「ジョーの演奏が大好きだっただけに、マイケルは深く傷ついたんだと思う」

ギャリー・ゴールドもパティトゥッチに同意している。「自分のアイドルのひとりに切り捨てられたという事実も辛いはずだが、自分自身の音楽を懸命に追求していたところにああ言われたのも辛かっただろう。何よりも、あの時点ですでに彼は自分の音楽を確立していた。ドリームス以来、彼の音はすぐにわかるし、プレイもそうだ。そこからさらにオリジナルで、誰もやったことのないようななにかを追求していたんだ」

ギタリストのジョン・スコフィールドはこう付け加える。「あのとき、マイケルが『一体これは何なんだ?』と言っていたのを覚えているよ。彼はジョー・ヘンダーソンの熱狂的なファンだっただけに、あの事件のあと、自分の演奏にその影響が出てくるのはわかるし、ほとほと嫌な気持ちになっていたんだ。マイケル、ランディに最初に会ったとき、私はちょっと違う視点から演奏の仕方を追求していた。『人のソロを研究するなんて間違っている。もっと自分なりのやり方で追求すべきだ』といつも思っていた。『たくさん音楽を聴いてそこから学ぶが、人のソロからは学ばない』というのが私の基本姿勢だった。ところがマイケルに出会ったら、彼はいろいろなレコードからコピーしたフレーズを書き溜めたノートを持っていたんだ。すごかった。これも、音楽を学ぶための素晴らしい方法だと気づかされたよ。まんまコピーするということじゃない。自分なりの工夫を加えて変化をつける必要はあるけれど、でもとにかく音楽がどのように作られているのかを学ぶことができるんだ。それで、私も同じようなことを始めた。マイケルからは本当に多くのことを学んだんだ」

「しかし、マイケルはジョー・ヘンダーソンに言われたことに心底傷ついていた」とスコフィールドは続ける。「当時、マイケルはとても有名になっていて、多くの注目と賞賛を浴びていて、もうほとんどポップスターのようなものだった。ジョー・ヘンダーソンはそれに嫉妬し、自分の評判はそのレベルに達していないので良い気分がしなかったんだろう。ジョーがヴァーヴ・レコードからの一連のアルバムでカムバックを果たす前のことだったしね。その後、ジョーへの注目度や評価はぐっと上がり、人気投票でも何でもトップになっていったわけだけど。とにかくマイケルはジョー・ヘンダーソンが大好きで、いつも聴いていたよ。ジョーのアルバムも全部持っていたな。初めてマイケルに会ったとき、彼はスピーカー付きの小さなカセットプレイヤーを持ち歩いていた。ツアーでも持って回って、ジョー・ヘンダーソンを流して最初の1分間くらい一緒に演奏するんだけど、もうそれが完璧なんだ。そう、彼はジョーが大好きだったんだ」

1989年から、ジョー・ヘンダーソンのヨーロッパでのブッキングおよびツアーのサポート、企画を始めたコペンハーゲンのアンダース・チャンタイドマンは、マイケルに向けられたヘンダーソンのコメントはアンフェアなものだと感じ、彼と対立したと言う。「あのコメントは、ジョーらしくないと思ったのです。いつもは、ちゃんと説得力のある発言をしますからね。マイケルについてのコメントを読んだときは全くもって愕然としました。あれはジョーになんの得にもならず、逆に悪影響が出るだけだと思ったからです」

　ジョー・ヘンダーソン論争がもたらした正味の結果として、マイケルはEWIの探求へとより一層駆り立てられた。自分の演奏に〝ジョー・イズム〟が生じないように。マイク・スターンは、「ジョーのことが発覚したあと、マイケルがしばらくストレートアヘッド・ジャズから離れて、ランディとまたやりたいと言い出した」と回想している。「そこからブレッカー・ブラザーズの再結成に繋がったんだ。でも、一番の理由は、ランディとまた一緒に演奏したかったからだと思う。彼はランディと演奏するのが大好きだったからね。彼らはとても深いところで繋がっていて、ふたりで演奏しているときはすごく愛らしくもあった。ジョージ・ホイッティは、ふたりのバックステージやホテルでのちょっとした言い争いを見るたびに笑っていた。子供時代の口喧嘩みたいなものなのだろう。ジョージは『二段ベッドが目に浮かぶよ』って言うんだけど、そのイメージが僕の頭からも離れないんだ」

　ジョー・ヘンダーソンとの論争から前へと進み、マイケルは、新たな情熱を持ってブレッカー・ブラザーズの再結成に没頭し、ヨーロッパ、日本、アメリカと快進撃を続ける。1993年の夏のツアーでは、スターンに代わって《リターン・オブ・ザ・ブレッカー・ブラザーズ》のレコーディングに参加していたギタリストのディーン・ブラウンが、そしてチェンバースの代わりに元リターン・トゥ・フォーエヴァーのドラマー、レニー・ホワイトがラインナップに加わった(1993年7月30日のニューポート・ジャズ・フェスティバルではスターンが一度だけの出演を果たしている)。「本当に忙しい時期だった」とブラウンは言う。「私はとても幸運だったんだ。マーカス・ミラーのバンド、デヴィッド・サンボーンのバンド、そしてブレッカー・ブラザーズと同時期にやれたのは、シュールな感じさえあった。でも、とにかく、うまくいったんだ」

　マイケルは、息子サムの誕生日である1993年8月1日に間に合うようにこの夏のツアーから帰国することができた。その後、スタジオに戻って《アウト・オブ・ザ・ループ》の制作に取りかかる。マズ&キルゴアのプログラミング・チームが復帰し、ホイッティが共同プロデュースをすることになった。ドラムはロドニー・ホルムズと、《デタント》(1980年)にも参加したスティーヴ・ジョーダンが担当している。

ポール・サイモンのツアーでマイケルと共演したトランペッターのクリス・ボッティが、マイケルと共作したメロウで雰囲気のある〈エヴォケイションズ〉にてベース、ドラム、キーボードのプログラミングを担当。マズ&キルゴアはファンキーな〈スクランチ〉で、ザ・ヘッドハンターズの〈ゴッド・メイク・ミー・ファンキー〉(1975年)のグルーヴをサンプリングし、ファンカデリックの〈グッド・オールド・ミュージック〉(1970年)も取り入れている。ホイッティがプロデュースしたランディの曲〈ハープーン〉は、ジョーダンのバックビートが効いた挑戦的なブレイクがある曲で、兄弟がタイトなユニゾンでテーマを、そして曲の展開につれそれぞれ奔放なソロを聴かせている。マイルス・デイヴィスのアルバム《アマンドラ》(1989年)をどこか彷彿とさせるマイケルの多層的な〈スラング〉では激しいファンクに戻る。マイケルは、このホイッティのプロデュースによるオルガンの効いた曲と、マズ&キルゴアのグルーヴ感のあるファンク・ナンバー〈ホエン・イット・ワズ〉で、キング・カーティス的な緊迫感のあるフレーズを聴かせている。

また、ランディは、自作の優しいバラード〈アンド・ゼン・シー・ウェプト〉と、フリューゲルホルンをフィーチャーした〈シークレット・ハート〉で心の中を覗かせる。後者はイリアーヌ・イリアスが元夫であるランディ(1990年に離婚)と共に書いた曲で、珍しいマイケルのソプラノが聴けるほか、彼女自身のバックグラウンド・ヴォーカルとピアノソロも聴くことができる。

《アウト・オブ・ザ・ループ》の中で最も人の心を捉える圧倒的な曲は、おそらくマイケル作曲の魅惑的な12/8拍子の〈アフリカン・スカイズ〉だろう。のちにこの曲は、ブレッカー・ブラザーズが《アウト・オブ・ザ・ループ》でグラミー賞の最優秀コンテンポラリー・パフォーマンス賞を受賞したのと同時に、最優秀インストゥルメンタル作曲賞を受賞している。

94年春のヨーロッパツアーからは、ホワイトに代わってドラマーのホルムズが参加し、94年末のアメリカ・ヨーロッパツアーまで在籍した。マイケルとランディは、1995年1月にブレッカー・ブラザーズでの活動をいったん休止し、ドン・グロルニックのオクテットに参加する(トロンボーンのロビン・ユーバンクス、アルトサックスとバスクラリネットのマーティ・アーリック、ベースのピーター・ワシントン、ドラムのピーター・アースキン、パーカッショニストのドン・アライアスという面々)。このバンドは、1995年1月26日から2月2日にかけて、サウサンプトン、ケンブリッジ、マンチェスター、バーミンガム、リーズを含む8都市を回るイギリスツアーを行い、ロンドンのクイーン・エリザベス・ホールでの模様は、2000年にライブアルバム《ザ・ロンドン・コンサート》として発売された。

　ブレッカー・ブラザーズは、ディーン・ブラウンとロドニー・ホルムズのラインナップで、95年春にヨーロッパと日本でツアーを再開。後者は同年3月13日に東京・五反田のゆうぽうとホールでのガラ公演で幕を閉じた。このラインナップは、95年夏のアメリカツアーまで続き、6月18日にはハリウッド・ボウルでのビル・コスビー主催のプレイボーイ・ジャズ・フェスティバルに出演する。ブレッカー・ブラザーズとしてこのメンバーで最後にまとまったライブを行なったのは、7月にオランダのデン・ハーグ、ベルリン、その他のヨーロッパの都市のツアーと、それに続く1995年8月31日のデトロイト・ジャズ・フェスティバルであった。

　ブラウンは、94年と95年のブレッカー・ブラザーズのツアーで、93年のツアーでのデニス・チェンバースに匹敵するような悪ふざけをマイケルと楽しんだと回想している。

「マイケルは真面目な男だと思われているけれど、ことツアーになると、アホな奴なんだ。ユーロが導入される前の話だが、ツアーから帰ってくるたびに現地の硬貨を何キロも積んで帰ってくるということが続いていた。僕らはそれを〝榴散弾〟なんて呼んでいたけれど、要はツアーで訪れたすべての国の硬貨の集まりだ。マイケルはそのコインを大量に、誰かのスーツケースやギターケースなどにこっそり入れちゃうんだ。で、こっちはそのコインを、なんとか彼の荷物に入れ返す。そんなやりとりがだんだんエスカレートして、ある日まんまとやられてしまったんだよ。どこかのホテルのロビーでスーツケースを開けたら、コインが全部床に散らばり、マイケルはバカみたいに笑っていた。でもその後、うまくやり返したよ。どこかでサウンドチェックをしていて、マイケルはそのあとにインタビューがあったのでサックスをステージに置いたままだったんだ。そこでサックスのベルにコインを全部入れてやったんだよ、今思えば全然クールな話じゃないけど。でも、当時はとにかく面白かったんだ。戻ってきてサックスを手に取ると重い。そして、大笑いするのさ」

ブラウンは、旅先でのいたずらも覚えている。「日本でコンビニに行って、買い物カゴを持っていたときだ。東京に着いたばかりだったから、ホテルに入る前に水とかスナックとか、部屋に置いておくいろいろなものを調達したかった。そこでマイケルと話していると、なんだかおバカな表情を浮かべているのに気づいたんだ。レジに行って、カゴから商品を取り出し始めると、マイケルが、干しダコとか見たこともないような奇妙なものをどんどん私のカゴに入れていたんだよ。そして店員がレジを打とうとするとさっと別の通路に行って、笑い転げているんだ」

ステージ上でも大騒ぎがあったが、意図的なものではなかった。「マルタで開催されたジャズ・フェスティバルで演奏したときのこと。その時代のことだし、ご想像のとおり、現地の機材には少し難があったんだ。そしてマルタには自分たちの機材を持ち込むことはできなかった。輸送面で難しいからね。だから、そこの〝本日のメニュー〟ならぬ〝本日の機材〟を使うのだけど、演奏中に問題が起きる。〈サム・スカンク・ファンク〉を演奏しているときに、曲の途中でなにかが起きて、メチャクチャになってしまった。わかっていてほしいのは、ブレッカー・ブラザーズで演奏するときに、〈サム・スカンク・ファンク〉を台無しにするなんてあり得ないということだ。ヒット曲であり、神聖なアンセムだからね。でも、機材のトラブルが起き、みんながビートを見失い、間違った場所に戻ってしまった。なんとかしようとしていると、マイケルが大笑いしながらも必死に演奏しようとしているのが見えた。もうメルトダウンだ。あまりの不条理さにみんな大笑いしてしまい、演奏どころじゃなくなった。世界で最もうまいミュージシャンたちが、笑いが止まらなくて、音符をふたつと続けて演奏できなくなっているんだ。ツアーは時に滑稽なものさ」

マイケルはブレッカー・ブラザーズと再びツアーすることに喜びを感じていたが、この時期は自ずと過ぎていった。マイケルとランディは、音楽的に、再び袂を分かつことになる。ランディは95年12月にスタジオに入り、コンコード・レコードの《イントゥ・ザ・サン》(96年5月3日に他界した父、ボビー・ブレッカーに捧げる作品)の制作を始め、マイケルはリーダーとしての4作目、インパルスからリリースされる《テイルズ・フロム・ザ・ハドソン》をレコーディングすることになったのだ（1996年1月16日発売）。この幸先のよい年は、マイケルはジャズ界のレジェンドたちと夢のような出会いを果たし、実り多き年となる。

# 10章

# Time for Tyner . . .
# and Herbie and Elvin

## ジャズ・レジェンドたちとの邂逅

1994年。ブレッカー・ブラザーズの《アウト・オブ・ザ・ループ》をリリースしたのち、マイケルは神出鬼没のスタジオワークを再開し、多くのバラエティに富んだセッションに参加した。エアロスミス《ボックス・オブ・ファイア》(収録の〈セイム・オールド・ソング・アンド・ダンス〉でキング・カーティス風のソロを披露)、ボブ・ジェームス《レストレス》、ヤン・ハマー《ドライブ》のレコーディングにゲスト参加。ブレッカー・ブラザーズの元バンド仲間だったギタリストのスティーヴ・カーンとは、彼のアルバム《クロッシングス》で再会。ポール・サイモンの元ツアー仲間のカメルーン人ギタリスト、ヴィンセント・ングイニの《シンフォニー・バントゥー》では西アフリカ音楽への愛をさらに探求。マイク・スターンの7枚目のアルバム《イズ・ホワット・イット・イズ》では彼との相性を再確認(特に、デニス・チェンバースとの〈スワンク〉と叙情的で高揚感のある〈ア・リトル・ラック〉で)。ベーシストのデヴィッド・フリーゼンのアルバム《トゥー・フォー・ザ・ショウ》では、ソニー・ロリンズの〈エアジン〉と、尖ったヒップバップ・スタイルの〈サインズ&ワンダーズ〉でデュエットしている。また、インディアナ大学の同級生でミセス・シーマンズ・サウンド・バンドのパートナーでもあったトランペットのランディ・サンキのアルバム《ザ・チェイス》では、アップテンポの〈ララバイ・オブ・ブロードウェイ〉や、サンキのトランペットヒーローであるブッカー・リトルに敬意を表した〈ブッカー〉、彼の育ったシカゴ地区に因んだ6/8拍子の〈ハイド・パーク〉などで、ヒロイックなプレイを聴かせている。

その年の出来事で最も重要だったのは、崇拝するジョン・コルトレーン・カルテットのメンバーである伝説のピアニスト、マッコイ・タイナーとの歴史的な出会いだろう。1994年1月、オークランドのクレアモント・アヴェニューにある有名なジャズクラブ、ヨシズでのライブで、ふたりの巨人は初めて顔を合わせたのだ。当時、ヨシズのブッキングを担当していたジェイソン・オレインが、その裏話を語っている。

「1993年にインターンとしてヨシズで働き始めたのですが、トッド・バルカン(ヨシズの前ブッキング担当者で、1970年代にサンフランシスコで有名だったクラブ、キーストン・コーナーの経営者でもあった)が店を去ったときに誰も引き継ぐ人がいなくて、私がブッキングを担当することになったのです。トッドのパートナーだったチャック・ラパリアは、94年はマッコイ・タイナーでスタートしようと、すでに1月に2週間のブッキングをしていました。でも当時ヨシズは財政難で、カズ(オーナーのカズ・カジムラ)は店をたたもうとしていたんです。実は、私は93年の12月初旬に解雇通知を受け取っていました。『なあ、いい日々だったよ。でももう金がないんだ。ビルも売ってしまったしね』と言われながら。そんな中、マッコイが過去にヨシズに出演したときの損益計算書を見返したところ、これまでは1週間公演しかしたことがなく、しかもそのどれもが損益分岐点に達していなかったのです。ですから当然ながら、2週間という期間をどう切り盛りするのか心配になりました。そこで、9月か10月にミーティングを行い、毎週スペシャルゲストを迎えて盛り上げる必要があると判断したのです。このままでは大損になってしまいますからね」

オレインのアイデアは、1週目は有名ゲストを呼んでのストレートアヘッドなジャズ、2週目には派手なアフロキューバンでいこうというものであった。「ふと頭に浮かんだアイデアでした。マッコイがすでにアフロキューバン・ミュージックと繋がっていて、モンゴ・サンタマリアとコラボレートしたり、ラテン・アルバム《ザ・リジェンド・オブ・ジ・アワー(La Leyenda de la Hora)》(1981年、コロンビア・レコード)を出していたことも知らず、思いついたアイデアを口にしていただけなのです」

タイナーの2週目のために、モンゴ・サンタマリア、パキート・デ・リベラ、スティーヴ・ターレ、クラウディオ・ロディティ、オレステス・ヴィラトーによるアフロキューバンのオールスターバンドを確保し、オレインは最初の週のスペシャルゲストを探していた。「マッコイのマネージャーであるアビーとポール・ホッファーと何度も電話をして、最初の週に共演するミュージシャンのアイデアを出し合いました」とオレインは言う。「結局、『マッコイと直接話してみたらどうだ』と言われ、彼の電話番号を渡されたのです。それで、本人と話し始めたのですが、日程が近づいていたので私はかなりナーバスになっていました。11月の話を、10月に入ってからしているんですからね。ジョシュア・レッドマン、ブランフォード・マルサリス、ウェイン・ショーターなど、候補者に電話していったけれど、何度も空振りに終わりました。そんな頃、あるインスピレーションが湧いてきて、なぜだかわからないのですが、マイケル・ブレッカーの名前が浮かんだんです。『なぜもっと早くマイケルのことを思いつかなかったんだろう？彼なら完璧だ！』という感じでした」

幸運なことに、マイケルのスケジュールが大丈夫だったので、オレインはタイナーに電話をかけて朗報を伝えた。「とても興奮して、『ねえ、マッコイ、1週目にばっちりなのを見つけたよ。マイケル・ブレッカーが空いていて、ぜひやりたいと言っているんだ』と伝えました。すると『うーん、彼のことはよく知らないんだ』と言う。とても人気があることを説明し、マイケルがやってきたこと、誰と演奏してきたか、ブレッカー・ブラザーズの話、どうやってジャズの伝統を繋いでいこうとしているのか、そういったことをすべて列挙しました。電話の向こう側で長い沈黙があり、ようやく口を開いたと思ったら『ちょっと気が乗らないな。申し訳ないけれど、これは難しいね』と言うのです。信じられませんでした。デスクに座って頭に手を当てながら、『あり得ない！』と思ったのですが、そこで何気なく『マッコイ、彼はフィリー出身なんだ』と言ってみたんですよ。そうしたら同郷のマッコイは『フィリー出身なのか？　だったら、やらなきゃな』と。そうやってこの共演が実現したのです」

オレインは、マイケル・ブレッカーをスペシャルゲストに迎えたマッコイ・タイナー・トリオの公演初日を前に、午後のサウンドチェックに立ち会ったときのことを思い出している。

「マイケルにはちゃんと会ったことがありませんでした。彼が93年に出演したとき私は広報担当で、挨拶はしたと思いますが、特に関わりはなかったので。そしてその火曜日の午後、マイケルとマッコイはクラブで初めて会ったのです。マイケルは、謙虚で素直な彼らしく『タイナーさん、お会いできて光栄です』と言い、マッコイは『ああ、よろしくね』という感じでした。そして、サウンドチェックを始めたのです。マイケルは小さなステージの真ん中のスツールに座っていて、クラブには他に私ひとりしかいませんでした。音響スタッフはまだ来ていなかったと思います。音を出す直前、マイケルが口を開けて頭を振りながら、『ぼ、僕、僕には……もう何も言うことはない』とでも言うような、驚きの表情で私を真正面から見ていたのを覚えています。自分のヒーローのひとりと一緒に演奏することになるなんて、とても信じられないようでした。そして、すぐに〈インプレッションズ〉でサウンドチェックが始まりました。間違いなく心が震えたことでしょう」

その晩、ヨシズは満員だった。そして、このタイナーとブレッカーの初顔合わせの1週間の全公演が売り切れたのだ。オレインは、その初日の夜、マイケルと交わしたある短いやりとりを覚えている。「最初のセットでマッコイが演奏しているとき、マイケルがステージから降りてきたのです。ロードマネージャーもツアーマネージャーも、奥さんのスーザンもおらず、ひとりきりでした。なので、その間、バックステージのミキサーのそばにいるのは私たちふたりだけでした。そうしたら、マイケルが身を乗り出してきて、『僕の演奏はどう?』と聞くので『すごいよ!』と答えたら、『いや、完全に〝ヘンディング〟アウトしている感じだ』と言うんです。私は顔を上げて、『〝ヘンディング〟アウト? そんな言葉、聞いたことないな』。すると彼は、『ジョー・ヘンダーソンみたいに演奏することだよ』と言うんです。実は、私自身は、彼の演奏はコルトレーンに近いと思っていました。でも彼の中では、ジョー・ヘンダーソンのような演奏だったんです。素晴らしいと思いましたよ」

ジョー・ヘンダーソン騒動から1年半が経過していたが、マイケルの心にはまだそのことが重くのしかかっていた。しかし、その週のオークランドのヨシズでのタイナーとの時間には、純粋に感激したようだ。オレインは「彼らは毎晩2階の楽屋で一緒にいて、マイケルはマッコイにいろいろな質問をしていました」と回想している。「彼らはすっかり意気投合したのです。そして、ヨシズはといえば、その週と翌週のアフロキューバン・オールスターズで信じられないような成功を収め、存続させることができたのです。店を続け、もう後を振り返ることはありませんでした。その後、マイケルとマッコイがインパルスで一緒にアルバムを作ったと知ったとき、クラブでの最初の出会いからなにかが生まれたのだと、ただただ感激しました」

オレインは「このアルバムは、ヨシズでのライブとは随分と違うものです。エッジが削られ、コルトレーンの曲もライブのときほどには演奏していません。でもやはり素晴らしいアルバムで、その後数年間、このアルバムのツアーも数多くやっていました。ふたりにとって、お互いに実りある関係となったのです。そして、その発端がオークランドにあったというのは、本当に嬉しいことです。元は絶望的な状況から始まった話ですが……」

タイナーのアルバム《インフィニティ》のレコーディングは、1995年4月12日から14日にかけて、ニュージャージー州イングルウッド・クリフスにあるルディ・ヴァン・ゲルダー・スタジオで行われた。そう、ジョン・コルトレーンの〝クラシック・カルテット〟によるインパルスのアルバムが数多く録音されたあのスタジオだ。1995年8月、新たに復活したインパルス・レーベルからリリースされた《インフィニティ》は、高い評価を得ただけでなく、当時のマイケルとしては珍しく、人のアルバムであるにもかかわらず、ほとんどの曲に参加している作品でもある。マネージャーのダリル・ピットが、ゲスト参加は1〜2曲までと決めたルールがあったのだが、マイケルの少年時代からのアイドル、偉大なマッコイのために例外が作られたのだ。

タイナー、そしてベーシストのエイヴリー・シャープ、ドラマーのアーロン・スコットのリズムセクションと共に《インフィニティ》のレコーディングに臨んだマイケルは、そこでも底力を発揮し、才気あふれる演奏を披露している。モンク作の威勢のいいブルース〈アイ・ミーン・ユー〉(ドラマー、スコットとの激しい掛け合いも素晴らしい)、タイナー作のモードナンバー〈フライング・ハイ〉、ブレイクがありエネルギッシュにスウィングしている〈チェンジズ〉、気持ちが高揚していく12／8拍子のアフロゴスペル曲〈ハッピー・デイズ〉等々。〈チェンジズ〉では、キング・カーティスのガッツとコルトレーンの〝音の洪水《シーツ・オブ・サウンド》〟を交互に呼び起こし、チャネリングしている。〈ハッピー・デイズ〉

は、マッコイが当時、西アフリカのセネガルを訪れた際にインスパイアされて書いたものだ。アルバム《インフィニティ》は、グラミー賞の最優秀インストゥルメンタル・ジャズ・パフォーマンス（グループ）部門を、マイケルはアルバム収録曲〈インプレッションズ〉で最優秀ジャズ・インストゥルメンタル・パフォーマンス（ソリスト部門）を受賞することになる。前年のヨシズでのサウンドチェックでタイナーと初めて演奏し、また、30年間演奏し続けマイケルのDNAに深く刻まれたジョン・コルトレーンの曲である。

ダウンビート誌の1996年1月号では、マイケルとマッコイがふたりでポーズをとって表紙を飾る。見出しは「モンスターの邂逅」だ。この特集でマイケルは、タイナーから《インフィニティ》への参加を打診されたときの反応をこう語っている。「長い間、夢見ていたことでした。説明するのが難しいのですが、単にマッコイやコルトレーンに影響を受けていたから嬉しかった、というだけではないんです。それ以上のことでした。なぜなら、あのカルテットこそが、私がミュージシャンになった理由だったからです。この機会が訪れたとき、なんの迷いもなく飛びつきました。なんとか言葉で表現するとしたら、これ以上心地よく感じられる誘いなんてどこにもなかった、としか言えないと思います」

ライターのマーティン・ジョンソンから、コルトレーンの亡霊を呼び込んでしまうのでは、と心配したか尋ねられると、マイケルはこう答えている。「これまで自然に、ジョン・コルトレーンにとても強く影響を受けてきました。ジョー・ヘンダーソンやソニー・ロリンズも同様です。この3人が、サックス奏者として圧倒的な力を持っていて、私の演奏のルーツなのです。そして、そこから生まれた私なりのものもある。でも、マッコイと一緒に演奏するときは、ただただ演奏するのみで、『誰々みたいに聴こえないように』というような考えは頭に浮かびませんでした。素晴らしい調和が生まれたと思います。考える必要などどなかったのです」

ジャズ・タイムズ誌の1996年4月号のアルバムレビューでオーウェン・コードルはこう書いている。「このアルバムで最も強力な曲は、コルトレーンの〈インプレッションズ〉だ。タイナーは昔のような、刺すようなラインと緊張感あふれるコードをプレイし、ブレッカーはコルトレーン（そして彼自身）のサックステクニックを引用しつつ、凄まじく、そして力強いソロを聴かせている。ブレッカーは他のどのサックス奏者よりも、コルトレーンのサウンドとスタイルを現代の語彙に取り入れることができるのだと改めて思い知らされる」

タイナーとの《インフィニティ》のレコーディングから間もなく、マイケルは1995年春にマンハッタン・センターで、また別のレジェンド、ハービー・ハンコックと《ザ・ニュー・スタンダード》のレコーディングを行う。このアルバムは、スティーヴィー・ワンダー、ビートルズ、プリンス、スティーリー・ダンなど、現代ポップスの有名曲を再構築した意欲作だ。

1996年2月19日にリリースされたアルバム《ザ・ニュー・スタンダード》は、独創的かつ自由な解釈のリアレンジで高い評価を受ける。参加メンバーは、ギタリストのジョン・スコフィールド、ベーシストのデイヴ・ホランド、ドラマーのジャック・ディジョネット、パーカッショニストのドン・アライアスというオールスターだ。ピーター・ガブリエルの〈マーシー・ストリート〉、ビートルズの〈ノルウェーの森(Norwegian Wood)〉(いずれもマイケルが珍しくソプラノサックスを披露)、シャーデーの〈ストロンガー・ザン・プライド(Love is Stronger Than Pride)〉、カート・コバーンの〈オール・アポロジーズ〉等の楽曲が含まれている。プリンスの〈シーヴス・イン・ザ・テンプル〉はアーシーなソウル・ジャズの編曲が施され、マイケルのテナーサックスによる〝キング・カーティス・ミーツ・トレーン〟の感性が遺憾なく発揮。ドン・ヘンリーの〈ニューヨーク・ミニット〉は緊迫感のある4ビートにリアレンジされている。Allmusic.comのスコット・ヤナウは、「一見すると、このアルバムはジャズという観点からはあまり期待できないものだろう。しかしハンコックは、新たなパートを加え、コードをリハーモナイズし、時には躊躇なくメロディを切り捨て、オールスターバンドの力を借り、ジャズに向いていないかもしれない音楽を、創造的なジャズに変えることに成功している。精聴に値し、記憶に残る〝新しい〟音楽を見事に作り上げたのだ」

1996年2月末、マイケルはもうひとりのレジェンドでありかつての師、ホレス・シルヴァーとスタジオで再会した。ジャズ・メッセンジャーズ・スタイルのアルバム

《ザ・ハードバップ・グランドパップ》（インパルス）のレコーディングで、2月29日から3月1日にかけてニューヨークのパワー・ステーションで録音された。〈ザ・レディ・フロム・ヨハネスブルグ〉、〈アイ・ウォント・ユー〉、コールマン・ホーキンスに捧げられたジャンプブルース・ナンバー〈ホーキン〉、アーシーなシャッフルスウィング曲〈アイ・ガット・ザ・ブルース・イン・サンタ・クルーズ〉などの新しいシルヴァー作品で、マイケル特有の名ソロを披露している。

96年3月、マイケルはハービー・ハンコックのザ・ニュー・スタンダード・バンドの一員として、1ヶ月にわたるヨーロッパツアーに参加した。帰国後の1996年6月1日、ドン・グロルニックが、非ホジキンリンパ腫により48歳の若さで亡くなるという悲劇が起こる。マイケル、ランディの生涯の友であり音楽仲間であったグロルニックは、ドリームス、ブレッカー・ブラザーズ、ステップス、ステップス・アヘッドのメンバーでもあった。また、グロルニック、ランディ、デヴィッド・サンボーンの3人は、15歳のときにスタン・ケントン・ミュージック・キャンプに共に参加している。

グロルニックの死はマイケルにとって大きな痛手であった。彼はグロルニックを兄のように慕い、辛辣なユーモアのセンスも共有していた（ツアーやスタジオでも役立ったものだ）。その前年、1995年5月19日、マイケルとステップス・アヘッドのメンバーであるマイケル・マイニエリは、結果的にグロルニックの最後となるレコーディングに参加していた。美しいインスピレーションに溢れたラテン色の強いアルバム《メディアノッチ》には、フォート・アパッチ・バンドのアンディ・ゴンザレス、フルート奏者のデイヴ・ヴァレンティン、ドラマーのスティーヴ・ベリオス、パーカッショニストのドン・アライアスとミルトン・カルドナも参加している。グロルニック本人の死後、1996年8月13日にリリースされたこのアルバムは、97年の第39回グラミー賞で最優秀ラテン・ジャズ・パフォーマンス賞にノミネートされた。

グロルニックの葬儀で、マイケルは感動的で印象的な弔辞を述べている。粛々と進む葬儀に必要だった、あえて場違いな陽気さを織り交ぜながら。「マイケルは弔辞をどうすればよいか、とても悩んでいました」とスーザンは振り返る。「悩んだ末に、ドンという人について話すことにしました。ドンの苗字「グロルニック」はなかなか正しく読まれず、いろいろ面白い発音で呼ばれていたのですが、それをすべてリストアップしたのです。『ドン・グロインリック』とか、そういうものを。そして弔辞の中で、30個ものグロルニックの間違った発音を読み上げ、もう私たちはみなで泣き笑いでした。まさにドンにぴったりの弔辞だったと思います」

70年代半ばにブレッカー・ブラザーズのギタリストだったスティーヴ・カーンも、このグロルニックの苗字に関するユーモラスな逸話を披露している。「ブレッカー・ブラザーズでツアーに行くと、どこでも必ず誰かがドンの苗字を読み間違えたり、スペルを間違えたりするんだ。もちろんドンは怒るし、他のメンバーは大笑いする。ホテルやモーテルに到着すると、今度はドンの名前で何が起こるのかと、みんな嬉々としてキーとルームリストが配られるのを待っていたものだ。過去最高のスペルミスは、多分日本だったと思うのだけど、Don GrolnickがDon Grp;moclになったやつだ。みんなで死ぬほど笑い、その後何日も、何週間も、いや何年も笑い続けたよ。みんなで『ドン・グリップモックル』と発音していたな」

「それから何十年間か経ち、1996年にドンが亡くなったとき、マイケルはドンの追悼式での弔辞でこの親友へなんと言おうか悩んでいた。電話してきて、いくつかのアイデアに意見を求めてきたんだ」とカーンは続ける。「もちろん、そういう場だから、故人への愛や敬意を表すのは当然だ。でも、ドンはとても知的で素晴らしいユーモアのセンスの持ち主だったから、温かみの感じられるような笑いを提供したいと思うのも無理はない。ドンを愛してやまない参列者のみなさんのためにも。そこで、ドンの苗字の読み間違いやスペルミスのリストを作ろうと提案したんだ。リストを作りながら、間違った読み方やスペルを思い出すたびに笑い転げ、ついにこの最高傑作に辿り着いた。そう、ドン・グリップモックルだ。そしたらマイケルがこう言うんだ。『どうしてあんなに笑える間違いが起きたのか、ある日わかったんだよ。シャワーを浴びていて思いついたんだけど。ドンの苗字を入力するときに、キーボードを見ないで右手の位置がひとつ右にずれていたとしたら、Grp;mocl(グリップモックル)になるんだ。やってみてよ、そうなるから！』。もちろん、彼の言うとおりだった。そして、マイケルがここまでこのことを考え、完璧に解明していたのにも驚かされたよ。アホな話だけど、彼の頭の良さもうかがえるよね」

スーザンはこう付け加える。「マイケルはドンを失ってとても悲しんでいました。毎日のように。私も同じ。ドンとは、レコードを聴いたりしながら多くの時間を一緒に過ごしました。真面目くさったおバカな留守電もよく残っていました。ブレッカー家では夕食中は電話に出ないので、よく食事時にメッセージが残っていて、例えばこんな感じです。『もしもし、ドンです。ドン・グロルニックです。はい。こちらはひとりぼっちで、私と家具だけ。ドニーおじさんでした』。そして、決してサヨナラを言わないで、ただ電話を切るんです。毎晩同じ時間に電話をかけてきて、『家族一緒に食卓を囲むのはさぞかし素晴らしいことでしょう。私はひとり。ひとりぼっちで座っています』とか。彼は本当に良い人で、すごくファニーな人でした。彼とマイケル、ふたりはこれ以上ないほどの名コンビだったんです」

グロルニックの葬儀から数週間後の1996年6月17日。マイケルの4枚目のリーダーアルバム《テイルズ・フロム・ザ・ハドソン》がリリースされた。メセニーのギター(控えめに、だが見事なジム・ホール・モード)、デイヴ・ホランドのアップライトベース、ジョーイ・カルデラッツォのピアノ、ジャック・ディジョネットのドラム。メセニーが率いるそのバンドに、マッコイ・タイナー、パーカッショニストのドン・アライアスが特別ゲストとして加わった極上の作品だ。ホランドは「本当に嬉しかった。マッコイと一緒に演奏するのは初めてだったからね。その後にも共演する機会はあったけれど、最初はこのときだったと思う。そしてマイケルはもちろん、最高に強力なミュージシャンや興味深く面白い曲ばかりを集め、とてつもなく演奏しがいがあり、探求しがいがある場だった」と語っている。

《テイルズ・フロム・ザ・ハドソン》は、〈スリングス・アンド・アローズ〉〈ボー・リヴァージュ〉〈ネイキッド・ソウル〉〈キャビン・フィーヴァー〉といったブレッカーの強力な楽曲を収録。タイナーは、メセニー作のアンセム的な〈ソング・フォー・ビルバオ〉と、マイケル作の〈アフリカン・スカイズ〉のセルフカバー・バージョンで最高のソロを聴かせている。後者は、ブレッカー・ブラザーズのアルバム《アウト・オブ・ザ・ループ》（1994年）に、よりハイテクで、大掛かりなアレンジのオリジナル・バージョンが収録されている楽曲だ。マイケルは、高い評価を受けたこのアルバムでグラミー賞の最優秀ジャズ・インストゥルメンタル・アルバム賞、そしてアップテンポ曲〈キャビン・フィーヴァー〉の演奏で最優秀ジャズ・インストゥルメンタル・ソロ賞を受賞した。

1996年の夏、マイケルはマッコイ・タイナー・トリオのスペシャル・ゲストとしてヨーロッパ中を回った。プラハ、ローマ、ワルシャワ、グラスゴー、パリ、ハンブルク、コペンハーゲン、モントルー、ニース、ポリ、そしてアメリカに戻りニューポート・ジャズ・フェスティバルへと。このツアーでのエネルギッシュなライブでは、ジョン・コルトレーンの〈インプレッションズ〉や、12／8拍子の優しげなアフロゴスペル〈ハッピー・デイズ〉などのタイナーオリジナル曲で、バンド一体となって伸び伸びとプレイしている。

マイケルは、8月前半にハンコックのオールスターバンド「ザ・ニュー・スタンダード」で2週間日本を回ったあと、1996年8月26日にイスラエルでランディと合流し、レッド・シー・ジャズ・フェスティバルにブレッカー・ブラザーズとして出演。あの魔法のような演奏を再現する。イスラエルのエイラートで行われたこの一回限りの特別なライブでは、ギターのアダム・ロジャースがディーン・ブラウンの、ドラムのスクータ・ワーナーがデニス・チェンバースの代役をそれぞれ務め、ブレッカー・ブラザーズの一員としてプレイした。ロジャースはこれまでマイケルと一緒に演奏したことがなく、彼のEWIも初めて目の当たりにした。驚くべき経験であった。「彼のEWIでの流暢さと創造性は、本当に素晴らしかった。もちろん、レコードで聴いたことはあったが。ある曲のイントロでのEWIは信じがたいものだった！　アシッドでトリップしたみたいだったよ。クレズマーのクラリネットのような音から始まり、西アフリカのドラムグループ、ヘヴィーメタルのギター、そしてオーケストラみたいになっていく。まるで楽器の百科事典のようだったけれど、実にクリエイティブに自分の中から出てきている感じなんだ。あの楽器と一体になり、そのために必要な技術面への理解も深く、世界で一番自由になれるものであるかのように演奏していた。衝撃的だったね」

1996年の晩秋、マイケルは、ピアニストのジョーイ・カルデラッツォとベーシストのジェームス・ジーナスとのカルテットに、高い評価を得ていたドラマー、ジェフ・"テイン"・ワッツを起用する。ワッツは、80年代半ばにウィントン・マルサリスのグループで、90年代前半にはウィントンの兄ブランフォードのグループで演奏し、ジャズシーンにその名を刻んでいた。ワッツがブレッカーと過ごした時期は、ブランフォード・マルサリスがファンク／ヒップホップ・プロジェクト「バックショット・ルフォンク」に専念していた時期と重なっている。その頃のブランフォード・バンドのドラムは、重いバックビートを得意とするロッキー・ブライアントで、機敏で素晴らしくスウィングするテインのドラミングとは対照的であった。

ワッツは、マイケルのクインテットに参加した当時をこう振り返っている。「1995年は『トゥナイト・ショー』の仕事でハリウッドにいて、その後ニューヨークに戻ってきた。帰ってきてから1年以上経ったある夜、ジョーイ・カルデラッツォから『マイケルが君を試してみたいらしいよ』と言われたんだ。その直前に、ボストンでマイケルの《テイルズ・フロム・ザ・ハドソン》のバンドを観に行ったことがあった。僕らはボストンのスカラーズでダニーロ・ペレスと演奏していたんだけど、自分たちのライブが終わってから、彼らがやっていたレガッタ・バーに行ってつるんだんだ。マイケルとはそうやってレガッタで出会い、その後、ノース・シー・ジャズ・フェスティバルでもばったり会った。マイケルは私と一緒にプレイしたいと望んでいるようだったよ。ドン・アライアスがすでに彼のバンドにいて、僕と彼のふたりで生み出せるなにかに期待しているようだった」

「マイケルが、ヘイスティングスの彼の家で一緒に演奏してみないかと電話をくれた」とテインは続ける。「ジェームス・ジーナスが僕を迎えに来てくれて、車で行ってリハーサルしたんだ。オーディションのようなものだった。そして、〈スリングス・アンド・アローズ〉をプレイしたんだけど、クラーベの音が頭に浮かんだのでちょっと試してみたら、マイケルがそれをすごく気に入ったんだ。それで、その場でやることに決まったんだよ」

マイケル邸のヘイスティングス地下スタジオでの最初の出会いの際、ワッツはブレッカー一家との昼時に、彼の乱れたヘアスタイルのせいで、少し居心地の悪い思いをしたことを振り返っている。「スーザンがデリでスープとサンドイッチを買ってきて、ランチしたんだ。まだ小さかった子供たちも一緒にね。この時点では、私はマイケルとは会ったばかりみたいなものだったし、お互いをまだこれから知っていこうというところだった」

「まず、当時の僕の頭は巨大なアフロだった」とワッツは続ける。「この日、ドラムを叩いていたときも含めて、ずっとかなりきつい帽子をかぶっていたんだ。で、ランチの前に手を洗いに洗面所に行ったときに、帽子を脱いで鏡を見たらアフロがめちゃくちゃになっていることに気がついた。普段はアフロ用のクシを持ち歩いているんだけど、この日は忘れてしまっていたんだよね。『ああ、参った、どうすりゃいいんだ。この無茶苦茶なアフロで食卓につけっていうのか？　でも帽子をかぶってブレッカー家の食卓につくわけにもいかない。そんなのは失礼極まりないしな』。そんな感じだった。それで結局、『もうしょうがない！』と自分に言い聞かせて、食卓に行き、半分奴隷みた

《テイルズ・フロム・ザ・ハドソン》のレコーディング風景（1996年、左からジョーイ・カルデラッツォ、マイケル・ブレッカー、ジャック・ディジョネット、デイヴ・ホランド、パット・メセニー）［オダサン・マコヴィッチ撮影］

いなひどいアフロのまま子供たちと一緒に座ったんだ。本当にひどい状態だった。でも、誰も見向きもしない。すぐに思ったよ、『なんてゆったりと、そして格好いい人たちなんだ』と。マイケルと彼の家族は、その最初の出会いでも実に優雅に、とても優しく接してくれたんだ」

リズム・マスターとして高く評価されるワッツが産み出す、抗い難いポリリズムのうねり。それはあらゆるバンドのライブに自然と力を与え、マイケルのカルテットにも新たな活力を与えた。この音楽的な繋がりは3年間続き、マイケルの音楽に大きな影響を与えることになる。1998年6月のジャズ・タイムズ誌のインタビューで、マイケルは著者にこう語った。「テインは実に深いスウィング感の持ち主です。ドラムを完璧にコントロールし、あの低めの構えで音楽とグルーヴする。こんなことはなかなかできません。昔気質の素晴らしいドラマーなのです。また、テインのユニークなところは、スウィングし続けながらも、演奏上のキャッチボールができるところかもしれません。常に自らアイデアを出し、同時に人のアイデアを聴いて繰り返す。いや、繰り返しではなく、リアルタイムで現在進行形の会話のキャッチボールをする。リズムを逆向きにしてみるとか、そんなすごいアイデアも出し、みんなのソロが興味深いものになるんです。彼にはいつも驚かされています」

1997年1月、マイケルはテイルズ・フロム・ザ・ハドソン・スーパーバンド（メセニー、カルデラッツォ、ホランド、ディジョネット）での初めてのツアーに出た。同年1月30日にマサチューセッツ州ノーサンプトンのアイアンホース、2月4日から9日までニューヨークのバードランドで6日間、フィラデルフィアで2日間、ワシントンD.C.で1日、と回り、2月から3月初旬にかけては福岡、東京、大阪での15日間のツアーのために日本へと飛び立つ。その後、4月にはサンパウロのハイネケン・フェスティバルでブラジルに5日間滞在し、《テイルズ・フロム・ザ・ハドソン》旋風を巻き起こしたツアーを終えた。ベーシストのホランドは、「このツアーに参加できて本当によかった」と振り返る。「音楽性のレベルがとても高かったんだ。そしてマイケルは、いつもそうなんだけど、極めて控えめな態度をとっていた。バンドの一員として、一サックス奏者であることに喜びを覚え、グループとしてのアプローチを楽しんでいたんだよ。もちろん、すべては彼の音楽、彼のアルバムから始まったことなのだけれど、マイケルは『これは俺のバンドで、俺のライブなんだ』といった態度は決してとらない。そうではなくて、『みんなで一緒にやろう、これはみんなが揃ってのバンドなんだ』という感じだ。なのであのツアーでは、誰もが伸び伸びと、心地よくプレイすることができたんだよ」

アメリカに戻ったマイケルは、ハードバップのパイオニアで多作な作曲家、ホレス・シルヴァーとニューヨークのスタジオで再会する。《ブルースに処方箋(Prescription for the Blues)》のレコーディングは、5月29、30日に行われた。マイケルは兄ランディ(トランペット)、ロン・カーター(ベース)、ベテランドラマーのルイス・ヘイズ(1956年から59年にかけて、ブルー・ミッチェル、ジュニア・クック、ジーン・テイラーらとシルヴァーの素晴らしいクインテットで演奏)と共にプレイしている。ファンキーなアルバムタイトル曲や〈ヨーデル・レディ・ブルース〉、ブーガルーのワルツ〈ホエンエヴァー・レスター・プレイズ・ザ・ブルース〉、アーシーな〈ユー・ガッタ・シェイク・ザット・シング〉、〈ブルースに処方箋〉ではふたりとも輝きを放ち、〈ヨーデル・レディ・ブルース〉では、キング・カーティスやジュニア・ウォーカー風のマイケルのソロが炸裂している。その他、ラテン調の〈ドクター・ジャズ〉や、このアルバムで最もモダンな2曲〈フリー・アット・ラスト〉と〈ウォーク・オン〉でも雄々しいテナーソロを披露している。

マイケルは1997年の夏の大半を、ハンコックのザ・ニュー・スタンダード・バンドのツアーで過ごす。6月27日のモントリオール・ジャズ・フェスティバルでのガラ・コンサートでスタートを切ったあとはヨーロッパへと渡り、パリ、ペルージャ、ポリ、モントルー、マドリッド、モルデ、ロンドン、ウィーン、ハンブルク、コペンハーゲンなどの20都市での主要ジャズ・フェスティバルを回る。そこから日本に渡り、8月23日と24日に東京ベイNKホールで行われたライブ・バイ・ザ・シー・コンサートに、テイルズ・オブ・ザ・ハドソン・スーパーバンドで参加。そこではコルトレーンへのトリビュート「ア・テナー・シュプリーム」も行われた。マイケルと3人のテナーサックス奏者(デイヴ・リーブマン、ジョージ・ガゾーン、ジョシュア・レッドマン)、ピアニストのジェフ・キーザー、ベーシストのデイヴ・ホランドとクリスチャン・マクブライド、ドラマーのディジョネットとブライアン・ブレイドが参加。26分にもわたって、コルトレーンの〈インプレッションズ〉で素晴らしい演奏を繰り広げ、これはのちにブレッカーがリーブマンとジョー・ロヴァーノを迎えて開催するサキソフォン・サミットへの道を開くものともなった。

マイケルは、東京でのコルトレーン・トリビュートのあと、アメリカに戻らず、1997年8月30日に直接スイスのヴィリザウ・ジャズ・フェスティバルへと向かった。ハロルド・ハーターとフィリップ・ショウフェルバーガーがギター、ベンツ・ウスターがベース、マルセル・パポーがドラムを担当するハロルド・ハーター・グループのスペシャルゲストとして出演するためだ。ここでの音楽的な繋がりが、このあとハロルドとマイケルの両者にとって重要なものになっていく。「マイケルとは、コンサートやナイトクラブのプロモーターであるトッド・バルカンを通して繋がった」とハーターは振り返る。「私がデューイ・レッドマンと作ったアルバム《モストリー・ライヴ》(エンヤ、1996年)をトッドに渡したところ、マイケルに聴かせてみてはどうかと言い出したんだ。デューイの健康状態が不安定で、時々代役も必要だったこともあり、良いアイデアだと思ったよ。ジョー・ロヴァーノとマイケル・ブレッカーに、スケジュールが許す限りデューイの代役を交代で務めてもらおうと考えたんだ。それで、トッドがマイケルにCDを聴かせたところ、とても気に入ってくれて、このバンドに非常に興味を持ったようだった。そしてトッドに、『もし彼らがサックスを必要とするときがあれば、僕を呼んでくれ』と言ってくれたんだ」

1997年8月、マイケルはスケジュールの合間を縫って、ハーターと彼の自由奔放な仲間たちとのスイスでの短いツアーに参加することになった。「マイケルは、リーダーやスペシャルゲストとして参加してきたプロジェクトとはまた違った環境でプレイしたかったのだと、私たちのツアーに参加した理由を教えてくれた」とハーターは語る。「というのも、私たちのように、コード進行に従うこととフリーに演奏すること、その微妙な狭間を行き来するコンセプトのプロジェクトは他になかったからなんだ。マイケルは、典型的な〝ブレッカーパターン〟、クロマチック・アプローチ、そして固定されてしまっていた彼の音楽的〝言語〟から抜け出したいという衝動にかられていた。マイケルはそうしたアプローチを極めたわけだが、同時に、その夢中になっていたパターンでの演奏に、ある種閉じ込められている感じもすると言っていた。普段彼が一緒にプレイするピアニストやギタリストが演奏するコードからは、どうしてもお決まりのパターンが浮かんできてしまう、そんな状態に飽き始めていたんだ。キャリアを積む中でのそういう段階だったので、我々とプレイするのが嬉しくてしょうがなかったんだよ。彼は新しい要素を求めていたわけで、ツアー中のあるとき、私にこう語った。『僕はここに学びに来たんだ。オーネットやデューイがやっているようなハーモロディクスを学びたいんだよ』。彼がその頃興味があったのは、メロディとリズムに基づいた力強い音楽で、II－V進行やコルトレーン的なモード、さらにはあらゆる構造的なものにとらわれないようなアプローチだった。そして、和声的なものとフリーなものの間にいて、ステージ上でのその時々の気分で自由かつ瞬時にそれらの間を行き来できる連中、つまり僕らをやっと見つけたと言っていたよ」

より自由で、瞬間瞬間を大切にするそのアプローチへの鍵は、ベースのベンツ・ウスターであった。彼のミニマルでオープンエンドなスタイルは、チャーリー・ヘイデンのオーネット・コールマンとの共演やパット・メセニーの《80／81》バンドを彷彿とさせる。「ベンツはその場でコード進行を生み出すんだ。フリーというより、ハーモニーセンターを変化させるものだった」とハーターは説明する。「マイケルは、一見自由でありながら、内なる論理を持ったこのアプローチにとても惹かれていたようだ。だから僕らと一緒にツアーをやりたがったんだと思う。彼は『君たちといると、自分が吹きたいものが聴こえてきて、それを実際に吹けるときもある』と言ったことがあった。でも時々、『ああ、〝ブレッカーパターン〟をやりすぎてしまった。くそっ！』とも言っていたけどね。『アメリカのミュージシャンには、機能的な和声構造が深く深く根付いてしまっていて、そこでは僕も40年間ずっと使ってきた古い〝言語〟にどうしても頼ってしまう。だからもっと自由になって、自らの意識の流れのままに演奏したいんだ』と。我々は、かっちりした従来型の和声と調性に関係ないフリーな世界を、両者をバラバラにすることなく行き来する。それは、ただ始めてプレイするだけの、典型的なアヴァンギャルドとは違う。フリーにも近いし、同時に、II－V構造のようでもあるんだ。このふたつの世界を行き来することこそが、彼を魅了したんだよ」

「そうやって、マイケルと我々のバンドは、ハードバップとアヴァンギャルドを行き来できるスタイルを作り上げるという、またとないような経験を共有できたんだ。自由な耳を持った素晴らしいバンドだった。そしてマイケルは、僕らと一緒に演奏することで、長年使ってきたいかにもマイケル風の典型的なライン、パターン、メロディ、リズムを超えて、さらに自分自身を発展させようとした。それが彼の狙いだったんだ。新しい〝言語〟を作りたかったんだよ」

マイケルがハロルド・ハーター・クインテットと過ごした時間は、アルバム《コズミック》に記録され、セロニアス・モンクの〈ミステリオーソ〉のルーズなバージョン、オーネット・コールマンの〈ホエン・ウィル・ザ・ブルース・リーヴ〉、デューイ・レッドマンの〈ムシ・ムシ〉などが収録されている。やはり同アルバム中の、自由奔放で力強い〈GBT〉では、ハーターの辛辣でソニー・シャーロック的なプレイと共に、マイケルも精神を解放するようなソロを聴かせている。さらに踏み込んだ内容になっているのがその後の2枚のアルバム《キャットスキャン》および《キャットスキャンII》だ。後者には〈GBT〉が再収録されている。この曲は1997年のヴィリザウ・ジャズ・フェスティバルでのセットの大胆な締めの曲にもなった。ハーターは語る。「この曲は、2本のギターのコンピングがアナーキーでハーモロディックになり、次第にクレイジーになっていくんだ。2本のギターと12個の音が、どんなピアニストにも弾けないようなサウンド、コードを作り出しながらね。そして、マイケルはどんどんクレイジーで自由なところへと連れて行かれ、曲の終わりの方では、まるで晩年のコルトレーンやアルバート・アイラーのように叫ぶような音を出し、本物のノイズが爆発する超新星、信じられないほどの不協和音になってゆき、恍惚とした状態に入る。私は、こうやって恍惚としながら展開していく音楽が好きなんだ。熱く、熱く、最後にはさらに熱くなり、完全なオーガズムのように……。そこではもはや音符ではなく、ただ音を出している。もう、なんの思考もない。あるのは恍惚に震える肉体だけだ。そしてマイケルは、私たちと一緒にステージでその体験をすることができて、とても幸せそうだった。私たちの音楽が今まで到達したことのない場所まで突然辿り着き、自分もその一部となったことが嬉しかったんだ」

アメリカに戻ったマイケルは、ハロルド・ハーター・グループでのアヴァンギャルドな活動から一転、1997年9月24日、ヴィレッジ・ヴァンガードで、ベーシストのアヴィシャイ・コーエンとドラマーのジェフ・バラードを迎えたダニーロ・ペレス・トリオにスペシャルゲストとして出演する。

97年秋には、ワッツ、カルデラッツォ、ジーナスの3人を中心とした、強力にスウィングするカルテットを再結成し、白熱したステージを繰り広げた。テインは、この頃は自身にとって特に忙しい時期であったと語っている。「同時にいろいろな人のバンドに参加していて、行き詰まりを感じてたんだ。ケニー・ギャレットのバンドをやり、ブランフォードのトリオにも加わり、それからマイケルのバンドで演奏するようになった。あるとき、ケニーのバンドとマイケルのバンドのどちらかを選ばなければならなくなったので、マイケルのバンドに行ったんだけど、これが本当に楽しかったんだ。マイケルは私が私らしくいられるようにしてくれるし、指示みたいなものもあまりなかった。まるでバンドが私を中心に組み立てられているような感じだったよ。でも結局、ひたすら周りの音を聴いて、消化して、自分がなにかを得るということに専念してしまっていた。今振り返れば、マイケルの音楽性の幅広さにさらに身を委ね、それが導くところをより追いかけていたらと思う。もしまたマイケルと一緒に時間を過ごすことが許されるのなら、もっと違う世界に入っていけるはずなんだ」

ワッツはマイケルのカルテットを、奇妙なキャラクターのオンパレードだったと評している。「ツアー中、僕らはとんでもないパーティーバンドであり、一方マイケルは世界一真面目な男だった。ジェイムズとジョーイと僕は、世界中のバーで閉店まで飲んだくれ、次の日になるとマイケルが『昨晩のことを教えてくれ』って言うんだ。『バーで絡んできた奴がいて、ジョーイはそいつを殴りそうだったよ。でも、なんとかその場を離れたんだ』。マイケルはそういう話を聞きたがるんだ。話は下品なほどいい。で、こう言う。『おお、自分も昔はそんな感じだったなあ』。朝の10時くらいにビールを飲んでいると、『ちょっと匂いを嗅がせてくれよ』と言い、冗談っぽく『ああ、あの頃の感じだ。これは上等なやつだな！　自分も好きだったと思うよ』ってね」

バンドでのライブ、スタジオでの仕事、新しいアルバムの構想作り、とマイケルは多忙な日々を送っていた。だがそれでも、常に新たなジャムセッションの機会を探していた。新たなものに耳を傾け、自由な心でいられるように。そういったジャムセッションの相手のひとりが、スクリーミング・ヘッドレス・トーソズという反逆的なグループを率いるギタリスト、デヴィッド・フュージンスキーだった。マイケルは、この異端児的な6弦奏者の演奏を聴き、彼のプレイに興味を抱いたのだ。「90年代半ばにミシェル・ンデゲオチェロと一緒にツアーをしていて、いろんなフェスでマイケルに遭遇したんだ」とフュージンスキーは振り返る。「マイケルは『おい、ジャムろうよ！』みたいな感じで、私はビビりながら、『ああ、いいよ』って答えていた。パリのフェスティバルでまたばったり会って、マイケルが同じことを言うから、『じゃあ、電話番号を教えてくれ』って言ったんだ。その直後、ローワー・イーストサイドのリヴィントン・ストリートにある僕のリハーサルスタジオにマイケルがやってきた。あのマイケル・ブレッカーが、だよ。70年代からのレジェンドで、世界を代表するテナー奏者のひとりだ。僕、ベースのマット・ギャリソン、ドラムのジーン・レイクとジャムった。あ、猫も一匹ラップで参加したな。とにかくワイルドな出来事だった！　彼は好奇心旺盛な男だから来てくれたんだと思うし、楽しんだろうし、心から一緒にプレイしたかったんだと思う。でも、彼は自分のキャリアをさらに伸ばしていこうとしているところで、僕は彼にとってあまりにも〝外の人〟だったはずだ。いずれにせよ素晴らしい経験だったよ。あれほど才能があり、同時にあれほど度量が広い人は、記憶に残り続けるね」

ベーシストのスコット・コリーも、同時期にマイケルと同じような出会いを経験している。「その前に会ったことはあるけれど、初めて一緒に演奏したのは多分１９９６年頃かな。僕は72丁目とリバーサイド・アヴェニューの角にある、3ベッドルームのアパートを借りていて、そのうちの一室にピアノとドラムセットがあったんだ。クリス・ポッター、デイヴ・ビニー、ダニー・マッキャスリン、ジェフ・ハーシュフィールド、ケニー・ウォルセンといった連中といつも演奏していた。私の最初のアルバム《ポータブル・ユニヴァース》(1998年、フリーランス)のための曲も、ここでこのメンバーと練習したんだ。そしてある日、マイケルから電話がかかってきた。彼はヘイスティングスに住んでいたんだけど、突然のように電話をかけてきてこう言うんだ。『君の家でよくジャムってるんだってね。僕も遊びに行ってもいいかい?』。その頃、私はニューヨークに引っ越したばかりだったけれど、あのマイケル・ブレッカーが単にジャムセッションをするためだけに来るなんて、ちょっと驚かされたよ」

「それで、一緒にやることになったんだ」とコリーは続ける。「マイケルとは3、4回セッションしたかな。スタンダードやオリジナルを演奏した。みんな超リラックスしていて、彼もただふらっと立ち寄り、プレイしていったよ。素晴らしい経験だった」

翌1998年、マイケルのリーダーとしての5枚目のアルバム《トゥー・ブロックス・フロム・ジ・エッジ》がリリースされた。このアルバムのタイトルは、亡くなった友人のドン・グロルニックが真面目くさって言っていたジョーク、「ギリギリのところで生きて行きたいんだ……。いや、正確にはギリギリじゃないな。ギリギリから2ブロックくらい離れたところだ」からとったものだ。マイケル・ブレッカーのアルバム7枚のレコーディングを手がけたエンジニアのジェームス・ファーバーは、「あのアルバムタイトルは、まさにグロルニック節だよ」と回想している。「ドンは、何事も論理的に極限まで突き詰めてから、ちょっと後退させるのが得意だった。例えば、ことわざの『地獄が凍りつくとき〔灼熱の地獄が凍るわけがないことから転じて〝あり得ない〟という意味〕』をそのまま言わないで、『あれだ、地獄なのにセーターを着たくなるとき〔灼熱の地獄が寒くなってセーターを着たくなるというあり得ない状況〕』って言うんだ。それがグロルニックだ。なにかについて、これまで考えたこともないような角度で考えさせられるんだよ」

マイケルとジョーイ・カルデラッツォの共同プロデュースによる《トゥー・ブロックス・フロム・ジ・エッジ》には、アーシーなミディアムテンポの4ビート曲〈マダム・トゥールーズ〉、美しい〈ハウ・ロング・ティル・ザ・サン〉、ファンキーなセカンドラインの〈デルタ・シティ・ブルース〉(マイケルの驚くべき音のベンドが聴けるソロイントロをフィーチャー〉、燃え上がるようなアルバムタイトル曲といった、ブレッカーの素晴らしいオリジナルが4曲含まれている。マイケルのカルテット(カルデラッツォ、ジェームス・ジーナス、ジェフ・テイン・ワッツ)は、1999年の晩春から夏にかけてのツアーで、これらの曲の他に、カルデラッツォ作の雰囲気がやや異なる〈エル・ニーニョ〉、そして美しいバラード〈キャッツ・クレイドル〉や、ワッツ作の燃えたぎる〈ジ・インペイラー〉等もプレイした。

そのツアーでのライブはどれも上々だったが、マイケルはジョーイのアルコールへの依存度が高まっていくのを心配していた。「24時間飲み続けていた」とカルデラッツォは告白している。「朝7時に起きたら、7時1分にはビールを飲んでいた。次第にビールでは我慢できなくなってウォッカになり、深みにハマっていったんだ。飲みすぎたときにはコカインに変えながらね。でもヘロインはやらなかった。今思えば、パーコダンとかその辺のクスリが手に入っていたら、ヤク中になっていたかもしれないが。そうではなかったのでひたすらアルコールを飲み続けたんだよ」

マイケルは、父親のような気遣いと優しさで、ようやくカルデラッツォに自分を見つめ直させることに成功する。ワッツはこう回想している。「マイケルはジョーイのあだ名を使って、彼を説得しようとしていた。マイケルが『ジョーイ、酒をやめられよね?』と聞くと、ジョーイは『いや、マイケル、僕は……』と言う。するとマイケルはメガネ越しに上目遣いでギロっと睨みながら、『チャビー?!』ってね。チャビーという言葉で彼にプレッシャーをかけたんだ」

カルデラッツォは、3週間の日本ツアーをスタートする直前、東京でどん底に落ちたという。その兆候は日本に発つ少し前から始まる。「日本に行く前にナッシュビルでライブをしたんだけど、そこまで2日間くらい酒は飲んでいなかった」と彼は振り返る。「でも、禁酒用の薬が合わなくてちょうど飲むのをやめてしまったタイミングだった。それでライブの直前、会場の向かいにある高級フレンチレストランでビールを2本、ウェイトレスの溜まり場で立ったまま一気飲みしてしまったんだよ。ドカーン！ ドカン！ って感じで、ハイネケンを2本飲んだ。『誰、この人?』という目で見られたよ。そうして通りの向こう側に戻って、ライブをやった」

そして翌日、日本へ向から飛行機の中で、マイケルはこのピアニストにとあるリクエストをする。「飛行機でマイケルの隣の席に座っていて、彼をイライラさせていたんだ」とカルデラッツォは振り返る。そしてついにこう言われた。『ジョーイ、ひとつだけお願いがあるんだ。酒だよ。とにかく酒をやめてほしいんだ。これまでの人生、ずっと飲み続けていたよね。だから、このツアーから戻ったら、君のためにいいところを見つけて、30日間プログラムのリハビリ施設に入れてあげるよ』。私は『いや、マイケル、それはあり得ない！』と答えた。リハビリ施設に入るという考えが怖くてしょうがなかったんだ。だから日本までのフライト中は一滴も飲まなかった。そしてやっと東京に着いて、テインと食事に行った。2、3杯だけなら飲んでもいいやと思ったのだが、気づいたら17杯飲んで、もうクソみたいに酔っていたんだ。まだ1回もライブしていないのにね。結局、ホテルの目の前の通りで吐いてしまったよ。それが、最後の酒だった。東京での最初の夜のことだ。ツアーが始まる前にどん底まで落ちたってわけだ」

翌日、カルデラッツォはブレッカーに連れられて更生ミーティングに参加した。「この時点までに何度も更生ミーティングに参加していたのだが、20数年経った今でも、このときのことは覚えている。そこには、マイケルが長らく日本のミーティングに通って知っていたアメリカ人がいて、彼が日本での一時的な私のスポンサーになってくれた。そして、そこで終わりだった。そのミーティングのあと、私は一度たりとも酒を飲んでいないんだ」

カルデラッツォは、その日本ツアー中とアメリカに帰国するまでの旅の間、深刻な禁断症状に見舞われた。「ボロボロだった」と彼は振り返る。「アルコールが抜けて痛風になり、足が腫れ、痛くて歩けなくなったので救急病院に行った。車椅子に乗ってね。禁酒したばかりで、毎晩ライブがあるのに松葉杖をつかなきゃならない。完全にダメな状態だ。おまけに、帰りの飛行機ではひどい時差ボケに見舞われた。その間は、酒も飲まず、眠れず、眠れないからといってまた酒に逃げないよう神に祈っていたんだ」

アメリカに到着したマイケルは、ジョーイをリハビリ施設に連れて行った。カルデラッツォは、「マイケルは私をそこに連れて行って、そのまま立ち去った」と振り返る。「思慮深いなと思ったよ。だって、10年間も父親のような存在として、死ぬほど心配してくれていた人が、施設に送り届けてくれて、『大丈夫だよ』とだけ言ってすぐそのまま立ち去ったんだから。連れて来て、去っていく。ああしろこうしろとも言わず、説教もせず。最高にクールだったよ」

98年秋、ドラムのラルフ・ピーターソンJr.がワッツの代役としてヨーロッパツアーに参加する。アート・ブレイキーの弟子でもあるピーターソンは、ブレッカー・バンドにユニークなものをもたらした。ベースのジェームス・ジーナスは、「ラルフが加入し、やはり彼も化け物なんだけど、テインのように演奏しようとはしなかった。同じような強度を持ち込むんだけど、彼独自の〝声〟を持っているんだ。そしてあるとき、こんなことを言い出した。『ねえマイケル、僕が2曲ほどトランペットを吹いて、君がドラムを叩くのはどう?』ってね。完璧なアイデアだった」と語る。ピーターソンはポケットトランペットでレコーディングをしたこともあり、自分のプロジェクト、フォーテットのライブでも吹いていた。こうしてマイケル・ブレッカー・カルテットのライブは毎回、ピーターソンがポケットトランペットを吹き、マイケルはサックスをドラムスティックに持ち替えて終わることになったのだった。マイケルのエルヴィン・ジョーンズへの隠しきれない愛情を明らかにしながら。

マイケルの6枚目のスタジオ盤《タイム・イズ・オブ・ジ・エッセンス》(1999年)は、彼にとって初めてのオルガンを中心とした編成でのアルバムだ。10代の頃に、ジャズ好きでピアノを弾く父ボビー・ブレッカーに連れられてフィラデルフィアでハモンドB-3の王様ジミー・スミスを観に行ったり、チェルトナムの自宅のリビングにB-3があった思い出に繋がる作品だろう。このアルバムで重要な役割を果たしたのが、オルガン奏者のラリー・ゴールディングスだ。ゴールディングスのユーモアのセンスとどこか皮肉っぽさのある雰囲気には、マイケルの亡き友人、ドン・グロルニックを思い起こさせるところがあった。

「マイケルが、リンカーン・センターの近くにあった頃のイリジウム・ジャズ・クラブで、私に自己紹介したときのことをよく覚えているよ」と、ゴールディングスは振り返る。「ピーター・バーンスタインやビル・スチュワートと演奏していたのだけど、最初のセットが終わってステージから降りると、そこにいたのはまぎれもなくマイケル・ブレッカーだった。私のところにやってきて自己紹介をすると、『最後の曲は君が書いたの？』と聞くんだ。何年も演奏していなかった〈ザ・グリニング・ソング〉という私の曲だったのだけど、彼は笑って、参ったなとでも言うように首をかしげながら、『あれを書いたのが僕だったらよかったのに』って言ったんだ。彼が気づいていたかどうかは別として、その言葉のおかげでご機嫌になったよ。そしてちょっと話をした。その後彼が電話してきて、3人のドラマーとやるプロジェクトについての話を聞き、なんの迷いもなく参加することにしたんだ」

2000年のダウンビート誌のインタビューで、マイケルはテッド・パンケンにこう語っている。「とにかくラリー・ゴールディングスとレコーディングしたいと思ったのです。彼の感性はラリー・ヤングを彷彿とさせます。ラリーの演奏は、音も時間の感覚もすべてが好きでした。ゴールディングスは非常にファンキーで、しかもオルガニストとしては珍しくハーモニーの引き出しもいろいろと持っている。優れたピアニストでもあったからかもしれません。パットと組ませたら相性抜群に違いないと思ったのですが、やはりそのとおりとなりました。パットは作曲家的なアプローチで、メロディックで、強烈で、独特な演奏をする。それは、私の演奏とブレンドして心地よく感じます。早さと決断力に秀でた思考回路も素晴らしい。私の過去3枚のアルバムはすべてジャズのアルバムで、制作の過程では決断を下すのに数日しかありません。エレクトロニクスを使った凝ったアレンジで、ミックスも複雑になるものとは違うのです。私が迷っていると、パットははっきりと意見を言って、決断を迫ってくるのでした」

ジョージ・ホイッティがプロデュースしたマイケルの《タイム・イズ・オブ・ジ・エッセンス》は、暖かな音色と流れるような滑らかさを持ったギタリスト、メセニーを迎えて3枚目となるアルバムだ。ホイッティは、スタジオでのこのふたりのミュージシャンの間のケミストリーについて語っている。「パットとマイケルはいつも、何もないところから実に美しい音楽を作り出す能力を持っているんだ。ふたりともハーモニーに関してはかなり冒険的だが、間違った音は決して聴こえてこないという奇妙な第六感のようなものを持っていた。こんなに優れたふたりのミュージシャンがお互いに響き合っている、これ以上のことは考えられないのではと思ったよ」

オルガンがフィーチャーされたこの傑出したアルバムで

ドラムを担当したのは、ジェフ・テイン・ワッツ、ビル・スチュワート、そして伝説のドラマー、エルヴィン・ジョーンズという3人の名プレイヤーたちだ。ジョン・コルトレーン・カルテットの名盤に触れて育ったマイケルは、マッコイ・タイナーに強く共感していたわけだが、この伝説のドラマーとの繋がりはさらに深いものである。マイケルは、60年代後半から70年代前半のロフト時代から、エルヴィンのドラミング・スタイル、特にミディアムテンポのドラミングを、他のドラマーからもうらやましがられるほどに会得していた。「マイケルは、まるで自分の楽器のようにドラムをプレイできただけでなく、私よりも巧みにエルヴィン・ジョーンズ・スタイルの演奏をすることができた」とワッツは言う。そして、マイケル自身も2000年のダウンビート誌のインタビューでテッド・パンケンにこう語っている。「10代の頃、エルヴィンが参加していたラリー・ヤングのアルバム《ユニティ》に合わせて、毎日放課後にドラムを叩いていました」

このように、ジョーンズを《タイム・イズ・オブ・ジ・エッセンス》に参加させることは、マイケルにとって大きな意味を持っていた。「彼は私のアイドルのひとりで、あらゆる面で完璧なアーティストですし、このアルバムに参加してもらえて感激しました」と彼はパンケンに語っている。「彼のビートは思っていた以上にゆったりとしていて、まるで広い草原にいるようでした。彼とプレイすると完全に自由になれるのです」

ジョーンズは《タイム・イズ・オブ・ジ・エッセンス》で3曲に参加している。マイケル作の〈アーク・オブ・ザ・ペンデュラム〉では、ミディアムテンポでの典型的なエルヴィン・スタイルで小節を緩やかに跨ぎながらプレイ。アーシーでウォーキングベースが効いている〈タイムライン〉では、作曲者でもあるメセニーがこのアルバムで最もブルージーなプレイを聴かせる。そして、マイケルの激しい〈アウトランス〉は大きな見せ場となっている。まさにエルヴィンというようなドラムソロで始まり、その後2分間にもわたってテナーサックスとドラムのブレイクダウンが繰り広げられるのだ。ジョン・コルトレーン・カルテットを聴き、多くのコルトレーン＝エルヴィンのデュエットに感化されながら育ったマイケルにとって、感慨深いものだったに違いない。マイケルは、のちにジョーンズのジャズ・マシーンのライブにゲスト参加してこの恩を返す。1

999年9月11日と12日にニューヨークのブルーノートで行われたこのライブの模様はアルバム《ザ・トゥルース：ハード・ライブ・アット・ザ・ブルーノート》（2004年、ハーフノート）に収録されている。マイケルは、エルヴィンの妻ケイコ・ジョーンズによる、コルトレーンに触発されたモードアレンジの〈五木の子守唄（A Lullaby of Itsugo Vill）〉と、エルヴィンのブラシワークも印象的で抑制の効いた〈ボディ・アンド・ソウル〉で素晴らしいテナーを聴かせている。

《タイム・イズ・オブ・ジ・エッセンス》では、他に、ゴールディングス作のアップテンポな4ビート〈サウンド・オフ〉をワッツの直感的なドラミングが盛り上げ、マイケルとラリーの見事なソロを引き出す。ブレッカー作の緩やかな4ビート曲〈ドクター・スレイト〉では、テインの軽快なドラミングに刺激を受けたメセニーが遊び心あふれるソロを披露。さらに、ワッツはマイケル作の〈ザ・モーニング・オブ・ジス・ナイト〉でしなやかなブラシワークを聴かせる。スチュワートは、やはりマイケル作のミステリアスなナンバー〈ハーフ・パスト・レイト〉で茶目っ気のあるセカンドラインのグルーヴを作り出す。ホイッティ作のソウル・ジャズ〈ルネッサンス・マン（エディ・ハリスに捧ぐ）〉では、マイケルの情熱溢れるテナーが小節を跳ね歩くようだ。

このアルバムは1999年11月2日にヴァーヴ・レコードからリリースされる。そしてマイケルは11月から12月にかけて、オルガンのゴールディングス、ギターのアダム・ロジャース、ドラムのアイドリス・ムハマッドという強力なカルテットでヨーロッパとアメリカをツアーする。ロジャースは、3年前の1996年8月26日にレッド・シー・ジャズ・フェスティバル（イスラエル）でブレッカー・ブラザーズと共演したことがあった。99年秋のツアーは、ステージでもそれ以外の時間でも共に充実した体験だったとロジャースは振り返る。「ニューヨークのミュージシャンである私にとって、マイケルほど大きな存在はそうはいないんだ」と彼は説明する。「私はこの街で育ち、マイケル、ランディ、そして彼らのスタジオでのキャリアを知っていたし、セヴンス・アヴェニュー・サウスにもよく行っていた。マイケルのことを尊敬し、彼の演奏やサウンドに魅了されていた多くの人々のうちのひとりだったんだ。なのでこのツアーでは、音楽的にわくわくするだけでなく、一緒にステージに立つというだけでも興奮していたんだよ」

「マイケルは毎回、音楽性、リズム、サウンド、ハーモニー等々、15種類くらいの視点のどこから見てもすごい演奏をしていた。でも最終的には、彼がソロで生み出すエネルギーがみんなを圧倒するんだ。まるで貨物列車のようなエネルギーを生み出すからね。それに続こうとするとディストーションでもかけたくもなるけれど、それは安易な答えだし、このライブにはふさわしくない。あれはブレッカー・ブラザーズのライブ向けのものだし。ここでは、マイケルのサックスから出るエネルギーを聴き、それに対抗するのではなく、むしろそれにインスパイアされるようなものをインプロヴァイザーとして創り出すことが求められている。だから、私なりのジャズの文脈で、音符とリズムを使ってエネルギーを生み出すことを学べたんだ。フリークアウトしたノイズ系のソロではなくね」

アイドリス・ムハマッドは、99年のツアーで共演したマイケルから特別なものを引き出したとロジャースは語っている。「アイドリスは、テインやジャック・ディジョネットのような、マイケルがよく一緒にやっていたドラマーたちより明らかに音数が少なかった。でも彼のスウィング感はとても深く、マイケルがそれに反応するのを聴くのは刺激的だった。ふたりの相性は、とてもスリリングなものだったんだ。もちろん、マイケルはパワフルな自分自身の〝声〟を持っていたが、そこにアイドリスのスウィングが加わり、ステージ上は毎晩のように大興奮になっていった。ある晩、アイドリスはシンバルで4分音符を刻み、ハイハットで2拍目と4拍目を鳴らし、他には何もしていなかった。そのとき、とてつもなく広大な空間に投げ出されたような気分がしたんだよ。単にビン、ビン、ビン、ビンと叩くだけなのに、そこから発生する力とエネルギーのすごさは、これまでどんなドラマーからも感じたことのないものだった。終わってから彼のところに行ってじっと見つめながら、『アイドリス、今のすごかったよ』と言ったのだが、彼はといえば『え、なんのこと？　子供の頃からやっているようにプレイしただけさ』といった調子だったけどね」

99年秋の日程の厳しいツアーで、ロジャースは、マイケルのサックスへの取り組みの一面を垣間見ることになる。ライブ前の楽屋での、短いながらも印象的な出来事だ。

「そのツアーでは、文字どおり練習する時間がなかった」と彼は振り返る。「サウンドチェックで少しだけウォームアップをする。食事をして、ライブをして、寝て、起きたらまたその繰り返しだ。そんな中、イタリアの小さな街のライブ会場に、タイル張りで音が反響して、どこからでも聞こえてしまうような変な楽屋があった。そこでスティーヴィー・レイ・ヴォーンのフレーズを練習していたんだ。ベンドを使う格好いいやつだった。そしたらマイケルがやってきて、『それは何？ 教えてよ！』と言うんだ。で、教えてあげたら、あっと言う間にサックスで自分のものにしてしまった。ギターでは慣用句的なフレーズだけど、サックスでは全くそうではない。どうしてそんなにすぐに吹けるようになるのかと尋ねると、『僕が今まで何を聴いていたと思ってるんだい？ ロックやブルースのギタリストを聴きまくってコピーしてきたんだよ』と。だから、いかにもマイケルらしいフレーズの中には、ギターから影響を受けたものもあるんだ。あのクラシックなブルースフレーズは、1本の弦をベンドして次の弦とユニゾンにするんだけど、〈デルタ・シティ・ブルース〉のような曲で聴くことができるよ。マイケルはサックスでギターのフレーズをプレイしているというわけだ」

ロジャースは、マイケル・ブレッカー・カルテットでの最初のギグ(99年7月、フロリダ州フォートローダーデールのトニ・ビショップ・レストラン&ジャズクラブ)で、乱暴なウェイターと殴り合いになりかかったことを振り返っている。「マイケルはこのことをめちゃくちゃ面白がった。何が起こったかというと、私とゴールディングスが立っていたこのクラブのバックステージエリアというのが、(私たちは気づいていなかったのだけど)実はウェイターたちの通り道だったんだ。あるウェイターが、邪魔なのでどいてくれないかとも言わずにいきなり、私のギターのネックを掴んで、ギターごと私を壁に押しつけた。でもそういうやり方は、私には通用しない。1秒もしないうちにギターを取り戻し、ぐっと睨み合い、喧嘩寸前になった。ゴールディングスは何が起こったか信じられず、アイドリスはえらく盛り上がって『そうだ、ナメられるな！』って感じだった。誰かが間に入ってくれたんだけど、いずれにせよ決していいタイミングじゃなかったね。マイケル・ブレッカーとの初めてのギグでステージに上がる直前だったのだから。そのときマイケルは2階のどこかにいて、実際の様子は見ていないけれど」

「最高のライブだった」とロジャースは続ける。「ホテルに戻るバンの中で、ゴールディングスが『マイケル、アダムは今夜ウェイターと喧嘩するところだったんだよ』と言うと、マイケルは『え？　本当に？』と驚いていた。一方のアイドリスは『あのウェイターはやられて当然だよ』と。それからマイケルは『どうしてそうなったの？　誰が仕掛けたの？』と言ってから1分ほど間をおいて、『それは素晴らしい！』と言うんだよ。『僕は喧嘩したことがないんだ。君は喧嘩したんだよね！　すごい！　君は僕のヒーローだ！』って。彼がこの出来事を容認していないのは明らかだったけれど、同時に最高に面白いとも思っていたんだ」

一行は次のライブのためにフロリダのクリアウォーターまで車で行き、そこから飛行機でニューヨークに戻ったのだが、ロジャースは疲労困憊で様子がおかしくなった。そしてマイケルのカルテットでヨーロッパツアーに出発しようとする前日、アダムは病院に行き、肺炎と診断されたのだった。「『明日からヨーロッパツアーに出る予定なんです』と医者に伝えたら、『それはお勧めできませんね』と言われ、『冗談じゃない、マイケルと初めてのヨーロッパツアーだったのに、出られないっていうのか！』と思ったよ。医者は、『いいですか、3日間ベッドで寝て、これから処方する薬をきちんと飲めば無事回復するでしょう。でも、このまま体を酷使して、抗生物質も飲まなかったら、大変なことになるかもしれません』と続けたんだ」

他のメンバーは翌日イタリアに飛んでペスカーラからツアーを開始するが、ロジャースはアメリカに残っていた。「4日間自宅で安静にし、薬もすぐに飲み始めたら、症状は順調に消えていった。調子が良くなったので数日後にアイルランドに飛び、コーク・ジャズ・フェスティバルというアルコール漬けのバカ騒ぎフェスでみんなに再会したんだ」

ツアーが始まって数日後、ロジャースはミラノのブルーノートで別の騒動に巻き込まれる。「ライブが始まる前に、クラブのスタッフにタバコを吸ってもいいかと聞いたら、『いいよ、どうぞ』って言われたんだ」と彼は説明する。「それでタバコに火をつけて吸っていたら、とんでもないウェイターが駆け寄ってきて、私のことを掴んでイタリア語で怒鳴り始めた。ただふらっと店に入ってきた訳のわからない奴とかでなく、バンドのメンバー相手に叫び始めたんだ！　しょうがないからタバコの火を消しに外に出ようとすると、そいつがまた詰め寄ってきて、揉み合いになった。その後、2階に行ったらゴールディングスが『マイケル、マイケル、アダムが用心棒と喧嘩したんだ』と報告している。『アダム、一体何をしてるんだ?』と言うマイケルに、私は『あの馬鹿野郎から飛びかかってきたんだよ』と答え、そしてゴールディングスも『マイケル、そうだ、あの野郎は自業自得だ。アダムは正しかった』と付け加えた。なのにマイケルは『あのさ、下に降りてそいつに謝るべきだ』と言う。私は『え? あのクソ野郎に謝りに行くわけがないだろう。あいつが悪いんだ!』と反論した。それでもマイケルは冷静に『どっちが正しいかという問題じゃないんだ。僕はこういう状況に陥ったことはない。君はどうしていつもこうなるんだ?』と譲らない。さらに私は『いい加減にしてくれよ、マイケル! あのクソ男が俺を掴んだんだぞ!』と繰り返したのだが、マイケルは『そんなことはどうでもいい。君がこのような状況に陥り続けるのにはなにか理由があるはずだ。一体何をしているんだ? どうしてこんなことになるんだ? そんな状況は避けられるはずなんだよ』とね」

「マイケルは決して批判的ではなかった」とロジャースは続ける。「あまりにもいろいろなことを見てきたからだと思う。そしてまた言うんだ。『そいつに謝りに行った方がいい』って。でも私は変わらず『あのクソ野郎に謝るわけないだろ!』って感じだった。最後にマイケルは『問題はそいつのことじゃないんだ。状況がどうこうということでもない。ただ、君自身のためにそうするのがいいと思うんだ』と言っていた。結局謝りには行かなかったけれど、そのことについて随分と考えた。やはりそいつが事を始めたのは間違いないが、マイケルの言葉に考えさせられたんだ。マイケルがあのように言ってくれたことで、私は他のことについても違う視点を持つようになった。マイケルの好きなところでもあるんだけど、彼は決して、安易に根拠もなくアドバイスなんてしない。でもこのときは助言してくれ、私はそれを真摯に受け止めたってことだ」

11月から12月にかけて、マイケルは、ヨーロッパからアメリカへとゴールディングス、ロジャース、ムハマッドとの強力なカルテットでツアーを行う。その後、冒険的な新グループのアイデアを明らかにしながらミレニアムを締めくくる。そのグループは、マイケルをニューヨークでの活動初期のロフト時代へと全面的に回帰させるものでもあった。

# 11章

# Expanding Horizons

広がる地平

1999年末、マイケルは、デイヴ・リーブマン、ジョー・ロヴァーノと共に、サキソフォン・サミットのニューヨークプレミアを行う(12月16〜18日、バードランドでの3夜連続公演)。後期コルトレーンにインスパイアされたこの3頭バンドは、マイケルを、1969〜71年のロフト時代へと全面的に回帰させるものであった。リーブマン、スティーヴ・グロスマン、ボブ・ミンツァー、ボブ・モーゼス、クリント・ヒューストンなどの志を同じくする者たちと、インスピレーションに従い、誰からも咎められることなく、自由気ままに探究し続けたあの日々だ。ルーファス・リード(ベース)、フィル・マーコウィッツ(ピアノ)、ビリー・ハート(ドラムス)を従えた3人のサックス奏者は、バードランドでの計6回のステージで、奔放かつ強烈に吹きまくった。この間12月17日に、マイケルはブレット・プライマック(YouTubeチャンネル「ジャズ・ビデオ・ガイ」主宰者)とのインタビューでこう語っている。「この組み合わせが本当に面白いのは、3人とも異なったプレイをするところなんです。それぞれが違ったバックグラウンドを持っていて、音、色、リズムへのアプローチが興味深い並び方になる。私たちだけでなく、リスナーにとっても。デイヴとは、19歳でニューヨークに出てきたときに出会いました。アパートが隣同士だったんです。そして、何年にもわたって彼から学んできました。私にとってある種の先生であり、常に私の先を行っていて、今も彼から学んでいます。鋭い洞察力を持った思索家でもあり、明晰で、決断力に富み、筋道立った頭脳を持っている。そしてもちろん彼の即興演奏はとてつもなくすごいものです」

サキソフォン・サミットは、実は遡ること2年前、イスラエルのエイラートで開催されたレッド・シー・ジャズ・フェスティバルに招待された際に実現したのだとリーブマンは説明する。「コルトレーンのトリビュートだったような気がする。ライブが終わってホテルに戻り、マイケルにこう言ったのを覚えているんだ。『俺たちが昔やっていた、あれ。もう誰もやってないよな。コルトレーンから学んだことが、もう誰も知らないものになってしまっている。まるでモーツァルトが忘れ去られたように、あの時代も忘れられてしまった。そして、それを蘇らせるのは俺たちの責任だ。ちょっとした衝撃も与えられるだろうしね』。するとマイケルは、『批評家たちにボロボロにされるぞ!』と言い、私は『いいね、まさに望むところだ。俺たちが20代の頃にやっていたようなことを、もはや誰もやらない。グループ・アンサンブル、金切り声、フリーな演奏。俺たちは50代になり、そこからちょっとご無沙汰してしまっていた。そう、俺たちなりの原点回帰だよ』。そして、ついにマイケルも『乗った』と言ったんだ。ジョー・ロヴァーノにも参加してもらうことにして、あのバンドが出来上がった」

「マイケルが、66年にテンプル大学でコルトレーンを生で聴いたことは、彼に大きな影響を与えたと思う」とロヴァーノは言う。「若いときに、あの爆発的で素晴らしい、みなを魅了した音楽を体験することができた。そのスピリットがサキソフォン・サミットで発揮されたんだ。リーブマンは、コルトレーンの後期が与えた影響に敬意を表したいと先陣を切っていた。《メディテーションズ》《エクスプレッション》《クル・セ・ママ》《アセンション》などの私たちが大切にしていた、そして今も変わらずに重要なアルバムだ。デイヴは、それをなんとか実現したいと強く願っていた。それにマイケルとデイヴは、60年代後半から70年代前半にかけて、後期コルトレーンに焦点を当てたセッションを何度も一緒にやっていて、長い付き合いがあった。彼らのその当時の精神とアプローチが、サキソフォン・サミットで見事に結晶化する。それが、このグループの根本なんだ」

サキソフォン・サミットは発足当初から後期コルトレーンをテーマにしていたが、それがこの革新的なサックス・アンサンブルの全容を表していたわけではなかった。「コルトレーンの〈インディア〉や〈インプレッションズ〉のような曲を演奏したわけだけど、それに〈ボディ・アンド・ソウル〉のようなバラード、マイルスの〈オール・ブルース〉のようなブルースといったスタンダードも数曲取り入れていた」とリーブマンは説明する。「2003年にアルバムを作る以前、初期はオリジナル曲はやっていないんだ」

バードランドでの最初のライブから、ステージ上ではかなり自然な形で物事が進んだ。「ただステージに上がって、曲を決めていった」とロヴァーノが振り返る。「それですぐにまとまっていく。セクステットでどんなアプローチでプレイするか、みんなが共有していたんだ。集合性、テーマの吹き方などだ。最初から完璧なアンサンブルになっていたんだよ」

マイケルとリーブマンは、30年以上にわたるそれぞれのキャリアを経て、若く自由奔放なロフト時代の、解放的で深いスピリチュアルな音楽の源に、何ひとつ欠けることなく戻ってきたのだ。それは、コルトレーンのメッセージが不滅だと証明する以外の何物でもなかった。「人は、光を見つけたら、それを忘れない」とリーブマンは言う。「そこから先は、その人がどれだけ追求したいのか、どれだけ心血を注ぐかの問題だ」

サキソフォン・サミットは、マイケルのジョン・コルトレーンへの敬愛を再燃させただけでなく、自らの視野を広げたいという願望をも呼び起こした。新世紀に入り、サックス奏者としての卓越性を保ちながらも、限界への挑戦に専念。持ち前の好奇心旺盛な性格も相まって魅力的な発見をしていく。カナダのテレビ番組「ディスティングイッシュド・アーティスツ」で、ローン・フローマンにこう語っている。「私が今取り組んでいるプロジェクトは、どれもこれまでにやったことのないものばかりです。自分にとって新しく、そこからなにかを学べて、そして逆に自分の音楽的な経験も活かせるもの。私は今、自分が必要とする方法で自分を後押ししてくれるミュージシャンに囲まれています。それと新たな方向へ導いてくれるような曲が合わさって、大きな助けになっているのです」

2000年最初のプロジェクトは、長年の友人であるドラマー兼パーカッショニストのドン・アライアスが率いるものであった(彼らは1979年に、パット・メセニー、ジャコ・パストリアス、ライル・メイズと共にジョニ・ミッチェルのシャドウズ・アンド・ライト・ツアーに参加)。ドン・アライアス&フレンズと名付けられたこのアフロキューバン・

アンサンブルは、兄のランディがトランペット、元ウェザー・リポートのアレックス・アクーニャがドラム、スティーヴ・ベリオス、ジョバンニ・イダルゴ、アライアスがパーカッション、ギル・ゴールドスタインがキーボード、ミッチ・スタインがギター、スペインのカルレス・ベナヴェンがベースというメンバー。2000年1月17日から、ロンドン、リーズ、ブリストル、バーミンガム等の7都市にわたるイギリスツアーをスタートさせた。イギリス芸術評議会がスポンサーとなったこのツアーは、数年後、マイケルが自ら率いる大規模アンサンブルのイギリスツアーへの道を開くこととなる。そしてさらには、のちに高く評価されるクインデクテット（15人編成）プロジェクトへの種を撒くことになった。

　イギリスでのドン・アライアスの1回限りのプロジェクトのあと、マイケルはオルガン奏者のラリー・ゴールディングス、ギタリストのアダム・ロジャース、ドラマーのアイドリス・ムハマッドとのカルテットを率いてアメリカ国内を回り、カリブ海に面したカンクンにも立ち寄った。2000年2月3日のニューヨーク公演について、ライターのデヴィッド・アドラーはオール・アバウト・ジャズ誌で次のようにレポートしている。「消防隊はまだ、マイケル・ブレッカー・カルテットが先週ブルーノートで起こした火事の消火作業中だ。この6夜連続公演で、テナーの巨人、ブレッカーは最新作《タイム・イズ・オブ・ジ・エッセンス》と同じ、オルガンを中心としたフォーマットにこだわった。アルバムの参加ミュージシャンの中でこのライブに参加したのはオルガン奏者のラリー・ゴールディングスだけであったが、パット・メセニーに代わってギターを担当したアダム・ロジャース、そしてドラムのアイドリス・ムハマッドが会場を大いに沸かせる。アダム・ロジャースはパット・メセニーを圧倒しただけでなく、尊敬するボス、ブレッカーをもステージから吹き飛ばしてしまった。ブレッカーはオープニングの〈マダム・トゥールーズ〉で想像を絶する16分音符の洪水のプレイで飛ばしたが、続くロジャースは、全く引けをとらないスピードの速弾きを披露し、リズムやフレーズ面でのアプローチではブレッカーを凌駕《りょうが》する。そして、ロジャースがソロをとるたびに、アイドリス・ムハマッドが生き生きと反応していく。このロジャースとムハマッドのインスピレーションに満ちたインタープレイは本当に素晴らしく、特にファンクナンバー〈ルネッサンス・マン〉でのそれはこのライブを最高潮に盛り上げるものであった。この曲が終わると、バンドメンバーたちも『なんだこれは!! どうなっているんだ!!』とでもいうように互いに顔を見合わせて呆然としていたのだ」

マイケルは6月と7月のほとんどを海外で過ごす。オルガンにラリー・ゴールディングス、ドラムにビル・スチュワートを迎えたブレッカー・メセニー・スペシャル・カルテットでヨーロッパをツアー。8月にはイタリアのボローニャで、ニュージーランドの現代クラシック作曲家ジョン・ササスによる、テナーサックス、ドラム、オーケストラのための協奏曲を初演する。マルチェロ・ロータ指揮、エミリア・ロマーニャ〝アルトゥーロ・トスカニーニ〟交響楽団をフィーチャーした16分の野心作〈オムニフェニックス〉は、マイケルのために作られた委嘱作品で、美しいボローニャの野外に集まった8000人の聴衆の前で披露された。この2000年8月2日の世界初演に立ち会った評論家によると、「この作品は、伝説のテナー奏者マイケル・ブレッカーの傑出した演奏能力を前提として書かれたものである。ジャズと芸術としての音楽の流れを見事に合体させ、サキソフォンソリストの個性が輝くための広大な空間を用意した作品だ」と述べられている(この作品は、のちにテナーサックス奏者のジョシュア・レッドマンとニュージーランド交響楽団によって録音され、2006年にラトル・レコードから《ヴュー・フロム・オリンパス》としてCDとDVDで発売された)。

2000年秋、ブレッカー・メセニー・スペシャル・カルテットはアメリカでツアーを再開する。マイケルはその後、ソウル、韓国、東京へと向かい、ケニー・バロン・トリオ(ベースはレイ・ドラモンド、ドラムはシルヴィア・クエンカ)とストレートアヘッドなアコースティックジャズをプレイ。そして、抑制を効かせたバラード集《ニアネス・オブ・ユー:ザ・バラード・ブック》のレコーディングで同年を締めくくった。

12月18日から20日にかけてニューヨークのライトトラック・レコーディングスタジオで録音されたマイケルの8枚目のリーダーアルバムは、パット・メセニーとベーシストのスティーヴ・ロドビーが共同プロデュースしている。スタンダードの名曲では、アーヴィング・バーリンの〈オールウェイズ〉、クルト・ヴァイルの心にしみる〈マイ・シップ〉(マイルス・デイヴィスの名盤《マイルス・アヘッド》に収録されたギル・エヴァンスのアレンジをギル・ゴールドスタインが小編成に書き直したもの)、ホーギー・カーマイケルの魅力的なアルバムタイトル曲〈ニアネス・オブ・ユー〉(ジェイムス・テイラーが歌っている)等を収録。オリジナルでは、メセニー作の〈サムタイムズ・アイ・シー〉〈セヴン・デイズ〉、マイケル作の〈アイ・キャン・シー・ユア・ドリームス〉〈インカンデセンス〉等が収められた。《ニアネス・オブ・ユー：ザ・バラード・ブック》は、1963年のジョン・コルトレーンの《バラード》と同じように、幅広いリスナーの心を捉えるものであった。

マイケルは、《ニアネス・オブ・ユー》のプロモーションのためにヴァーヴ・レコードが行なったインタビューで、次のように語っている。「ジョン・コルトレーンの《バラード》を、このアルバムの潜在的なテンプレートのようなものと捉えていました。とても美しく、シンプルにメロディをプレイし、表現するというアプローチ。音楽的に信じられないほど高度な内容が詰まっているのに、それを意識させられることなく、ただただ音に身を委ね、夢うつつになることもできる。このアルバムは、コルトレーンの作品の中でもお気に入りの一枚でした。さまざまなレベルで聴くことができるのです。自分のアルバムでも、それと同じことを表現したいと思いました。夢を見ながら聴くこともできる、でも聴き込もうとすると簡単ではない、そういったものを。すべての曲にとても多くのものが詰まっています。熱く燃えるような演奏を、スローモーションで行なったようなものでした。ゆっくりとリラックスしながらも燃えているのです」

さらに《ニアネス・オブ・ユー》の中で特筆すべき曲は、優しさが光るジョー・ザヴィヌル作の〈ミッドナイト・ムード〉だ。ギターの巨匠ウェス・モンゴメリーのアルバム《テキーラ》(1966年、ヴァーヴ。クリード・テイラーのプロデュース、クラウス・オガーマンによる豪華なストリングス・アレンジ)に収録されているバージョンをメセニーが好きで、提案したものだ。

レコーディングの参加メンバーは、テナーサックスのマイケル、ギターのメセニー、ベースのチャーリー・ヘイデン、ドラムのジャック・ディジョネットというオールスターキャストが中核をなしている。これは、メセニーの

《80／81》、そしてマイケルのデビューアルバム《マイケル・ブレッカー》（１９８７年、インパルス）のラインナップに近い。そこにハービー・ハンコックが加わることで、セッション中のミュージシャン同士の繋がりはさらに深まった。マイケルが語る。「ハービー・ハンコックと一緒に演奏するのは本当に楽しいのです。次に彼が何をするか誰にもわからないから。そしてアルバム全体を通して音楽の会話を続ける。これはライブでも同じです。オーケストレーションのセンスや、パーツの配置の仕方も素晴らしい。ハービーのピアノはとてもユニークで特別なのです。そして、彼とチャーリー・ヘイデンの組み合わせは、予想どおり印象的なものになりました。そこにさらにジャック・ディジョネットも加わると……。ジャックはオールラウンドに活躍するミュージシャンで、その音楽性は単なるドラマーの領域を超えています。バラードに対するアプローチもユニークで、他のドラマーが誰もやったことのないような方法で曲を彩る。ただテンポをキープするのでなく、他のミュージシャンと会話しながら演奏しているのです。そしてもちろん、パットは偉大なバラード奏者であり、バラード・コンポーザーのひとりです。こうやってみんなのサウンドを組み合わせることで、特別な響きが生まれるのです」

マイケルは、メセニーをこのアルバムのプロデューサーに起用するのはごく自然なことだったと言う。「第一に、お互いをよく知っていて良い関係でしたし、プロデュースを依頼する前からこのアルバムについて随分と話し合っていたのです。それから彼には人並外れた特徴がありました。集中力に優れ、全体像を見失うことなく細部にまで気を配ることができ、他の人なら気にしないような細かいことにも時間を惜しまない。すべて私にぴったりなんです。加えて、サウンドに対する卓越したセンスを持ち、楽器同士を興味深い方法でブレンドできる。それらすべてが彼を選んだ理由です。そして実際、彼は優秀なプロデューサーでした。彼のおかげで、サックスを演奏し、他のミュージシャンの演奏を聴くことに専念することができたのです。それは私にとってとても贅沢なことでした」

マイケルの30年来の友人であり、コラボレーターでもあるジェイムス・テイラーは、メロウなタイトル曲〈ニアネス・オブ・ユー〉の他、かつてマイケルがソロをとったテイラー自身の名バラード〈寂しい夜〉（１９７２年）のカバーでも歌声を聴かせる。「このバラード・アルバムでヴォーカルを使うというアイデアは、やはり私が大好きだったジョン・コルトレーンとジョニー・ハートマンのアルバムから得ています」とマイケルは説明する。「制作の早い段階でジェイムス・テイラーを起用しようと思ったのですが、ジェイムスがハービー、パット、ジャック、チャーリーと一緒にレコーディングすると想像しただけで興奮してしまいました。とても魅力的でエキサイティングなアイデアでしたし、良い結果にならないわけがありません。私にはすでに音が聴こえてきていたのです。そして、ジェイムスはジャズシンガーとしての才能をクローゼットに隠し続けていたことも明らかになりました。どの曲も何テイクか録音したのですが、彼はテイクごとに違う歌い方をする。インプロヴァイズしていたんですよ」

ゴールドスタインは、ジェイムス・テイラーをフィーチャーする〈ニアネス・オブ・ユー〉のアレンジの依頼でマイケルが電話してきたときのことを振り返っている。「『マイケル、信じられないだろうけど、この2年間、この曲だけがずっと頭の中で鳴っていたんだ』と言ったら、『からかってるの？』と信じないので私は『いや、本当なんだよ』と。もちろん本当の話だ。大好きな曲なんだ。その依頼は私にとって、これ以上ない最高の贈り物だったんだ。ピアノの前に座り、こう思った。『特徴のあるイントロが必要だ。何千回も聴いたことがある曲だと感じさせないような始まりを作らないと』。そしてあの幾何学的なイントロのフレーズを思いついたんだ。なんてこともないのだけど、メロディに入っていくのにあのフレーズが必要だった。そして共同での作業を始め、マイケル、パット、私の3人で演奏してみたら、パットが「Fから始めて、他のキーに転調するのはどうだろう」と素晴らしいアイデアを出してきたんだ。ジェイムスが元々歌いたがっていたFで始めて、マイケルのソロでGに転調、最後はEフラットにした。レコーディングでジェイムスの歌を聴いて、『もう何が起きても思い残すことはない。ジェイムスは私のアレンジを完璧に歌いこなしてくれた』と思ったよ。ジェイムスがスタジオを出る前に少し話をしたら、『今までレコーディングした中で最高のバンドだった』って言われた。そう、あれは良いバンドだったんだ！」

マイケルは7度目のグラミー賞（最優秀ジャズ・インストゥルメンタル・ソロ部門）を、ハービー・ハンコック作

〈チャンズ・ソング〉での、リラックスかつ感情のこもった演奏で獲得。この曲のオリジナルは、1986年に公開されたデクスター・ゴードン主演の映画『ラウンド・ミッドナイト』で使われたものだ。ジョン・マーフがジャズ・タイムズ誌でこのようにレビューしている。「バラードにおけるブレッカーのちょっとしたタメは、とても印象的な効果を生み出す場合が多い。〈チャンズ・ソング〉はその良い例だ。一歩間違えばバラバラになってしまいそうなほどゆったりとした曲だが、その超スローテンポゆえに、メロディを奏でるブレッカーの美しい音色と表現力に、じっくりと身を委ねることができるのだ」

《ニアネス・オブ・ユー》のレコーディングの過程は、マイケルのその後のアプローチ全体に影響を与えることになる。ヴァーヴ・レコードのインタビューでこう語っている。「このアルバムを作ってから、ライブで演奏しているうちに気づいた変化があります。以前ならもっと多くの音符を使って表現していたことを、より少ない音符でできるようになった気がするんです。感情的な側面もあると思いますが、音数を減らすことにより、ひとつひとつの音符がより大きな意味を持つようになったのです。今度は音符をどこに置くかが大切になってきました」

マイケルは続ける。「このようなプロジェクトで成長できるのは嬉しいことです。自分が関わる人のプロジェクトにせよ、自分のプロジェクトにせよ、私にとって新しい地平を切り開くことが重要なのです（必ずしも音楽の大きな枠組みの話でなくてもよいのです。そこはそれほど気にしていません）。自分の成長のために、今まで通ったことのない道を追求し、やったことのない分野に挑戦し続けたいと思っています。例えば、今回のセッションでは、あまり慣れていないラバーのマウスピースを使いました。当日の朝、レコーディングを始めてみて、もっと太い音が欲しいと感じたんです。それでラバーのマウスピースに変え、結局ほとんどそのマウスピースでレコーディングしました。どう吹くかにも影響が出たと思いますし、実際、音数が減っていきました。結果、音色により集中し、音色を形作っていきました。私が慣れ親しんでいた垂直方向のアプローチでなく、水平方向のアプローチでプレイしながら。そして、その結果に満足しています」

2001年6月に発売された《ニアネス・オブ・ユー》に向けたヴァーヴのプロモーション・インタビューで、マイケルはどのようにレコーディングに臨むかを明かしている。「このレコーディングでもそうですし、私がこれまで作った他のすべてのアルバムでもそうなのですが、とにかく準備万端にしてスタジオに入ります。全員が何をするのか分かっている。録音する曲も分かっているし、アレンジも構成も決まっている。それにより、私も他のミュージシャンも余計なことを気にせずにプレイに集中できるのです。さまざまな決断に煩わされることもない。ジャズのアルバムを作るときに最も大切なのは、インプロヴィゼーションできることであり、他のことを何も考えずにプレイし、周りのミュージシャンの演奏を聴けることなのです。そして、それを達成するためには、毎日準備し、明確なアジェンダを持ってレコーディングに臨むことが大切です。これが私のやり方であり、その時々の枠組みを理解することで自由にインプロヴァイズできるのです。時にはとても緩やかな枠組みかもしれませんが、それも枠組みには違いなく、その中で自由に演奏する、こういったやり方が私には合っているのです」

2001年の幕開け、1月12日にマイケルとランディは国際ジャズ教育者協会(IAJE)のコンベンションで再会し、オランダのメトロポール・オーケストラと共演。〈スポンジ〉〈ナイト・フライト〉〈ソング・フォー・バリー〉などブレッカー・ブラザーズの人気曲をビッグバンドで演奏する。これは、2003年にドイツのレバークーゼン・ジャズ・デイズというフェスティバルで行なわれる、WDRビッグバンド・ケルンとの共演の前触れでもあった。後者にはウィル・リー(ベース)とピーター・アースキン(ドラム)も加わってブレッカー・ブラザーズの曲を演奏している(2005年にライブアルバム《サム・スカンク・ファンク》としてリリースされる)。

2001年7月の第一週、マイケルはモントリオール・ジャズ・フェスティバルに招かれ、ベーシストのチャーリー・ヘイデン、ピアニストのダニーロ・ペレスと、ソロ、デュオ、トリオで演奏をする。この夏の残りの期間、マイケルとランディは、アコースティック編成のブレッカー・ブラザーズによるヨーロッパツアーを行う。デイヴ・キコスキー(ランディのストレートアヘッドな2枚のアルバム《イン・ジ・イディオム》[1987年]と《ライヴ・アット・スウィート・ベイジル》[1988年]に参加)をピアノに迎え、ベテランベーシストのピーター・ワシントン、ドラマーのカール・アレンという、ソリッドにスウィングするリズム隊ふたりが加わった編成だ。ランディ作の〈トーキョー・フレディ〉(《34TH・アンド・レックス》収録、2003年)やマイケル作の〈ドクター・スレイト〉(《タイム・イズ・オブ・ジ・エッセンス》収録、1999年)をジャズ・メッセンジャーズ風に演奏し、最後にはランディの技巧が炸裂する〈サム・スカンク・ファンク〉を披露した。

このアコースティック・ブレッカー・ブラザーズは、まずは7月2日のモントリオール・ジャズ・フェスティバルに出演、その後ヨーロッパへと渡り、グラスゴー、ルガーノ、リスボン、デン・ハーグ、ミュンヘン、ポリ、ストックホルム、サンセバスチャン、パリ、マルシアックと各地の主要ジャズ・フェスティバルに参加。8月まで精力的にツアーする。しかし、残念ながらアメリカのファンは、この煽情的なストレートアヘッド・クインテットの活動を見る機会はなく、公式な音源も発表されなかった。

マイケルは9月初旬にニューヨークへと戻る。2001年9月11日火曜日の夜、タイムズ・スクエア近くのイリジウムで1週間にわたるライブをスタートする予定であった。

しかし、同日にワールド・トレード・センタービルで起こったあのおぞましい国家的悲劇により、街中のあらゆるものと共にそのライブはキャンセルとなる。デヴィッド・デムジーはこう回想している。「その夜とその後何日かのイリジウムでのライブはキャンセルになったが、金曜日にはマイケルの意思によりライブが行われ、その収益はすべて赤十字に寄付された。その夜、私もそこにいた。ジェフ・ワッツ、ジョーイ・カルデラッツォ、ジェームス・ジーナスとのカルテットで、素晴らしい演奏だったのを覚えている。観客は本当に少なくて、スーザンと子供たち、それにマイケルのマネージメントオフィスの数人を合わせた、多分全部で10人くらい。開演前に、クラブの外、ブロードウェイのイエローライン〔地下鉄のNライン〕の上にいたのだが、通りには全く人影がなく、車も走っておらず、歩道にも誰もいない。ジェット燃料の匂いがまだ残っていて、不気味だった。そして、最初のセットが始まる直前、マイケルがステージでこの状況について話したんだ。『ここはニューヨークだ！　我々はここでジャズを演奏している！　奴らは好きなだけ人を殺すことができるのかもしれないが、もし我々がここを閉ざしてしまったら、奴らの勝ちになってしまう。だから、我々の音楽を演奏し続けなければならないんだ』。これは、彼の人間性と、大変な状況下でもなにかをしようとする意志の力を物語っていると思う」

その1週間後、マイケルはハービー・ハンコック、トランペッターのロイ・ハーグローヴ、ベーシストのジョン・パティトゥッチ、ドラマーのブライアン・ブレイドと共に1ヶ月間にわたるアメリカ・カナダでの「ディレクションズ・イン・ミュージック」(マイケルと、ハービー・ハンコック、ロイ・ハーグローヴによる3頭バンド)のツアーに出る。このツアーでは、マイルス・デイヴィスの〈ソー・ホワット〉とジョン・コルトレーンの〈インプレッションズ〉を夢見心地なまでにスローダウンしたメドレーの他、コルトレーンの〈トランジション〉、ハンコックの〈ザ・ソーサラー〉、ハーグローヴの〈ザ・ポウイット〉、ブレッカーの〈D・トレーン〉でのテナーの巨人のカタルシス溢れる演奏熱いコルトレーン賛辞〈D・トレーン〉などをプレイ。は特に印象的であった。また、他のメンバーはいったんステージを去り、マイケルがひとりきりでスポットライトを浴びるという演出もあった。そこではコルトレーンの静謐なバラード〈ナイーマ〉を無伴奏で赤裸々に演奏し、比類なき名人芸と力強い存在感を見せつけている。熱いブロウと、繊細なコントロールの間を行き来する、まさに鳥肌ものの気持ち溢れる演奏だ。正確無比なアルペジオ、大胆な音程のジャンプ、アルティッシモでの泣き叫び、これらすべてを完璧なタイム感と音程でプレイし、マルチフォニックスまで駆使するマイケルの演奏は、このツアー中、毎晩行われる真のサキソフォン・マスタークラスとでもいえるものであった。9月19日にカリフォルニア州サンタクルーズで始まったこのツアーは、10月29日のフロリダ州ネープルスまで、30都市で行われた。

「あのツアーは衝撃的だった」とパティトゥッチは振り返る。「マイケルとハービーが入り込んでいるのを聴いているだけで、なにかすごく感じるものがあるんだ。ハービーのバッキングはとても挑発的で、今日はこう来たかと毎回驚かされた。普通はコード進行に沿ってプレイするよね。でも彼はどのコードも空っぽにしてしまう。ルートは同じだけど、その場でリハーモナイズするんだ。自分の曲の自分のソロで、そんなすごいことをやる。そして『わお、これはピアノでなきゃできないし、ピアノでもハービー・ハンコックしかできないよ』と思うんだ。彼は、深く、広い音を見つける。もちろんマイケルは喜んで反応していく。このふたりと一緒にステージに立つのは実に刺激的でチャレンジングなんだ」

　そのディレクションズ・イン・ミュージックのツアー中に、マイケルは長年の健康問題の影響を見せ始める。「C型肝炎を患っていて、かなり具合が悪そうだった」とハンコックは振り返る。「ロイも透析を受けていたし、あのツアーにはいろいろな試練があったんだ」

　このツアーの頃、マイケルはC型肝炎の治療を受けていたとスーザン・ブレッカーは認める。「本当に体調が悪かったのです。それでハービーに『彼の面倒を見てあげて』と言ったら、『そうするよ』と約束してくれました。そして、マイケルはその思いやりを感じていた。彼はハービーのような、とびきりのハートを持った人に反応していたのです。ハービーの天才ぶりに、マイケルは畏敬の念を抱いていました。でも、人としても、ハービーにはなにか特別なものがあると感じていたのです」

　その後、ヴァーヴからリリースされた《ディレクションズ・イン・ミュージック〜マイルス&コルトレーン・トリビュート》（２００１年10月25日、オンタリオ州トロントでのライブ録音）は、第45回グラミー賞において、ウェイン・ショーターの《フットプリンツ〜ベスト・ライヴ！》とマッコイ・タイナーの《マッコイ・タイナー・プレイズ・ジョン・コルトレーン》を抑え、最優秀ジャズ・インストゥルメンタル・アルバム賞を受賞することになる。また、ハンコックは、クルト・ヴァイル作の瑞々しい〈マイ・シップ〉でのソロで、同アルバム内〈ナイーマ〉におけるマイケルの驚くべきソロを抑えて、最優秀ジャズ・インストゥルメンタル・ソロ賞も受賞。「あのアルバムはマイルスを讃え、コルトレーンを讃えるためもので、コルトレーンについてはマイケルのアイデア、マイルスの方は私のアイデアだった。そのふたつを組み合わせてあのアルバムを作ったんだ。マイケルがコルトレーンを崇拝しているのは知っていた。でも、コルトレーンをコピーしようとする多くの人たちとは違って、模倣しようとはしなかった。ただただ影響を受けたんだ。そしてマイケルから出てくるものは、コルトレーンではなく、彼自身のものになったんだよ」

　ハンコックはまた、ディレクションズ・イン・ミュージックの最初のツアーで、毎晩ライブの前にハーグローヴと南無妙法蓮華経を唱えていたことを振り返っている。

「ロイにはそれ以前から日蓮宗の教えを伝えていて、彼はすでに御本尊も受け取り、日蓮宗の団体である創価学会インターナショナル（SGI）の正式な会員になっていた。ツアー中、『今夜はお経を唱えますか？　一緒させてもらっても大丈夫？』と聞いてきたものだ。そして私はマイケルにも声をかけた。『マイケル、私とロイと一緒にお経を唱えないか？』と。『いつか参加します』とは言うのだけど、加わろうとしない。その後も『今日は一緒に唱えるかい？』と何回か聞いたのだが、『今回は参加しないけれど、ツアーが終わるまでには』と言うばかりだった」

「でも結局ツアー終了間際に、マイケルも来て一緒にお経を唱えたんだ。彼にとって初めての読経で、法華経の一部を読むという、いわゆる勤行を行なった。初めてだったので、ゆっくりと行なったのだけど、ちゃんとやっていたよ。実際に一緒に読経したのはそのときだけだし、その後マイケルがどう入信していったのかはあまり覚えていないのだけど、あるとき、御本尊をいただき、実践すると決めたのはよく覚えている。自分に合っているし、良いことだと思ったんだろう。その頃、もうひとつの健康上の問題もわかっていたのかもしれないが、それについては話していなかった」

マイケルは、ディレクションズ・イン・ミュージック・ツアーでの〈ナイーマ〉の無伴奏演奏から始まったソロサックスの探求を続ける。11月7日にスイスのバーゼルで、そして9日には素晴らしい響きを持つロンドンのユニオン・チャペル・ホールにて、大胆なソロ・リサイタルを行なった。この貴重なソロでのパフォーマンスの機会に、〈ナイーマ〉をはじめ、自作の〈デルタ・シティ・ブルース〉や〈アフリカン・スカイズ〉、セロニアス・モンクの〈モンクス・ムード〉〈ラウンド・ミッドナイト〉の驚くべきソロ・バージョンを披露している（マイケルが最初にソロサックスの世界に足を踏み入れたのは、3年前の1998年7月3日、イタリア北東部のドロミテにあるロンダ・ディ・ヴァエルでの公演であった）。

マイケルのバンドとブランフォード・マルサリスのグループの両方でプレイしていたドラマー、ジェフ・〝テイン〟・ワッツは、2001年12月5日、自分のリーダーアルバム《バー・トーク》(コロンビア)のレコーディングで、ふたりのテナー奏者にある種の勝負をさせている。「ブランフォードのグループとマイケルのグループに同時に参加できたことは幸せなことだった。『トゥナイト・ショー』の仕事でロサンゼルスに長期滞在していた時期に、私とケニー・カークランドが大家の韓国人一家から預かっていたチャウチャウ犬がいて、その名前をもらった〈ミスターJ・J〉という私が書いた曲があるんだ。この曲をブランフォードもマイケルも気に入って、双方のライブでの定番曲になっていた。ジャズ正統派の雰囲気で盛り上がる曲だ。なので、ふたりともこの曲をよく知っているし、アルバムで両者にこの曲を演奏してもらうことを思いついたんだよ。ちょうどブランフォードは、彼のアルバム《フットステップス(Footsteps Of Our Fathers)》をウッドストックに隣接するベアズビル・スタジオでレコーディングする予定があったのだけど、そこで続けて私のアルバム《バー・トーク》のレコーディングも行うことを快諾してくれたんだ。まずブランフォードのカルテットでのセッションを2日半行い、3日目の途中から私の方のセッションを始めた。私のバンドメンバーたちが到着して、マイケルとブランフォードとレコーディングしたんだ。当時、私のバンドに参加していたラヴィ・コルトレーンもこのふたりのテナー仲間を快く迎えてくれて、それはもう良い雰囲気だった」

「曲の入りの部分のリハーサルをちょっとやって、ファーストテイクは途中でやめ、その次のテイクがアルバムに収録されているバージョンだ。まずはカルデラッツォが見事なソロでふたりのパートに向けて盛り上げてくれた。ブランフォードとマイケルはふたりとももっと長く演奏できたに違いないんだけど、紳士的に、スタジオ盤にふさわしい完璧な演奏をしてくれたんだ。両者あまりに完璧だったので、プレイバックの必要はなかったね。ふたりのコントラストも良かった。ふたつの異なるアプローチが重なって素晴らしい作品になったんだ」

ふたりのバンドリーダーとしてのアプローチについて、ワッツはこう語っている。「マイケルは、メンバーにいろいろと具体的に伝える。おそらく自分自身もかなり準備するんだと思う。そうすることによって自由を得ようとするんだ。ブランフォードは、それほど細かいことにこだわらない。そして、自分の耳をすごく信頼していて、実際に曲をやりながらメロディを掴んでいくんだ。ある人から、ウィントンとマイケル、ウィントンとブランフォード、それぞれの関係に似たところがあるか聞かれたことがある。いくつかあると思う。例えば、もしウィントンが〈アラバマに星落ちて(Stars Fell on Alabama)〉をやりたいと思ったら、まずピアノの前に座ってオリジナルのコード進行を確認し、ヴァースを覚え、4つか5つのバージョン違いを聴くだろう。一方、ブランフォードは『今夜〈アラバマに星落ちて〉やるよ』と言うだけだ。メロディは多少あやふやになるかもしれないが、彼にとって一番大事なのはその曲を演奏しながら旅をすること、リアルタイムでその場で刺激を受けていくことなんだ。『どんな表現に辿り着けるかな』という感じでね。演奏しながら具体的な情報を自分の中に増やしていくんだ。そういう意味では、マイケルのアプローチはブランフォードよりもウィントンに近いかもしれない」

2001年、マイケルは挑戦的な音楽に取り組み続けた。12月22日と23日にはニューヨークのブルーノートで、スティーヴ・ガッド、エディ・ゴメスと共にチック・コリアのスリー・カルテッツ・バンド再結成に参加。このピアニスト兼作曲家の60歳の誕生日を盛大に祝って年を締める。コリアは、「《スリー・カルテッツ》は室内楽だと捉えているけれど、クラシックの弦楽四重奏のためではなく、ジャズカルテットのために書いたものだ。《スリー・カルテッツ》から20年後、ブルーノートでのマイケルの演奏は、力強く、情熱的で、全身全霊で取り組んでくれていたよ！」と語る。

コリアは、このエキサイティングかつ難しい組曲で、マイケルのコルトレーンからの影響に深く切り込む。〈パート1(デューク・エリントンに捧ぐ)[Quartet No.2, Part 1]〉がマイケルの叙情的な側面を表しているのに対し、コリアがジョン・コルトレーンに捧げた〈パート2(ジョン・コルトレーンに捧ぐ)[Quartet No.2, Part 2]〉でのマイケルは、完璧なまでのビーストモードに入り、比類ない情熱とテクニックを披露している。

2002年。マイケルは、1月にサキソフォン・サミットのライブを何度か行う。そして2月にはイングランド芸術評議会主催による自らの英国ツアーで、ロンドン、ダラム、バーミンガムを回る。ベースのスコット・コリー、ドラムのクラレンス・ペンを含む11人編成のアンサンブルで、発表済みのマイケルの楽曲を、ギル・ゴールドスタインに再アレンジしてもらってのツアーだ。のちにマイケルは、映像作家ピーター・フリードが撮影したクインデクテットのプロモーション用ビデオでこう語っている。「イギリスツアーのメンバーは、8人のイギリス人ミュージシャンとアメリカ人のリズムセクションでした。10回の公演で、私が以前書いた曲にギル・ゴールドスタインが素晴らしいアレンジを施したものをプレイしたのです。ツアーも成功しましたが、それ以上に、ラージアンサンブルの質感や色彩を大いに楽しみました。あまりに楽しかったので、そのときの曲とアレンジでアルバムを作ろうかと思ったくらいです。それはアイデアで終わったのですが、ツアーを終えて、家に帰り、曲作りを始めたらどんどんと構想が浮かんできて、ラージアンサンブルのために書き始めたのです。そしてそれがクインデクテットのアルバムへと発展していったのでした」

ゴールドスタインは振り返る。「イングランド芸術評議会のツアーでは、3本の弦楽器(チェロ、ビオラ、バイオリン)、3本の木管楽器(フルート、ダブルリード、バスクラリネット)、2本の金管楽器(トランペット、トロンボーン)というラージアンサンブル用にアレンジした。曲はマイケルが作曲した〈アーク・オブ・ザ・ペンデュラム〉〈イッツバイン・リール〉〈シズィジー〉〈D・トレーン〉〈ネヴァー・アローン〉〈デルタ・シティ・ブルース〉だ。本当に良い響きになったよ。そしてツアー後にマイケルが『あの感じでアルバムを作りたいんだ。そしてあのようなオーケストレーションをイメージしながら新しい曲も書いてみたい』と電話してきた。そう、私としても望み通りの最高の結果になったんだ」

ラージアンサンブルでのイギリスツアー後、マイケルはリーダーカルテットでのツアーを再開。2002年5月14〜17日にはロサンゼルスのシグネット・サウンドラックス・スタジオで、チャーリー・ヘイデンの新譜《アメリカン・ドリームス》のレコーディングにスペシャルゲストとして登場する。ピアニストのブラッド・メルドー、ドラマーのブライアン・ブレイド、アラン・ブロードベント指揮による34人のオーケストラも参加した大作だ。マイケルは、自身の《ニアネス・オブ・ユー》と同じく〝曲の歌い手〟としてのアプローチでこのレコーディングに臨んでいる。ギル・エヴァンスが、《マイルス・アヘッド》《ポーギー&ベス》《スケッチ・オブ・スペイン》で共演したマイルス・

デイヴィスに求めたアプローチだ。

ライル・メイズ＝パット・メセニー作のゆったりとした〈トラヴェルズ〉、キース・ジャレット作の〈ノー・ロンリー・ナイツ〉ではストリングスの雄大な流れの上で存在感を示し、後者の半ばではブレッカー節が湧き出てきている。また、ジャレット作の〈プリズム〉では雄々しいソロを披露し、ドン・セベスキーの〈ビタースウィート〉では気絶するほどの純粋さを見せる。その他、ヘイデン作のリラックスしたバラード〈ナイトフォール〉やメルドーの魅惑的な〈ロンズ・プレイス〉ではゴージャスな解釈を聴かせ、アルバート・ヘイグ＝アーノルド・ホーウィット作の〈ヤング・アンド・フーリッシュ〉は、ジョン・コルトレーンの名盤《バラード》中の名曲〈トゥー・ヤング・トゥ・ゴー・ステディ〉を想起させる。そしてこの内省的でメロウなアルバムの中で異彩を放っているのが、オーネット・コールマン作の〈バード・フード〉だ。ハーモロディックなアプローチの自由度の高い4ビート曲で、パット・メセニーの《80／81》でのマイケルとチャーリーの共演を思い起こさせるものだ。

9・11からわずか8ヶ月後に録音されたこの《アメリカン・ドリームス》には、ストレートな解釈の〈アメリカ・ザ・ビューティフル〉が収録され、マイケルも、純粋に、何も恥じることなく、斜に構えることもなく、楽器を通して歌を聴かせている。バーンズ＆ノーブルのこのアルバムへのレビューはこうだ。「チャーリー・ヘイデンの祖国への思いは深い。言葉がないインストゥルメンタルのアルバムであっても、このベーシストの母国に対する誇りは明らかで、輝きを放っている。明確に国を讃える曲は〈アメリカ・ザ・ビューティフル〉1曲だけだが、他のいずれの曲も、音楽の輝きに満ち、心の底からの感情が伝わってくるようだ。テナーサックスのマイケル・ブレッカー、ピアニストのブラッド・メルドー、ドラマーのブライアン・ブレイドなどのスタープレイヤーたちも同じ高揚感に包まれ、エレガントで独創的な演奏を聴かせている。ヘイデンらしく、アメリカ音楽への愛情を通して祖国への愛を表現しているのだ」

ヘイデンは《アメリカン・ドリームス》を「アメリカのあるべき姿、ありうる姿を示す、静かなるプロテスト」と語っている(彼は、自らのバンド、リベレーション・ミュージック・オーケストラの名を冠した1969年のアルバムでも同様に静かなプロテストを行なっており、また、同バンドの4枚目のスタジオアルバム《ノット・イン・アワー・ネーム》(2005年)では、イラク侵攻についてさらに強い抗議の姿勢を示している)。

2002年6月から7月にかけてヨーロッパの主要なジャズ・フェスティバルで行われたディレクションズ・イン・ミュージック・ツアーの第二弾では、パティトゥッチの代わりにベテランベーシストのジョージ・ムラーツが、ブレイドの代わりにドラマーのウィリー・ジョーンズ3世が参加した。そして2002年9月14日、マイケルはエルヴィン・ジョーンズとブルーノートで再会。ベース奏者のジェラルド・キャノン、トロンボーン奏者のデルフィーヨ・マルサリス、そしてマーク・シムとパット・ラバーベラの2本のテナーサックスをフィーチャーしたエルヴィンのジャズ・マシーンと共演する。この伝説のドラマーの75歳の誕生日を祝い、彼の音楽的ソウルメイトであったジョン・コルトレーンをトリビュートする、2週間にわたるイベントの一環であった。

マイケルは、このふたりの巨人へのトリビュートに参加できたことをとても喜び、彼のエルヴィンに対する愛情はステージ上でも外でも明らかだった。ドラマーのピーター・アースキンはこう語る。「マイケルがドラムをプレイするのを見ると、エルヴィンのドラミングをより深く知ることができたんだ。エルヴィンの演奏で、すごく速くてどうやって叩いているのか全然わからないフレーズがあったんだけど、マイケルがそれをやっていた。どうやってるのかと聞いたら教えてくれて、まさに目からウロコだったんだ。『そうか、エルヴィンはこうやっていたのか!!』みたいな感じで。だから、僕が演奏するときはいつもマイケルのことを考えているといっても過言ではないんだ。プレイ中、どこかでそのエルヴィン・フレーズが浮かんでくるし、マイケルがそれを教えてくれたことは忘れられないからね」

その後2002年10月26日、マイケルはドイツのフランクフルトでも大胆なサックスソロ・コンサートを行う。12月4日には、ボストンのバークリー・パフォーマンス・センターにおいて、ヘイデンの《アメリカン・ドリームス》を生演奏するという貴重なコンサートでバークリー弦楽室内管弦楽団と共演した。

2003年は、自身のカルテットやクインテット、ブレッカー＝メセニー・スペシャル・カルテット、サキソフォン・サミット、そして15人編成のダイナミックなクインデクテット、懐かしのマイケル＝ランディコンビでWDRビッグバンドとの共演、イギリスでの素晴らしいソロ・リサイタル、さらにヘイデンの《アメリカン・ドリームス》をアメリカやヨーロッパのジャズ・フェスティバルで演奏するなど、多忙を極める。

まずはリーダーアルバム《ワイド・アングルズ》(ヴァーヴ)のレコーディングで華々しく幕を開ける。1月22日から24日にかけて、ニュージャージー州イングルウッド・クリフスにあるベネット・スタジオ(歌手トニー・ベネットの息子ダエ・ベネットが所有、運営)で行われたものだ。同年4月の第一週には、ギターにアダム・ロジャース、ベースにクリス・ミン・ドーキー、ドラムにクラレンス・ペンを迎えた新しいクインテットでメキシコツアーを行なった。

その短いメキシコツアーで、マイケルは新たな趣味に没頭する。ユーモラスな短編〝ロード・ムービー〟作りだ。手持ちのキヤノン製ビデオカメラだけで撮影し、マックのラップトップでファイナル・カット・プロを使って編集する。ロードマネージャーのジェリー・ウォートマンによれば、「マイケルの細部へのこだわりはすごく、かなりのめり込んでいたよ。iPhone以前のことで、短いビデオも撮れるスチルカメラで撮影し、コンピューターで編集して、音楽をつけ、タイトルやエフェクトを足したりするんだ。そこでも抜群の才能を発揮していた」

この馬鹿げた映像作品シリーズで、マイケルはバンドメンバーを〝役者〟として起用。2002年11月のブレッカー・ブラザーズ日本ツアー中に作られた初期作品『iPodの襲撃(Attack of the iPods)』は、ダジャレ満載のモンティ・パイソン風の不条理作品で、ジェフ・〝テイン〟・ワッツ、クリス・ミン・ドーキー、ジョーイ・カルデラッツォ、ランディ・ブレッカー等が出演。マイケルは、いかにも大物映像作家らしく、〝スタンリー・キューブレッカー〟というふざけた名前で自らを監督としてクレジットしている。不条理な殺人ミステリー『ウィリアム・スチュワートの死(The Death of William Stewart)』では、ビル(ウィリアム)・スチュワート演じるファルセットのオペラスターが謎の死を遂げ、犯人は実は悲嘆にくれる伴奏者であることが判明するという筋書きの作品だ。ここではアダム・ロジャースが

（有名コメディアンの）シド・シーザーばりに面白おかしい、偽のドイツ語訛りの伴奏者を演じている。

ロジャースはこう振り返る。「ワシントンD．C．郊外のヴァージニア州ウィーンにあるザ・バーンズ・アット・ウルフ・トラップで行なったライブのときのことだ（２００３年３月29日）。ビル・スチュワートと私とでふざけていて、ビルはコントラルト歌手のフリをし、マイケルの楽譜集を持ってシェーンベルクもどきの歌を歌い、私は十二音技法風に適当にピアノで即興で伴奏していた。その様子をマイケルが撮影しながら大笑いしていたんだ。彼はユーモアのセンスに長け、笑うことが大好きだった。一方、私は信じられないほどおバカな人間なので、ちょうどいい相性だったというわけだ。私たちはツアー中、バカバカしいことに夢中になり、マイケルはそれを全部キヤノンのビデオカメラで撮影していたんだよ。ビルとはこの年に数回しか一緒にライブをやっていないんだけど、その日のウルフ・トラップでの映像は残っていた。そしてビルがいなくなったので、彼が謎の死を遂げたというストーリーを思いついたんだ。そこでは、ビル（ウィリアムス）の長年の伴奏者である私、ハー・ダメンビンデン（ドイツ語で「生理用ナプキン」）に疑惑の目が向けられる。最初は彼の死を悼んでいたが、やがて私が嫉妬から彼を殺したことが判明する、というものだ」

ロジャースは続ける。「彼はとにかくこの映画作りにハマっていて、いつも『映画用にもっと撮影しなきゃ』と言っていた。私が『今夜は何を演奏する？』と聞いても『そんなの後回しだ、まずこの映画を完成させなきゃ！』ってね。ある日メキシコシティの中央広場、ソカロで野外コンサートがあったんだけど（２００３年４月５日）、そこでアステカの儀式のようなものをやっていた人たちを撮影した。それを、死者を蘇らせる儀式のように見せて映画に入れたんだ。教会では、私が嘘泣きし、あたかも国際的に有名なオペラ歌手ウィリアム・スチュワートの死を悼む礼拝が行われているかのようなシーンを撮った。楽屋では、目の下に水をさして、彼の死がどれほど悲しいかを偽のドイツ語訛りで話しているところを撮影。さらに、私がウィリアム・スチュワートを殺したことが発覚したあとのシーンとして、連邦捜査官に扮したジェリー・ウォートマンとクラレンス・ペンが登場し、空港で犯人である私を連行する。こんな感じが延々と続くんだ。マイケルは常にあらゆるものを撮影し、頭の中にある映画のシナリオをどんどん作り上げていた。そしてラップトップですべてを編集する。本当に面白かったよ。とにかくくだらないことだらけなんだけど、彼はすっかり夢中になっていた。彼は、なにかにハマるととにかくのめり込むんだ。ＥＷＩであろうと、ブルガリアの音楽であろうと、くだらない映画であろうと、マイケルは何事にも全力で取り組むんだよ」

マイケルのカルテットは、２００３年4月25日にエイヴリー・フィッシャー・ホールで行われたデイヴ・ホランドのクインテット、トランペッターのウィントン・マルサリスのグループとのコンサートに参加した。ウィントンはマイケルのバンドと〈マダム・トゥールーズ〉で共演し、マイケルはウィントンとジョー・ロヴァーノと共にデイヴ・ホランドのグループとジャムを行い、この豪華なイベントを盛り上げている。

翌週5月3日、マイケルはイギリスのチェルトナム・ジャズ・フェスティバルで再びソロサックスのリサイタルを行う(ソロサックスの探求は夏まで続き、8月14日にはベルギーのミデルハイム・ジャズ・フェスティバルで大胆なリサイタルを行なった)。そして6月25日には、ニューヨークで開催されたＪＶＣジャズ・フェスティバルの一環として、チャーリー・ヘイデンのカーネギー・ホールでのステージにゲスト参加している。これは、ヘイデン作品《アメリカン・ドリームス》をバークリー弦楽室内管弦楽団、ゲストピアニストのケニー・バロン、そしてマイケルで共演したものだ。

その後、２００３年の夏。ギタリストのロジャース、ベーシストのドーキー、ドラマーのペンのカルテットでヨーロッパをツアーしていたマイケルは、7月17日にノルウェーのモルデ・ジャズ・フェスティバルで、同国のバンド、ファーマーズ・マーケットのステージにサプライズゲストとして登場した。ライブやアルバムで、ノルウェーとブルガリアのハイブリッド・ミュージックを聴かせていたバンドだ。このフェスティバルでは、ドン・グロルニック作の〈ナッシング・パーソナル〉を、軽快かつレゲエ風に近い形で共演している。トロンハイムのこのとても風変わりなバンドをマイケルに紹介したのは、ドラマーのジェフ・〝テイン〟・ワッツであった。「ファーマーズ・マーケットというバンドのＣＤを誰かからもらったんだけど、ノルウェーのバンドなのにインディアンとジプシーの要素が少し入っていたんだ。どこかに車で行ったとき、車中でこのファーマーズ・マーケットのCDをかけたら、マイケルが『ワオ！　これは何だ？』と興味を示し、しばらく聴いてから『貸してくれ』となった。彼らの音楽を知りたいあまりに、ライブの場を設けて一緒に演奏しに行ったというわけだ」

マイケルとランディは２００３年８月23日、ブレッカー・ブラザーズとしてマウント・フジ・ジャズ・フェスティバルに参加、大好評を博す。キーボードがデイヴ・キコスキー、ギターがミッチ・スタイン、エレクトリックベースがクリス・ミン・ドーキー、ドラムがロドニー・ホルムズというメンバーだ。本編最後の曲〈サム・スカンク・ファンク〉で盛り上がったあと、アンコールでは《ヘヴィ・メタル・ビ・バップ》収録のランディ作のアップテンポなシャッフル・ブルース・ナンバー〈インサイド・アウト〉を披露。マイケルによる、ギター風で独創的なベンド満載の演奏であった。

２００３年９月９日にリリースされた《ワイド・アングルズ》では、マイケルの作曲能力がブレッカー・ブラザーズの初期から大きく進歩したことが明らかになる。ジェリー・ウォートマンは語る。「過去に遡ってみれば、初期のマイケルの作曲がいかに機械的で、ラインをもとにしたものだったかわかるだろう。〈エッシャー・スケッチ〉や〈ナイト・フライト〉のような曲がその一例だ。まずラインを吹き、そこから曲を作っていて、まだエモーショナルな面には触れていなかった。だが、その後優れたバラード・ライターになっていくわけだ。《ワイド・アングルズ》での彼の作曲は驚くほど深いんだよ」

70分の〝組曲〟《ワイド・アングルズ》では、15人編成の室内楽アンサンブルと共演するマイケルの、天才的なサキソフォン・テクニックにスポットライトが当たっている。そして、目の覚めるような彼のテナーサックスの〝声〟が、幅広い音楽のスタイルとムードを持つ10曲でドラマチックに響き渡るのだ。１９８２年のクラウス・オガーマンとのオーケストラ・コラボレーション《シティスケイプ》を彷彿とさせる部分もあるが、《ワイド・アングルズ》ではマイケルの作曲とソロ、両方における確実な進歩を見ることができる。クインデクテットのイギリス公演後、２００４年のインタビューでマイケル・フリンにこう語っている。「落ち着きたくないのです。新しいことを試し続けたい。ソロについてそう思うのは、本当に素晴らしい人たちと演奏しているからだと思います。彼らが背中を押すんですよ、ともっとトライして、さらに突き詰めたいと思わされるんですよ」

　ヨシズでブッキングを担当していたジェイソン・オレインは、1994年にマッコイ・タイナー・トリオとマイケルが共演した際にマイケルと知り合い、《ワイド・アングルズ》のエグゼクティブ・プロデューサーとして名を連ねている。「私は基本的にマイケルの相談相手だった」とオレインは語る。「あるとき、レコーディング中に電話をかけてきて、『すぐに来てほしい』と言うんだ。私はヴァーヴとの大事なミーティングがあったんだけど、とにかくベネット・スタジオに来てくれと言うんだよ。そこでこう思った。『君が必要だ、とマイケル・ブレッカーに言われるなんてそうそうないことだ。ここで行かなくて、一体いつ行くっていうんだ』。そしてスタジオに着くと、彼はとても親切で寛大だった。私がコントロール・ルームに入るのを見ると、こちらにやってきてハグし、『来てくれて本当にありがとう』と言うんだよ。私は彼にとって、ある種の安心感を与える毛布かなにかのような存在だったのかもしれない。マイケル・ブレッカーに僕なんかが与えられるものなんて、あるわけないからね。彼と一緒の部屋にいられるだけでもありがたいと思ったよ。彼は私にあれこれ意見を求めてきたけれど、私は自分の気持ちに正直に答えるだけだった。でもとにかく、彼が私を必要としてくれたことは自分の自信にも繋がったよ。そのとき自分が思っていた以上に、彼の存在は僕にとって大きなものだったんだ」

　ストリングスとホーンが織り成す複雑な対旋律に満ちながらドライブする〈ブロードバンド〉、コルトレーン的なフレーズを放つ〈クール・デイ・イン・ヘル〉、内省的で感動的な〈アングル・オブ・リポーズ〉、マルチフォニックスを織り交ぜながら激しくオーバーブロウする12／8拍子の〈ティンブクトゥ〉。まるでパヴァロッティがプッチーニの〈誰も寝てはならぬ(Nessun Dorma)〉を駆け上がりながら歌い上げるように、マイケルはその素晴らしいテナーで聴く者を魅了していく。小気味よくグルーヴィーなファンク・ナンバー〈ナイト・ジャスミン〉は娘のジェスから名付けたもので、一方、熱いファンク曲〈モダス・オペランディ〉は、ニューヨークの交通ラッシュを駆け抜けるようなサウンドで、兄ランディの作曲スタイルに影響を受けたものだ。マイケルは2004年のインタビューでローン・フローマンにこう語っている。「ランディはここ数十年間の傑出した作曲家のひとりだと思っています。彼の作曲法と編曲法は、私だけでなく、私の世代の多くの人々に大きな影響を与えたのです」

ジョージ・ホイッティとのエレガントな共作〈スキュラ〉は、ホメロスの『オデュッセイア』に登場する6つの頭を持つ海の女神に因んで名付けられた。ストリングスの緩やかなうねりから、後期コルトレーンへの傾倒ぶりがうかがえるような激しいブロウへとクレッシェンドしていく。〈ブレクステリティ〉(チャーリー・パーカーの〈デクステリティ〉をもじったタイトル)は、マイケルとアントニオ・サンチェスによる激しいドラムとテナーのデュエットで始まり、バイオリニスト兼コンサートマスターのマーク・フェルドマン率いる、金管、オーボエ、バスクラリネット、アルトフルート、フレンチホルン、弦楽器が渦巻く複雑な対位法のテーマへと続く。マイケルのソロ部分では、ジョン・パティトゥッチのベース、アダム・ロジャースのピアノ的なギター・コンピング、そしてサンチェスのスウィング感あふれるドラムのみの削ぎ落とされたカルテット編成に。バラード〈ネヴァー・アローン〉は、以前《ナウ・ユー・シー・イット》(1990年)に収録されたブレッカー作品の豪華な新バージョンだ。ギル・ゴールドスタインのアレンジによる、うねるようなストリングスと繊細な内声が印象的なこのバージョンは、形式と感情を兼ね備えた傑作といえるであろう。

このアルバムでマイケルが作曲していない唯一の曲は、ドン・グロルニックによる哀愁漂う〈イヴニング・フェイセズ〉だ。ハーモニー豊かなこの曲は、管楽器だけの印象的な室内楽風アプローチから始まり、そこに加わる緩やかにスウィングするストリングスとリズムセクションを、サンチェスの巧みなブラシワークが際立たせている。そして曲が展開するにつれ、ゆったりとしたミドルテンポのスウィング感が徐々に高まっていく。そう、エルヴィン・ジョーンズ的な、ドラムも得意なマイケルが巧みにコピーしていたスウィング感だ。この曲でのテナーソロは、倍テンポによる超絶吹きや大胆なフレーズを駆使し、非常に表現力豊かにスウィングしており、アルバム全体のハイライトのひとつとなっている。

《ワイド・アングルズ》はグラミー賞の最優秀ラージ・

ジャズ・アンサンブル・アルバム賞を受賞した。スーザン・ブレッカーは「彼はあのアルバムが大好きでした。豊かなサウンド、個性豊かなミュージシャン、さまざまな楽器、すべてが好きだったのです。ええ、彼はあのアルバムにとても満足していました」

《ワイド・アングルズ》成功の立役者は、ピアニストでアコーディオン奏者、アレンジャー兼指揮者のゴールドスタインだ。彼は〈ティンブクトゥ〉でグラミー賞の最優秀インストゥルメンタル・アレンジメント賞を受賞している。1976年にボストンからニューヨークに引っ越したときにマイケルと知り合い、その後、マイケルが参加したマイク・スターンの1992年のアルバム《スタンダード》をプロデュース。80年代初期にギル・エヴァンス・マンデーナイト・オーケストラのメンバーとなる。90年代には、トランペット奏者のクリス・ボッティ、ロイ・ハーグローヴ、ウォレス・ルーニー、スターアルトサックス奏者デヴィッド・サンボーン、シンガーのケヴィン・マホガニー、レア・デラリア、ニューヨーク・ヴォイセズ、ブラジルのギター・シンガーのトニーニョ・オルタ、テナーサックスの長老ジェームス・ムーディらのアルバムでストリングスとホーンのアレンジを担当し、名声を得た。《ワイド・アングルズ》では、〈アングル・オブ・リポーズ〉〈スキュラ〉〈ネヴァー・アローン〉、そして前述のグラミー賞受賞曲〈ティンブクトゥ〉といったブレッカーの素晴らしい楽曲の数々に、より幅広い引き出しと新たな色彩の数々をもたらそうと挑戦している。

スーザン・ブレッカーは、「マイケルは誰かと一緒に作業するのが本当に好きでした。そして、彼とギルはとても相性が良かったんです。マイケルは、ギルに電話して『ギル、これを聴いてよ。これをどう思う？　これを送るよ』とやりとりすること自体をとても楽しんでいました。それはまさに、ドン・グロルニックとやっていたことと同じなんです。ミュージシャンは、練習や作曲など実に多くの時間をひとりで過ごしていますよね。そんな中、誰かと一緒に仕事をする喜びは、彼にとって貴重なものだったのでしょう。そう、ギルは彼にとって新しいドンだったのです」

《ニアネス・オブ・ユー》でも重要な役割を果たした（奇妙なことにクレジットされていないが）ゴールドスタインは、《ワイド・アングルズ》での彼の仕事のやり方についてこう語っている。「過去のマイケルのレコードでいつも少し残念だったのは、曲のテーマの部分は秀逸なのに、ソロ部分のバッキングがあまり刺激的でないことだ。例えばGマイナーとDマイナーだけの16小節で終わってしまう。だから、『曲からコードをもっと引き出し、刺激的なものにして、マイケルにとってハードルが高いものにしたいんだ』と伝えた。たくさんのコード上をナビゲートしていくマイケルを聴きたかったんだ。クラウス・オガーマンの《シティスケイプ》のときに、豊富なコードチェンジとテクスチャーの上でやっていたようにね。〈ブロードバンド〉という曲では、もうそれこそ100万個くらいコードを使っていて、マイケルが『ねえギル、ちょっとコード多すぎないかな？』と言ったくらいだけど、ほとんどがあくまで曲そのものから引き出したもので、そういう響きの上で吹いてもらいたかったんだ」

ゴールドスタインが《ワイド・アングルズ》のために編曲した最初の曲は、グロルニックの〈イヴニング・フェイセズ〉だった。

ゴールドスタインはこう説明する。「ドンがピアノで演奏しているデモを聴いてやるだけだから、他のどの曲よりも手をつけやすかった。メロディとコードを聴こえてくるままに書き出し、ドンがプレイしたものを反映させるようにする。それがアレンジャーの仕事だし、極めてスムーズにいった。他の曲については、マイケルがロジックで、ヴォイシングも含めたかなり詳細なデモを作ってくるんだ。ほとんどの曲に、コードの根幹をなすピアノパート、かなり具体的なベースライン、各曲の正確なグルーヴ感を示すためにマイケルが自分で演奏するドラムパートが入っている。複雑な対位法的なこともね。それと、面白いことにマイケルはデモではテナーでなくソプラノでメロディを吹くんだ。そこは気をつけないといけない。結局本番ではテナーで吹くことになるからね」

「でもマイケルのデモは大体1分半しかなかった」とギルは続ける。「イントロもないし、ソロ部分を含めた構成もない。なので他にどんな要素を加えるかは私次第だった。だが、元の曲から大きく変えるようなことはしなかった。私のインスピレーションの源であるギル・エヴァンスがそうであったようにね。ギルがマイルス・デイヴィスのために〈アランフェス協奏曲(Concierto de Aranjuez)〉をアレンジしたときに、『大きくは変えなかった』と私に言ったことがある。『冗談だろう?』と思ったけれど、本当だったんだ。ちゃんとオリジナルの響きを保とうとしていた。同じくギルがアレンジした、アーマッド・ジャマルの〈ニュー・ルンバ〉(《マイルス・アヘッド》収録)という曲があるが、アーマッド・ジャマル・トリオのオリジナル録音をチェックしてみたら、やはり全く同じ響きだ。ギルは響きを変えることなくオーケストレーションだけを施している。なにか付け加えるとしたら、それはオリジナルのアイデアをより大きく、より明確にするためのものだった。だから、私が《ワイド・アングルズ》のアレンジをしたときも、マイケルのオリジナルデモの響きに忠実になるように努めたんだよ」

「《ワイド・アングルズ》のレコーディングの2、3週間前だったかな、マイケルがアダム・ロジャースに『〈イヴニング・フェイセズ〉のコードチェンジの練習はしてる?』と聞いたら、アダムは『もちろんだ。シーケンサーに入れてもう2ヶ月くらいそれに合わせて練習してるよ』と答える。そうしたらマイケルは『ああ、失敗した! 自分はまだ何も練習してないんだ』と。しかし練習の必要はなかった。彼はすべてのコードチェンジを注意深く吹きこなしたんだ。あまりに完璧なプレイヤーだから、つまずかせることはできない。でも、私は彼にチャレンジしたかったし、彼がその挑戦を受け入れてくれたことが嬉しかったんだよ」

これまでのさまざまなプロジェクトを通して培ってきたゴールドスタインのストリングス・アレンジの巧みさが、《ワイド・アングルズ》全編を通して役に立った。「〈ティンブクトゥ〉のように、デモにはストリングスのパートがないこともあった。〈スキュラ〉は、マイケルが別のアルバムに収録しようと3回試みた曲だ。チック・コリアの雰囲気があり、デモではミニムーグのような音も入っていて、仮タイトルは〈チッキー・シング〉。でも私は、『いや、これはコルトレーンやギル・エヴァンスのようなダークな感じだ』と言って、そっちの方向に行ったんだ。実はマイケルがコード進行も考えていたのだけど、私が完璧に見落としてしまっていた。ずっとAマイナーになっている」

ゴールドスタインは〈スキュラ〉で、彼のメンターであるギル・エヴァンスがマイルス・デイヴィスのアレンジに使っていたテクニックを用いている。「ギルはミュージシャンにもアレンジに参加してもらうのが好きだった。例えば、《マイルス・イン・ザ・スカイ》に収録されている

〈スタッフ〉のアレンジだ。ハービーやロン、ウェインに完璧な譜面を書くと同時に、信頼している彼らが譜面から離れて自由にプレイできる場所も作ったんだ。そこで私も〈スキュラ〉の最後の方で、とても具体的にこう書いてみた。『ここからは譜面を離れて』とね。すると、コンサートマスターのマーク・フェルドマンが、『オーケー、どうすればいいかわかるよ』と言い、ストリングス・セクションに任せた。そしてマイケルもそれを聴きながらついていく。そうやって全員が軽やかに貢献してくれたんだ。それがファーストテイクだったんだけど、スタジオで聴きながら、『これだ！　これだ！　まさにこういうことなんだ！』って叫んだよ。ギル・エヴァンスのスピリットをどうにかしてマイケルのプロジェクトに持ち込むことができて嬉しかった」

グロルニック作の〈イヴニング・フェイセズ〉の編曲について「ギル・エヴァンスがよくやるやり方で、基本的なリードシートをもとに、できるだけ明確、かつ直感的にオーケストレーションしようとしたものなんだよ」と彼は付け加えている。

「とにかく失敗したくなかった」と、ゴールドスタインは《ワイド・アングルズ》での彼の素晴らしい仕事について語っている。「マイケルと仕事をするのなら、彼みたいに毎回ホームランを打たなきゃいけない、と肩に力が入っていたかもしれない。そんな中、レコーディングで指揮をしようとしていたときのことだ。みんなから見えるようにミルククレートの上に立っていたんだけど、マイケルとこんなやり取りになった。『ねえギル、そこからオケにキューを出すとみんなが入ってくるってことだよね？』『ああ、そうだよ』『もしキューを出さなかったら、どうなる？』『そうだね、まずいことになるな』『そして僕は君を睨みつけるってわけだ』『ああ、そうしたければそうしてくれればいい』。でもマイケルはこれを冗談で言っていて、そのおかげでリラックスできたんだ。そしてそこからは本当にうまくいったよ」

《ワイド・アングルズ》のリリース（2003年9月9日）後、マイケルはピアニストのジョーイ・カルデラッツォ、ギタリストのアダム・ロジャース、ベーシストのクリス・ミン・ドーキー、ドラマーのクラレンス・ペンを擁する新しいクインテットと共に、10月1日から6日まで西海岸で

6ヶ所連続のライブを行う。さらに13日からは、サキソフォン・サミットでリーブマンとロヴァーノと共に、ワルシャワ、ブダペスト、ウィーン、パレルモ、リスボン、ローマなど13都市を回るヨーロッパツアーへと出た。このツアーで3人は、イスタンブールの楽器店でエキゾチックなリード楽器やフルートを手に入れ、のちにジョン・コルトレーンの〈インディア〉や〈ピース・オン・アース〉などの演奏に取り入れることになる。ロヴァーノが語る。「マイケルとデイヴと私でタクシム・スクエアに行った。いろいろな店やレストランや観光名所がたくさんあるところだ。私たちはその一角にあった楽器店に入って、笛やリード楽器、パーカッションなどいろいろなものを買ったんだ。そしてツアー中のある晩、ホテルのマイケルの部屋に行くと、コンピューターで録音した見事なトラックを聴かせてくれた。パーカッションをループさせながら、ファゴットの音域のドゥドゥクという大きなダブルリード楽器を吹き、その上に他の楽器を重ねたりしていた。あのイスタンブールの店で手に入れた楽器を使って素晴らしい音楽を完成させていたんだよ。ツアー中、いつもみんなそれぞれのやり方でなにかに取り組んでいたんだ。私は、毎晩のライブから得たインスピレーションを形にしながら作曲やアレンジをすることが多かった。マイケルはコンピューターに信じられないようなトラックを録音し、そこから卓越した音楽を作っていた。彼は、サックスの名手であると同時に、テクノロジーの使い手でもあったんだよ」

サキソフォン・サミットのヨーロッパツアーから2週間後、マイケルとランディは11月11日にドイツのレヴァークーゼン・ジャズ・デイズで束の間の再会を果たす。ウィル・リーがベース、ピーター・アースキンがドラム、ジム・ビアードがキーボード、ヴィンス・メンドーサがWDRビッグバンド・ケルンを指揮し、〝ザ・ミュージック・オブ・ランディ・ブレッカー〟としてランディの作品を演奏した。このコンサートはライブ収録され、のちに《サム・スカンク・ファンク》(2005年、テラーク・レーベル)としてリリースされる。このアルバムはグラミー賞の最優秀ジャズ・ラージ・アンサンブル・アルバム賞を受賞し、マイケルはタイトル曲での熱烈なパフォーマンスで11個目のグラミー賞(最優秀ジャズ・インストゥルメンタル・ソロ賞)を獲得した。アースキンは語る。「彼がグラミー賞の最優秀ソロ賞を受賞したとき、私も他のミュージシャンと共にステージに上がるという光栄に浴したのも嬉しくも悲しくもある思い出だ。マイクを握ってこう言った。『はっきり言って、マイケル・ブレッカーのソロはどれをとってもグラミー賞ものなんだ』と。そして事実そうだった。ダメなソロなんて聴いたことがない。そんなことが言える数少ないミュージシャンのひとりだよ。彼の演奏はすべて素晴らしかったんだ」

レヴァークーゼン・ジャズ・デイズでのガラ・コンサートから1週間後の2003年11月18日。マイケルのクインデクテットは、ニューヨークのイリジウムで公式のお披露目を行なった。マイケルは、そこでの1週間にわたる公演の最後に、まずクインデクテットでツアーをしてから《ワイド・アングルズ》をレコーディングすればよかったとコメントしている。この1週間の間に音楽がさらに発展していったからだ。11月23日、感謝祭の4日前のことだった。マイケルはその後、ロジャース、ドーキー、カルデラッツォ、ペンという新ラインナップのクインテットで臨んだセントルイスとシアトルでのライブで、2003年を締めくくる。コペンハーゲン生まれのベーシスト、ドーキーは、この年末のライブでのお気に入りの思い出をこう振り返る。

「ある晩、マイケルが僕を大笑いさせたんだ。〈ザ・コスト・オブ・リヴィング〉はベース・ソロから始まるんだけど、始める直前に僕の後ろに来て、耳元でこうささやいたんだよ。『よし、ミンちゃん、デンマークのクソやばいのをよろしく！』ってね」

新年に入り、マイケル、リーブマン、ロヴァーノはついにサキソフォン・サミットのレコーディングを行うために、1月12日と13日、アバター・スタジオに入る。1999年末からツアーを成功させてきた3人での初のアルバム制作だ。ピアニストのフィル・マーコウィッツ、ベーシストのセシル・マクビー、ドラマーのビリー・ハートを従えた彼らは、ロヴァーノ作の〈アレキサンダー・ザ・グレイト〉（〈バイ・バイ・ブラックバード〉をヒップにし、冒頭ではフォー・ブラザーズを暗示しつつ、その後宇宙へと飛び立つ）や、リーブマンの〈トライセクル〉（3本のホーンがマルチフォニックス・モードを全開にした、18分に及ぶ大作）といった曲を通して、後期ジョン・コルトレーンの美学を深く掘り下げている。コルトレーンに触発された、マーコウィッツ作の7／4拍子のモード曲〈ザ・トゥエルブス・マン〉では、マイケルの驚くほどの高速プレイが披露され、コルトレーン＝アルバート・アイラー的な激しさが炸裂。マイケル作のアルバムタイトル曲は、イントロで3人が激しくディスコードしたあと、穏やかな賛美歌のようなメロディに落ち着く。《ギャザリング・オブ・スピリッツ》と名付けられたこのアルバムは他にコルトレーンの2曲を収録。〈インディア〉で3本のテナーがカタルシスに溢れ、自由奔放に演奏したのち、〈ピース・オン・アース〉の畏敬の念溢れるバージョンを聴かせている。

ロヴァーノは、サキソフォン・サミットのスタジオでの相性の良さについて、こう語っている。「私たちはみんなお互いを知っていたし、一緒にどう演奏したいかというアイデアも持っていた。だから、何も話すことなく曲のオーケストレーションを組み立て、あとは魔法が起こるままに任せるんだ。だって、予想外のことをどうやってリハーサルするんだい？　なにかを知り、なにかを感じ、なにかを聴く。そうやって曲の中に入っていき、プレイする。そんなことが実際に起こったんだよ」

3人は、サキソフォン・サミットのレコーディングの翌日、2004年1月14日から三晩にわたってマンハッタンのバードランドでライブを行なった。その後、マイケルは1月29日から2月14日までの2週間、クインデクテットで日本をツアーし、名古屋、東京、福岡、大阪のブルーノートに出演する。創造性溢れるドラマー、アントニオ・サンチェスは、数週間前にアバター・スタジオで行われた《ワイド・アングルズ》のセッションでもそのスキル、パワー、感性を発揮したばかりであったが、このツアーでも15人編成のバンドの原動力となっていた。ブルーノートでのある大変な一夜を除いては。

メキシコシティ出身で長年ニューヨークに住んでいる彼はこう語る。「その日の朝から、調子が悪くなりそうな感じがしたんだ。でも、演奏を始めたら治るだろうと思ってホテルを出てクラブに行ったんだけど、最初のセットが始まる前に寒気がし始めた。そして演奏が始まると、今度は体が熱くなり始め、セットが進むにつれてどんどん熱くなっていく。調子が悪いことは誰の目にも明らかだったに違いない。マイケルのマネージャーのダリル・ピットが、まだステージにいる僕に『大丈夫か、医者を呼ぶか？』と聞くんだから。『いや、大丈夫だ』と答えたのを覚えているけれど、結局またこっちを見て『よし、今すぐ医者を呼んでくる！』と言ってくれたんだ」

マイケルとクインデクテットが演奏を続ける中、サンチェスの体温は上がり続けた。「熱が出て耳が完全にダメになり、不協和音が聴こえ始め、何が起こっているのか理解できなくなった。ある曲で、すべてが奇妙に聴こえ、曲の終わりの最後の音にさしかかったと思って、バーンと叩いんたんだ。そうしたらアダム・ロジャースが振り返ってこっちを見たので、『イェー、最高だぜ』って感じで微笑んだのを覚えている。でも突然、別のメロディが聴こえてきて、まだ曲のど真ん中だったことに気がついた。それはまるで、幽体離脱みたいな体験だったよ！」

「セットが終わってドラムから離れ、マイケルに謝りに行った。すると謝り始めてすぐ、声が完全に出なくなってしまったんだ！　彼はハグしながら、『心配しなくていい。大丈夫、大丈夫』と言ってくれた。そして僕はブルーノートの楽屋のトイレに入り、子供のように泣き始めた。どれだけ泣いていたかわからないくらい。本当に不思議な体験だった。ようやく医者が来て、熱を下げる注射を打ってくれ、『安静にしなければなりません。セカンドセットはプレイできません』と言ったんだ。それでホテルに送られたというわけだ」

ドラマーがいなくなり、あと1セット演奏しなければならない状況で、マイケルは自らがドラムキットの前に座った。「マイケルは間違いなくドラムを叩ける。サウンドチェックのときに彼がドラムを叩くのを何度も聴いたんだけど、僕よりもはるかに上手にエルヴィン・ジョーンズの真似ができるんだ。そうして彼はセカンドセットでドラムを叩き始めた。アダム・ロジャースも良いドラマーで少し叩き、パーカッションのダニー・サドニックも叩いた。その夜は、ドラムを叩ける人が全員プレイしたんだ。翌日、代わりにドラムを叩いてくれた3人が『このライブのドラムは思ったよりも難しかった』と言うので、こう言ってやった。『もちろんそうだよ。普通よりずっと難しいんだ。マイケルの音楽は演奏するのが難しいんだよ』とね」

サンチェスの病気は24時間で症状の治まるウイルス感染であることが判明し、翌日の夜にはドラムに復帰した。「あの悲惨な一夜は別として、非の打ち所がないツアーだった。最も印象に残っているのは、毎晩マイケルとデュオで演奏したことだ。マイケルがひとりで曲を始め、そこに僕が加わり、しばらくふたりで演奏し、マイケルがバンドに合図を送る。サックスとドラムというふたつの楽器で、コルトレーンとエルヴィンのようなことが、僕とマイケルの間で起きるんだ。マイケルとのデュオは最高の音楽体験のひとつだった。そして彼も、僕が彼の脳内にいるように感じられて、それまで一緒に演奏したどのドラマーとのデュオよりも楽しかったと言ってくれた。最大の褒め言葉だったよ」

2004年の夏、マイケルはヨーロッパで大規模なツアーを行い、一部ではクインデクテットを15人のフル編成で、他ではギタリストのアダム・ロジャース、トランペッターのアレックス・シピアギン、ベーシストのボリス・コズロフ、ピアニストのギル・ゴールドスタイン、ドラマーのアントニオ・サンチェスをフィーチャーしたセクステットの編成でプレイした。セクステットでは、美しいバラード〈ナセント〉(《ニアネス・オブ・ユー：ザ・バラード・ブック》に収録)やドン・グロルニックの〈ザ・コスト・オブ・リヴィング〉に加えて、〈アーク・オブ・ザ・ペンデュラム〉や〈アフリカン・スカイズ〉といった古いマイケルのオリジナル曲も演奏。その一方、クインデクテットでは《ワイド・アングルズ》からの新曲にこだわったライブであった。ギタリストのアダム・ロジャースは、「中心メンバーのセクステットでヨーロッパへと渡り、そのメンバーだけで何度かライブをやったんだ。クインデクテットのライブでは、公演ごとに、バスクラリネット、ストリングス、フルートと兼任のサックスなど、現地のミュージシャンが参加した。スペインのミュージシャン、オランダのミュージシャン、ドイツのミュージシャンといった具合にね」と振り返る。

クインデクテットは2004年夏のツアーで、フランス、スペイン、ドイツ、デンマーク、オランダ、イギリスの主要なジャズ・フェスティバルに出演し、ドラマーのサンチェスが演奏全体を牽引していた。その頃には、サンチェスはクインデクテットにとってかけがえのない一人前のメンバーになっていたが、2003年1月の《ワイド・アングルズ》のレコーディングでは、リーダーに対し少し緊張していたという。「2001年にパット・メセニーと一緒に演奏するようになって、その後彼の《スピーキング・オブ・ナウ》のレコーディングに参加したんだ。それでパットが僕を《ワイド・アングルズ》のレコーディングメンバーに推薦してくれた。マイケルと直接話したことはなかったけれど、パットとマイケルはとても近い関係だったし、なんらか参加できるだろうとは思っていた。そしてようやく彼のマネージメントから電話がかかってきて、参加が決まったと言われたんだ。レコーディングの前のクインデクテットのリハーサルは1回か2回だけだった。初日、マイケルがスタジオに入ってきたとき、僕はすでにドラムの前に座って準備ができていたけれど、彼に対してはミーハーな気持ちもあったんだ。僕の人生において、音楽的にとても重要な人物だからね。《ナウ・ユー・シー・イット》を何度も何度も聴きながらメキシコシティで育ったんだ。ブレッカー・ブラザーズのDVD『ライヴ・フロム・バルセロナ』も本当によく観たよ。デニス・チェンバースにも夢中だったからね。なので、《ワイド・アングルズ》をレコーディングしたときは、セッションの間中、そんな気持ちがあった。マイケルはすぐ隣のブースにいたんだけど、レコーディングが始まって、初めて自分のドラムと彼のサックスが一緒にミックスされるのを聴いたときは信じられなかったよ！　超現実的な体験だったな」

《ワイド・アングルズ》の制作中に、サンチェスはマイケルへの憧れを乗り越え、アンサンブルで苦戦していた曲を救う提案を行う。「ある曲の譜面がとても難しくて、オーケストラ・パートのリハーサルにすごく時間がかかっていた。リズムセクション（自分、ジョン・パティトゥッチ、アダム・ロジャース）は、オケがまとまるのをじっと待つしかなかったんだ。音程の問題が大きかった。レコーディングスタジオという環境では、すべてが丸裸だからね。マイケルがすごくストレスを感じ始めているのがわかったし、ギルもそうだった。いろいろなテイクを試したけど、なかなかうまくいかない。ちょうどその頃、パットとのレコーディングではクリックを使ってやることが多かったんだ。それでマイケルに『クリックを使ってみたらどうだろう？そうすれば、オーケストラの好きな部分を選んでミックスして合わせられるし、編集も可能になる。毎回同じテンポだからね』と提案したんだ。すると彼は『でも、これはジャズなんだ。クリックでどうやってジャズを演奏するんだ？』と言うので、こう返答した。『このやり方で最近結構やっているんだ。クリックは、パティトゥッチと僕以外は誰も聴く必要はない。他のみんなは僕らに合わせてプレイしてくれればいいんだ』。それでクリックを使ってみたら、うまくいった。そして結局、アルバム全部をそれでやることになったんだよ」

「その2、3ヶ月後にマイケルに会ったとき、こう言われたんだ。『もしクリックのアイデアがなかったら、あのアルバムは作れなかったよ。あれしか完成させる方法がなかったんだから』。その後もずっと感謝してくれていたよ」

2004年夏、マイケルとサキソフォン・サミットは6月29日から7月9日までヨーロッパをツアーし、その後7月16日と17日にスペインのカナリア諸島でもライブを行う。そのツアーの最中の7月9日、オランダのハーグで開催されたノース・シー・ジャズ・フェスティバルでマイケルはファーマーズ・マーケットの仲間たちと再会。エキセントリックで極めて複雑な、ジャンルを超えて突然変化する、前例のないような彼らのオリジナル曲の上で、流れるような"音の洪水《シーツ・オブ・サウンド》"を披露する。ライターのジョン・ケルマンは、オール・アバウト・ジャズ誌のレビューでファーマーズ・マーケットのアルバム《スラヴ・トゥ・ザ・リズム》についてこう述べている。「クラシックの作曲家ジョルジ・リゲティの音楽をこれほどハードにロックする曲へと発展させたり、燃えるようなエレクトリックギターを、ガドゥルカ(ブルガリアの弓奏楽器)、ペダルスティールギター、オカリナ、カヴァル(ブルガリアの半音階フルート)、クラヴィネット、オルゴールと組み合わせたりするバンドが他にあるだろうか? サーフミュージック、中東の調性、マケドニアの伝統主義(アルバムのほぼ半分に参加しているクラリネット奏者、フィリップ・シメオノフのおかげだ)、プログレッシヴ・ロックの痕跡など、53分のアルバム全体を通してさまざまな要素が盛り込まれており、〈イッツ・ノット・オールウェイズ・トゥルー〉のガドゥルカ/ハープのイントロのような美しさにも事欠かない。しかし、《スラヴ・トゥ・ザ・リズム》を牽引し、定義づけているのはファーマーズ・マーケットの中核である、フィン・グットルムセン(エレクトリックベースの大いなる脅威)とドラムのヤーレ・ヴェスペスタだ。ヴェスペスタは、禅的なピアニストのトルド・グスタフセンと演奏しているときは非常に繊細なタッチを聴かせる一方、必要となればマッチョで、雷が轟くようなプレイを披露している」

レイモンド・スコット・クインテットの風変わりな美学と、イヴォ・パパゾフのブルガリアン・ウェディング・バンドの複雑な拍子と不可能なテンポを融合させたファーマーズ・マーケットは、好奇心旺盛なマイケルの心に響いたのだ。ギル・ゴールドスタインがこう回想している。

「マイケルはファーマーズ・マーケットに魅了されていた。彼らが録音したものを、コピー用のプログラムに取り込んでスロー再生し、35パーセント、50パーセント、60パーセント、70パーセントの各スピードで練習し、咀嚼できるまで徐々に上げていく。そして、そこから自分の音楽に取り入れていくんだ」

ロジャースが付け加える。「ファーマーズ・マーケットのギタリストは、17／40拍子なんていうとんでもない変拍子の曲を普通に弾きこなすどころか、ジョージ・ベンソンのようにソロを弾きながら歌うんだ。そのうえ、バラードを歌うと、まるでルーサー・ヴァンドロス。まさに三拍子揃っていて、バンド全体も素晴らしかった。彼らと一緒に演奏することは、マイケルほどのレベルのサックス奏者にとっても、とても難しいことなんだ。フレージングは信じられないほど違うし、技術的にもサックスのタンギングには普通なら合わないものだった。つまり、マイケルにはうってつけだったんだよ。信じられないほど高度なものにチャレンジするのが大好きだったからね」

対比的なメロディと変拍子に対するマイケルの興味は、彼自身の1990年のアルバム《ナウ・ユー・シー・イット》収録の〈エッシャー・スケッチ〉にまで遡ることができる。そして、ファーマーズ・マーケットとの出会いがそのきっかけになったかどうかはわからないが、マイケルはブルガリア音楽に深く傾倒していった。当時クイーンズに住んでいたふたりのブルガリアの巨匠ミュージシャン、バイオリニストのエンチョ・トドロフとアコーディオン奏者のイヴァン・ミレフのレッスンを受けるまでになったのだ。

2004年3月10日、カナダのテレビ番組「ディスティングイッシュド・アーティスツ」のインタビューで、ローン・フローマンにこう語っている。「今、不思議なことにブルガリアの結婚式の音楽を学んでいます。その音楽にすっかり惚れ込んでしまって、ニューヨーク在住のブルガリア人バイオリニストのレッスンを受けているのです。時々、自分でもどうかしているんじゃないかと思いますが、本当に楽しいんですよ。何時間もかけてメロディを学ぼうとするのですが、これがなんとも難しい。歳をとって記憶するのも苦手になってきていますしね。私は、自分の精神と脳をコンピューターのようにも捉えているのですが、そうすると今はひたすら情報を取り入れる段階で、それが無意識のうちになにか曲のようなものへと形を変えてくれればと願っているんです。少し実現しているところもあります。言い換えると、このブルガリア音楽という〝言語〟をもとに曲を書ければと思っているわけですが、まずはその言語を学び、それから鉛筆と紙とコンピューターでしっかりと取りかかっていければと思います」

アルトサックス奏者のスティーヴ・スレイグルは、マイケルがブルガリア音楽に魅了されていたことを振り返っている。「2000年代初頭に彼が『ブルガリアの影響を受けた音楽を書いているんだ』と言っていたんだ。ブルガリア人の妻を持つ自分にとっても、かなり斬新なことだったよ。ブルガリアの音楽を研究したことはなかったからね。でも彼女がブルガリアのレコードをいろいろと持っていたから、たくさん聴いてはいたんだ。ペタル・ラルチェフ(アコーディオンの名手で、イヴォ・パパゾフのブルガリアン・ウェディング・バンドの元メンバー)のジグザグ・トリオをマイケルとよく聴いていたし、それについて話もしていた。マイケルがヘイスティングスの自宅で、ブルガリア音楽を取り入れた新曲のデモ制作を始めたのも知っていたよ。彼なりのブルガリア音楽だ」

スレイグルはこう続ける。「でもね、それは全く別の言語なんだ。アラビア語の読み書きや会話を学びたいと言っているようなものだ。全く別の世界なんだよ。ブルガリアの音楽は譜面にしないので、ブルガリア人から教わるか、レコードをひたすら聴くしかない。でも、レコードから学ぶにはちょっと複雑すぎる。それについてはふたりとも同意見だったと思う。ジャズの場合、レコードを聴き、コピーすることで学べる場合もある。でもブルガリアの音楽は、ある意味、それよりももっと遠いところにある。なので、ミュージシャンからミュージシャンへと受け継がれていくものなんだ。かつてのジャズもそうであったみたいにね。ジャズ音楽はより言語化され、今では学校で学べるものだ。でもブルガリア音楽の学校は、私や妻のセオドラが知る限りない。アンダーグラウンドな民族音楽のようなものので、ブルガリアではもうポピュラーじゃないものなんだ。ブルガリアでも今はもうみんなクイーンが好きで、こういうのは聴かない。でもマイケルはたっぷり時間をかけて、このとても難しくて奥深い音楽を学ぶことに全力を注いでいた。彼が後期コルトレーンの音楽を吸収し、学ぶことにしたのと同じだ。そして、いつかブルガリア音楽に基づいた作品を世に出すつもりだったんだと思う。これが、彼が私に話してくれた最後のプロジェクトだったよ」

夏のヨーロッパツアーのあと、マイケルはアメリカに戻り、8月10日にニューポート・ジャズ・フェスティバルで開催されたジョン・コルトレーンのトリビュートに参加する。そこでは、伝説的なピアノ奏者であり、かつてのコルトレーンのバンド仲間でもあるマッコイ・タイナー、やはり伝説的なドラマーのロイ・ヘインズ、ベーシストのクリスチャン・マクブライド、そして同じテナーサックス奏者でコルトレーンの息子でもあるラヴィ・コルトレーンと一緒であった。彼らは、コルトレーンの〈モーメンツ・ノーティス〉（ブルーノートでのコルトレーンの唯一のリーダー作《ブルー・トレイン》〔1958年〕に収録）の壮大なるバージョンに続けて、〈ザ・プロミス〉（インパルスの名盤《ライヴ・アット・バードランド》〔1964年〕収録）での驚異的なクレッシェンドを聴かせる。マイケルのプレイぶりは、あたかも、決して返せないとわかっている借りを返そうとしているかのようであった。「コルトレーンがいなかったら、私はなかったのです」とバックステージのインタビューで語っている。「彼の音楽は、何年も前、まだサックスの吹き方を習っていた頃に、私のイマジネーションをかき立てたのです。感情的なレベル、精神的なレベル、知的なレベル、技術的なレベル……とさまざまな形で私に影響を与え、ただ圧倒されました。コルトレーンを聴いたことがきっかけで、音楽を人生の仕事と決めたのです」

ラヴィは、ジョージ・ウェインが毎年開催しているフェスティバルでの、父への特別なトリビュートの場での完璧なまでの共時性を振り返っている。「巨大な嵐がやってくる予報で、主催者はみんなを素早く避難させようと、私たちに早く演奏をさせたがっていた。そして、ちょうどモンスーンが来る直前に終わったんだ。いずれにせよマッコイやマイケル、ロイ、クリスチャンと一緒にプレイできたのは素晴らしいことだった。マイケルはとても親切で、ステージの上でも外でも、音楽的にも個人的にもとても思いやりのある人だったよ」

その2週間後、2004年8月24日にサキソフォン・サミットの《ギャザリング・オブ・スピリッツ》がリリースされ高い評価で迎えられる。コルトレーンのレガシーとの繋がりを評価する批評家も多かった。ジョン・ケルマンはオール・アバウト・ジャズ誌のレビューでこう書いている。「アルバムを通して次第に明らかになるのは、コルトレーンが3人のプレイヤーにどれだけ影響を与えたかということだ。しかし同時に、各プレイヤーはその影響を自分のものとし、明らかに個性的で独自なものを作り上げていることがわかる。ミックスのどこに定位しようが、3人を取り違えることはあり得ない。ブレッカー、リーブマン、そしてロヴァーノは、彼らそれぞれのキャリアにおける最高傑作と並ぶものを作り上げ、これが一度きりのものにならぬよう誰しもに願わせるのだ」

その翌日の25日、クインデクテットは、デイヴ・ホランド・ビッグバンドとのハリウッド・ボウルでのコンサートのために、カリフォルニアに再集結した。そこでマイケルは、ライブ前のバックステージで不安を誘う症状を見せ始める。アダム・ロジャースはこう言う。「胸と腰に痛みがあったから、肺炎じゃないと確認するためにレントゲンを撮った方がいいと言ったんだ。そのときは吹けなくなるほどの痛みではなかったのだが、翌週、ステップス・アヘッドで日本に行ったとき、かなりひどくなったんだと思う」

スーザン・ブレッカーは、「ハリウッド・ボウルのコンサートでひどい腰の痛みを感じたのです。救急病院に行くように勧めたのですが、どうしても行こうとしませんでした」

8月29日にマウント・フジ・ジャズ・フェスティバルで行われたステップス・アヘッドのライブは大成功であったが、全員にとって、マイケルのことで不安を残すものとなった。マイケルとマイク・マイニエリがステップス・アヘッドで一緒に演奏したのは18年ぶりで、この山中湖でのの再結成ライブでは、ギターのマイク・スターン、エレクトリックベースのダリル・ジョーンズ、ドラムのスティーヴ・ガッド、キーボードのアダム・ホルツマンが参加した。「基本的には、1986年のステップス・アヘッドと同じバンドだったが、スティーブ・スミスの代わりにガッドがドラムだった。86年のギグでは、私はMIDIシンセのパートを全部弾いていたんだけど、今回はそれをやりたくなかったので、アダム・ホルツマンを呼んで弾いてもらったんだ。3日間モンスーンのような日が続いたので、あのコンサートのビデオを観ると、ステージ上にビニールのテントがあるのがわかる。まるで檻の中にいるような感じだったよ」

このステージでは、〈ウープス〉や〈セルフ・ポートレイト〉（共に１９８４年の《モダン・タイムズ》収録）、〈ベイルート〉（１９８６年の《マグネティック》収録）といったステップス・アヘッドの人気曲をプレイしている。マイケルはデューク・エリントンの〈イン・ア・センチメンタル・ムード〉を、ＥＷＩとマイニエリのキーボードとのデュエットで魅了する。マイニエリ作の〈トレインズ〉（《マグネティック》収録）では、信じられないような猛烈なスピードで溢れ出るアイデアを吹き続け、バンドメンバーさえも驚かせた。マイニエリが振り返る。「マイケルはあり得ないようなソロを吹いたんだ。そして、いつも〈トレインズ〉の最後にやっていたように、最後の一音をプレイして全員ステージを降りたあと、まずガッドが戻ってドラムソロを披露し、続いてまた全員が戻ってきて盛り上がるはずだった。でも、ステージを降りるとマイケルが『腰の骨をやっちゃったみたいだ』って言うんだよ。笑っていたから冗談かと思ったのだが、彼は『いや、本当にやっちゃったと思う』と繰り返した。それでも私は、『本当に？　でも全員でステージに戻らなきゃ！』と言ったんだ」


「一方、長いステージでガッドが疲れ切っていたので、ドラムソロはなしにして全員一緒にステージに戻った。そこまでだった。私たちは東京で一晩ぶらぶらできたけれど、マイケルはすぐにニューヨークに戻ったんだ」

「マイケルの腰はライブの前から痛んでいた」とマネージャーのダリル・ピットは言う。「自分は二度、腰の手術を受けたことがあってストレッチやらのルーティンはいくつか知っていたので、少しでも症状が改善するようにとホテルのスパでやってみたんだ。マイケルは、これをやったら楽になる、楽にならない、とゲーム感覚で試していて、実際ライブまでには少しはましになったようだったが、結局終わる頃にはダメになっていた。なにかとても良くないことが起こっていたんだ」

# 12章

# The Arc of the Disease

病の軌跡——聖地への旅

東京でのステップス・アヘッド再結成時のひどい腰の痛み以前にも、マイケルはツアー中に別の腰痛を経験している。2000年の終わり頃、アダム・ロジャース、ラリー・ゴールディングス、クラレンス・ペンとのカルテットでシアトルのジャズ・アレイで四夜公演を行なったとき、マイケルはその腰痛のために最初の二晩演奏できなかったのだ。ギタリストのロジャースがこう回想している。「2日間オルガントリオで演奏し、そのうちの1日はジョシュア・レッドマンが入ってくれた。ゴールディングスはお客さんに『マイケルは、自分のディスコグラフィーを持ち上げようとして腰を痛めてしまい、今日は一緒にできないんだ』というジョークを言い続けていたよ」

ベーシストのクリス・ミン・ドーキーは、2003年にも同じようなことがあったと言う。「ある日、ヨーロッパでのライブで彼の腰の状態がひどくなり、翌朝には車椅子が必要だった。また、ルイジアナでのライブのときは、空港に向かう車の中でマイケルから電話があり、『腰痛がひどくて今日のライブには出られない。でも、君たちはトリオでやってくれ』と言うんだ。『マイケル、無理だよ! みんなは君を聴きに来るんだ』。でも彼は『いや、どうしてもやってくれ』って。彼が腰に問題を抱えていることは知っていたが、それほどひどいとは知らなかった」

マイケルは「ああ、歳をとっただけだ」と言って、いつも腰痛のことを笑い飛ばしていた。スーザン・ブレッカーはこう認めている。「マイケルは時々ぎっくり腰になっていましたが、決して慢性的ではありませんでした。カイロプラクティックに通い、定期的にトレーニングもしていました。腰痛は症状が出たり出なかったりでしたが、ほとんどの場合問題はなく、対処できる範囲だったのです」

しかし、2004年8月下旬に東京で行われたステップス・アヘッド再結成時の出来事は、それまでとは全く異なるものだった。日本から帰国してまだ腰に痛みを感じていたが、診てもらうのは数日先延ばしにし、9月3日にボストンのバークリー音楽大学で行われた、現代音楽への多大な貢献に対して名誉音楽博士号を授与される式典に出席する。ニューヨークに戻ると、マイケルの友人で元ロードマネージャーのジェリー・ウォートマンがヘイスティングス・オン・ハドソンで彼をピックアップし、コロンビア大学プレスビテリアン病院に連れて行った。MRI検査により、椎骨を損傷していたことが判明する。その後椎骨は修復され、療養ののち、演奏、作曲、レコーディングという多忙なスケジュールを再開してよいと告げられた。しかし、ダリル・ピットはこう指摘する。「なんの外傷もなく骨が折れた場合、赤信号が灯るんだ」

この故障でマイケルは9月いっぱい休養を余儀なくされ、ブレッカー・ブラザーズのモスクワのル・クラブでの公演（9月18〜22日）をキャンセルせざるを得なかった。兄のランディは、「私はその頃までに、ロシア人テナーサックス奏者イゴール・バットマンと一緒にロシアに5、6回行っていて、私とマイケルを揃って連れて行くのは彼の夢だったんだ。それでライブが決まり、月曜日に出発することになっていた。そうしたら週末にマイケルから『ロシアには行けない。腰の調子が悪いんだ。本当に痛いんだ』と電話があった。『とにかく行こう。そこでなんとかするよ』と言ったのだが、『いや、本当に無理なんだ』と結局来なかった。ヴィクター・ベイリー、ジョージ・ホイッティ、ロドニー・ホルムズ、ギターのミッチ・スタインと申し分ないメンバーが揃っていた。そして私の妻、アダ・ロヴァッティがなんとかしようと、マイケルの代役としてテナーサックスで参加してくれたんだ。しかし、イゴールは憮然としていた。というのも、ブレッカー・ブラザーズふたりが来るということでダリル・ピットに送金したのに、突然マイケルがいなくなり、騙されたと思ったんだ。しかし、ちゃんと説明し、最終的には、マイケルが本当に椎骨を骨折したんだと理解してくれたよ」

姉のエミリー・ブレッカー・グリーンバーグにとって、このマイケルの腰の問題は、非常に気になるものだった。「私たちの母は多発性骨髄腫という病気で亡くなりました。

この骨髄の病気は骨格に影響を及ぼし、骨が折れやすくなるのです。なのでマイケルが椎骨を骨折したとき、私は最悪の事態を考えてしまいました」

２００４年10月、エミリーの恐れは現実のものとなる。マイケルは再検査を受け、骨髄異形成症候群(ＭＤＳ：前白血病状態とも呼ばれる骨髄疾患の一種)と診断されたのだ。

「外傷がなく骨折をした場合、骨髄でなにかが起こっている可能性が高いということで精密検査をしたのです」とスーザン・ブレッカーは説明する。「それで骨髄生検を行い、ＭＤＳだとわかったのです」

ベーシストのジョン・パティトゥッチはこう語る。「以前マイケルが、腰が悪いと言い出したとき、『背が高いから仕方ない』と思っていたんだ。背の高い人に多かったからね。それに、彼はもう子供じゃない。年寄りじゃないけれど、25歳でもない。以前から続くその痛みで苦労していることは知っていたけれど、そんな病気だとは全く想像もしていなかった」

デイヴ・リーブマンは、その前年のバードランドでのサキソフォン・サミットのライブをこう回想している。「彼は1週間ずっと腰の痛みで苦労していた。最終日の夜のとある光景が目に焼き付いているんだ。マイケルが向かいのガレージまでなんとか歩いていく、その姿に比べたら、自分は競歩のオリンピック代表かと思ったよ。彼が腰に痛みを抱えているのは明らかで、恐る恐る車まで歩いていた。もちろん、誰だって時々腰に痛みを覚えることはある。しかし、そういう感じのものではなかった。あとになって、腰ではなく、もっとはるかにたちの悪いものだったと聞いたときは、大変なショックを受けたよ」

ＭＤＳの診断を受けたマイケルは、２００４年10月末まで予定されていたカルテットでのベルギー、イタリア、アイルランド、ノルウェー、スウェーデンを巡る2週間のツアーをキャンセルし、11月いっぱい療養。12月中旬には現場に復帰できるまでに回復した。ピットがこう説明する。

「ＭＤＳは必ずしも死の宣告ではない。低リスク型と高リスク型があり、ＭＤＳと診断されても、何十年もそのままで結局別の病気で亡くなる人もいる。一方、マイケルがそうであった高リスク型はすぐにＡＭＬ(急性骨髄性白血病)へと悪化してしまう。ＭＤＳ症例の約40パーセントが最終的にＡＭＬになってしまう」

スーザンは、２０００年と２００１年(ディレクションズ・イン・ミュージックの最初のツアー中）にC型肝炎の治療で使われたインターフェロンがマイケルのMDSの引き金になったのではないかと考えている。「私は相関関係があると信じていますし、彼の姉のエミリーもそうです。医師はノーと言うでしょうけど、インターフェロンの添付文書には白血病に繋がる可能性があると書いてあります。でも当時は、誰もそんなことは言ってなかったのです」

ドラマーのビル・スチュワートは、2000年のパット・メセニー＝マイケル・ブレッカー・スペシャル・カルテットのツアー中に、ハービー・ハンコックもまた、2001年のディレクションズ・イン・ミュージック・ツアーの最初の方で、マイケルがインターフェロン治療を受けていたことをそれぞれ覚えている。スーザンは言う。「マイケルはインターフェロン治療でとても調子が悪くなったのです。気分が悪くなったというようなレベルではなく、なにか体内の化学変化が起こってしまったような状態でした。ひどく調子が悪くなり、顔色も灰色になってしまったのです。1回目の投与後、2回目のインターフェロン（ペグインターフェロン）では、あまりに具合が悪くなったので、6週間で中止しました」

スーザンは「当時は、それがリスクだとは考えられていなかったと思います。最近になって、インターフェロンと化学療法が別のがんを引き起こす危険性があることがわかってきました。マイケルの場合、C型肝炎の症状は出ていなかったのですが、数値が悪かったので治療を受けることになったのです。これは私にとって一生の後悔なのですが、あのときの治療は受けるべきではありませんでした。なんの症状もなかったのに、医者は『これから症状が出るだろうから、早く治療しましょう。大変にひどい数値なので』と判断したのです。マイケルの体調は悪くなかったのですが、当時の医者は彼のような数値の人にインターフェロンを投与していました。私たちはセカンドオピニオン、サードオピニオンを求めましたが、同じことでした。今ならC型肝炎の治療薬（ハーボニー）を飲むことができます。もしあのときインターフェロン治療をしていなかったら、マイケルはこの治療薬を手に入れるまで長生きできたでしょう。そして、その薬でC型肝炎は完治し、すべてがうまくいく。でも、物事はなるようにしかならないのです」

マイケルと同じ時期にC型肝炎を患っていたギタリストのマイク・スターンは、インターフェロン治療に対して全く異なる反応を示した。「マイケルは私より先に治療をしていたから、心構えを教えてくれたんだ。『本当に落ち込んで、精神的におかしくなるから気をつけろよ』って。だから、時々マイケルに連絡をとっていたよ。ノイローゼになりそうなくらいだったから、しょっちゅう電話していたし、彼やスーザンには大変な面倒をかけていたと思う。それからマイケルはこう言うんだ。『最初の1ヶ月はそれほどひどくない。でも、そのあともっとひどくなる』。1ヶ月後に彼に電話して、『不思議なことに、体調は悪くないんだ』って言うと、『もっと悪くなるし、落ち込んでしまうよ』と引き続き言っていた。3ヶ月後にまた電話したときは、『マイケル、実はだいぶ良くなってきているんだ』と伝えることができた。つまり、ありがたいことにインターフェロンは私にはなんとか効いた。でも、マイケルにとっては毒を飲んでいるようなものだったんだ」

ウォートマンはこう続ける。「マイケルのお母さんも血液のがんだったことを考えると、彼のDNAにはなんらかの素因があったのかもしれない。なのでインターフェロンがMDSを引き起こしたことは間違いないだろうし、使っていなかったらMDSの発症は20年後だったかもしれない」

病気にもめげず、マイケルはフィラデルフィアを代表するサックス奏者オディーン・ポープと彼のサキソフォン・クワイアのゲストとして、ニューヨークのブルーノートでの三夜にわたる公演に参加、堂々たる復帰を果たした。2004年12月13日から15日にかけてのこの公演はライブ録音され、2006年3月にハーフノート・レコードから《ロックト・アンド・ローデッド：ライヴ・アット・ザ・ブルーノート》としてリリースされる。このアルバムにはマイケルとジョー・ロヴァーノ、ジェームス・カーターがそれぞれ2曲ずつ参加。マイケルは、コルトレーンの〈コルトレーン・タイム〉でポープのテナーとがっちり組み合って爆発的な暴れぶりを見せ、ポープのオリジナル曲〈プリンス・ラシャ〉では、クレイグ・マクアイヴァーとのパワフルなテナーとドラムのブレイクダウンもフィーチャー。マイケルならではの技を繰り出し、ダブルテンポを自在に操り、アルティシモ音域へと駆け上がり、まさにこれというブレッカー節を披露している。この2曲での素晴らしいパフォーマンスは、しばらく病気療養を余儀なくされていたことを束の間忘れさせるものだった。

次にマイケルは、2005年1月19日にカーネギー・ホールの中のザンケル・ホールでクインデクテットの公演を行う。2月3日からは、6週間にわたるディレクションズ・イン・ミュージックのツアーに参加。2001年から始まったハービー・ハンコック、マイケル、ロイ・ハーグローヴによるこの3頭プロジェクトに、今回はベースにスコット・コリー、ドラムにテリ・リン・キャリントンが加わった第3期のメンバーだ。このアメリカツアーでは、途中からすべての会場でサラウンドサウンドの音響設備を取り入れている。コリーが言う。「ツアーの初期のことだ。ツアーバスで映画を観ていたんだけど、そのバスにはすごいサラウンドシステムが搭載されていたんだ。それでハービーに冗談めかして『コンサートもサラウンドサウンドでやるべきだよ!』と言ったんだよ。そうしたら彼は早速その夜にアップルに電話をかけ、まずは当時最新のアップル製品だったG4タワーが2台送られてきた。それからモンスター・ケーブル社がたくさんケーブルを送ってくれ、どこか他の会社が何台ものスピーカーを提供してくれた。こうしてサラウンドサウンドのコンサートに仕立て上げたんだ。音響担当のビル・ウィンは、会場内、そしてバルコニーにまでケーブルを引き回し、後方にもスピーカーを設置した。彼にとっては驚くほど大変な作業だよ。ツアー中、新たな会場に行くたびにこれをやらなくてはならないんだからね」

この新しいハイテク・システムに、マイケルは特に興奮していた。コリーは続ける。「当時、マイケルはEWIでいろいろと試していた。ハービーはもちろんMIDIキーボードをたくさん使っていて、ロイもペダルのひとつやふたつは使っていたし、テリと私でさえいくつかエフェクトペダルがあった。それで毎回、20分か30分くらいのサウンドスケープから公演が始まるようになり、サラウンドの効果をフルに発揮させながら、ビルが自由に劇場のあちこちに音を回したんだ。本当に素晴らしかった。元々ハービーとマイケルは探求心旺盛でテック好きだから、夢中になっていたよ。ハービーは、音色のメモリを使い倒し、コンピューターがクラッシュしてしまうくらいだった。そうなったら今度はピアノだけでプレイし、これまた見事な演奏を聴かせるんだ」

このツアーでのハイテク化の弊害は、各会場でのサウンドチェックに膨大な時間を要したことだ。「サウンドチェックに3時間以上かかった」とコリーは振り返る。「メンバー全員分の電気系機材のチェックもしなくてはならないし、サラウンドシステムのチェックも必要だからね。そしてマイケルはサウンドチェック中、ずっと立ち会っているんだよ。もちろんそんなことをする必要なんてない。自分のチェックさえ済めばいいんだ。でもいつもずっといて、EWIでいろいろな音を試し、なにか新しい方法がないか研究していた。ツアーバスの中で長い夜を過ごしたあとに、あれほどのめり込めるのは驚きだったよ」

コリーはまた、そのツアーでマイケルが骨盤と腰にひどい痛みを抱えていたことも覚えている。「どんな痛みに対しても何も言わなかったし、文句も言わなかった。でも、腰の具合がさらに悪くなってきたんだ。それでロングトーンや、バラードで長い音符を吹くのに苦労していた。腹部への負担が大きくなり、腰に痛みが出るからだ。他に痛みを和らげる方法がなく、ツアー中はイブプロフェンを飲むしかなかった」

そのような状況でも、マイケルは病気をものともしない明るさを保っていた。コリーは続ける。「少なくとも私が見た限りでは、彼がツアー中に落ち込んでいたという記憶はない。物事について不平を言わないという彼の哲学を、病気の痛みについても貫いていたんだと思う」

そしてコリーはこうも語る。「このツアーは自分にとっていろいろな意味で意義深いものだった。最高の音楽もさることながら、マイケルと多くの時間を過ごし、音楽だけでなく、家族や人生について多く話せたこともそうだ。薬物乱用からの回復についても長い時間話し、自らの経験を共有してくれた。私自身、薬で苦しんでいた時期だったので、彼の話を聞けたことは貴重だったんだ。私自身が回復へと踏み出すまでにはまだ何年かかかったのだけど、このときの彼の話、経験はとても力強い味方となってくれた」

「マイケルはまた、よき父親であり、家族を大切にしながら、ミュージシャンとして旅をして毎晩違う場所で演奏する、これをやってのける見本でもあった」とコリーは続けた。「家族とツアー・ミュージシャンの生活のバランスをとるのはとても難しいけれど、それを優雅にこなしていたんだ。最良の見本だったと思う」

ディレクション・イン・ミュージック・ツアーは3月12日、テキサス州ヒューストンで幕を閉じた。そのわずか11

日後の3月23日、マイケルはサキソフォン・サミットのパートナーであるデイヴ・リーブマン、ジョー・ロヴァーノと、バードランドで四夜にわたって共演する。ロヴァーノは「バードランドでの最終日、マイケルは本当に調子が悪く、変な感じがしていたようだ。毎晩、体のあちこちが痛んだり、違和感があって、そのことを少しは話してくれた。でも、演奏には全く影響がなかったんだ。本当に素晴らしいプレイで、1週間を通して最高にパワフルにドライブしていた」と振り返っている。

3月下旬のバードランドでのサキソフォン・サミットのあと、マイケルと彼のマネージャーであるダリル・ピットは、2005年の残りの予定をすべてキャンセルする。スイス人ギタリスト、ハロルド・ハーターとフランス人トランペッター、エリック・トラファズとの4月のヨーロッパツアー、ピアニストのアーロン・ゴールドバーグ・トリオのスペシャルゲストとして参加することになっていた5月のイタリア公演もそうだ。6月のアメリカでのサキソフォン・サミットのライブではクリス・ポッターとジョシュア・レッドマンがマイケルの代役を務め、ステップス・アヘッドの夏のヨーロッパツアーではノルウェーのテナーサックス奏者、ベンディク・ホフセスが代役となった。秋に予定されていた、マッコイ・タイナー、日本のジャズシンガー森山良子、ステップス・アヘッド、サキソフォン・サミットとのスケジュールもすべてキャンセルに。これにより、マイケルが人前で演奏する日々はもう来ないのではないかと思われ始める。

2005年6月下旬から7週間、マイケルはメモリアル・スローン・ケタリングがんセンターで集中的な化学療法を受ける。体重は65キロまで落ち、病魔にむしばまれていた。同がんセンターのベッドサイドで行われたニューヨーク・タイムズ紙のインタビュー(2005年8月18日掲載)で、プレイしたくてしょうがなかったし、復帰するのを心待ちにしていたのだが、生死に関わる対処を優先せざるを得なかったと語っている。

一方、造血幹細胞と骨髄の移植のため、世界規模でのドナー探しが始まっていた。遺伝子的に近いというだけでは不十分で、ほぼ同一の遺伝子が必要だった。医師によれば、ドナーとレシピエントは10個の遺伝子マーカーが共通でなければならない。「ドナーを見つけるのは、極めて困難な作業だった」と、スーザン・ブレッカーと組んでドナー探しを推し進めたダリル・ピットは認めるが、同時に、「しかし、より多くの人が検査を受ければ、少しでも可能性が高まるんだ」と語っている。

ピットは続ける。「マイケルにマッチするドナーを見つけるためには、できるだけ多くの人に検査を受けてもらうという超人的な努力が必要だった。一方、スーザンと私は、彼が『マイケル・ブレッカーのためのドナーを探している』と公表するのは拒否するだろうとわかっていた。マイケルはとても謙虚な人だからだ。自分のために特別なことをやってほしがらなかったし、最初は本当に何もしてほしくないと思っていたんだ。でも、私はこう指摘した。『マイケル、数学的に考えて、どうやっても君にマッチするドナーが見つかる可能性はとてつもなく低い……。でも、君の病気を公表することによって、ドナーバンクへの登録者を増やすことができ、他の多くの人たちにもマッチするドナーが見つかる可能性を高められるんだよ』。スーザンの励ましもあって、なんとか合意してくれた。最後にはこう言ったんだ。『いいよ、ただ、自分だけのためにやっているのではないんだとわかるようにしてほしい』」

マイケルの承認を得て、ダリルとスーザンは大規模な骨髄ドナー・キャンペーンを開始する。アメリカやヨーロッパ各地のサマー・ジャズ・フェスティバルには、ドナー検査のためのテントが設置された。マイケルはアシュケナージ、つまり東欧系ユダヤ人であったため、シナゴーグ（マイケルの所属するヘイスティングス・オン・ハドソンのベス・シャローム寺院や、彼の故郷であるペンシルベニア州エルキンズ・パークの改革派会衆ケネセス・イスラエルなどのユダヤ教の会堂）は、マッチする可能性のある人を見つけるうえで特に重要な役割を果たし、同じく、イスラエルで開催されていたレッド・シー・ジャズ・フェスティバルでは何百人もの人々が検査を受けたのだった。

２００５年9月1日、スーザンが夫の病気について公式にプレスリリースを出したあと、ウェブサイト、雑誌、ラジオ、ジャズ・フェスティバルなどを通じて、マイケルの命を救うためには遺伝子的に適合する骨髄ドナーが大至急必要であるという情報が全米に広まった。スーザンはこう語る。「世界中から大きなサポートを受け、何千万円もの寄付が集まりました。でもマイケルにマッチするドナーは見つからなかったのです」

そして2005年11月、マイケルはミネアポリスにあるミネソタ大学病院で実験的な幹細胞移植を受ける。適合度が半合致だった16歳の娘ジェスからの提供を受けてのことだ。「私にとっては、やるかやらないか迷う余地などありませんでした」と彼女は当時語っている。手術は、増殖した白血病細胞を死滅させることで大幅に痛みを和らげたが、半合致で成功するかどうかは未知数だった。マイケルと彼の家族はミネアポリスで3ヶ月を過ごしたが、結局移植はうまくいかず、病の再燃の可能性を知ることになる。

2006年11月から1月にかけての実験的な手術とその後の入院中、マイケルとスーザン、そしてふたりの子供ジェスとサムはミネアポリスで暮らしていた。「彼はユーモアのセンスを保っていましたが、たくさんしゃべれたわけではありません」とスーザンは語る。「自分の病気の深刻さを理解していました。そして、私以外には文句を言わないのです。頭が下がるほどタフでしたが、それを見ているのは辛いことでした。入院中も子供たちと遊ぶ方法を見つけるんです。当時、パソコン用のアプリが出始めたばかりで、写真を変形させることができるアプリを見つけてきました。そして病院のベッドの端に座って、子供たちと一緒に自撮りした写真を歪ませたりして、遊び、ふざけるんです」

一方、マイケルは制作中のアルバムを完成させることにこだわり続けた。「病気で病室に閉じこもっていても、手を止めず、デモを聴き、どう聴こえるかをエンジニアにメールしていました。彼の頭の中には、このまだ見ぬニューアルバムの出来上がりの音が鳴っていたのです。それが彼を生き長らえさせたのかもしれません」

ギタリストのアダム・ロジャースは、その頃ミネアポリスでマイケルに会ったことを振り返る。「すでに半合致での移植を終えていた。私はクリス・ポッターと一緒にミネアポリスのダコタでライブをし、どうしても彼に会いたくてスーザンと連絡をとったんだ。彼らはアパートに滞在していたのだけど、その移植がうまくいかなかったという知らせを受けたまさにその日だった。会いに行って、一緒に過ごした。彼は落ち込んでいた。もちろんそれを責める気になんてなれない。移植がうまくいくかどうか、3ヶ月間、試験管の中で生活して答えを待っていたようなものだったのに、ダメだったんだ。このすべてが彼をすっかり疲弊させた。白血病になる前の状態(MDS)で、ミネアポリスに移ってその手術を受けるという肉体的な困難に加え、それに対処するための感情的、心理的な影響は大変なものだったんだ」

この最悪の状況に、マイケルはあきらめかけていた。

「一時は本当に落ち込んでいた」とマイク・スターンは語る。「つまり、もうやめたかったんだ。『もし銃を持っていたら……。まあ、使い方がわからないけど……』。でも、もし持っていたら、自分を撃つよ』って言っていた。彼流のブラックユーモアだけれどね。そしてこう言う。『そんなことはしない。家族のために生きるんだ』。立ち上がり、生き続ける方法を考え出すんだ。更生ミーティングにもオンラインで出席していた。そこにもコミットし続けたんだ。彼の人生にとってとても重要なことだからね。もちろん薬物を断っていたし、そんな中で鎮痛剤を飲まなければならないことを嫌がっていた。気に入らないけれど、そうするしかなかったんだ」

そんな苦しみの中でも、マイケルはなんとかユーモアのセンスを保っていた。マイク・スターンが回想している。

「マイケルと最後に会ったのは病院で、部屋に入るとモルヒネの点滴を受けていた。明らかに激しい痛みに苦しんでいるのに、私が入ってくるのを見ると、手を伸ばしてモルヒネの袋を自分の飼っている猫みたいに撫で始めたんだ。そして『うーん……モルヒネちゃん！』ってね。あれだけひどい状態になっていても、面白い奴だったんだ」

マイケルは2006年2月にヘイスティングス・オン・ハドソンに戻り、マンハッタンのスローン・ケタリングがんセンターで化学療法を再開した。スターンが言う。「ジェリーがマイケルを空港に迎えに行ったんだけど、マイケルはあまりの痛みに口がきけなかったと言っていた。とてつもなくひどかったんだ。彼は本当に、本当に苦しんでいたんだよ」

入院中、マイケルは作曲の恩師であるエドガー・グラナに連絡をとった。「突然電話してきて、ミネソタにいた時間がいかに無駄だったか話してくれた。そしてベーグルの話をしてきたんだ。素晴らしいことだった。がんセンターであれだけ大変な思いをしているのに、病院の中で美味しいベーグルを売っているところを見つけて、そのことを話したがっている。それがマイケルだ。いつでも日常的な生活に戻れるんだ。大袈裟な話にしない。マイケルはそんなことはしないんだ」

グラナはまた、マイケルの大事な逸話を語っている。「ハービー・ハンコックが病室に来て、〝南無妙法蓮華経〟の唱え方を教えてくれたそうだ。音楽を超えた美しい贈り物だよ」

ハンコックが言う。「マイケルは仏教を実践し始め、その夏SGIに入会した。『どうして最初に教えてくれたときに始めなかったんだろう』と後悔していたよ」

マイク・スターンが語る。「マイケルがお経を唱え始めたとき、こう言ったんだ。『やらない理由はないだろう？失うものは何もないんだから』。自分も、お経はとても大きな力になるし、救いになると知っている。肉体的にではなく、精神的にね。だから、マイケルが読経を始めて『いいね』と思ったよ」

一方で、マイケルにとって音楽が最も重要であることに変わりはなかった。「変わらず、考えていた新譜を作ろうとしていました」とスーザンは言う。

5月になると、マイケルの健康状態は悪化する。スーザンは続ける。「本当に死にかけました。でも6月になると回復してきたんです。病気ではあったけれど、少し楽になる瞬間もあった。それがこの病気の特徴です。最終的に、アルバムを作れるほどに回復しつつあるとわかりました。みながそう願っていたように」

マイケルの健康状態は、6月23日にカーネギー・ホールで行われたハービー・ハンコックの60歳の誕生日記念コンサートにサプライズ出演できるまでに回復した。「ハービーとは以前から出演の可能性について話していたが、確実なことは言えなかった」とダリル・ピットは言う。「文字どおり、土壇場で実現したんだ。ハービーは信じられないほど寛大だった。ショーの直前まで、どうなるかわからなくても大丈夫だからと言ってくれ、実現してもしなくてもうまくいくようにしてくれていた。ハービーは、ショーの流れの中でも柔軟に物事を進められるんだ。彼のおかげで完璧な体制だったよ」

「マイケルがプレイできるまでに回復するかどうか、直前まで誰にもわからないだろうということだった」とハンコックは振り返る。「だから、コンサートが始まったとき、来られるかどうか私にはわからなかった。でも途中でステージ袖に戻ったときに、ジョージ・ウェインが『マイケルが来たよ！ プレイするって！』と言う。それで観客に向かって『これは、本当はカルテットの曲なんだ。誰かサックス奏者はいない？』と言えたんだ。もちろんリハーサルも何もなかった。そんな状況でマイケルはステージに出てくる。そして観客は熱狂する。なぜ彼が〈ワン・フィンガー・スナップ〉を選んだのかはわからない。速い曲だし、退院したばかりでおそらく1年はサックスを吹いていなかったはずだ。『どうしてあんな速い曲を選ぶの？』と思ったよ。私なら、そこでそんな速い曲を選ぶなんていうひどいことはしない。でも、彼のアイデアだからやったんだ。あの場を作れたことは大変な名誉だったし、彼がステージに復活し、『私はここにいる。私は戻ってきた。私はマイケル・ブレッカーだ！』という瞬間に居合わせことは、たまらなく感動的だった」

スーザンはこう振り返る。「あの日はプレイできるくらいに具合が良くなったんです。このステージのためにブルーミングデールズでシャツを買って用意していたんですが、本当に感動的な出来事でした。彼がまたプレイする日が来るとは思っていなかったんです。ステージに出てきたときといったら……。コンサート中、ずっと泣いていました。魔法にかけられたような、信じられないようなことでした。終わったあと、私が座っていた2階のボックス席に来て『どうだった？』と聞くんです。彼も私も興奮していました。ふたりともとても幸せだったのです」

「コンサートのあと、マイケルは高揚していた」とピットが添える。バックステージでもみんなに祝福され、『ツアーに出よう！　ツアーに出る準備は整ってるぞ！』と言っていた」

「カーネギー・ホールでハービーと共演したのはマイケルにとって、かけがえのない瞬間だった」とジョー・ロヴァーノは語る。「あのとき、彼は強い気持ちになり、生き続けるんだ、そしてアルバムのレコーディングをするんだ、という自信を得たと思う。ミネアポリスでの移植手術で長い間隔離されていたが、自宅に戻ったあとは状態が良くなり、力が戻ってくるときもあった。カーネギーでのあの夜もそんな瞬間だ。ミネアポリスではいつものように練習したり演奏したりはできなかったけれど、アイデアはすべて出揃っていた。ステージ上で熱気に包まれているとき、お互いの気持ちで高まっていくとき、物理的な場所を超えて、とても美しい精神的な場所に行くことができる。カーネギーでのあの夜、マイケルはハービーと一緒にそこに辿り着いたんだよ」

その夏の終わり、マイケルは旧友のマイク・マイニエリに連絡をとった。「ある日電話があって、『野球を観に行かないか？　ヤンキースの試合だ』と言うので、『もちろん』と答えた。彼とは随分と会っていなかった。ポール・サイモンが、彼が持っているヤンキー・スタジアムのボックスシートのチケットをくれたらしかった。そしてふたりで試合を楽しんだあと、『家に来ないか』と誘われた。当時、調子が良いわけではないが、回復しつつあったんだ。娘のジェシカからの移植のおかげで少しは良くなっていたのだが、でもまだとても弱っていた。脚は弱り、杖をついていたよ。彼の家に行ったら、『聴かせたいものがある』と言い、地下室で制作中のアルバムをコンピューターで聴かせてくれた。クイーンズに住んでいるトルコ人バイオリニストのエンチョ・トドロフからレッスンを受けていて、『この不思議なリズムを学びたいんだ』とも。つまり、この男は病気だけど、音楽的に変わらず前に進もうとし、模索を続けていたんだ」

《聖地への旅(Pilgrimage)》のレコーディングの直前、ギル・ゴールドスタインは、彼がアレンジしたジュリエット・グレコのアルバム《シャンソンの時(Le Temps D'une Chanson)》の1曲にマイケルを起用する。「かなり具合が悪かったと思うのだが、来てくれて、完璧にやっつけてくれたよ。〈どこかに生まれて(Né Quelque Part)〉という曲で信じられないくらい見事なソロを吹いたんだ。これ以上の演奏はないだろう。ルーファス・リードがベースで、リズムにとても敏感な素晴らしいオーケストラ(聖ルカ・オーケストラ)も一緒だ。そこにマイケルがエルヴィン・ジョーンズとでもプレイしてるような感じで入ってきて、もう本当にすごかったよ」

それから間もなく、マイケルは自分のアルバムに取りかかると決心する。ゴールドスタインが回想している。「モントリオールにいたとき、マイケルが電話してきて、『ギル、始めるよ、アルバムを作るんだ！　みんなを集めて、やるんだ！』と。やる気満々だったよ」

２００６年8月、マイケルはパット・メセニー、ハービー・ハンコック、ジョン・パティトゥッチ、ジャック・ディジョネット、ギル・ゴールドスタイン、ブラッド・メルドーというドリームチームをマンハッタンのアバター・

スタジオに集め、〝復活アルバム〟の制作を開始した。ピットはこう語る。「マイケルの病気のことで、何度もレコーディングのスケジュールを変更しなければならなかった。ミュージシャン全員に、土壇場でキャンセルになるかもしれないことを伝えたのだけど、誰もが当然のように了解してくれたんだ」

アバターでの3日間、マイケルは弱っていて具合も良くなかったが、職人的な決意を持ってレコーディングに臨んだ。「朝スタジオに行くのですが、自分で車を運転してマンハッタンに向かい、車を停めて、自分の手でサックスを持ってスタジオに入っていくのです。毎朝、私に運転させてくれと泣いて頼むのですが、彼は『いや、いつもどおりのことをしなきゃダメなんだ。自分で運転してスタジオに行くんだ』って。その頃は、歩くのもやっとだったのに。彼にとって音楽は生命を与えてくれるもので、レコーディングは魔法のようなものだったのです。具合はとても悪かったのですけれど」

「驚異的だった」とディジョネットは言う。「毎日スタジオまで自分で運転してきて、終わったあとは、みんなを家まで送るとまで言うんだ。セッションの最中、足の感覚がないと言ったこともあったが、それでも決して愚痴はこぼさなかった。自分には限られた時間しかないことがわかっていて、なにかクリエイティブなことをしたかったんだと思う。そして他のメンバーも全員、『これが最後になってしまうかもしれない。でもそうじゃないかもしれない』と思いながら、この難しい状況に立ち向かっていた思う」

パティトゥッチは語る。「マイケルにとって、このアルバムを完成させることは非常に重要だった。ずっと話していたことだし、一方で無理だと思う時期も長かったからね。なので『よし、今度こそやるぞ』と聞いたときは私も興奮したよ。とても自然で、とてもリアルで、かけがえのない、喜びに満ちた時間だった。私たちはマイケルを愛おしく思い、その瞬間を確実に掴んだんだ。そして彼は、自分の人生がかかっているかのような演奏を聴かせた」

アバターでのセッション中、この気の合う仲間たちは、マイケルの演奏に畏敬の念を抱き、彼の一音一音の背後にある意図に驚嘆した。「楽器を吹くとき、最も彼自身になるんだ」とディジョネットは語る。ハンコックはこう言う。「マイケルは、カーネギー・ホールでの私の誕生祝いのステージから降りると、また弱った状態だった。でも《聖地への旅》のレコーディングのときは、サックスを持った途端、スーパーマンのようになり、全力で飛ばすんだ。そして、信じられないようなアレンジをすべて書き上げた。バルカン半島のミュージシャンたちから学び、ブルガリアの音楽をたくさん聴いていたようだ。なのであのアルバムには、そういった領域を探求している曲がいくつも入っているんだ」

パティトゥッチはこう振り返っている。「リハーサルのときでさえすごい演奏をしていたよ。メセニーが『おいおい、病気だなんて俺たちをからかってるんだろ!』と冗談を言うくらいだった。リハーサルでも私たちを圧倒して、スタジオから吹き飛ばしていたんだ。ハービー・ハンコック、パット・メセニー、ジャック・ディジョネット、そんなとんでもない連中がいる空間で、みんなが彼の演奏に驚かされていたんだよ」

自身のライブで、今も《聖地への旅》収録の〈タンブルウィード〉と〈ハーフ・ムーン・レーン〉を演奏し続けているデヴィッド・サンボーンが語る。「メセニーが言っていたんだ。マイケルはあのアルバムを作る前、何ヶ月もサックスを吹いていなかったし、スタジオに入って『ああ、できるかどうかわからないよ。体調が悪いんだ』と言っていたのに、いざ演奏を始めると平然とみんなをぶっ飛ばしたと。そしてパットでもあのアルバムの曲を演奏するのは大変だったと言っていた。パティトゥッチも同じことを言っていたよ。体調のせいで半分くらいの力で演奏するマイケルでも、全力で演奏する他のメンバーの3倍は良いんだ。彼の病気のせいで、少しは同じ土俵に近いところでプレイできたってことかもしれない」

しかし同時に、パティトゥッチには、マイケルがセッション中に痛みで苦しんでいるのは明らかだった。「スタジオで隣のブースにいたので彼のことが見えたんだ。演奏中はほとんど立っていた。でも実は、コントロール・ルームまで歩いて行くのさえ大変だったんだ。かなりの痛みだったんだと思う」

ディジョネットはこう付け加える。「『どう痛むの?』と聞くと、『知らない方がいいと思うよ』と言うんだ。レコーディングの合間に、プロモーション写真の撮影で座っていたのだけど、スツールから立ち上がるのにカメラマンに手伝ってもらわなければならなかった。カメラマンに謝りながら、『足の感覚がないんだ。でも、文句はない。少なくとも肺はちゃんと機能してるからね』と言うんだよ」

ジェリー・ウォートマンは言う。「マイケルが《聖地への旅》でやったことは、信じられないようなことだった。数ヶ月前に病院から連れて帰ったとき、全く演奏できなかった。吹けなかったんだ。なんとかしてある日、ＥＷＩを吹かせることはできたけれど。でもサックス？　物理的に不可能だった」

パティトゥッチはこう付け加えている。「マイケルの病状を考えると、少しでもプレイできたこと自体、奇跡的だったんだ。私もヘイスティングスに住んでいてすぐ近所だったから、病状を誰よりも知っていた。健康状態を話してくれていたし、メールもくれて『ああ、今は大変なんだ。本当に大変だ』ってね。それなのに、アバターでのレコーディングでは、信じられないほど力強い演奏で立ち向かった。まさに超人的だったよ」

実際、マイケルの演奏は非常に猛烈かつ集中したもので、次は人前で演奏しようかという話もレコーディング中に出たのだった。パティトゥッチがこう振り返っている。「スタジオのソファに座っていたら、メセニーがこう言ったんだ！『あのさ、ツアーに出る必要はないけど、ニューヨークで1週間やるのはどうだい？』』。マイケルは『もちろんだ。ぜひやりたい』って。その瞬間、誰もができると思った。次にブルガリア音楽のアルバムを出すことも視野に入れていたから、間違いなく先の予定を考えていたんだ。このレコーディングでの超人的なパフォーマンスを見て、誰もがこの先すべてうまくいくと確信したんだよ。『マイケルがたった今やったことを見れば、この先ダメなはずなんてない！』ってみんな思ったんだ」

ハンコックはこう付け加えている。「ある日、レコーディングの休憩時間に、みんなでレクリエーション・ルームに行ったのだが、マイケルが私を引き止めて、仏教を教えてくれてありがとう、と感謝するんだ。『仏教を実践することで、人生の別の目的を見つけた』と言っていた。彼はユダヤ教徒として生まれ育ったが、病気のために信仰を失ったという。しかし、仏教の修行を通して『別の道を見つけた。他のなにかを見つけたんだ。そしておそらく、これにより他の人々の命を救うこともできると思う』と言うんだよ。その言葉を聞いて泣きそうになった。だって、それこそが仏教を通して得られるものだから。以前は見えなかったすぐそこにある答えが見えるようになる。つまり、彼は人生について、音楽やミュージシャンとしてではなく、ひとりの人間としてなにかを見つけたんだ。それが仏教なんだ。苦しみからこそ生み出されるなにかを見つけた。苦しみを使命に変え、乗り越えて前進する道を教えてくれる。マイケルはその道を辿り、教えのすべてを実践した。それが、あの時点まで進化した彼なりの仏教であり、それはあのアルバムにも表れているんだ」

ハンコックはこう付け加える。「マイケルの《聖地への旅》でのプレイは、私が知っている限り、以前のどのアルバムとも違うものだった。数多くのアルバムで素晴らしい演奏をしているが、このアルバムではなにか違うものがあるんだ。より新しく、より新鮮で、次の段階のマイケル・ブレッカーとでも呼べるようなものだった」

毎日セッションをこなすだけでも、マイケルにとっては超人的な努力であり、ましてやあれほどの常人離れした情熱とインスピレーションに満ちた演奏をするのは至難の業だったはずだ。そして、足を引きずりながら広いスタジオを横切る彼の姿を見るのは辛いことであった(この様子は、スーザン・ブレッカーが共同プロデュースした2011年のノア・ハットン監督のドキュメンタリー映画『モア・トゥ・リヴ・フォー』に描かれている)。ゴールドスタインはこう語る。「彼は肉体的な痛みを超越し、演奏にはなんの影響もなかった。レコーディング中にパットがこう言ったんだ。『良い演奏には練習が欠かせない、という考えは、これで完全に覆された』。マイケルは1年も楽器に触っていなかったのだからね。彼はあのアルバムで完璧なプレイをしたんだ」

ピットが付け加える。「《聖地への旅》のレコーディングの最中は、マイケルには音楽を作るという意欲と力が湧いてきていた。彼にとってこの世で最も貴重なことであり、人生の最期もそうやって過ごしたかったからだ。音楽を深く愛していたし、この尊敬する素晴らしい仲間たちと一緒にプレイするということは、スイッチを入れ直すようなものので、以前と同じように生き生きとしていたんだ」

「しかし、スタジオに入る前と出たあとは、それはそれはひどい状態だった。文字どおり、自分のすべてをあのレコーディングに注ぎ込んだんだ。終わったあとはボロボロだった。自分が死ぬかもしれないということを、ある程度は覚悟していたのだろう。このアルバムを作ることは彼にとって本当に重要だったんだ」

ヘイスティングスの自宅スタジオで、ＥＷＩの仕上げのオーバーダビングを手伝ったギャリー・ゴールドは、《聖地への旅》の最後の仕上げは、演奏されなかったひとつの音だったと振り返っている。「〈タンブルウィード〉のソロ用の音色を探していたんだけど、なかなか見つからなかった。そこで『マイケル、ザヴィヌルが〈お前のしるし(A Remark You Made)〉(ウェザー・リポートの１９９７年のアルバム《ヘヴィー・ウェザー》収録の美しいバラード)で使った音色を覚えているかい？』と言ったら、マイケルが『それだよ！　その音だ』って。それで、その温かいフルートのような音に近い音色でソロを吹き、編集に入った。少し繋いだりフレーズを動かして、良い形になってきたのだけど、最後の音がどうしても気になる。そこで最後にその音をミュートしてみたら、ふたり顔を見合わせて『そうだ！　これだよ！　これで完璧だ』ってなったんだ。だから、マイケルが最後に吹いた音を、皮肉というか、クールというか、禅的というか、結果的にミュートしたということだ。使われなかった音、それがすべてを完璧にしたんだ」

《聖地への旅》の最後のオーバーダビング・セッションを終えて片付けをしていたとき、ゴールドはマイケル家の地下スタジオにあるＣＤラックに、ブレッカー・ブラザーズの１９７６年のセカンドアルバム《バック・トゥ・バック》が10枚ほど入っているのに気づいた。「マイケルに聞いたんだ。『あ、このアルバムをＣＤで持ってないや。１枚もらってもいい？』って。いつもなら、なんでもないことかのように『もちろん、持って行ってよ』という感じなんだが、このときは『いや、これは息子のサムに持っていてほしいんだ』と言って号泣してしまった。このやりとりが、《聖地への旅》がマイケルにとってどういう意味を持っていたかを教えてくれた。彼は家族のために生き続けていたんだ。そして、生きている限り音楽を作り続ける。それがマイケルなんだ」

「《聖地への旅》は彼にとって必要不可欠なものでした」とスーザンは語る。「あのアルバムがなんとか彼を生き長らえさせていたのです。あのアルバムを作れたことを神に感謝しています。でも、ミックスまでは生きられなかった。ミックスを引き継ぎ、アルバムタイトルをつけてくれたパットには感謝のしようがありません。実は私たちは《聖地への旅》と名付けるつもりはなく、マイケルは《This Just In》(〝速報〟の意味)としたがっていました。でも、マイケルが亡くなったあとにパットが素晴らしいメールをくれたのです。『このアルバムのタイトルをどうすればいいか、もうみんなわかっていると思う』。それはアルバム中の曲〈聖地への旅(Pilgrimage)〉を指していました。『それこそがアルバムタイトルだよ』と。彼の言うとおりでした。完璧なタイトルだったんです」

「あのアルバムは、パット・メセニーの助言をもとに作ることになったんです」スーザンは続ける。「マイケルは病気になる前、そして病気になりかかった頃にたくさん曲を書いていたのですが、どんなアルバムを作ればいいのかわかっていませんでした。曲の中には、ブルガリア風のものもあれば、ジャズ風のものも。それでパットに来てもらって、デモを聴いてもらったのです。そうしたら『まずジャズのアルバムを作って、その後にブルガリア音楽のアルバムを作るといいと思う』と。それでマイケルはあのアルバムを作ったのです。ブルガリア音楽のスタイルで書いた素晴らしい曲がたくさんあるので、いつかはリリースしたいと思っています」

ゴールドスタインが付け加える。「私はいつも、《聖地への旅》のあとにまたアルバムを作ると信じていたし、彼は生き延びて、ブルガリア音楽のアルバムを作ると信じていた。マイケルは本当に具合が悪かったときに、パットに、彼が書いていたブルガリア音楽を聴かせている。パットは『マイケル、これは実に美しい音楽だと思うけど、いつもの君の音楽とは全然違うよね。全く違う音楽を聴くと聴衆は奇妙に感じてしまうと思うんだ』と言ったんだ。彼はそれを真剣に受け止め、『ああ、そうかもしれない』となった。それから、《聖地への旅》に入れる曲を書き始めたんだ。このアルバムに収録されている曲のいくつかは、元々ブルガリア音楽のアルバムに収録される予定だったもので、〈タンブルウィード〉や〈ファイヴ・マンツ・フロム・ミッドナイト〉などがそうだ。でも、みんなの手によって、よりジャジーになったんだよ」

《聖地への旅》のレコーディングのあと、マイケルは家族と共に休暇をとった。「その夏は調子が良かったんです」スーザンは言う。「それでアルバムが作れたし、家族旅行に行けました。本当はタイへの旅行を予定していたのですが、海外まで行けるほど元気ではなかったので、代わりにフロリダのキャプティバ島に行ったんです。コンドミニアムを借りて。マイケルは歩けなかったけれど、とにかく楽しい時間を過ごしました」

9月30日に行われたサム・ブレッカーのバル・ミツワー(ユダヤ教の成人式)は、マイケルの人生にとって誇らしい瞬間だった。スーザンは語る。「かなり具合が悪かったのですが、家族や友人たちと共に、息子の人生におけるこの大きな瞬間に立ち会うことができました。とても衰弱していましたが、この重要な機会に彼がそこにいてくれたことは、私たち全員にとって、そして彼自身にとっても大きな意味があったのです」

「彼はあの場にいたかったのです」とスーザンは続ける。「本当に大事なことだったのです。すべてが大事でした。彼はまだ死にたくなかった。ブルガリア音楽のアルバムを作りたかった。翌春の花を見たかった。人生を愛し、生きていることを愛していたのです。ひとつだけ後悔があるとしたら、大学を卒業しなかったことだと言っていました。後悔のない人生を想像してみてください。大学のことはさておき、彼には後悔がなかったのです。すべてが経験となり、与えられた時間を生き抜きました。薬物のせいでもっと早く死んでいたとしても、のちに治療薬のせいで死んだとしてもです。自分の人生にとても感謝し、サムのバル・ミツワーを心待ちにしていた。すべての場に居合わせようとした。人生が短くなってしまっても、そこで最大限生きようとしたのです」

マイケルは10月に急性白血病と診断された。その後数週間のうちに、仲間や生涯の友人たちが彼に最後の別れを告げる。ボブ・ミンツァーは、「彼が亡くなる数ヶ月前、ランチに連れ出した。杖をついて歩いていたが、心は折れていなかった。変わらずに音楽や人生について話していたんだ。最後の最後まで頑張って、自分の芸術や家族、友人たちと繋がっていようとしていた。本当に素晴らしい人間だったんだ。そんなに知らない相手だろうが誰であろうが、彼の親友であるように感じさせてしまう。私が知っている誰よりも努力した超人的なミュージシャンであるだけでなく、とても思いやりのある心の持ち主でもあったんだ」

「最後に彼と電話で話したのは2006年の秋だった」とアダム・ロジャースは振り返る。「ガールフレンドと一緒に住み始め、ずっと欲しかったアウディをリースしたばかりの頃だ。電話すると『どう、最近は?』って感じで言われ、ガールフレンドと一緒に住み始めたこと、アウディをリースしたことを話したら、『なんてこった！　いいね！』って。私が『そんなことよりマイケル、大変な目に遭ってるんだろう？』と尋ねると、彼は『そんなことはどうでもいい！　アウディをリースした？　ガールフレンドと一緒に住み始めた？　2ヶ月、目を離しているだけでそんなことになるってわけか！』と返ってきた。最後まで愉快な人だったよ」

インディアナ大学時代の仲間であるランディ・サンキ宛ての10月18日付のEメールで、マイケルはこう書いている。「今日から5週間入院だ。気の遠くなるようなことだけど、なんとか頑張るよ。MDSがお楽しみの白血病に進行してしまったので、再び化学療法で闘うことになったんだ。化学療法は明日から始まる。怖いけれど、大丈夫だから」

ジェフ・テイン・ワッツは、「入院して治療を受けていたから、なにか送ってあげたかったんだ。ちょうどiPodシャッフルが発売されたばかりだったから、1台買って、音楽をたくさん録音し、ジャッキー・メイソンとかリチャード・プライヤーとかのコメディーもたくさん入れて送った。その後、直接会うことはできなかったけれど、何度か電話で話せてiPodシャッフルのお礼を言われたんだ。『オーイェー、シャッフルしてるぜ！　シャッフルしてるぜー！　検査のために車椅子に乗せられたんだけど、俺はシャッフルするんだー！』ってね」

マイク・スターンは語る。「彼が隔離されていたときに会ったんだ。《聖地への旅》をレコーディングしたばかりで、少し聴かせてくれた。『ハービーを聴いてくれ。すごい愛情をもって弾いているんだ』と言っていたよ。このアルバムが自分を生き長らえさせたとも。そしてミュージシャンであることに感謝し、父親であることに感謝し、すべてに感謝していた」

ダリル・ピットは入院中のお気に入りの思い出を語っている。「ベッドに横たわり、眠っているんだけど、指は想像上のサックスのキーの上を飛び回り、微笑みを浮かべていたんだ」

ピットはまた、いつもは自らに超批判的なテナーの巨人の、病院での貴重な瞬間を回想している。「マイケルが普段の彼にはあり得ないような自己満足を示したのは、覚えている限り2回だけだ。ひとつは、インパルスからのデビューアルバム。もうひとつは、今回の入院中だ。スティーヴ・ロドビーが《聖地への旅》のどこかの部分をプロツールスで修正したところで、マイケルはそれを聴き始めた。そのときはひどく調子が悪く、私は座って彼を見守っていたんだ。しかし、それは文字どおり、水分が不足して苦しんでいる植物に水を与えたかのようだった。彼は起き上がり、聴こえてくる音に集中し始めたんだ。私は微笑みながら彼を見ていた。自分自身の演奏も含め、すべてに満足していたんだ」

マイケルは2006年の感謝祭の直前に帰宅した。サンキ宛の12月7日付のEメールにはこう書かれている。「いやいや、ぼこぼこにされたよ。病院での闘いの記録だね。家に戻っての療養もかなり痛む。振り出しに戻ったけど、今は少し強くなり始めている。とにかく忍耐が必要だ。僕の得意分野じゃないけどね。良いニュースは、とりあえずは体内に白血病細胞がないということ。もうすぐ新しい薬物療法が始まるから、うまくいけばもう少し時間が稼げるだろう。今は毎日がちょっとした闘いだよ。でもね、とにかく生きていて、素晴らしい家族と友人たちに囲まれているんだ」

その友人のひとりであるピアニストのマーク・コープランドは、その頃マイケルを訪ねてヘイスティングスに行っている。「到着すると、スーザンが『マイケルは下で寝てるわ』って言うんだ。それで地下のスタジオに行くと、疲れ果ててソファに横たわっていた。それを見てつま先立ちで戻ろうとしたら、『マーキー』って呼ぶんだよ。ソファに横たわる彼のそばへ行き、禿げた頭を軽く叩いて、『わかった。いいから寝てな』と言ってその場を離れた。それから3週間ほどして、いつもしていたようにジョークやダジャレのちょっとしたメールのやりとりをしたんだけど、それから2日後、『マーキー、すごく調子が悪いんだ』というメールが来て、『頑張れ。祈ってるからな』って返信した。そこから1、2週間は持ちこたえたと思う」

ランディ・ブレッカーもまた、弟と最後に会うためにヘイスティングスを訪れた。「行ったときはもうかなり弱っていた。ちょっと切なそうに私を見て、『僕らは良いコンビだったよな！』と言うんだよ」

12月21日付のサンキ宛のEメールで、マイケルはこう書いている。「家にいてなんとか回復しようとしているところだ。でもなかなか進まず、面倒な状況だ。もう何ヶ月もサックスを吹けていない！　まあ、他のことに集中しているよ。家族、友人、パソコンなどにね。僕の人生は大きく変わってしまったけれど、感謝すべきことはたくさんある」

1月になってもマイケルは闘病を続けていたが、明らかに病魔が勝ちつつあった。亡くなる4日前、《聖地への旅》の最終ミックスにゴーサインを出す。ピットはNPR(ナショナル・パブリック・ラジオ)のリアン・ハンセンにこう語っている。「『オーケー、これで大丈夫』とだけ言ったので、『念のためだけど、もう修正もオーバーダブもなしでいいんだよね?』と聞いた。パーカッションのオーバーダブの話があったからだ。それでも『いや、これで大丈夫だ』と。それが火曜日。木曜日には病院に戻ったが、病人のわりには元気だった。そして金曜日、息を引き取った。とても急な結末だった。私の中では、『よし、アルバムが終わった。そうだな、自分もだ』と言っているように思えてしょうがなかったんだ」

マイケルは2007年1月13日土曜日、マンハッタンの病院で家族と友人に囲まれて息を引き取る。死因は白血病で、約2年半にわたる骨髄異形成症候群(MDS)との闘いの末だった。マイケルが息を引き取ったあと、同席者は拍手を送る。愛する夫であり、献身的で無私の父親であり、思いやりのある友人であり、愛され尊敬されたテナーの巨人に対する最後の拍手であった。ピットがこう言っている。「マイケルが息を引き取ったとき、とてつもなく見事に生き抜いた彼の人生を讃えたんだ。マイケルは人生を極め、2年半の病との闘いが終わった」

そして拍手のあと、突然マイケルは呼吸を再開した。「心臓は止まっていたのに呼吸を続けたんだ。ほんの2、3分だったはずだけど永遠のように感じられた」とゴールドが言う。「いつも思うんだ。人生は終わったけれど、まだサックスを吹いていたんだって」

私はジャズ・タイムズ誌の2007年4月号に、マイケルの訃報をニューヨークで開催されていたIAJE(国際ジャズ教育者協会)のカンファレンスで知ったことについて寄稿した。ニューヨークで3日間にわたって開催され、世界中から8000人の音楽学生、教育者、ジャーナリスト、音楽業界関係者が参加するカンファレンスであった。

カンファレンスの最終日、1月13日土曜日の朝、マイケル・ブレッカーの訃報に接し、出席者同士の心の距離は少し縮まっていた。この日、私は午後3時くらいに会場に着き、最初に会ったのはヴィブラフォン奏者のマイク・マイニエリだった。ブレッカーの長年の友人であり、彼らのヒッピー時代の緩やかなグループ、ホワイト・エレファントで共に活動していた仲間でもある。ロビーにひとりで立っているのを見つけ、彼の顔に悲しみが浮かんでいるのを見た。「マイケルが今朝亡くなったんだ」と悲しそうに呟く。彼の言葉はレンガのように降り注ぎ、私は午後の間ずっと、呆然とただ黙って歩き回っていた。

私はその前の週にブレッカーと連絡をとり合ったばかりで、サックス奏者でクラリネット奏者のアンディ・スタットマンのアルバム《アウェイクニング・フロム・アバヴ》を彼に送っていた。その神聖なユダヤ音楽集の癒しのヴァイブレーションが彼の気持ちを高めてくれるだろうと思ったからだ。1月3日、ブレッカーは私にこんなメールを送ってくれている。「やあ、ビル。アンディ・スタットマンのCDをありがとう。彼は素晴らしい。そして、僕のことを気にかけてくれてありがとう。今も自宅で闘病を続けている。でもすべて順調だよ。感謝することがたくさんある。元気で、そしてたくさんの愛を。マイケル」

そして10日後、彼はこの世を去ったのだ。

スーザンはふたりの人生を振り返るとき、辛かった運命のいたずらよりも共に歩んだ良き人生について考える方が好きだという。居心地の良いヘイスティングスの自宅でこう語っている。「私たちは良いチームでした。付き合うようになってから25年、結婚して23年。私たちが過ごしたような時間を5分も経験できない人たちもいるんです。そこには感謝しかありません」

「私は本当に幸運だったし、彼もそうでした」。彼女は続ける。「私たちの生活は音楽と家庭を中心に形作られていました。私は家事と子供の世話をし、彼は音楽を。家にいるときは毎日夕食を共にしました。スタジオから上がってきて夕食を食べ、それから子供たちと一緒にお風呂に入ったり、本を読んだり、宿題をしたり。スタジオに戻る時間まで一緒に過ごしたのです。家族旅行もしました。そしてふたり共に結婚生活の中で大きく成長したのです。私も自身について大いに学べました。今の私は、マイケルあってこそと言わなければなりません。彼は賢かったし、自分のやり方を知っているので、そんなところを分けてほしい気持ちにもなります。とにかく彼は私にとって何物にも代えがたいパートナーだったのです。彼と過ごせた人生は素晴らしいものでした」

スーザンは、化学療法のために毎朝車で病院に送って行ったことを振り返っている。楽しいとはいえないはずのドライブだったが、マイケルの愛情深い性格のおかげで少しは気の軽いものになっていた。「ヘイスティングスからスローン・ケタリングがんセンターまでは車で45分ほどで、マンハッタンに向から車中では、よくブルースのラジオ番組を聴いていました。ある日、こう言うんです。『君と一緒のこの時間もすごく好きなんだ』と。辛い化学療法のためにがんの病院へ向かっている、そんなときにもなにか喜びを引き出すことができるのです。なにかを見たとき、他の人には見えない美しさを見ることができるんです。アーティストらしく、多くの人が気づかないようなことに敏感でした。他の人たちのように、いろいろなことを気にしなくてよかったせいもあるのではと思っています。彼は、家の手入れをしたり、修理をしたり、メンテナンスを頼む必要がなかった。子供たちの世話をしたり、サマーキャンプを選ぶ必要もなかった。彼は私のことを『ハニー、君は何でも知っている。君の方が何でもうまくやるんだ』と言っていたのですが、実際そうでした。だから、彼には日々の気が散るようなことがないのです。多くの人が朝起きたら考えなければならないような日常生活のいろいろを、考える必要がなかった。そういう状態にできて嬉しく思っていました。彼の仕事を心から大切に思っていたので、創ることだけに専念できる環境を作り出せたら、それ以上に完璧なことはないと思っていたのです」

そしてちょっと間をおいて、クスッと笑いながらこう付け加える。「マイケルの一番の願いはiPhoneを手に入れることでした。でも、発売の直前に亡くなってしまったのです。よく『iPhoneを手にするまで生きたい』と言っていたのですが、それは叶わなかった。ああ、ものすごくiPhone好きになったと思いますよ！　ビデオを作ったり、デモを録音したり、みんなにメッセージを送ったり。決してiPhoneを手放さなかったでしょうね。私と離婚してiPhoneと結婚していたと思います。信じてください。笑ってますけれど、本当にそうなんです」

葬儀の2週間後、サックス奏者のティム・リースがスーザンを訪ねる。「地下のスタジオに案内してくれたんだけど、そこにはマイケルがいつも使っていたサックスがスタンドに置いてあった。スーザンに言ったんだ。『サックスを片付けないと、犬や掃除の人とかが、うっかり倒して傷つけてしまうかもしれないよ』って。それで、サックスのケースを取り出し、開けて、ネックを外してケースに入れ、本体も入れてふたを閉じ、ジッパーを閉めた。告別式よりも辛かったよ。マイケルのメイン楽器を永遠に仕舞ってしまうのだから。辛い瞬間だった。ふたりしてマイケルのスタジオで、子供のように泣いた。それですべてが終わってしまうんだ。本当にヘヴィーだった」

のちにニュージャージーに引っ越したリースは、スーザンに電話する。「『スーザン、マイケルのサックスは8年間もクローゼットの中でケースのジッパーを閉めたままだよね。湿気の多いところに置いておくと、穴が開いて金属がむしばまれてしまうから、時々空気に触れさせる必要があるんだ』。それで彼女は私をヘイスティングスの家に招いてくれて、全部のテナーのケースを開けてみた。セルマーのスーパー・バランスド・アクションが3本と、やはりセルマーのマークVIが3本。私がそれらのテナーを吹いている間、彼女はそこに座っていた。マイケルのメインのセルマー・マークVIを吹いたら、スーザンが『あなたにその楽器を吹いてもらいたいの。しばらく使ってみて』と言うんだ。それで持ち帰り、結局はその直後のザ・ローリング・ストーンズのツアーにも持って行くことになり、僕のメイン楽器になった」

「だから今は、毎日ケースを開け、マイケルのテナーを見て、自分に小さなマントラを唱えているんだ。『よし、くそったれ、今日もすごい演奏をしなきゃダメだぞ。誰がこのサックスを吹いてたかわかってるんだろうな』ってね。だから、マイケルのことを考えない日はない。でもこのテナーのことがなくても、そうすると思う。彼から学んだことはたくさんあるからね。何にしろ、彼の楽器に息を吹き込むわけで、これは別次元の話だ。『オーケー、ちゃんとしなきゃダメだぞ！』と背筋が伸びる。新たなレベルでマイケルと繋がるということなんだ」

《聖地への旅》は、マイケルが亡くなってわずか4ヶ月後の2007年5月22日にヘッズ・アップ・レーベルからリリースされた。アルバムは、マイケルとメセニーのトリッキーなユニゾンから始まり、アップテンポのエネルギーが爆発する〈ザ・ミーン・タイム〉で幕を開ける。ディジョネットの独特のスウィング感と、ハンコックらしい間を持ちながらの茶目っ気たっぷりのコンピングに乗って、マイケルは変わらぬ卓越した能力を発揮する。大胆に音程を跳躍し、軽々と速吹きをこなし、アルティシモ音域へと流麗に雪崩れ込むのだ。かつてのマイケルのままに。これは病人の音ではない。パティトゥッチが低音域で激しくグルーヴし、ディジョネットがいかにも彼らしい旋風を巻き起こす中、メセニーとハンコックも流れるようなソロを聴かせ、メンバー全員がお互いに反応し合いながら、チャレンジングなテーマ部分へと戻っていく。

《聖地への旅》ではさらに、バラード調の〈ファイヴ・マンツ・フロム・ミッドナイト〉でマイケルならではの表現力の高さを見せている。メセニーとブラッド・メルドーによる美しい対位法的な伴奏に乗せて、よりエネルギッシュになる後半部分でのマイケルの才気あふれるソロは、まさにブレッカー節そのものだ。〈アナグラム〉は手に負えないほどに燃え上がっている。パットとマイケルによる、タイトなユニゾンを前面に押し出した10分間の激しくスウィングする曲だ。テナーの巨人は、マルチフォニックスとコルトレーンにインスパイアされた〝音の洪水《シーツ・オブ・サウンド》〟を取り混ぜたオープンエンドなソロで自らを解き放ち、これぞマイケルのビーストモードといったソロを聴かせている。メセニーとメルドーも、パティトゥッチとディジョネットという世界トップクラスのリズムタンデムによって生み出された力強い流れに乗り、壮大なソロを披露している。ジャックもまた、この高揚感あふれる曲の終わり近くで、バンド全員によるオスティナートに乗せて素晴らしいソロを披露している。

〈タンブルウィード〉はアーシーなテイストを持ち（ピー・ウィー・エリス作の〈ザ・チキン〉のようなコード進行も感じられる）、1分37秒と7分23秒からブルガリア風の拍子が使われている。ここではメセニーがまず華麗なギターシンセのソロを聴かせ、マイケルがそれをピックアップして勇壮なテナーソロへと入る。最後の部分では、サックスとギターシンセが互いに叫び合い、力強いクレッシェンドと共に激しく締めくくっている。

優しいバラード〈ホエン・アイ・キス・ユー・アゲイン？〉は、感染症を避けるために身体的接触が禁じられていた入院中に、マイケルの息子であるサムが尋ねた質問から名付けられた。メセニーの温かく、心に響くソロに対し、ハンコックのソロはなにかを探すように少し物悲しい。ここでのマイケルのソロは、ドラマチックなピークに達するにつれて深い気持ちが込められ、息子への愛情が楽器からにじみ出ている。

小気味よくスイングする〈カーディナル・ルール〉では、全員の高レベルでお互いに反応する様と高度なテクニックを聴くことができる。パティトゥッチの見事なソロ、ブレッカーとメルドーがディジョネットのポリリズミックなビートの上で繰り広げる才気あふれる応酬などだ。この曲を締めくくる、マイケルとジャックの高揚感あふれるテナーとドラムのブレイクダウンは、ふたりが影響を受けたかつてのジョン・コルトレーンとエルヴィン・ジョーンズという組み合わせへの謝辞となっている。

よりメロウな〈ハーフ・ムーン・レーン〉は印象的なフックを持つ魅力的な曲で、マイケルはじっくりと物語をつむぎ、続くメセニーのソロは、ゆったりとした始まりから徐々に目まぐるしく指板を上下していく。〈ルーズ・スレッズ〉は、ちょっと変わったブレイクのテーマで始まるファンク調の曲で、エディ・ハリスの〈リッスン・ヒア〉を連想させる(マイケルはこの曲を、エディ・パルミエリのアルバム《リッスン・ヒア!》[2005年、コンコード]でレコーディングしている)。ここでのマイケルのソロはポジティブで力強く、またもや病気の影を全く感じさせないものだ。続けてのハンコックのソロは、息を呑むような独創的なハーモニーで大きな広がりを感じさせてくれる。

《聖地への旅》の最後を飾る10分にわたる感動的なタイトル曲は、その後に続いた深い悲しみを思うと、ほろ苦いものだ。イントロのルバートでは、ハンコックがフェンダー・ローズで広々とした空間を作り出し、ディジョネットが雷神のようなドラミングを聴かせ、2分48秒で力強いテーマへと移行する。ハービーのローズソロはまさに70年代的なもので、マイケルがドリームスやブレッカー・ブラザーズで音楽を始めた頃を思い起こさせるものだ。メセニーの温かみのあるレガートソロが聴き手を誘い込み、マイケルがフルートのような音色でのEWIソロで続き、ドラマチックな結末へと向かう。

ランディは弟の最後の作品について、「どうやってこれを作れたのか、想像もつかない。彼の強さの証明だ。そして、彼のこれまでの作品でも飛び抜けて素晴らしいものだ」と称賛している。

ジャズ・タイムズ誌で、ジェフリー・ハイムスはこう評している。「もしこのアルバムが、健康なマイケル・ブレッカーの新作であったとしたら、私たちはどう反応しただろうか？　この9つのインストゥルメンタル曲から病や死を想起することは全くなかっただろう。叫ぶような怒りや孤独な苦しみといった、死に直面した人間が持ちそうな感情がどこにも見当たらないのだ。死期を連想させるようなストイックな運命論もない。むしろ、このアルバムのコアの部分は、作曲者とバンドメンバーの探究心に突き動かされていると感じる。なにかしつこい質問に対する答えを探し求めているかのようなのだ。もしこれが健康なブレッカーによってリリースされていたとしたら、このミュージシャンたちはなんらかの謎を解こうとしているのだと思ったかもしれない。恋愛、哲学的な難問、あるいは曲のメロディの完璧なるリハーモナイゼーション、そんな謎の追求だ。死後の世界、生前の世界、あるいはヴァースのあとのサビ部分など、どんなテーマであろうと、その答えを追い求めるミュージシャンたちの姿はスリリングなのだ」

ニューヨーク・タイムズ紙の《聖地への旅》評で、ネイト・チネンは、このアルバムが最終章であると同時に頂点であると述べ、アルバム全体で見られる熟練度と切迫性、〈タンブルウィード〉と〈ハーフ・ムーン・レーン〉でマイケルが見せる明晰性と情熱に言及しつつ、タイトル曲を〝静かなる別れの言葉〟と描写している。そしてチネンは、このアルバムが置かれた状況の痛ましさは無視できないと認めつつも、その野心と奔放さ、熱心さ、喜びのバランスは、最高のジャズとはなにかを結晶化したものだと結論づけている。

マイケルは、この驚くべき最後の作品で、最優秀ジャズ・インストゥルメンタル・アルバム賞と最優秀ジャズ・インストゥルメンタル・ソロ賞のふたつのグラミー賞（12回目と13回目）を受賞する。

2007年2月20日にタウンホールで開催されたマイケル・ブレッカー・メモリアルの弔辞で、パット・メセニーは《聖地への旅》を現代音楽史における偉大な締めくくりのひとつだと語った。

その感動的な追悼セレモニーで、ランディが胸に迫る弔辞を述べている。「コルトレーンが亡くなったとき、『これから僕らは一体どうすればいいんだ』と感じたのを覚えている。この思いが再び、私たちのところにやってきてしまった」と1600人の弔問客に語りかけた。「みんないつも健全な競争を繰り広げていた。お互いに刺激を与え合っていたが、誰がいつも先頭に立っていたかはみなが知っていると思う。彼は永遠に探求し続け、決して満足することなく、常に新しいもの、画期的なもの、驚くべきものへの道を歩んでいた。そして壮大なる困難に、2年半以上にもわたって立ち向かい続けたのだ」

ダリル・ピットは、マイケルの死がもたらした〝巨大な喪失感〟について語った。「マイケルは病気から何度も回復し、でも最後には立ち直れなくなってしまった。そして今日、私たちはここに集まっている。マイケル・ブレッカーは、言うまでもなく、私たちひとりひとりへの贈り物だった。彼の死は非現実的で、不可思議で、胸が張り裂けてしまう」

デイヴ・リーブマンは弔辞の中で、ユダヤ教の伝統的な教義である「ティックン・オラム」、すなわち〝世界をより良くする〟ということについて言及した。「人類のためになにか良いことをしようという暗黙の了解が誰の中にもあったと思う。私たちの家族はどちらも世界をより良くするという考え方に傾倒していたのだが、マイケルはそれをやり遂げたんだ」

ジェイムス・テイラーは録音メッセージで、自身を依存症から立ち直らせてくれた命の恩人としてマイケルに謝辞を述べている。「ちょっと話は遡る。何度も言ってきたことだけど、マイケルには本当に人生を救われたと思っているんだ。更生プログラムでのスポンサーとして、彼は私のロールモデルだった。マイケルが人生を好転させ、前に進むことができたという事実が、私にもそうできるはずだと思わせてくれたんだ。心の底から感謝している。マイケルのことを考えることで、自分自身のことも考えやすくなった。私と同じように、マイケルのおかげで人生を大きく変化させ、立ち直ることができた人たちが大勢いる。そうやって生き残った我々が彼の思いを引き継いでいくんだ。彼の音楽と同じく、私たちも彼が残してくれたものなのだから」

ランディはピアニストのジョーイ・カルデラッツォ、ベーシストのパティトゥッチと共に、マイケルの《テイルズ・フロム・ザ・ハドソン》に収録されているカルデラッツォの〈ミッドナイト・ヴォヤージ〉を演奏。ハンコックはパティトゥッチ、ディジョネットと共に、マイケルのアルバム《ニアネス・オブ・ユー》（２００１年）から〈チャンズ・ソング〉をプレイした（マイケルがグラミー賞最優秀ジャズ・インストゥルメンタル・ソロ賞を受賞した曲だ）。ハンコックとポール・サイモンは、マイケルが参加したサイモンの曲〈時の流れに〉（１９７５年）でデュエット。リーブマンはマイケル作の〈ギャザリング・オブ・スピリッツ〉をウッド・フルートでソロ演奏（２００４年のサキソフォン・サミットのデビューアルバムのタイトル曲）。そしてメセニーは、マイケルを思い浮かべながら書いた美しい曲〈エヴリデイ（アイ・サンキュー）〉をアコースティック・ソロで演奏。メセニーはこの曲を何度もマイケルと共にプレイし、メセニーの傑作アルバム《80／81》でも共演している。

メセニーはマイケルのテナーの才能について語り、超人的とも思えるサックス・テクニックの輝きと独創性と強さに、時に人々は目を眩まされてしまっていると言っている。そしてそのせいで、マイケルの本当の宝物を見つけられないときもあると。

マイケルの13歳の息子サムは、ベッドの上でレスリングをしたり、裏庭でキャッチボールをしたり、週末に自転車に乗ったり、バスケットボールをしたり、笑い合ったり、仲良く話をしたりと、父との楽しい思い出を語った。そして、スーザンは夫への深い感動に満ちた弔辞を述べる。

「マイケルは、私の知る限り、最高の人間でした。マイケルを知り、愛したことで、私はより良い人間になれたと思っています。親切で、優しく、寛大で、そしてとてもファニーでした。人の本性は善だと信じ、誰の中にもその善を探し出していました。彼と話をすると、すべてをあなたに向け、１００パーセント集中しているのがわかったと思います。相手の誰もが自分は特別な存在だと感じる、そんな不思議な能力です。絶え間ない笑顔と、喜ばせたいという気持ちで、ほんの数秒のうちにあなたの心の中に入ってしまうのです。彼と私も出会った瞬間に恋に落ちました。その話をしながら『スーザンに一目惚れしたんだ』と話す彼が大好きでした」

「自分の人生、音楽、子供たち、友人たち、そのすべてに感謝していました。この感謝の人は、私が食事を作るときにも必ず感謝してくれていたのです。私たちの結婚生活ではほとんど喧嘩がなかったのですが、それは彼が争おうとしないせいでもありました。彼はいつも真摯に解決策を探すのです。そして素晴らしい父親でした。世界的に高く評価され、数え切れないほどの賞を受賞していましたが、最も誇りに思っていたのは自分の子供たちだったのです」

「彼はあなたの心の中にいます。彼のプレイを観たり、彼と話したり、ハグするたびに、誰しもが彼の一部を受け取っていたのですから。人間がなりうる最高の存在でした。マイケル・ブレッカーの妻であることを、私は永遠に誇りに思います」

厳粛なセレモニーは、ハンコック、ウェイン・ショーター、バスター・ウィリアムス(いずれもSGI会員)、サム・ブレッカーが南無妙法蓮華経を5分間にわたって唱える中、仕事で一緒だった人々、ファン、バンド仲間、家族、さまざまな音楽関係者などが静かにタウンホールをあとにし、閉会となった。

エピローグ

# More to Live For
# 生きる理由

2007年にマイケルが他界して以来、スーザン・ブレッカーは夫の音楽的遺産を守ると同時に、マイケルの命を奪った恐ろしい病気への関心を高めることを使命としてきた。がん研究の強力な支持者である彼女は、ニアネス・オブ・ユー・ベネフィットコンサートをマイケルのマネージャーであるダリル・ピットと共同でプロデュースし、隔年で開催している。

マイケルの思い出を讃え、コロンビア大学メディカル・センターでアズラ・ラザとシッダールタ・ムカルジー医師が行なっている研究を支援するこのコンサートの会場は、ニューヨークの〝ハウス・オブ・スウィング〟、ジャズ・アット・リンカーン・センターのアペル・ルーム。2015年にポール・サイモン、ジェイムス・テイラー、ボビー・マクファーレン、ダイアン・リーヴスをメインの出演者として始まり、2017年はダイアナ・クラール、チャカ・カーン、ウィントン・マルサリス、デヴィッド・サンボーン、そしてデイヴ・リーブマン、ジョー・ロヴァーノにラヴィ・コルトレーンを迎えたサキソフォン・サミット、2019年はヒュー・ジャックマン、パティ・オースティン、ジェイムス・テイラー、ハロライン・ブラックウェルと続き、これまで数百万ドルをがん研究のために集めている。

「研究資金を提供することは、とても大事だと思っています」とスーザンは言う。「新たな研究開発が行われたり、新しい薬や治療法が発見されるたびに、誰かの命が長らえるのです。根治の術が見つかるまでは、その積み重ねです。優秀な医師であり人間である彼らは、患者の生活を向上させることにも力を注いでいます。その精神に則り、彼らの仕事を支援していきたいですし、実際彼らの研究は進みつつあるんです。だから今こそ、このようなコンサートを通して、こういった支援の動きと、研究資金の重要性を知ってもらうことが大切だと思っています」

2010年、スーザンはドキュメンタリー映画『モア・トゥ・リヴ・フォー』を共同製作した。この映画は、死に直面しながら、骨髄移植手術の可能性を探る3人の白血病患者の人生を追ったものであり、患者のうちひとりはマイケル・ブレッカーだ。「この映画を製作し、世界中の25の映画祭に出品しました」と、ノア・ハットン監督のこの映画についてスーザンは語る。「上映するたびに、骨髄バンク登録用の検査を行い、すでに54組の患者とドナーを引き合わせることができ、今後も適合者が出続けるのです」

ハービー・ハンコックは、彼のドラマーであるリッチー・バーシェイが当初、マイケルの命を救うことを願って骨髄バンクに登録したことに触れている。彼はマイケルとは完全な適合者ではなかったが、結果、他の命を救うことになった。「リッチーとツアーで一緒だったんだけど、『とある少年の命を救ったんだ』と聞いたときは胸が詰まる思いだった。マイケルが直接的にせよ間接的にせよ、他の多くの命を救ったことはとんでもなくすごいことだよ」

スーザンはまた、マイケルの手書きのオリジナルスコア、70年代のスケジュール帳や日記、演奏が録音された数百本のカセット、1000枚以上の未発表写真、セットリスト、新聞の切り抜き、ギグのポスター、ビジネス資料、その他の個人的な思い出の品々、そして楽器、書籍、数々の賞のトロフィーや盾、アルバムなどをニュージャージーにあるウィリアム・パターソン大学のマイケル・ブレッカー・アーカイブに寄贈した。テナーサックス奏者で教育者であり、マイケルの個人的な友人でもあるデヴィッド・デムジーがキュレーションしたこの寛大なる寄贈は、学生、ファン、愛好家にとって宝の山となっている。

スーザンはまた、ダリル・ピットと共に、マイケル・ブレッカー・インターナショナル・サキソフォン・コンペティションを創設している。新進の優れた才能を持つサックス奏者をサポートするためだ。第1回は2019年、イスラエルのエイラートでのレッド・シー・ジャズ・フェスティバルで行われた。決勝ラウンドは、ロン・カーター、エリ・デジブリ、ケニー・ギャレット、ダニー・マッキャスリンによって審査され、アレックス・ハーンが優勝し、アレックス・ワイツが2位、アルテム・バデンコが3位となった。第2回のコンペティションは、2021年7月にオーストリアのウィーンで開催予定〔その後、開催は延期され、本書刊行時点では未定となっている〕。

「マイケルはとても前向きな人でした」とスーザンは言う。「美しい精神の持ち主だったのです。マイケルを讃え、悲しみに暮れながらも誰かのために良い行いができたのは、私にとってマイケルの生き方そのものでした。彼が導いてくれているのです。ベネフィットコンサートでは彼が会場にいるような気がしました。たくさんの人が彼を愛し、彼のためにそこにいてくれた。私もコンサートに集まったすべての人に愛され、支えられていると感じました。特にミュージシャンたち。彼らはこれ以上ないほど寛大で、思いやりがあったのです」

彼女はこう付け加えた。「私は彼なしでこの地上に取り残されてしまいました。でもいろいろな人たちが、マイケルへの尊敬の証として、まるで彼と接しているかのように、私のことを敬意と愛情をもって扱ってくれるのです。とても幸運なことに、結婚相手が彼だったというだけで、ジャズコミュニティにいわば例外的に迎えられたのです。一緒にいた人が好きだったという理由だけで、自分を愛してくれる。そんな素晴らしい人たちに囲まれているだなんて、どれだけの人が言えることでしょう。クリス・ポッター、ベン・ウェンデル、トロイ・ロバーツ、ラヴィ・コルトレーン、ダニー・マッキャスリンといったサックス奏者たちと仲良くさせてもらっています。みんな仲間なんです。もう長いことそうです。その世界を失わずに済んだのは幸運でした。本当に幸せなことだと思います」

〔スーザン・ノイシュタット・ブレッカーは、マイケルを讃えて「Time Is of the Essence Fund」を設立した。寄付全額が新規ドナー登録者用の検査に使用される〔税金控除対象〕。寄付は800 627 – 7692へ電話するか、www.themarrowfoundation.orgにて行うことができる〕

〔日本では、日本骨髄バンクにてドナー登録や寄付を行うことができる。https://www.jmdp.or.jp/〕

# Testimonials to a Tenor Titan

# 盟友たちからの証言

## デヴィッド・サンボーン

グラミー賞受賞アルトサックス奏者であり、ブレッカー・ブラザーズのオリジナルメンバー。リーダーまたは共同リーダーとして28枚のアルバムをリリースし、スティーヴィー・ワンダー、デヴィッド・ボウイ、ジョージ・ベンソン、マイケル・フランクス、ボブ・ジェームス、スティーヴ・カーン、ジャコ・パストリアス、ランディ・ブレッカー、ポール・バターフィールド・ブルース・バンド、ギル・エヴァンス・オーケストラなどのレコーディングに参加している。

✣

純粋なテクニックと音楽的才能において、マイケルに匹敵するものはいなかった。私が知っている、あるいはこれまで耳にしたどのサックス奏者よりも、技術的にはるかに優れていたのだ。現在それに近いのはクリス・ポッターだけだと思う。そして、マイケル以上に完璧に楽器を操れる者はいなかったと、真っ先に認めるのもクリスだろう。文字どおり不可能なことをやってのけたのだから。32分音符や64分音符で易々と重音演奏をし、聴いている人は一体何が起こったかわからないほどだった。衝撃的で、唖然としてしまうんだよ。それに異論を唱えるミュージシャンはこの世にいないだろう。

彼がいなくなってこの世界は少し小さくなってしまった。しかし、彼の遺産はとてもパワフルで力強く、その音楽は活力を持って人々の心に直接届き続けている。個人的に背負ったり苦しんだものが何であったにせよ、私の知る限り彼はそれを超越した。私にとって、マイケルの人生とは芸術と愛に満ちていたんだ。

## デイヴ・リーブマン

サックス奏者、作曲家、教育者。リーダーアルバム200枚を含む、500枚以上のアルバムに参加。2010年NEA(アメリカ国立芸術基金／National Endowment for the Arts)ジャズ・マスター。マイルス・デイヴィス、エルヴィン・ジョーンズ、ジョン・スコフィールド、ジョン・マクラフリン、パット・メセニーらと演奏し、1999年にはジョー・ロヴァーノ、マイケル・ブレッカーとサキソフォン・サミットを結成した。

✣

マイケルはサックスの科学者であり、どこまでもサックスの研究を突き詰めていた。本当に熱心にね。そしてマイケルの演奏は完璧だ。彼ほど運指の練習をしなかっただろう人たちの演奏を聴くとわかりやすい。アヴァンギャルドな奴らの多くは、上手になろうとは思っていないし、そこは多分彼らの魅力でもある。デューイ・レッドマンの生々しさにも確かに惹きつけられる。叫ぶようなサウンドの持ち主で、それを効果的に使っていた。マイケルとデューイを並べると、洗練されたものと生々しいものの違いがよくわかる。一方、マイケルやソニー・ロリンズ、ジョン・コルトレーン、ジョー・ヘンダーソン――彼らはバカバカしさを通り越したような至高のテクニックの持ち主だ。そこには穴がない。完全な音程で、均一で、完璧なんだ。

超絶技巧はさておき、マイケルは最高に優しい奴だった。礼儀正しく、美しく、物腰が柔らかく、紳士的なんだ。気遣いができた。そして、自分自身がアルコールと薬物から更生したあと、他の多くの人たちが抜け出すのを助けた。立ち直った例として、同じ境遇にある人たちの力になったのだ。人として、魅力的で、真面目な奴だった。そして秘訣を知っていた。人生を生きるという秘訣だ。

## ジョシュア・レッドマン

テナーサックス奏者、作曲家。エルヴィン・ジョーンズ、マッコイ・タイナー、チック・コリア、デイヴ・ブルーベック、ロイ・ヘインズ、クインシー・ジョーンズ、レイ・ブラウン、ミルト・ジャクソン、ジョー・ロヴァーノ、ブラッド・メルドー、ロイ・ハーグローヴ、カート・ローゼンウィンケル、ポール・モチアン、ザ・バッド・プラス、そして父デューイ・レッドマンらとツアーやレコーディングを行う。1997年に日本で行われたジョン・コルトレーンのトリビュートでマイケルと共演している。

✣

ニューヨークのタリータウンで自分のライブがあったんだけど、マイケルが観に来るという噂がどこからか流れてきた。ステージに出て客席を見渡すと本当にいたんだ。マイケル・ブレッカーと妻のスーザンが最前列中央に座っていた。「こりゃまずい！　メチャクチャやばい！」と思ったのを覚えているよ。なんとか無事に乗り切ったつもりだけど、あるバラードの曲のカデンツァを吹いているときに《ヘヴィ・メタル・ビ・バップ》(1978年、アリスタ)の〈ファンキー・シー、ファンキー・デュー〉でのマイケルのカデンツァが頭から離れなかったんだ。初めてそのカデンツァを聴いたときが、私にとってとても重要な瞬間だったからだ。1985年、高校のパーティーで、たぶんマリファナをやっていて、誰かがその曲をかけた。マイケルのソロの途中で突然バンドが演奏をやめ、そこでとんでもないカデンツァを吹くんだ。そのときから、マイケルのやることすべてを意識するようになった。ステップス・アヘッドの〈プールズ〉(《ステップス・アヘッド》収録、エレクトラ・ミュージシャン、1983年)、チック・コリアの《スリー・カルテッツ》(ワーナー・ブラザース、1981年)、私の父も参加していたパット・メセニーの《80／81》など。でも最高にやられたのは《ヘヴィ・メタル・ビ・バップ》で、その中でも〈ファンキー・シー、ファンキー・デュー〉のカデンツァだったというわけだ。そんな自分が今、タリータウンのステージにいて、最前列に座っているマイケル・ブレッカー本人の目の前でカデンツァを吹いている。緊張して目も開けられず、「一体どうなってるんだ！」としか考えられなかったよ。

マイケルは8小節や16小節のサックスソロの名手だった。キャメオの曲〈キャンディ〉がラジオから流れてきたとき、サックスソロを聴いてすぐに「ブレッカーだ！」と思ったことを覚えている。2音で彼だとわかるからね。リズムチェンジや〈インプレッションズ〉で何コーラスにもわたってストーリーを語るのもありだが、8小節のファンクで強烈に感情を揺さぶるようなストーリーを語るのはまた全然別の話だ。私にとってはそれが彼の偉大な才能のひとつだった。その組み立て方のセンスやストーリーテリングの能力に惚れ込んでいた。マイケルが彼の世代を代表するサックス奏者であったことは間違いないと思う。

1987年にマイケルの初リーダーアルバムがリリースされたときの記憶も鮮明だ。発売日をちゃんと覚えていて、発売当日に買うためにバークレーのラスプーチン・レコードに朝早くから並んだんだ。当時〝ブレッカークローン〟という言葉があった。80年代後半のバークリー音楽大学の練習室では、誰も彼もがブレッカーのフレーズを練習していた。もし自分がブレッカーのクローンになれるほどうまかったら、おそらく自分もそうなっていただろう！ でもかなり早い段階で、自分にはそんな腕前も覚悟もないことに気づいたんだ。そしてマイケル・ブレッカーを聴くのをやめなければならない期間があった。彼の美学とコンセプトがあまりにもパワフルで説得力があり、それに圧倒されてしまう危険性があったからだ。私はジャズという外国語を学ぼうとしていたのだけれど、本気で学ぶためには、他の情報源に没頭してこの言語をどう組み立てるか理解しなくてはならないと気づいた。

マイケルと初めて、そして一度だけ共演したのは、1997年に日本で開催された4テナーズ・トリビュート・トゥ・コルトレーン（デイヴ・リーブマン、ジョージ・ガゾーンと共演）のときだった。マイケルと一緒にいるのはとてもいい経験になったよ。私たちの多くにとって神のような存在でありながら、いつも自分の素晴らしさや天才性に疑問を持ってるんだからね。優しくて謙虚な人だ。知的で、思慮深く、物腰が柔らかかった。乾いたユーモアのセンスがあり、控えめで、とても共感できる人だった。彼は私の友人だったと言いたいと思う。師匠が友人となり得る程度には。

## ダニー・マッキャスリン

テナーサックス奏者、作曲家。デヴィッド・ボウイ、デイヴ・ダグラス、デイヴ・ビニー、ジョージ・グランツ、マリア・シュナイダー・オーケストラ、ステップス・アヘッドとのレコーディングを含む150枚以上のアルバムにサイドマンとして参加。リーダーとしても15枚のアルバムを残している。イスラエルのエイラートで開催された第1回マイケル・ブレッカー・インターナショナル・サキソフォン・コンペティションの審査員を務めた。

✣

サンタクルーズで育った10代の頃、マイケルの演奏の完璧なまでの美しさにただ唖然としたのを覚えている。彼の音には説得力があった。

キース・ジャレットのヨーロピアン・カルテット（1974〜79年）のメンバーであったヤン・ガルバレクにも当時傾倒していて、マイケルの音になにかしらヤンと共通するものを感じていた。マイケルは、その音とプレイへの情熱だけでも圧倒的だったが、演奏の中身の深さも驚くべきもので、若いミュージシャンとして憧れるものだった。背後にある全てのアイデア、多様な和声的コンセプト、選択の一貫性などだ。大いに魅了され、私の人生に大きな影響を与えた。

私はマイケルよりあとの1994年にステップス・アヘッドに加入した。《モダン・タイムズ》（1984年）でマイケルがレコーディングしたマイク・マイニエリのバラード〈セルフ・ポートレート〉を演奏したときのことを覚えている。吹いていて、「やりすぎだ。これは自分がやりたい方向じゃない」と思って、マイケルのバージョンを聴いてみたら、すごくシンプルで、同時にすごく洗練されていたんだ。感情や表現がとても豊かだった。マイケルの演奏には余計なものが何も感じられない。まさに天才ミュージシャンの証だ。マイケルが私の想像力をかき立てたといっても過言ではない。誰もが目指すべき、サックスでの表現におけるとても高いハードルを設定してくれたんだ。

## クリス・ポッター

テナーサックス奏者、作曲家。ハービー・ハンコック、デイヴ・ホランド、パット・メセニー、デイヴ・ダグラス、ポール・モチアン、スティーヴ・スワロウ、レッド・ロドニー、スティーリー・ダンらと共演。ポスト・マイケル・ブレッカー時代における最も優れたテナーサックス奏者のひとりとして広く認められており、これまでに150以上のレコーディングに参加。リーダーとして22枚のアルバムをリリースしている。

✣

マイケルを最初に聴いたのは高校生のときだった。地元のサウスカロライナ周辺でサックス奏者としてプロ活動を始めた頃に、1983年のアルバム《ステップス・アヘッド》を手に入れたんだ。それでマイケルの演奏に初めて触れ、とにかく信じられなかったよ。「サックスってここまでできるのか」と思ったのを覚えている。

最初に心を掴まれたのは、そのユニークなサウンドとコンセプトの深さだった。彼のフレーズを詳しく見ていくと、ジョン・コルトレーンやジョー・ヘンダーソンがやってきたことをさらに発展させていることがわかった。フォルス・フィンガリングを取り入れたり、ベーシックな和音の上に、さまざまな別のハーモニーをスーパーインポーズしたりするのもそうだ。

マイケルは、若いサックス奏者だった私に大きなインスピレーションを与えてくれた。その後、彼に会って話をし、音楽への取り組み方や人としての振る舞いを目の当たりにするのは、さらなる刺激となった。どの世代の人間にとっても、道を示してくれるような尊敬できる前の世代の人たちがいることは重要なことだ。その意味でもマイケルは私にとって特別に大きな存在だった。極めて高い天賦の才能と、それをどこまでも追求する意欲と好奇心を兼ね備えていた。それが、あのようなとんでもないレベルに到達する唯一の方法なんだと思う。

## ジョー・ロヴァーノ

テナーサックス奏者、作曲家。リーダーまたは共同リーダーとして40枚以上のアルバムをリリース、サイドマンとしても250枚以上に参加。ビル・フリゼールと共に、ポール・モチアン・トリオの長年のメンバー。マイケル・ブレッカー、デイヴ・リーブマンとサキソフォン・サミットで共演し、2004年に《ギャザリング・オブ・スピリッツ》を発表。

✣

マイケルとは、私がニューヨークに移る前、75年頃に知り合った。ビリー・コブハムのバンドがクリーブランドにやってきて、アゴラ・ボールルームで演奏したんだけど、そのバンドにマイケルとランディがいたので観に行ったんだ。私はすでにドリームスとホレス・シルヴァーのアルバムでマイケルの演奏を聴いていて、彼の美しい演奏とアプローチに魅了されていた。それで彼に会って、彼の演奏を聴き込んでいると言ったら、「僕も君のサックスを聴いてるよ!」と返すんだ。というのも、私が参加したロニー・スミスのアルバム《アフロデシア》(グルーヴ・マーチャント)が出たばかりで、WRVRやニューヨーク近辺のラジオ局がよくかけていたからだ。私の演奏が音源となった初めての作品だった。そんなんでちょっと面白い初対面になったんだよ。彼を褒めようとしたら、逆に褒めてくれたんだからね。

その後すぐにニューヨークに移り、76年から79年までウディ・ハーマンのバンドに在籍した。ちょうどマイケルとランディがセヴンス・アヴェニュー・サウスをやっていた頃だ。あの店にはすごい引力があった。夜遅くまで開いていたから、みんなライブやレコーディングが終わるとぶらっと来ていたんだ。スタジオミュージシャンの奴らがいて、「サタデー・ナイト・ライブ」の連中がいて、とにかくあそこにいる人全部のエネルギーがすごかった。そこに加えて、ブラッドリーズ、スウィート・ベイジル、ティン・パレス、サム・リヴァースのスタジオ・リヴビー、ラシード・アリのアリズ・アレイなどもあって、当時のニューヨークは本当に面白かったんだ。その頃、マイケルと私は親しくなっていった。グランド・ストリートの彼のところや、23丁目の私のロフトで、主にテナーとドラムのデュオで入れ替わり立ち替わり、たくさんジャムったよ。いつも面白かった。マイケルがドラムを叩くと、エルヴィンに本当に憧れていたのがわかる。そしてマイケルにはドラマーに対する特別な一体感があって、いろいろなドラマーのグルーヴとピッタリ合わせられるんだ。ジャック・ディジョネット、スティーヴ・ガッド、ビリー・ハートや他の誰と演奏していてもそれがわかるだろう。

マイケルはサックスの真の名手だった。ヘイスティングスの彼の地下スタジオで、ベルギーのマウスピース・メーカー、フランソワ・ルイが彼のために作った木製のマウスピースを試したのを覚えている。おそらく2004年頃だったかな。フランソワと共にマイケルの家まで車で向かい、地下スタジオに行った。彼がマウスピースを試すのを聴かないと損するよ。まるでハイフェッツか誰かのように、倍音列を低音域から高音域までプレイするんだ。それが彼の練習方法だった。サックスの一番下の音からから通常の音域を超える高さまで吹き、すべての倍音と通常の音を感じ取るんだ。マイケルはそのレベルの世界にいた。常に探求し、進化し続け、深い情熱と愛情を持ってプレイしていた。

## ビル・エヴァンス

マイルス・デイヴィス、ジョン・マクラフリン、ハービー・ハンコックの元サイドマンであり、バンド「エレメンツ」のオリジナルメンバーでもあるテナーサックス奏者、作曲家。リーダーまたは共同リーダーとして23枚のアルバムをリリースし、ロベン・フォード、ランディ・ブレッカー、スティーヴ・ルカサー、ヴォルフガング・ハフナー、ステップス・アヘッド、スコットランド・ナショナル・ジャズ・オーケストラなどとツアーやレコーディングを行なっている。

✣

初めてマイケルの演奏を聴いたのは、ホレス・シルヴァーのアルバム《27番目の男》だ。1976年のことで、私は大学生だったのだが、それまで聴いた中で最もコンテンポラリーなサックスだった。ジャズ、ファンク、ソウルを超ヒップに融合させたようなサウンドと、素晴らしいテナーの音と信じられないようなテクニックに驚いたよ。「これは一体誰だ？　もっと聴かなきゃ！」ってね。当時マイケルを聴くことは、私にとって特別な体験だった。彼のジャズのアプローチは、ポスト・コルトレーンの、いかにもニューヨーク・スタイルのテナーだったからだ。新鮮で、モダンで、そして伝染性があった。ニュージャージー州のウィリアム・パターソン大学に通っていた1979年のある日、ようやくマイケルに会うことができた。その頃には、彼は自分のスタイルを確立していて、マイケル・ブレッカーのサックスだと3音も聴かないうちにわかる。それだけでもすごいことだ。

1989年、日本のプロモーターが、東京のライブ・アンダー・ザ・スカイという大きなフェスティバルの中で「サキソフォン・ワークショップ」を企画した。出演者はマイケル、スタンリー・タレンタイン、アーニー・ワッツ、そして私の4人で、素晴らしいピアニスト、ドン・グロルニックがアレンジを担当。ウェイン・ショーターの〈ウォーター・ベイビーズ〉、ジョージ・ラッセルの〈ストラタスファンク〉、デューク・エリントンの〈スウィングしなけりゃ意味がない(It Don't Mean a Thing)〉、ドンの〈ザ・フォー・スリーパーズ〉と〈プールズ〉といった曲を演奏した。あるリハーサルで、スタンリー・タレンタインが彼のお得意のファンク・フレーズをいくつか吹いたら、マイケルが僕に向かって言うんだよ。「スタンリーが今吹いたやつに、すごく影響を受けたんだ」ってね。

2005年にドイツで開催されたフェスティバルで、ソウル・バップ・バンド(私とランディ・ブレッカーのバンド)がマイケルのカルテットに続いて出演したときのことも覚えている。もちろん、マイケルの演奏は見事だったけれど、出番のあとでこう言うんだ。「今日は何も創り出せなかった。でもアンコールでは本当のインプロヴィゼーションができた気がする」と。私は「冗談だろ？　君は素晴らしかったよ」だ。彼にとっては、ライブによって良し悪しがあったんだろうけど、私たちにとっては、彼は常にインプロヴァイズしていた。そして、あれほど素晴らしい演奏をするのに、これほど謙虚でいられるというのも、信じられないほど稀で、感動的なことだ。今でもサックス奏者がマイケルのフレーズを演奏し、彼のスタイルを真似ているのを聴くと、人々がまだ彼のことを考えていると感じて嬉しくなる。彼がこの世にいないのは寂しいし、フェスやクラブで分かち合ったクールな瞬間の思い出はいつまでも大切にしたい。

## ラヴィ・コルトレーン

マイケルの最大のロールモデルであり、インスピレーションの源であったジョン・コルトレーンの息子。2004年にニューポートで開催されたコルトレーン・トリビュートでマイケルと共に演奏し、のちにマイケルに代わってサキソフォン・サミットのラインナップに加わった。彼らの2008年のアルバム《セラフィック・ライト》はマイケル・ブレッカーに捧げられている。

✣

私が91年にニューヨークに移ったとき、マイケルが突然電話をかけてきて、少し話をして、最後にこう言ったんだ。「なにか手伝えることがあれば、何でもするので言ってくれ」。それはとても正直な言葉で、ジョンへの敬意を表しているのがよくわかった。ジョンの音楽と、彼から受けた影響に対してだ。彼は、私に対してもそのような敬意を持つべきだと思ったのだろうし、彼との間はずっとそういう感じだった。

1966年にフィラデルフィアのテンプル大学でジョンのライブを観たことを話してくれた。そして彼とランディは同じ年にもう一度ジョンのバンドを聴きに行こうとしたけれど、この日は過激な黒人の聴衆がいて、文字どおり立ち去るように言われたらしいんだ。だから、彼はジョンの演奏を2回観る可能性はあったのだが、結局テンプル大学での1回だけだった。

2000年代の初め頃、イリジウムでマイケルに会い、テンプル大学でのコンサートについて再び話をした。「あの夜のことをなにか覚えている？」と尋ねると、両手を胸に当て、少し叩きながら「これを覚えてるんだ」と言う。コンサートの途中でジョンがサックスを口から離し、胸を叩いて歌い始めたときのことを指していた。ラシード・アリが、「ジョンがサックスを吹き尽くし、楽器を疲れ果てさせ、後はもう叫ぶしかなかった」と表現したときだ。それを聞いて「マイケル、そのときの録音が母の家のどこかにあるはずだ」と伝えて別れた。次にロサンゼルスに行ったとき、そのテープを見つけて、マイケルのためにコピーして、あとで彼のところに持って行ったんだ。それを聴いてとても興奮していたよ。翌日、マイケルから電話があり、留守番電話にとても美しいメッセージが残っていた。ライブのあとすぐにマンハッタンからヘイスティングスの自宅まで車で帰り、車の中でこのCDをかけ、1966年、17歳のときにジョン・コルトレーンを観たあの夜を追体験したと言っていた。あの音楽を再体験し、パワフルで感動的なヴォーカリゼーションを聴き、彼が本当に感動しているのがわかったよ。

マイケルは音楽界のとてもユニークな時期に生まれ、60年代後半から70年代前半のジャズやファンクロック・シーンで生まれたものすべてを活かすことができたんだと思う。集中力を持って研鑽を怠らず、多くを吸収して時代の先を行ったんだ。そしてサックスを信じられないほど練習し、違う次元に辿り着いていた。彼ならではのプレイスタイルを持っていたんだ。80年代には、そのプレイスタイルがサックス奏者を目指す人たちの間で〝ザ・プレイスタイル〟となった時期があった。当時、マイケルのようなプレイをしようとする若いプレイヤーがたくさんいたんだ。彼らを〝ブレッカーヘッズ〟と呼んでいた。でも、私はいつもマイケルのサウンドがどうやっても本物だと思っていたよ。当たりだけど彼がオリジナルなんだからね。また、ジョン・コルトレーンだけでなく、ジョー・ヘンダーソンにも影響を受けているのは明らかだった。多くのことをまとめ上げ、自分のものにし、さまざまなスタイルの音楽を高いレベルで演奏し、ベスト中のベストになったんだ。彼の好奇心と情熱、そして音楽との深い心の絆が、技術的には同等の他のサックス奏者たちとの違いを作り出していたのだと思う。

**ブランフォード・マルサリス**

サックス奏者、作曲家。リーダーアルバムを30枚リリースし、サイドマンとしては、アート・ブレイキー&ザ・ジャズ・メッセンジャーズ、マイルス・デイヴィス、ホレス・シルヴァー、チャーリー・ヘイデン、ビリー・ハート、スティング、ブルース・ホーンズビー、ハリー・コニックJr.、父エリス・マルサリス、弟のウィントン・マルサリス、やはり弟のデルフィーヨ・マルサリスらのアルバムに参加。ジェフ・テイン・ワッツのアルバム《バー・トーク》(2002年)の〈ミスターJJ〉でマイケルと共演している。

✣

ニューオーリンズで育った頃、私はもっぱらホーン・セクションで吹いていた。曲を生かすパートを演奏することがすべてで、ニューオーリンズでは当たりまえのことだった。コードを変えて〝ヒップ〟に聴こえるようにするのではなく、ホーンパートを忠実に再現する。当時人気のホーン・セクションは全部知っていたよ。西海岸にはジェリー・ヘイたちのシーウィンドというホーン・セクションがあり、アース・ウィンド&ファイアーのホーン・セクションはルイス・サターフィールドとドン・マイリックによるフェニックス・ホーンズだった。70年代半ばのパーラメント/ファンカデリックのアルバムのホーン・セクションを聴いたときは、「こいつら、すげぇ!」って思ったよ。マイケルとランディ・ブレッカーが参加していることを知ったのは、あとになってからだ。

なので、マイケルを知ったきっかけは、パーラメント/ファンカデリックでのご機嫌なソロ、例えば《マザーシップ・コネクション》(カサブランカ・レコード、1975年)の〈Pファンク(P Funk Wants to Get Funked Up)〉、《ザ・クローンズ・オブ・ドクター・ファンケンシュタイン》(同、1976年)の〈ゲッティン・トゥ・ノウ・ユー〉や、キャメオのアルバム《ワード・アップ》(アトランタ・アーティスツ、1986年)に入っている〈キャンディ〉〈ドント・ビー・ロンリー〉〈シーズ・マイン〉だった。あるとき、ニューオーリンズ・センター・フォー・クリエイティブ・アーツ（NOCCA）で私が入っていたバンドのために、ランディの〈サム・スカンク・ファンク〉のアレンジをコピーしたんだ。私、ウィントン、ドナルド・ハリソン、ドラムのトニー・ディロン、ベースのアンソニー・ハミルトン、そしてピアノが父だ。ライブの最後にはいつも〈サム・スカンク・ファンク〉をやっていた。楽しい曲だったよ。最初のフレーズを解読するのに1週間くらいかかり、暗号を解くようで面白かったね。

その後、ニューヨークに出てまだ仕事もない若い頃、マイケルとランディのクラブ、セヴンス・アヴェニュー・サウスによく出入りしていた。あそこの雰囲気は本当にワイルドで、ニューヨークで一番好きなクラブだった。行ってコカインを買って、2階でやっている音楽を下のバーで聴くんだ。スピーカーがあって、無料で2階のライブを聴くことができたからね。ミュージシャンの自分としては、演奏を観る必要はなく、聴ければよかった。そのおかげでセヴンス・アヴェニュー・サウスは素晴らしくクールなところだったんだ。かなりよく行ったけれど、あそこでマイケルの演奏を聴いたことはなかったな。

1985年の夏、日本の斑尾でのジャズ・フェスティバルでバディ・テイトと一緒にプレイしたときに、ようやく彼に会うことができた。ジョージ・ウェインが企画したスキーリゾートでのフェスティバルだ。1週間滞在し、毎日一緒に過ごし、人生について語り合い、音楽についても少し話した。とても親切で、面白く、鋭く、自分が何者であるかを自覚していたよ。マイケルとスーザンのことをよく知るようになり、ふたりとも人として好きになった。彼らはとにかくクールだから、あっという間に好きになったよ。そして、彼に音楽業界とは関係のない奥さんがいたことも素晴らしかった。ふたりの中心にあるものは、音楽の仕事だったりシーンのことではないんだから。いいことだよ。彼女はただ彼のことが好きで、彼も彼女のことが好きだったんだ。

## ジョン・マクラフリン

イギリス生まれのギターの化身。1971年にマハヴィシュヌ・オーケストラを結成する以前、マイルス・デイヴィスやトニー・ウィリアムスのライフタイムと共演、レコーディングを行う。シャクティ、ワン・トゥルース・バンド、フリー・スピリッツ、ザ・ハート・オブ・シングス、リメンバー・シャクティ、ファイヴ・ピース・バンド、4thディメンションなどのリーダーとして50枚以上のアルバムをレコーディング。2001年5月1日には、自身の本拠地モンテカルロでマイケルのカルテットとジャムを行い、その模様はブートレグCDとして出回っている。

✣

1969年1月初旬にニューヨークに移り住んだとき、若いジャズ・ミュージシャンのための実に良いアンダーグラウンド・シーンを見つけた。街のあちこちのロフトでジャムセッションが開かれていたんだ。マイケル・ブレッカーと初めて出会い、彼のプレイを聴いたジャムをはっきりと覚えている。ドラマーのバリー・アルトシュルがボンド・ストリートにロフトを持っていて、ベーシストのデイヴ・ホランドと一緒にそのジャムに参加したときだ。8、9人のミュージシャンが輪になって順番にソロを取るスタイルで、せいぜい19歳か20歳にしか見えないマイケルは向かい側にいたのだが、彼が演奏を始めるとぶっ飛んだよ。当時からすでに大変な腕前で、聴く者を解放する力を持っていた。若いプレイヤーがこれほど成熟し、エレガントに演奏できるとは本当に信じがたかったね。そのときから彼の最大の崇拝者のひとりとなったんだ。

そこから時を経て、お互い色々なところで遭遇するようになった。私が最初のマハヴィシュヌ・オーケストラを結成し、彼と彼の兄のランディがドリームスを結成したあとは特にそうだ。再び一緒に演奏するまでにはかなり長い時間がかかったが、私は彼のキャリアを追いかけ、アルバムを買い続けていた。どの演奏もアドリブも、傑作だったよ。巨匠ジョン・コルトレーンの影響を強く受けていたのは事実だが、私がバリーのロフトで聴いたとき、マイケルはすでにその影響を自分のスタイルへと発展させていたんだ。実に素晴らしかった。

1996年、私は《ザ・プロミス》というアルバムを企画し、その中でマイケルと私のための〈ジャズ・ジャングル〉という自由奔放な曲を書き、ドラムのデニス・チェンバース、パーカッションのドン・アライアス、ベースのジェームス・ジーナス、ピアノのジム・ビアードという史上最高のリズム・セクションを揃えた。すべてのミュージシャンが見事な演奏をし、スタジオにいた全員に良いヴァイブが流れていた。このレコーディングのあと、マイケルと私はさらに親しくなり、可能な限り一緒に時を過ごすようになったんだ。25年以上経った今でも、この曲を聴くたびにマイケルに圧倒されるよ。

マイケルとの関係は最後まで続いた。彼が入院した頃、ちょうど腎臓結石になったんだ。マイケルが耐えていたことに比べればなんてことのないものだが、お互いに体が不自由だったので、ジョークを言い合って時間を潰したんだよ。今でもマイケルがいないのを寂しく思っている。彼は最初から真のインスピレーションを与えてくれ、最後までそうあり続けたんだ。

## ティム・リース

テナーサックス奏者、作曲家、教育者であり、ローリング・ストーンズのホーン・セクションの長年のメンバー。リーダーとして8枚のアルバムをリリース。サクソフォン・チェンバー・アンサンブル、プリズム・カルテットの創設メンバーでもある。

✣

ノーステキサス大学の学生だった1982年の夏、ワン・オクロック・ラボ・バンド[同大学音楽学部の有名ビッグバンド]の一員としてヨーロッパ中のジャズ・フェスティバルに出演するツアーに出たんだ。そのほとんどの公演で、たまたまステップス・アヘッドの前座を務めた。私はまだ21歳か22歳で、大学を卒業しようという頃だ。マイケルはすでにジャズ界きっての大スターだったが、それまで彼のライブを観たことはなかった。自分のヒーローと同じステージで演奏し、彼に会い、一緒につるめるなんて夢のようだったよ。

サキソフォン版のハイフェッツを、毎晩ステージのすぐ前に座って観られたんだ。レコードで聴くのとライブで観るのとは違う。指の動きを間近で見ることができ、どうやって吹いているかわかるからだ。とても興奮したよ。そして、バックステージやホテル、ライブに向かう飛行機の中での彼とのやりとりも素晴らしかった。とても親しみやすく、親切で、良い人だったんだ。

このヨーロッパツアーに出発する直前、私の友人でノーステキサス州立大学の同窓生でもあるボブ・ベルデンが、1960年にスウェーデンでマイルスと共演したコルトレーンの録音を私にくれた。何年かあとにCDとして発売されたものだが、1982年のこの時点では、誰も持っていなかったものだ。どういうわけかベルデンはそれを手に入れ、カセットテープのコピーを私に渡してくれた。そして私は今、フィンランドのポリ・フェスティバルを終えて、マイケルと同じ飛行機で南フランスのニースへ移動中だ。彼がコルトレーンの大ファンであることは知っていたので、飛行機で彼の隣の空いている席に滑り込み、「君が喜びそうなものを持ってきたよ」と言って、前ポケットからそのカセットを取り出す。すると彼は目を見開いて、「一体どこでこれを手に入れたんだ?」と聞く。そのフライトで私たちはたくさん話し、以降そのツアーの飛行機移動では常に隣同士に座り、音楽の話をした。マイケルのような偉大で天才的な人物が、私にあんなに親切にしてくれるとは想像もできなかったよ。そしてツアーの最後に、「ニューヨークに来ることがあったら、いつでも電話してくれ。また会おう」と言ったんだ。ワン・オクロック・ラボ・バンドで演奏しているだけのこの若造に門戸を開き、励ますというマイケルなりのやり方だったと思う。そのとき私は、テキサスを離れてビッグ・アップルに引っ越す決意を固め、死ぬ気で練習し始めたんだ。

ようやくニューヨークへ出て行き、マイケルに電話したら、またもやとてつもなく親切にしてくれた。たくさん話をして、励ましてくれた。数年後、長女が2歳になり、私たちがマンハッタンを出ようと考えていると、マイケルが「ヘイスティングスを見てみたら?」と言ってくれたんだ。そうやって私たちはヘイスティングスに引っ越すことにし、さらに仲良くなった。マイケルが「ちょっと来なよ。新しいサックスを手に入れたんだ」と電話してきたり、あるいは、私を呼んでマウスピースをいくつか吹かせ、自分は隣の部屋に行ってマウスピースの音の違いをチェックしたりするんだ。マイケルはマウスピースのことになると興奮しやすい子供みたいなものだった。いつもそうやっていろいろなものをチェックしていたよ。

マイケルがどれだけ謙虚で、どれだけ好奇心が強いかを物語るエピソードがある。ある日、マンハッタンから車で帰る途中、ラジオから流れてきた若いサックス奏者の曲を聴いて気に入った。彼はそれが誰なのかを調べ、アルバムを買い、ラジオで耳にしたその曲のソロをコピーし始めた。マイケル・ブレッカーだぞ。そんなことをする必要があるのか? もちろんない。でも彼は〝音楽の言葉〟をもっと学びたいと思っていた。今なにが面白くて、どんなことが起こっているか、彼は知りたがった。好奇心旺盛で、情報を吸収する知的な存在だった。知らないことを学びたかったのだ。そしてそれは、私自身が好奇心を持ち続けるよう後押ししてくれた。

マイケルと練習すると謙虚な気持ちになるし、また同時に刺激的でもあった。初めて家に行ったときは、「どうしよう？　この人の前でサックスを吹くのか？　それはやばいでしょ」って思ったけれど、やってみたらとても自然な感じだったんだ。大学の練習室で友達と一緒に練習しているような感じだった。マイケルに出会い、親しくなり、共に時間を過ごし、一緒に練習でき、本当に幸運だったと思う。彼に電話して「ちょっと一緒に吹こうよ」ともう言えないのはとても寂しいね。

## スティーヴ・スレイグル

アルトサックス奏者、作曲家、バンドリーダー、教育者。マチートとのアフロキューバン・オーケストラ、レイ・バレット、ライオネル・ハンプトン、ブラザー・ジャック・マクダフ、カーラ・ブレイ、マイク・スターン、デイヴ・ストライカー、ジョー・ロヴァーノ・ノネットのツアーやレコーディングに参加。リーダーまたは共同リーダーとして20枚のアルバムを録音し、サイドマンとして40枚以上のアルバムに参加している。

✣

私がマイケルに出会ったのは、1977年の春、ロサンゼルスからニューヨークに引っ越してから2、3週間のことだった。ブレッカー・ブラザーズは当時すでに売れっ子で、デビューアルバムもヒットしていた。そんなある日、突然ランディからブレッカー・ブラザーズのリハーサルで吹いてほしいと連絡があったんだ。サンボーンの都合がつかなかったようで、新しい譜面を試すのにアルトの代役が必要だったからだ。ランディから電話をもらったのは本当にうれしかった。新人の僕がブレッカー・ブラザーズのリハーサルに参加するんだ！　もちろん、ただの代役だったけれど、そのセッションは一生忘れられないものになったよ。マイケルはあまりしゃべらなかった。寡黙な感じで社交的な方ではなかったんだ。あとで知ったんだけど、彼はその頃、薬物中毒の真っ只中だったようだ。

私たちが本当に親しい友人になれたのは、数年後、私が父親になりたての頃だった。その当時のマイケルは、私が70年代半ばに会ったマイケルとは全くの別人になっていたんだ。おそらく、人が話していること、人が人生で経験していることによく耳を傾け、アドバイスするのであれ共感を寄せるのであれ、相手に対して親身になることで、失われた時間を取り戻したかったのだと思う。

ヘイスティングスにあるマイケルとスーザンの家からは、ハドソン川が一望できた。でもこう言うんだ。「ここに越してきた当初は、よくハドソンを眺めながら練習していた。でも、半年も経たないうちに地下の窓のない部屋に荷物を移して、それ以来ずっとそこで練習している。もうハドソンを眺めながらプレイすることはないな」。というのも、私たちプレイヤーは、大学時代も、実家で両親と暮らしていたときも、狭い場所で練習してきたからだ。地下室か屋根裏部屋か浴室かなにかが普通で、練習室で素晴らしい景色を一望するなんてことには慣れていない。マイケルが言ったように「景色は邪魔になるだけ」なんだ。練習しているときは、ただ純粋に集中するだけで、音の響きは気になっても、その他の環境は気にならない。すごく狭いところでも大丈夫だし、そういう場所もいい響きだったりするんだ。実際、小さな場所の方が自分の音がわかりやすいし、それはマイケルが好んだことでもある。

もうひとつ、マイケルについて理解しておくべき重要なことは、彼はランディを兄として持つことができ、とても幸運だったということだ。私に「人生最大のヒーローは兄だ」と言ったことがある。たとえふたりに相違点があったとしても——相違点がない兄弟なんているだろうか——マイケルとランディの兄弟の親密さは素晴らしいものだった。

## ボブ・ミンツァー

サックス奏者、作曲家。イエロー・ジャケッツの長年のメンバーであり、WDRビッグバンド・ケルンの指揮者でもある。バディ・リッチ・ビッグ・バンド、サド・ジョーンズ=メル・ルイス・ジャズ・オーケストラ出身で、サム・ジョーンズ、ジャコ・パストリアス、ティト・プエンテ、エディ・パルミエリ、カート・エリング、マイケル・フランクス、ジェイムス・テイラーらとライブやレコーディングを行なっている。

✣

マイケルの音楽に対する柔軟な姿勢にとても共感したんだ。素晴らしい音楽を求め、遠く広く視線を向けていた。私も最初から音楽をそう捉えていたからね。あらゆる音楽、そしてその違いや共通点に興味をそそられたし、いろいろな楽器を演奏してみたかった。マイケルも同じだったんだ。1982年に彼をロフトまで迎えに行き、車でどこかまで乗せて行ったことを覚えている。「今は何に取り組んでるの?」と聞いたら、「50年代のスタン・ゲッツのソロをコピーしているんだ」と言うんだ。とても印象的だった。スタン・ゲッツとは全くかけ離れているように思えるこのモダンサックス奏者が、実はゲッツをチェックすることが自分の成長と発展にとって重要だと感じていたのだから。それがこのジャズという音楽の素晴らしいところだ。自身が望む限り、発展していけるんだ。

マイケルと一緒に演奏するときは、いつも少し作戦を練る必要があった。音数で勝てるわけがない。そこで戦うのは無駄なことだ。逆にわざと音数を減らしてスペースを作り、彼の演奏と対比をつけるようにする。続けてソロを吹くときは特にね。あのような激しい演奏をされると、それに対抗しなきゃと思いがちだが、「自分にはそんなことはできないし、そんな考え方もしない」と考えたんだ。それでいつも別のアプローチで臨んでいた。

マイケルと一緒にレコーディングしたことが何度かある。最初は、アル・フォスターのエレクトリック・マイルス的なアルバム《ミックスド・ルーツ》(日本盤CBS/ソニー、1978年)で、私は2、3曲でソプラノを、マイケルは主にテナーで1曲だけソプラノも吹いた。それからヨアヒム・キューンのアルバム《ナイトライン・ニューヨーク》(サンドラ・ミュージック、1981年)だ。とても緻密で複雑な音楽だった。ハーモニーも複雑で分数コードが多用され、どんどん進行していくような曲だった。私が最初にソロをとったのだが、このコード進行、ハーモニー、その意味を理解し、その響きを自分のものにするまで本当に苦労した。続いてマイケルのソロだ。1音目から、まるで自分はこの曲を吹きながら産まれてきたとでも言わんばかりの演奏だった。ハーモニーを理解し、構成を理解し、何をプレイするべきかを知っていた。しかも目を閉じたまま！　楽譜さえ見ていなかったんだ。このソロ部分の地図を脳内でスキャンし、瞬時に自分のものにする能力を持っていた。正直言って腹が立った。「一体どうやったらそんなことができるんだ?」。するとこう言ったんだ。「ただ、デタラメにやっただけなんだけど……」と。「なんて奴だ！　今まで聴いたこともないような深みのある演奏だったんだぞ」と返すしかなかったね。しかもすべて正しい音で、外した音はひとつもない。私にはあれをデタラメなんて呼べないね。

　三度目に一緒に演奏したのは、1981年のジャコのワード・オブ・マウス・バンドだった。ジャコがウェザー・リポートを脱退したあと、バンドリーダーとして重要な役割を果たしたのはこのときが初めてだったと思う。〈インヴィテーション〉のすごく速いバージョンをやったことを覚えている。クレイジーだったよ。必死でしがみついているような感じだった。でも、あのアルバムでマイケルと一緒にやれたことは、とてもやりがいがあり、刺激的で、光栄なことだった。そして1983年に私がセヴンス・アヴェニュー・サウスで最初のビッグバンドを始めたとき、マイケルも参加してくれたんだ。

　四度目に一緒にレコーディングしたのは、《ツイン・テナーズ》(RCA/Novus、1994年)という私のアルバムのためだった。その頃には、マイケルと演奏するときのやり方がよりわかってきていた。コルトレーンの〈ジャイアント・ステップス〉をものすごいアップテンポでやったんだけど、マイケルはマシンガン射撃のようなソロを吹いた。私には到底無理なやつだ。それで自分はビバップから少し離れ、よりモチーフ重視に、より多くのスペースを作って、全く違ったアプローチでプレイした。その対比がうまくいったと思う。彼に勝とうとか、彼のようになろうとしたわけではなく、ただ自分のことをやろうとしたんだ。

　マイケルの取り組みはサックス演奏の全領域にわたっていて、私も大きな影響を受け、マイケルの真似のようになってしまった時期も何年もあった。私たちの誰もが、誰かのコピーをし、真似てみる時期がある。しかし、多くの場合、十分に深く掘り下げないという過ちを犯すのだ。もしあなたが誰かの表面的な"形"を真似するだけならば、あなたが得るものはそこまでだ。一方、深く掘り下げて、メロディ、ハーモニー、リズム、それぞれの観点から分解し、自分なりの方法で組み立て直す。そうすると"表面的な形"ではなく"中身"に近づけるのだ。そして、この中身を発展させることで真に自分のものにすることができる。これは私がキャリアの後半になって発見したことだが、見つけるまで随分と時間がかかったよ。

**アダム・ロジャース**

ニューヨーク・シーンで数多くのアーティストのギタリストとして活躍する一方、バンドリーダーとしても6枚のアルバムを残している。ブレッカー・ブラザーズ・バンドの再結成に参加し、マイケルのカルテット、クインテット、クインデクテットの主要メンバーであり《ワイド・アングルズ》にも参加している。

✣

マイケルは、誰よりも前向きであり、同時に見事な皮肉屋であるという、素晴らしい組み合わせの人だった。人として非常に多くの経験をし、ポジティブな面もネガティブな面も含めて、人生のさまざまな側面をたくさん見てきたからこそのものだ。信じられないほど賢く、鋭く、あらゆる種類の物事を見てきていた。だから、何がデタラメで何が現実なのか、しっかりと見分ける力を持っていたんだ。生粋のニューヨーカーとして私は、彼と強い繋がりを感じていた。

マイケルと一緒に過ごし、何でも話せることがいつもとても幸せだった。私は彼に愛情と尊敬の念を抱いていたんだ。本当に優れた人間で、自分が何者であるかという強い自覚と謙虚さを併せ持っていた。信じられないほどの名匠でありながら、いつも自分が聴いたことのないものを探し回っていた。ユニークで、好奇心が強く、探求心旺盛で、何事にも全力で取り組む。そしてヒステリックなほど面白かったよ。スコットランド訛りを教えてくれたのも彼だしね！　マイケルが亡くなったとき、正直、宇宙が少し縮んだような気がしたし、今もそう感じる。マイケルの魂はとても大きかったからだ。偉大な男だった。大好きだよ、マイケル。

## クリス・ミン・ドーキー

1999年後半から2004年までマイケル・ブレッカーのツアーバンドで活躍したベーシスト。マイケルはドーキーのアルバム《ドーキー・ブラザーズ》（1995年、ブルーノート）、《ザ・ノマド・ダイアリーズ》（2006年、同）〔生前最後のレコーディングとされる〕に参加している。

✣

僕はデンマークでブレッカー・ブラザーズを聴いて育ったんだけど、マイケルのストレート・アヘッドなアルバム（《マイケル・ブレッカー》1987年）が出たとき、「これは史上最高のアルバムだ！」って思ったのを覚えている。マイケルのバンドに参加したときは、とても嬉しくて光栄に思ったけれど、正直怖くてたまらなかった。マイケルの演奏はとてもパワフルで素晴らしいし、ドラムのジェフ・テイン・ワッツとジョーイ・カルデラッツォというすごいプレイヤーもいたからね。音楽もとても複雑だった。そしてマイケルはまさに僕のメンターになった。彼が演奏しているすぐ後ろでステージに立っていると、まるでリヴィングストン博士の後ろに立っているような気分になるからだ。森を抜けてどこに向かっているかわかっていて、自分で道を切り開いていく。彼のすぐ後ろで演奏していると、すべてが明確で論理的になるんだ。何から何まで理にかなっている。そこもあのバンドの素晴らしいところだった。それからマイケルは、言葉にせずとも、何をしようとしているのか演奏で示してくれるんだ。譜面さえ必要なかった。あのバンドでは〝ロスト・ヴァイブ〟といって、あたかも曲を見失ったかのように演奏するというのをよくやったんだけど、本当に見失うことは決してなかった。特にマイケルの後ろでは、ただついていくだけでよかったし、彼の演奏はどこまでも明快だったからね。

マイケルは僕に最も影響を与えたミュージシャンだと思う。そして人としてもインスピレーションを与えてくれ、偉大なミュージシャンであると同時にひとりの人間であるということが何なのか教えてくれた。マイケルは、彼の言葉を借りれば、まさに"高潔の士"だった。私にとってかけがえのない存在だったんだ。ミュージシャンとしてだけでなく、人間としても大きく成長させてくれた。両親の写真のすぐそばにマイケルの写真を飾っている。だから彼とはいつも一緒だ。あのニヤニヤ笑いを見ない日はない。僕がいたずらでもしたのを笑っているようなね。もうひとつ大好きだったのは、彼の物事に対する子供っぽいアプローチだ。なにかに熱中しているときの、その熱意と遊び心にすっかり魅了されてしまうんだ。ハービーが私たちのライブに参加したとき、ハービーとマイケルの熱量と子供のような遊び心が爆発し、駆け上っていく様も刺激的だったね。彼はとても楽しい人だった。私たちも大いに楽しんだんだ。

**ベン・ウェンデル**

テナーサックス奏者、作曲家。リーダーとして4枚のアルバム、ジャンルを超えたアンサンブル、ニーボディで13枚のアルバムを録音。バンクーバー生まれで現在ブルックリン在住。2019年にイスラエルのエイラートで開催されたレッド・シー・ジャズ・フェスティバルでの第1回マイケル・ブレッカー・インターナショナル・サキソフォン・コンペティションの審査員を務めた。

✣

ジョニ・ミッチェルのライブアルバム《シャドウズ・アンド・ライト》とドナルド・フェイゲンの《ナイトフライ》を聴いてマイケル・ブレッカーを知った。この2枚のアルバムは、参加したどんなプロジェクトもパワーアップさせる彼の力を示す好例だ。とてつもなく大きく、美しい音色、バランスのとれた信じられないほどのテクニック。今になっても、サックス奏者の中で最も流麗なプレイヤーのひとりであることは変わらない。そして、驚くほどリズム感が良かったこともいまだに忘れることができない。多くの人が彼のドラムの素晴らしさを語っているが、間違いなくそれも関係しているだろう。サックス演奏の圧倒的な力によって、どんなリズムセクションでも引っ張っていける、そんな力を自然に持っていたのだ。

マイケルはジョン・コルトレーンから多大な影響を受けたが、その影響を全く新しい方向に持っていったところに本当の天才ぶりが表れている。そして彼は10代の頃にコルトレーンの最後の方のコンサートを見ている。このふたりの偉大なアーティストがどんなエネルギーを持って繋がっているのか、マイケルはその連続体の中にどのように位置しているのか、そんなことを考えるのが好きなんだ。マイケルの作曲のアプローチも大好きだった。彼の音楽を聴くたびになにかを私に教え続けてくれる。真に偉大なアーティストがそうであるように、彼の音楽も永遠なのだ。

**クリス・ロジャース**

マイケル・ブレッカーのドリームスでの指南役、トロンボーン奏者であったバリー・ロジャースの息子で、トランペッター、作曲家、バンドリーダー。マイケルは、クリスが2001年に録音した《ヴォヤージ・ホーム》で2曲演奏している。

私にとってマイケルは、ベートーヴェンやダ・ヴィンチ、モーツァルト、アインシュタインのような存在であり、そういった文明史上の偉大な思想家、科学者、芸術家と比較するべき対象だ。知的で洗練された複雑さと、親しみやすさが相まった音楽が、彼ならではの世界を作り出している。そしてコルトレーンと同じように、進化し続けた。恐れを知らぬ探検家の魂を持つその探求心こそが、彼のソロの素晴らしさの源泉なのかもしれない。すべてのソロの。

✣

## デイヴィッド・デムジー

テナーサックス奏者、教育者。ニュージャージー州ウィリアム・パターソン大学の音楽学部教授、ジャズ科コーディネーター、マイケル・ブレッカー・アーカイブのキュレーター。著書に『ジョン・コルトレーン・プレイズ・ジャイアント・ステップス』『Chromatic Third Relations in the Music of John Coltrane(未邦訳)』があり、ニュー・ハドソン・サックス・カルテットのメンバーでもある。

✣

マイケルには真の才能があったが、同時に、マニアックとさえいえるような熱心さでサックスに取り組んでいた。彼がやっていた半音階を使ったテクニックがあって、それは半音階と倍音を組み合わせたものだった。半音階と倍音を交互に行き来するような感じでね。それを私の目の前で超高速で練習していて、「一体どうやってそんなことができるようになるの?」と聞くと「2〜3週間くらいでできるようになったよ」と言ったんだ。「えっ? そんなにすぐできるなんてあり得ない」と返すと、「違う違う、3週間ずっとそれだけをやったんだ。1日12時間から15時間、このフレーズを練習した。眠くなったら眠る、食べたくなったら食べる。とにかくこのフレーズをずっと練習していたんだ」。誰もそんなふうには練習できない。超人的な集中力だった。

まだ初めて会ってから間もない頃、彼のソロをコピーするのが刺激的だと話したことを覚えている。すると「素晴らしい、ありがとう。でももうやめてくれ」と言われてしまい、びっくりした。自分のヒーローに対してどうやらなにか間違ったことをしてしまったようで、「ああ、すみません」と言ったんだ。するとマイケルは、「いやいや。僕が言いたいのは、もし助言するとしたらだけど、僕のコピーをしても僕の真似にしかならないということだ。そうじゃなくて、僕が聴いてきたものを聴けば、君は僕の仲間になれる」。重みのあるアドバイスだ。純朴だった私が「誰を? 何を?」と聞くと、例を挙げてくれた。「アトランティック時代のコルトレーンの《至上の愛》までの全作品。それ以降は、聴くのは構わないがコピーするな。あの叫び声をコピーしてもなんの役にも立たない」。そして、スタンリー・タレンタイン、ジョー・ヘンダーソン、キャノンボール・アダレイ、フィル・ウッズと挙げ続けた。メモして、購入リストにしたのを覚えている。そして、それらのレコードを聴いて、聴き覚えのあるフレーズの断片を見つけ、「マイケルみたいだ」と思ったものだ。もちろん、その逆なんだけどね。「私のように聴こえたら、それは私の真似でしかない。だから私が聴いてきた人たちを聴きなさい」というアドバイスは貴重なものだった。今でもそうしているよ。

## チェイス・ベアード

ランディ・ブレッカーから〝ジャズとサックスの未来〟と言われたシアトル生まれのサックス奏者。ソルトレイクシティに引っ越してサックスを学んでいた14歳の頃に、マイケル・ブレッカーと人生を変えるような運命的な出会いを果たす。2011年にニューヨークに移住し、14年にジュリアード音楽院を卒業。その後マイク・スターン、マイク・クラーク、アントニオ・サンチェス、ジョシュ・マクシーなどの強力なサイドマン、そして、ミンガス・ビッグバンドのメンバーとして頭角を現してきた。リーダーとしても3枚のアルバムをリリースし、マイケル・ブレッカー同様、テナーサックスとEWI両方をプレイ。

✣

私が初めてマイケルのレコードを聴いたのは12歳の頃で、人生で最高に衝撃的な音楽体験のひとつだった。その後すぐにマイケルの演奏を生で聴いたときは、目の前で雷雨が吹き荒れるかのようだった。暴力的なまでに刺激があり、大胆で、勇気があると同時に、心のどこか奥の方にある弱さに触れるような、そんな大きなコントラストがあったんだ。マイケルの音楽から聴き取れたものは、私がユタ州ソルトレイクシティで過ごしていた子供時代の日常とは異なるものだった。情熱と活力と刺激と勢いに満ちた音楽を聴いた瞬間に、とにかく自分もそれをやりたいと思ったんだ。それが何であるにしろ。

マイケルのサックスにのめり込み、毎日何時間も何時間も、彼のサウンドや音楽的アイデアをコピーしようとしていた。そして14歳の頃、個人的に繋がりたいと閃いたんだ。彼のマネージメントに自分の演奏を録音したものと手紙を送り、なんと1日、一緒に過ごすことになったんだよ。2003年に、ハービー・ハンコックとディレクションズ・イン・ミュージック・ツアーでソルトレイクシティにやってきたときのことだ。大変な経験だった。自分のヒーローに会えたんだからね。しかしそれ以上に、楽器の向こう側にいる彼の人柄を知ることができたのも大きかった。美しく、謙虚で、自虐的でさえあり、心の底から音楽を愛で、学び、向上することを愛する人だった。素晴らしいミュージシャンであり、最終的には努力が大切だと信じていた。大小に関わらず、すべての演奏機会に全力を尽くすのがどんなに名誉あることなのかも話してくれたんだ。

その夜、私はステージから数列目の席に座っていた。マイケルは客席にいる私を見つけ、「このまま頑張れば、君もここに来られるよ」とでも言うように頷いたんだ。今でもその瞬間を鮮明に覚えているよ。

## リッチー・バイラーク

ピアニスト、作曲家、教育者。60年代後半から70年代前半のロフトジャム時代にマイケルに和声を教える。デイヴ・リーブマンとフリーライフ・コミュニケーションを結成。リーブマンとはクエストのバンドメイトでもある。

✣

こういうことだ。マイケルは特別な人だった。驚くほどの才能の持ち主で、他の人には真似できないようなやり方でサックスをマスターし、私が初めて演奏を聴く以前から、音色、音程、テクニック、アイデアのすべてを兼ね備えていた。彼が初めてニューヨークに来て、ランディの弟というだけで、誰も彼のことをまだ知らなかったとき、すでにそういうことだったんだ。サックスの達人の音にはその人間性が表れている。マイケルの音からも彼の人間性が聴こえてきた。コルトレーン、キャノンボール、リーブマン、スティーブ・グロスマン、ボブ・バーグなどと共通する資質だ。しかし、サックスが上手でもその資質を持ち合わせていない連中も多い。このマイケルならではの音に、卓越したタイム感、素晴らしいセンス、独特な力強いビブラートで驚くほどのスピードで演奏できるという能力が組み合わさり、インプロヴィゼーションや、モチーフを展開していくための大変に優れた基本的要素を持っていたのだ。リズムも正確だった。非の打ち所がなかったんだ。しかしシェイクスピアの悲劇は、彼が自分の演奏が大嫌いだったということだ。いつでもね。

マイケル、ランディ、ジョン・スコフィールド、ジョージ・ムラーツ、アダム・ナスバウム、そして私でチェット・ベイカーへのトリビュート・アルバム《サム・アザー・タイム：トリビュート・トゥ・チェット・ベイカー》を作った。マイケルはそのアルバム中で4曲演奏し、そのうちの1曲は〈サンデー・ソング〉という私とのデュオだった。コード4つで、ポリコードもないシンプルな曲だ。でも、あまりにもシンプルで繊細な曲なので、自分の弱さが出てしまう。自分をさらけ出さなければいけないんだ。マイケルならそれができるとわかっていた。そしてふたりでプレイし、素晴らしいファーストテイクになった。スタジオにいた全員が泣いていて、私も泣いた。美しく、輝かしく、謙虚でマイケルそのものだった。「マイケル、どう思う？」って聞いたら、「最悪だ。もう1回やらせてくれ」と言うんだ。まるで取り返しのつかない失敗を犯してしまったかのようにね。

他のみんなは口を開けてあんぐりとするしかない。こんなに素晴らしい出来なのに、彼はそれが全く気に入らないんだから。でも、これは私の曲で私がリーダーとしてのレコーディングだから、マイケルに「どこが気に入らないんだ？」と聞いたんだ。彼は「全部」と答える。自分のレベルの高さと音楽性の素晴らしさをわかっていないし、理解していなかった。ありがちな問題を抱えていたんだ。多くのトップアーティストには、間違いや、自分が間違いだと思うことだけが聴こえてくる。ほんの少しでも音程が悪かったり、完璧でないアイデアがあると、全体をやり直したくなってしまう。彼らにとっては最悪で、我慢がならないんだ。だから、私は最終的にはこう言ったよ。「すごく気に入っているけれど、もう1テイクやってみよう」と。彼は「ああ、ありがとう」と答えてもう1テイク録ったんだけど、それは最初のテイクよりもさらに良かったんだ！　結局、両方のテイクをCDに入れることにしたよ〔実際はいずれかのテイクが収録されたようだ〕。

マイケルのサウンドには普遍的な哀愁があったが、同時に激しさも持ち合わせていた。音の奔流を吐き出して信じられないほどまでに緊張感を高め、それが解き放たれ、聴衆がリアルな体験をする。また、マイケルはリズムセクションとどうやっていくかを知っていた。多くのオールドスタイルのリズムセクションは、演奏はうまくても後ろで支えるだけだ。でもマイケルは、リズムセクション、つまり一緒に演奏する奴らにとっても、より面白くなるように、彼らとやりとりすることができたんだ。それは観ている人たちにとっても百万倍面白いことだったんだよ。

## リック・マーギッツァ

テナーサックス奏者、作曲家、バンドリーダー。マイルス・デイヴィス、マリア・シュナイダー・ジャズ・オーケストラ、メイナード・ファーガソン、フローラ・プリム、マーシャル・ソラール、ムタン・ブラザーズ・リユニオン・カルテットなどのツアーやレコーディングに参加。2003年以来パリ在住。ブルーノート、チャレンジ、スティープル・チェイス、パルメット、ル・コック・レコードからリーダーとして13枚のアルバムをリリースしている。

✣

マイケルの技術的な卓越性は、この楽器で何が可能かという新しい基準を打ち立てた。しかしもっと深いレベルで、私は彼のコンセプトとジャズ言語に影響され、触発され、それは今も続いている。マイケルが影響を受けたものをすべて、彼なりの、そしてとても美しいやり方でまとめ上げた言語だ。彼のサウンドは取り違えようがなく、どんなジャンルやタイプの演奏でも数音で彼だとわかる。真のアーティストなら誰もが目指すものであろう。

成長段階初期の私は、手に入る彼の曲をすべてコピーし、彼のようになろうと何年も費やした。成熟するにつれて、自分自身の〝声〟を見つけなければならないと気づき、今度は彼のようにならないようにと、同じかそれ以上の時間を費やしたのだ。彼はいつも応援してくれ、優しくて、面白くて、寛大な精神の持ち主だった。

マイケルの影響は、さまざまなスタイルや楽器に及んでいる。ジャンルに関係なく、いろいろな人の演奏にそれを見出すことができる。8小節のロックンロールのソロであろうと、最も洗練されたアコースティックジャズであろうと、彼の影響は紛れもないものだ。人々がいまだにチャーリー・パーカーやジョン・コルトレーンの遺産に影響を受けているように、マイケルの遺産も音楽がやまない限り続くだろう。

マイケルとの出会いは1980年、ウェイン州立大学のビッグバンドでスイスのモントルー・ジャズ・フェスティバルに出演したときだった。スケジュール表を見ると、ブレッカー・ブラザーズも出演することになっていたので、彼に会えるかもしれないと期待に胸が高鳴っていた。初日、マイケルにばったり出会うかもと、彼のソロを書き出した五線紙を何枚も持って外を歩いていた。そうしたらなんと運良く彼を見かけ、近づき、緊張しながら自己紹介をして、私のコピー譜を見せることができた。「ワオ、君は本当にこんなのに夢中なんだね」と言っていた。そして次に起こった出来事には心底驚かされた。次の日の午後、暇だから彼の部屋でレッスンしないかと誘ってきたのだ。経験上、ツアー中の休みの日はとても大事なものだと知っている。しかし、彼は親切にもその休み時間を私と共有してくれたのだ。そしてレッスンが終わってもお金の話は一切なかった。それがマイケルだ。完全なまでの気品と寛大さを持っているんだ。

## マイケル・ジルバー

バンクーバー生まれ、サンフランシスコ在住のテナーサックス奏者、作曲家。デイヴ・リーブマン、ミロスラフ・ヴィトウス、マイケル・クラーク、スティーヴ・スミス、ボブ・バーグなど、多くのジャズ界の著名人と共演、レコーディングをしている。リーダーとして7枚のアルバムをリリース。最新作《イースト・ウェスト：ミュージック・フォー・ビッグバンド》(2019年)には、チック・コリアの《スリー・カルテッツ》の曲を基にしたマイケル・ブレッカーへのトリビュート曲〈ブレッカーファスト・クラブ〉が収録されている。

✣

14歳の私は、ビリー・コブハムのアルバム《クロスウィンズ》収録の〈ザ・プレザント・フェザント〉でのテナーとドラムのブレイクダウンに衝撃を受けた。他の誰とも違うことはすぐにわかったし、何をやっているのか理解したいと思った。話を1982年のボストンへと早回ししよう。私はニューイングランド音楽院に通っていて、ステップス・アヘッドがボストンにやってきた。マイケル・ブレッカー、ピーター・アースキン、エディ・ゴメス、マイク・マイニエリ、イリアーヌ・イリアスというバンドはもちろん素晴らしかったが、私がぶっ飛んだのは、ブレッカー、ゴメス、アースキンの3人がジョー・ザヴィヌルの〈ヤング・アンド・ファイン〉のアウトロで繰り広げた10分間だった。マイケルの力強さ、正確性、音、魂、想像力、がひとつになって考えられないような高みに登り、全員の演奏を引っ張っていたのだ。

1984年にニューヨークに移り住み、初めて行ったライブのひとつがヴィレッジ・ヴァンガードで、ジョン・アバークロンビーのバンドで演奏するマイケルだった。すっかり心を奪われ、休憩時間にマイケルに近づき、とても恥ずかしかったけれど「やあマイケル、あなたは私の音楽的ヒーローなんです」と言ったんだ。彼はただ自分の靴を見つめ、「ありがとう」とつぶやいていた。彼は褒められるのが好きではなかったようだ。

80年代半ばから後半にかけてのニューヨークは、ブレッカークローンだらけだった。私は決してクローンではなかったが、フレーズとタンギングを真似て、彼のように強く燃える音を出そうとしていたのは確かだ。そして1988年か89年から10年間ほどは、マイケルから遠ざからなければならなかった。ブレッカー信徒のほとんどはイケてない偽物でしかなかったし、自分はそうなりたくなかったからだ。彼の音、リズム感、音の選び方、フレージングは、前の世代がレスター、バード、コルトレーンで経験したのと同じくらい独特のものだったからね。

90年代初頭、私がベイエリアに引っ越した頃、友人であり同僚でもあったベーシストのジェームス・ジーナスとドラマーのロドニー・ホルムズがブレッカー・ブラザーズのバンドで演奏していた。ライブに行って彼らと会い、結果的に楽屋でマイケルとふたりきりになったのだが、緊張で口ごもり、何も話すことができず、それでも畏敬の念は抱いていた。ようやくマウスピースの話題になり、マイケルの表情が明るくなって満面の笑みを浮かべ、話は弾んでいった。

マイケル・ブレッカーが私に与えてくれた最良の教訓は、私が目指すべき"マイケル"はマイケル・ジルバーだけだということ。常に明日はないと思ってプレイし、自分にとって真実で美しいものを演奏することだ。それこそが彼のしたことであり、そのことだけに対してでさえ、サックス界、音楽界全体が彼に永遠の感謝を捧げているのだ。

## ボブ・レイノルズ

グラミー賞受賞バンド、スナーキー・パピーのメンバーであり、ジョン・メイヤーとの仕事でも知られるサックス奏者、作曲家、教育者。多作な作曲家であり、レコーディング・アーティストでもある。10枚のソロアルバムはトップセールスを記録し、最新作は《ランウェイ》(2020年)。

2003年の冬のある日、ニューヨークに住んでいた私は、ジャズクラブのスモークでアーロン・ゴールドバーグのトリオに加わって演奏しようとしていた。ステージに向かうと、別のテーブルにいた友人が私を呼び止め、「おい、ブレッカーが後ろにいるのを見たか?」と言う。振り返ってクラブの後方を見回すと、奥のブースに奥さんのスーザンと一緒に座っていたのは、他ならぬマイケル・ブレッカーだった。気を失いそうになった。冗談ではない。これを書きながらも、またあの瞬間を思い出して緊張しているのだ。

ステージに立ち、楽器を組み立て、ウォームアップもしていない中、この迫り来る屈辱をなんとか回避する方法を考えようとしていた。手にしたサックスも、自分のものとは感じられなかった。トリオは今や、私がフロントに立ってカルテットになっている。アーロンを見て、「俺が知っている曲、簡単な曲を選んでくれ!」と心の中でメッセージを送った。そしてアーロンはなにか始めたのだけれど、なんと、なんの曲だかもわからないものだったんだ。大人になってからの人生で、おしっこを漏らしそうになる瞬間があったとしたら、まさにこのときだった。

幸いなことに、アーロンの即興がモンクの名曲〈エヴィデンス〉へのイントロだと理解し始めた。さらに幸運なことに、私はバークリーでセロニアス・モンクのアンサンブルを履修していて、この曲は記憶に刻み込まれていたのだ。「やった」と思った。「大丈夫だろう」と。でもエリック・ハーランドがベースを弾き始めると、またあの「うーん」という感じが戻ってきてしまった。エリックはビートをいじり始め、アップビートがダウンビートになったんだ。そして私は、吹く前からすでに曲を見失っていた。

その後の数分間はパニックに陥った自動操縦のようなもので、記憶もはっきりしない。ようやく曲が終わり、こっそりステージを降りてサックスを仕舞った。友人たちからは「良かったよ」とかお世辞を言われるだろうし、アーロンと演奏するのはこれが最後になるだろうと思った。こういうときのために延々と練習し、自分の技術を完璧にしようと努力してきたはずなのに、ニューヨークのジャズ・エリートたち、そしてマイケル・ブレッカーの前で大失敗してしまったのだ！

気分が悪くなり、自分に失望し、落ち込んだ。クラブを出ようとしたとき、肩を叩かれたような気がして振り向くと、そこにはブレッカーがいた。そしてなんと「きれいな音色だね。リンクを使っているの？」と言うんだ（リンクは「オットーリンク」のマウスピースを指すサックス奏者用語）。

ショック状態に陥った。返事をするまでに何分もかかったような気がする。冗談を言っているのだろうか？　残酷な冗談かなにかなのか？　私がついさっき何をしたか（正確には、何をできなかったか）聴いていなかったのだろうか？　でも彼はまた微笑み、私はなんとか気を取り直し、外に出ておしゃべりを始めた。現実を把握できるまで少し時間がかかった。真冬の夜が明けようという時間帯に、ニューヨークのジャズクラブの前の歩道で、自分のヒーローとマウスピースの話をしているんだからね！　しかもさらに奇妙なことに、話しかけてきたのは彼の方なんだ。

彼は、以前はリンクを吹いていたこと、喉の調子が悪くなり、身体的な理由から不本意ながら代わりのマウスピースを探さなければならなくなったこと、そして最近またハードラバーのリンクを試し始めたことなどを話してくれた。親切で、励ましてくれ、時間を惜しみなく使ってくれた。そして最後に電話番号を教えてくれ、連絡をとり合おうと言ったんだ。

それから数年の間、実際に連絡をとったりした。一度レッスンをしてほしいと言ったことがあるのだが、私に教えられることはあまりないので、レッスンでなく、ふたりで一緒に吹いてみるのなら喜んで、と答えるんだ。結局、その誘いに乗る勇気がなかったことを後悔している。若かったし、彼とデュエットするなんて怖くて畏れ多かったんだ。レジェンドである彼と、対等なサックス奏者として相対するなんてできなかった。時々クラブとかでも顔を合わせたが、ほとんどは彼のライブだった。リペアマンを推薦してくれたり、他の伝説的なプレイヤーを紹介してくれたりした。

私の最初の本格的なスタジオアルバム《キャント・ウェイト・フォー・パーフェクト》のラフミックスを送ると、最近体調が悪化している中、私の音楽が彼の元気の源になっているというこれ以上ないぐらい優しいメールをくれた。そのメールは私の一生の宝物だ。

振り返ってみると、おそらくブレッカーが寛大に私に接してくれたおかげで、あの夜の演奏は自分が思っていたより良かったのかもしれないと思える。自分のベストには程遠いとしても。彼はこの街で道を切り開き始めた若者のために、わざわざ手間をかけ、励ましてくれたんだ。そのことに一生感謝したいと思う。

**フランコ・アンブロゼッティ**

スイスのトランペッター、作曲家、バンドリーダー、ヨーロッパジャズ界の長老。25枚のリーダーアルバムをリリースしており、１９８４年のアルバム《ウィングス》や１９８５年のアルバム《テンテッツ》ではマイケルをフィーチャー。また、アンブロゼッティの故郷であるスイスのルガーノ・ジャズ・フェスティバルでもマイケルと何度か共演している。

✣

私は62年から63年にかけてジョン・コルトレーンに出会い、彼のインターヴァリックな奏法に感銘を受けた。それから、コルトレーンの即興フレーズを自分の演奏に取り入れようとする長い探求が始まったんだ。次のステップは、コルトレーンのボキャブラリーを取り込み、新しく今のものにしている人の演奏を聴くことだった。それがマイケル・ブレッカーだったんだ。私にとって、彼はコルトレーンにインスパイアされたすべてのサックス奏者の中でナンバーワンだった。

マイケルについて最初に衝撃を受けたのは、ドン・セベスキーのアルバム《エル・モロの強奪》(1975年、CTI)に収録されている〈ムーン・ドリームス〉で彼がバラードを演奏しているのを聴いたときだった。そのバラードを非常にコルトレーン的に演奏している。ゆったりしているところが多く、フレーズはメロディが来るべきところに来るのではなく、少し遅れて来る。それを目一杯やっているんだ。そのとき初めて、マイケル・ブレッカーが一流だとわかったんだよ。

マイケルに初めて会ったのは1977年。彼がベルリン・ジャズ・フェスティバルで、ハル・ギャルパーのクインテットでランディと共演したときだ。ランディとは、1966年にウィーン国際ジャズコンペティションに参加したときに出会っていて、すでに良い友人だった。翌78年のベルリン・ジャズ・フェスティバルでは、同じバンドに加わり、マイケルの〈アップタウン・エド〉というとても難しい曲を演奏したのを覚えている。ブルースなんだけど、テナー向けに書かれていて、トランペットでやるのは難しい曲だ。そのフェスティバルの期間中一緒に過ごすようになり、名人芸を誇るサックスプレイヤーの、優れた人物としての素顔を知ることになった。それ以来、私たちは友人となったんだ。彼がルガーノやミラノに来るたびに電話をくれて、私は彼を訪ね、彼は私をステージに招いて、彼のライブの最後の2、3曲で一緒に演奏したものだ。

彼もランディも、常に私の家族の一員のようだった。実際、私の息子のジャンルーカは、15歳のときに1989年のミラノ・ジャズ・フェスティバルでマイケルに会ったのをきっかけに、テナーサックスを演奏したいと思うようになった。それでテナーを吹き始め、その後ボストンでジェリー・バーガンジィに師事し、今はソプラノサックスを吹いている。一方で、ジャンルーカは理論物理学の修士課程を修了し、世界でもトップクラスのスイス工科大学で博士論文を書いたのだが、それをマイケル・ブレッカーに捧げたんだ。

しかし、マイケルがどれほど偉大なサックス奏者であり、どれほど素晴らしい人物であったとしても、内面的なにかに苦しんでいたように思う。彼と父親との関係は簡単ではなかったと言っていた。ルガーノの私の家で一緒に昼食をとっていたとき、「マイケル、世界一のサックス奏者であるって素晴らしいことだよね」と言ったら、「そうだね。でも、私が支払わなければならなかった代償は大きかった。父と関係を持つにはそれしかなかったんだ」と憂鬱そうに答えた。偉大なサックス奏者になることの代償は、彼にとって厳しいものだった。すべてが父からの愛と承認のためだったのだ。

しかし、ある意味そのことが、彼を彼たらしめた。賢さと繊細さを併せ持った人間へと。また、彼の演奏、特にバラードでは悲しみを感じるときがある。人生において、深い内面で苦しんでいたからだ。彼が演奏するとき、その感情はすべて彼のサックスを通して伝わってくるのだ。

＊上記のプロフィールはいずれも原著刊行時

# Acknowledgments

# 謝辞

本書は、2年以上にわたる人々の愛情の賜物であり、ここに記すみなさんなしには実現不可能なものでした――ランディ・ブレッカー、スーザン・ノイシュタット・ブレッカー、ダリル・ピット、ジェリー・ウォートマン、スティーヴ・カーン、クリス・ロジャース、ウィリアム・パターソン大学マイケル・ブレッカー・アーカイブのキュレーターであるデヴィッド・デムジー、そしてマイケル・ブレッカー研究の世界的権威であるルイス・ゲリッツ。

スペシャルサンクスを以下のみなさんに――ピーター・アースキン、マイク・マイニエリ、デイヴ・リーブマン、ジョー・ロヴァーノ、ジョン・スコフィールド、デヴィッド・サンボーン、デイヴ・ホランド、ジョン・パティトゥッチ、マーク・コープランド、ギル・ゴールドスタイン、ウィル・リー、アダム・ナスバウム、アダム・ロジャース、ジョーイ・カルデラッツォ、ケイト・グリーンフィールド、ジェームス・ファーバー、ティム・リース、ジェフ・テイン・ワッツ、マイク・スターン、ランディ・サンキ、エドガー・グラナ、ヴィンス・トロンベッタ、ボブ・ミンツァー。

以下の方々に、心から感謝します――ハービー・ハンコック、ジョン・マクラフリン、チック・コリア、ジャック・ディジョネット、リッチー・バイラーク、ジーン・バイラーク、レニー・ホワイト、ブランフォード・マルサリス、ジョシュア・レッドマン、ラヴィ・コルトレーン、スティーヴ・ガッド、ポール・サイモン、アントニオ・サンチェス、ジョージ・ホイッティ、ジェイソン・マイルス、ジェームス・ジーナス、スコット・コリー、デニス・チェンバース、ディーン・ブラウン、ビリー・コブハム、クリス・パーカー、バリー・フィナティ、リッチー・モラレス、ギャリー・ゴールド、ブルース・ディトマス、ハル・ギャルパー、ジャック・ウィルキンス、レニ・スターン、クリスティン・マーティン、クリス・ミン・ドーキー、ジェイ・アンダーソン、クリス・ポッター、ビル・エヴァンス、スティーヴ・スレイグル、ジェリー・バーガンジィ、ジョージ・ガゾーン、ダニー・マッキャスリン、ハロルド・ハーター、フランコ・アンブロゼッティ、ジャッキー・ペリーヌ、ジェイソン・オレイン、ドン・ルコフ、ドン・ギラー、エヴァン・ハーガ、リー・マーグナー、マイケル・セジェル、ルーク・デイリー、シルス・パクザド、ビル・スチュワート、ラリー・ゴールディングス、デイブ・キコスキー、ボリス・

コズロフ、ジム・ビアード、クリス・ブルーベック、アルマンド・サバルレッコ、デイヴ・フュージンスキー、アンディ・スニッツァー、エリ・デジブリ、マイケル・ジルバー、リック・マーギッツァ、ポール・ヘラー、メリッサ・アルダナ、ウォルト・ワイスコフ、トニー・ラカトス、トロイ・ロバーツ、ベン・ウェンデル、ボブ・フランチェスキーニ、チェイス・ベアード、ボブ・レイノルズ。

みなさんにも感謝します――ダウンビート誌のフランク・アルキアー、ジャズ・タイムズ誌のマック・ランドール、オール・アバウト・ジャズ誌のマイケル・リッチ、AllMusicのヘザー・ファレス、ジャズ・ビデオ・ガイのブレット・プライマック、「ディスティングイッシュド・アーティスツ」のローン・フローマン、ウルフギャングズ・ヴォルトのビル・セーガン、リー・カマン・レガシー・プロジェクトのブラッド・ベローズ、NPRのジェナ・モルスター、BBCのヴィッキー・ミッチェル、バークリー音楽大学のトリ・ドナヒューとアレン・ブッシュ、ノートルダム大学のヴィクトリア・セント・マーティン、マイク・マハフェイ・プロダクションズのスコット・スティール、テンプル大学出版局のメアリー・ローズ・ムッチー、ノートルダム大学ジャズ・フェスティバルのラリー・ドワイヤー、ノーステキサス大学のスザンナ・クリーブランド、ヴァーヴ・レコードのジェイミー・クレント、ジューイッシュ・エクスポーネントのアンディ・ゴトリーブ、ジェイムス・テイラーのジェーン・マックル。

この本のプロジェクトを2年間支え、励ましてくれたローレン・ザランボには感謝してもしきれません。同じく、私のエージェントであるピーター・ルービー、ロウマン&リトルフィールドのジョン・セルロ、キャロル・フラナリー、バーバラ・クレア、メリッサ・マクレラン、グローブ・ペコット、ガイダンスをくれたバックビートに感謝します。そして賢明な助言ともてなしをしてくれた親友のジェフ・レヴェンソンにいつもながらに感謝しています。

トランティック｜1994年）280
▶ギヴ・アンド・テイク（Give and Take｜アトランティック｜1997年）
▶ヴォイセズ（Voices｜アトランティック｜2001年）

## ボブ・ミンツァー

▶ソース（Source｜エクスプローラー｜1982年）
▶パパ・リップス（Papa Lips｜エクスプローラー｜1983年）
▶インクレディブル・ジャーニー（Incredible Journey｜DMP｜1985年）202

## マイク・マイニエリ

▶ホワイト・エレファント（White Elephant｜ジャスト・サンシャイン｜1972年）088, 090
▶ラヴ・プレイ（Love Play｜アリスタ｜1977年）152
▶ワンダーラスト（Wanderlust｜ワーナー・ブラザース｜1981年）xi, 161, 162, 192

## イリアーヌ・イリアス

▶情熱（So Far, So Close｜ブルーノート｜1989年）
▶海風とジョビンの午後（Sings Jobim｜ブルーノート｜1998年）
▶夢そよぐ風（Dreamer｜ブルーバード／RCA｜2004年）

## ランディ・ブレッカー

▶スコア（Score｜ソリッド・ステート／ユナイテッド・アーティスツ｜1969年）014, 053-056, 090, 095, 161
▶トー・トゥ・トー（Toe to Toe｜MCA｜1990年）185, 260
▶ハンギン・イン・ザ・シティ（Hanging in the City｜ESC｜2001年）
▶34TH・アンド・レックス（34th N Lex｜ESC｜2003年）322
▶サム・スカンク・ファンク（Some Skunk Funk｜テラーク｜2005年）321, 341

## スティーヴ・カーン

▶タイトロープ（Tightrope｜コロンビア｜1977年）122
▶ザ・ブルー・マン（The Blue Man｜コロンビア｜1978年）122
▶アロウズ（Arrows｜コロンビア｜1979年）122
▶クロッシングス（Crossings｜ヴァーヴ・フォアキャスト｜1994年）280

### ハービー・ハンコック | ロイ・ハーグローヴ



### サキソフォン・サミット



### ハル・ギャルパー・クインテット



### ホレス・シルヴァー



### ビリー・コブハム



### ジャック・ウィルキンス



### ドン・グロルニック

# DISCOGRAPHY｜ALBUM INDEX

# ディスコグラフィー｜アルバム索引

## リーダー・アルバム



## ブレッカー・ブラザーズ



## ドリームス



## ステップス



## ステップス・アヘッド

## わ

## ら

## や

## ま

## な



## は

## た

## さ

## か

**INDEX**

# 索引

## あ

## ビル・ミルコウスキー
**Bill Milkowski**

ジャズ評論家、ジャーナリスト、伝記作家。ダウンビート誌、ジャズ・タイムス誌、Jazziz誌などの伝統あるジャズ雑誌で執筆するほか、インタビュー誌、ニューヨーク・デイリー・ニュース紙等にも寄稿。これまでに1,000枚以上のアルバムライナーノーツを手がける。著書に『ジャコ・パストリアスの肖像』『Swing It! An Annotated History of Jive』など。

## 山口三平
**Sampei Yamaguchi**

大手音楽会社にて音楽制作ディレクター、国内アーティストの海外展開を手がける。ニューヨーク大学大学院で音楽ビジネスを学び、のちに駐在員として2度目のNY在住。高校でサックスを始め、大学時代にステップス、深町純等のライブでマイケル・ブレッカーの洗礼を受ける。吾妻光良&The Swinging Boppersのサックス奏者。マイケル本人とも交流のあった「非公式マイケル・ブレッカー・ファンクラブ」の故・濱川礼会長とは高校の同級生。

Ode to a Tenor Titan

# マイケル・ブレッカー伝

## テナーの巨人の音楽と人生

初版発行　2023年9月29日

**著**

ビル・ミルコウスキー

**訳**

山口三平

**デザイン**

小沼宏之［Gibbon］

**監修**

佐藤達哉

**日本版制作**

坂本涼子［DIW］｜小澤俊亮［DU BOOKS］

**発行者**

広畑雅彦

**発行元**

DU BOOKS

**発売元**

株式会社ディスクユニオン

東京都千代田区九段南3-9-14

［編集］TEL.03-3511-9970｜FAX.03-3511-9938

［営業］TEL.03-3511-2722｜FAX.03-3511-9941

https://diskunion.net/dubooks/

**印刷・製本**

大日本印刷株式会社

本書の感想をメールにてお聞かせください。

dubooks@diskunion.co.jp

ISBN978-4-86647-193-8

Printed in Japan



カバー写真 Ssirus Pakzad